岩 波 文 庫

38-118-2

大隈重信自叙伝

早稲田大学編

岩 波 書 店

まえがき

早稲田大学の創立者大隈重信は、幕末・維新の激動のなかで青年期を送り、明治新政府にはいって近代国家形成の骨格となる諸事業を推進するなど、近代日本の設計者として活躍した。その生涯は、文明開化・自由民権期から、「明治国家」の確立を経て、「大正デモクラシー」の時期に及び、また、活動領域は、官僚・政治家から、教育・文化事業の展開まで、多方面にわたる。

本書は、大隈の生涯を大隈自身の言葉によって振り返るため、主に、大隈の回顧談をまとめた『大隈伯昔日譚』(円城寺清編、立憲改進党々報局、一八九五年)と、『大隈侯昔日譚』(松枝保二編、報知新聞社出版部、一九二二年)の二書から、自伝的な記述を選んで編成し、これに自伝的な要素を含む大隈の演説・談話を加えて、全体を三部構成としたものである。

本書における回顧の中心は、青年期を送った佐賀藩での精神形成、維新の志士としての奔走、明治政府における改革事業の推進にある。対象となる時期は、幕末・維新から東京専門学校(早稲田大学の前身)開校前後に至る時期が中心となっている。

既刊の早稲田大学編『大隈重信演説談話集』には、一〇〇年ほど前、老境に達した大隈が発した社会全般にわたるメッセージを収めた。そこでは、「明治」から「大正」へと替わる新しい時代の中で、大隈が青年や女性に向けて何を語り、学問・教育と政治・社会のあり方をいかに語ったか、東西文明の調和と世界平和実現の理想をどう語ったかが明らかにされている。

これに対し本書では、時代の激動のなかで成長していった青年大隈の姿と、四〇代半ばの時期に至る壮年期の活躍ぶりが、大隈自身の語りによって浮き彫りにされている。一五〇年ほど前、「江戸」から「明治」へと時代が大きく転換するなかで、大隈がどう成長し、いかに活動していったのか。本書を通じて、近代日本創生のプロセスが、大隈という一個人を通してつぶさに感知されるに違いない。また、『大隈重信演説談話集』とあわせ読むことによって、いかに学ぶか、いかに生きるかを考える手がかりを得ることともなろう。

本書は、ちょうど大隈重信の生誕一八〇年目を期して出版される。

『大隈重信自叙伝』刊行委員会

目　次

凡　例

一、本書は、『大隈伯昔日譚』(円城寺清編、立憲改進党々報局、一八九五年)、『大隈侯昔日譚』(松枝保二編、報知新聞社出版部、一九二二年)から、大隈重信の伝記にかかわる記述を選んで再編成し、これに伝記的内容を中心とする演説・談話を加えたものである。

二、本書は、『大隈伯昔日譚』を底本とする第Ⅰ部、『大隈侯昔日譚』を底本とする第Ⅱ部、演説・談話を収録する第Ⅲ部の三部から構成される。

三、各部冒頭にそれぞれの部の解説をつけ、巻末に全体の解説を付した。

四、第Ⅰ部・第Ⅱ部については、底本の省略部分を該当箇所に〔　〕で付記し、また、第Ⅰ部には、〔編者注〕として省略部分の概要等を記した。

五、差別的と思われる表現も、歴史資料であることを考慮して原文のままとした。

六、読みやすくするため、原文に対し、つぎのような整理を加えた。

(1) 漢字は原則として常用漢字を用い、仮名遣いは現代仮名遣いに統一した。

(2) 漢字語のうち、代名詞・副詞・接続詞など、使用頻度の高いものを一定の枠内でひらがなに改めた。

(3) 句読点、ふりがなは必ずしも底本に従わず、新たに付した。第Ⅱ部では、元の口調を生かすため、底本のふりがなを生かした場合がある。

(4) 底本にある見出し等は表記のみ整理し、新たに加えた場合は〔 〕内に入れた。

(5) 底本にある圏点類は削除した。

(6) 長文にわたる場合は、適宜、改行した。

(7) 明らかな誤記・誤植は訂正した。

(8) 必要に応じて本文中の〔 〕内に補足・注記し、説明等を要するものは、該当箇所に(1)(2)……の番号を付して、巻末に注としてまとめた。

I　生立ちから征韓論政変まで

第Ⅰ部には、大隈重信の回顧談をまとめた円城寺清編『大隈伯昔日譚』(立憲改進党々報局、一八九五年)のなかから、大隈の自叙伝にかかわる記述を編集・収録した。内容は、幕末佐賀藩における少壮時代の活動と、維新政府のもとでの活動を中心とし、対象となっている時期は、一八四〇年前後の天保期から、一八七三年(明治六)の征韓論をめぐる政変までである。

大隈は、一八九三年(明治二六)三月、『郵便報知新聞』記者の求めに応じて、少年時代の経歴を語り始めた。この時、大隈は五五歳。同紙は四月一日以降、回顧談の筆録を「大隈伯昔日譚」と題して連載し、それは翌年一〇月一三日まで、全二九六回に及んだ。大隈の語りの中心は、幕末維新期の約二〇年間にあり、談話は回顧時からちょうど二〇年前の征韓論政変で終わった。

連載時の筆録には、最初、斎藤新一郎があたり、ついで矢部新作が担当したが、連載途中で矢部が病死したため、円城寺清がこれを引き継いだ。円城寺が連載に手を入れ、編集して一書にまとめたものが、『大隈伯昔日譚』である。表記・表現は、大隈の語りのままではなく、漢文調の文語体によっている。「昔日譚」に「大隈伯」と冠しているのは、大隈が一八八七年(明治二〇)五月に伯爵となっているからである。

大隈は、本書の「一」で佐賀藩の教育から語り始め、「窮屈なる朱子学」と『葉隠』的な武士道に反抗しながら、同志とともに改革に立ち上がった事情を回顧する。ついで

「一」で、さかのぼって生い立ちと交友関係に触れ、義祭同盟に加わった事情を語る。「一」と「二」には、時期的な前後や内容的な錯綜があるが、これは、人生の行為を支配し精神を養成するのは、少年時代の教育と境遇にあると考える大隈が、まず、「書生」時代の思い出から語り始めたことによる。

その後、「三」で、激動する幕末の政局のなか、佐賀藩の路線を批判しつつ、志士として奔走した時期を回顧し、「四」で、英学を志し、商人と連携して経済活動を展開したことを語る。そのうえで、再度、「五」で政局と自身の活動ぶりに戻り、「六」で大政奉還に至る。こうして、大隈の回顧は、空理空論を排して「活学」を志向し、商人や金銭を蔑視する風潮のなか、商人との交際をはかりながら歴史の変動を推しすすめた青年期の活躍ぶりを浮かび上がらせる。

「七」からは、新政府の成立後、これに加わって活躍した時期の回顧にうつる。耶蘇教問題(浦上教徒事件)をめぐってイギリス公使パークスと渡り合った「外交の初陣」から、廃藩置県、岩倉使節団の派遣などを経て、「十三」の征韓論政変に至る。大隈の語りは、維新直後の混沌とした政情と、政策決定の裏面を浮かび上がらせ、改革の担い手たちの人間関係や人物評を織り交ぜながら、「維新革命」を「保守主義」に対する「進歩主義」の勝利として描き出す。

一　少壮時代の教育と境遇――書生時代の事情

〔人間一生の歴史は功過相半ばす〕

およそ人間一生の歴史は、功過《こうか》相半ばするものなり。ややもすれば功過相償う能《あた》わずして、過誤失敗のみを遺《のこ》すもの多し。余が如きも過去三四十年の事迹《じせき》を回顧すれば、実に憮然《ぶぜん》たらざるを得ず。微功の録すべきものなきにあらずとするも、また以て特に掲げて世に称道するには足らず。然《しか》りといえども、数十年の久しき、種々なる経歴の中には、あるいは世人の未だ聞知《ぶんち》せざる事迹もありて、今更に耳新しき思いを為すものも少なからずと思えば、姑《しばら》く少年麤暴《そぼう》の当時より近時に至るまでの経歴の概略を語りて、世に示さん。

それ人生の行為を支配し、精神を養成するは、多くは少年時代の教育、及びその境遇の如何《いかん》に在り。余が今日までの公私の経歴を詳《つまび》らかにせんには、まず余が一介の書生たりし当時の事情を知るを要す。

〔佐賀藩の藩校弘道館《こうどうかん》〕

余が郷里たる佐賀藩には、弘道館という一大藩黌《はんこう》ありて、その生徒を内生《ないせい》、外生《がいせい》の二校舎に分ち、今の小中学の如く、一定の課程を設けて厳重にこれを督責したり。藩士の子弟にして、六七才になれば皆外生として小学に入らしめ、十六七歳に至れば中学に進みて内生となり、二十五六歳に至りて卒業せしむる程度なり。もしその適齢に及ぶも、なお学業を成就する能わざるものは、その罰として家《か》禄《ろく》の十分の八を控除し、且つ藩の役人と為るを許さぬ法なりき（これを課業法といい嘉永三年〔一八五〇〕に施行したり）。然るにその教授法は、まず四書五経の素《そ》読《どく》を為さしめ、次に会読《かいどく》を為さしむるものにして、その学派は専《もっぱ》ら頑固窮屈なる朱子《しゅし》学《がく》を奉ぜしめ、痛く他の学派を擯斥《ひんせき》したり。かくの如き学制なりしを以て、闔藩《こうはん》の少年子弟は、皆弘道館に入りて、その規定通りに朱子学を修め、試験に及第して家禄を全収する志を起さざるを得ざらしめたり。たまたま高《こう》材逸足《ざいいっそく》の士あるとも、この方途を践《ふ》まざればその驥《き》足《そく》を伸ばす能わざるが故に、一藩の人物をことごとく同一の模型に入れ、ために倜儻不羈《てきとうふき》の気象を亡失せしめたり。藩黌に入りて制科に及第せざれば、家禄を減ぜらるるのみならず、また仕途につく能わずと為すは、これ明清《みんしん》の登科及第法《とうかきゅうだいほう》(1)よりも厳酷なるものなり。明成祖《せいそ》が対偶声律《たいぐうせいりつ》を以て人を採れるさえ、なお後人に秦皇《しんこう》の焚書《ふんしょ》愚人法《ぐじんほう》よりも有害なりしとて非議せられたり。佐賀藩の学制は、豈に余多《あよた》の俊英を駆りて凡庸たらしめし結果なしとせんや。

〔佐賀藩の国是たる「葉隠」〕

余が初めて学につきたる時代に於ける佐賀藩の学制はかくの如くなるが上に、またその窮屈に加味するに、佐賀藩特有の国是とも謂《い》うべき一種の武士道を以てしたり。謂《いわ》ゆる一種の武士道とは、今よりおよそ二百年前に作られたる、実に奇異なるものにして、而《しか》してその武士道は一巻の書に綴《つづ》り成したるものにして、その書名を『葉隠』（葉がくれ）と称す。その要旨は、武士なるものは、惟《ただ》一死を以て佐賀藩のために尽すべしと謂うにあり。天地の広き、藩士の多きも、佐賀藩より貴《き》且つ重なるものあらざるが如くに教えたるものなり。この奇異なる書は、一藩の士のことごとく遵奉《じゅんぽう》せざるべからざるものとして、実に神聖侵すべからざる経典なりき。その開巻には「釈迦《しゃか》も、孔子《こうし》も、楠《くすのき》〔楠木正成《くすのきまさしげ》〕も、〔武田《たけだ》〕信玄《しんげん》も、かつて鍋島家に奉公したる事なき人々なれば崇敬するに足らざる」旨を記したる一章あり、以て該書の性質を窺《うかが》うに足る。且つ信玄を以て釈迦孔子に配したるは、当時、信玄が如何《いか》に武人の間に尊敬せられたるかをも徴すべきなり。

佐賀藩は実にかくの如き経典と朱子学とを調和して教育主義となし、これを実行せしむるに、陰に陽に種々の制裁ありて、一歩もその範囲外に出る能わざらしめんと務めたりき。これを以て、私学、私塾の如きはこれを賤斥《せんせき》して士林《しりん》に歯《よわい》せられず。他に新奇なる学説意見を立るものあれば、ことごとく目するに異端邪説を以てし、痛くこれを排斥《はいせき》したり。故に一藩の年少子弟は皆この厳格なる制裁の下に束縛せられ、日夜孜々《しし》として只管《ひたすら》に文武の課業を励むの外は、毫《ごう》も游刀《ゆうとう》の地はなかりしなり。

当時、余もまたその束縛を免《まぬか》る能わざりしが、後漸《のちようや》く長ずるに及んで、その形勢次第に陵夷《りょうい》し、窮屈なる学制の束縛は頽然《たいぜん》として壊敗《かいはい》するに至りぬ。而して余は実にその束縛に反抗し、学制の改革を促がしたるものの一人なりし。然れども、その改革に至りたる遠因を尋ぬれば、これを時勢の変遷に帰せざるべからず。

〔蘭学寮の設置〕

顧みるに、徳川幕府は厳に鎖国の主義を執り、海外の交通を全く杜絶したるも、唯《ひと》り長崎の一港のみは、荷蘭《オランダ》人及び支那人等のために開かれたれば、我が国と外国との交通は、単にこの一港に由りて行われたり。然《しか》るに長崎は実に佐賀藩の封境内にありて、その国防警固の任は福岡藩と隔年交代に司ることに定りしを以て、佐賀藩は海外の形勢事情を知る上に於て、他に比すれば甚だ便利を有したりき。なんとなれば、藩主を始め、藩士の長崎に往来する者は、時にあるいは外国の船将、または領事等と交際することもあり、従てその船艦の構造、兵制の組織より百般の事物に至るまで、親しく目撃耳聞するところありて、自然とその事情を窺《うかが》い知るを得たればなり。

既に外国の事情を窺い知ると同時に、人々の頭脳に起りたる思想は、西洋諸国は兵備、戦法、器械、化学等の点に於て、大に我より優《まさ》るところありと信じたる事、これなり。藩主鍋島閑叟《なべしまかんそう》（3）は、夙《つと》にこの思想を懐き、かの長を採て我の短を補わんと志し、他藩に率先して蘭学寮《らんがくりょう》を設け、有才《うざい》の士をして蘭学を講究せしむる便を与えたりき。これに因りて只さえ学制の束縛に不平を懐きたる人々が蘭学を修め、欧米の地理、形勢、及び学芸の一斑を窺いたれば、愈々《いよいよ》厳酷なる教則の下に、窮屈なる朱子派の学問を修むるを不可とし、学制に反抗するの意念を増長せり。

佐賀藩はかくの如き事情より、封建鎖国の時代に於て、已《すで》に泰西の新思想を潜養し来り、而《しか》してこの新思想は、かの米使ペルリの渡来に因りて急にその発達を為し、その極はついに藩学の軋轢《あつれき》を来たし、容易ならざる事件を惹起《ひきおこ》すに至れり。この新思想の注入発達こそ、実に佐賀藩が多少の人物を出して維新の際にその名を知らるるに至りたる原因なりしなれ。

〔尊王攘夷論の展開と新旧両派の衝突〕

この時に当り、余が先輩に一人物あり。容貌魁梧《ようぼうかいご》にして、才学ともに秀で、夙《つと》に学派の範囲を超脱し、また国学に通じて、尊王の論、国体の説等、皆その要を発見せり。然《しか》れども、藩の俗儒俗吏と相容《い》れず、家におりて自ら楽めり。その名を枝吉杢助《えだよしもくのすけ》と云う。実に今の副島《そえじま》〔種臣《たねおみ》〕伯の舎兄《しゃけい》なり。余は十六七歳の頃まで余念なく、藩学の教育を受けおりたりしに、かの米艦入港してより、天下の人心に非常の激動を与え、ために種々の紛擾を醸《かも》して、形勢の次第に変遷するを見て、初めて頑固窮屈なる藩学よりは、むしろ泰西の学を修むるの必要を感じたり。但し当時までは、なお蘭学を目するに夷狄《いてき》の学を以てし、これを擯斥排除《ひんせきはいじょ》するの気風甚だ盛んなりき。然れども、余は断然これを修むるに決し、同時に枝吉氏について国典を修め、大宝令、古事記等の解説を習い始めたり。これ乃《すなわ》ち余が一生の精神行為を養成せし第一着歩なりとす。

想うに、時勢の変遷に際して進歩と保守との両思想の衝突するは、免《まぬ》がるべからざるの数なり。佐賀藩に於ても、この形勢変遷に際して忽《たちま》ちその衝突を惹起し、しかもその衝突は弘道館の学生間に於て最も激烈を極めたり。

余は熱心に新学派を主張せるものの一人にして、かの江藤新平《えとうしんぺい》の如き、大木喬任《おおきたかとう》の如きは、皆余とその説を同うする者なりき。而してこの際、更に水戸派の学説を輸入せられたり。水戸派の学説とは、勤王の大義を明らかにするを以てその主旨と為すものにして、かの会沢正志《あいざわせいし》〔斎《さい》〕が新論のごときは、佐賀藩の一部の人士が最も貴重するところと為りたり。事情かくなりては、如何《いか》んぞ新旧両派の学説互いに軋轢《あつれき》せざるを得んや。果して、両派の学生及び教官の間に於て激烈なる抗争を醸《かも》すに至れり。

〔蘭学寮教官への就任〕

藩主閑叟《かんそう》は、この情勢を視て、両派のかくの如く軋轢するは、畢竟《ひっきょう》、蘭学寮と本校即ち弘道館とその所在地を異にし、学生互いにその思想意見を交換融和する能《あた》わずして交情の親密ならぬに因《よ》れりとなし、蘭学寮を弘道館内に移し、而《しか》してその学官には多く左右の近臣を任じ、専《もっぱ》らその軋轢を融和せんことを図りたり。余が年少の後進生を以て、蘭学寮の教官に任ぜられたるはこの時に在り。然るに、その結果は希望と背馳《はいち》し、新旧両学派の抗争軋轢は、却て益々《ますます》激烈なるに至れり。

これより以来は、一般世間の形勢日一日に転変し、開攘《かいじょう》の議論益々喧囂《ますますけんごう》に赴き、海内騒然として衆庶《しゅうしょ》その堵《と》に安んぜざるの形勢を現わせり。然るに閑叟は、夙《つと》にかの長を採て我の短を補うの必要を覚りたるを以て、蘭学を修むる者をば暗に奨励して種々の特待を与えたれども、因襲の久しき、一藩の人士、容易にその頑固なる迷夢を打破する能わず。多くは無用の抗争を事として深く天下の趨勢《すうせい》を慮《おもんばか》るものは少《ま》れなりき。但《た》だ時勢の進運は駸々《しんしん》としてその歩を息《やす》めず、泰西の新知識を輸入するの必要は、日に益々その多きを加う。ここにおいて、ついに一は以て新旧両学派の軋轢を緩和し、一は以て新知識輸入の便利を増益せんがために、蘭学寮中より一部の学生を長崎に派遣し、外人を傭《やと》うて親しく泰西の文物制度を研究せしむることとなりぬ。

この時に当り、我が国民の外人に対する感情は、旧に依りて異なるなし。以為《おもえ》らく、「外人は皆夷狄《いてき》のみ、ほとんど獣類に近きものなり、もとより神州男児のともに歯《よわい》すべきものにあらず。而してかの我より強きゆえんは、只だ兵制の整備せると、器械の巧妙なるとに因《よ》れるのみ。されば、斥攘の実功を挙げんには、まずかの長所を取り、理化学を修め大砲を鋳造し、堅艦を製作するを以て急務となすのみ」といえり。これを以て、佐賀藩に於ても、その図書館には専らこれらの学術に必要なる書籍を備えて、これを研究せしめたりき。

〔長崎における致遠館《ちえんかん》の設立〕

然るに、親しく外人に親炙《しんしゃ》し、地理、制度、歴史及びその他の事物に関する種々の書籍を輸入し、これを読むに及んで、初めてかの国にもまた君臣あり、政府あり、その制度、法律、秩然《ちつぜん》として備わり、その宗教、文物までまた取るに足るものあるを覚れり。ここにおいて旧来の想像は全く破れ、外人の長所は単に器械兵制のみにあらざるを知れり。それのみならず、その比《ころ》幕府より米国に派遣したる使節に従って、外国に渡航せし人々の帰朝するに及んで、蘭学よりはむしろ英学を講究するの必要にして、且つ益あるを覚りたれば、俄《にわ》かにその講習に従事するに至れり。使節に従って渡航したる人々の中には、余の友人もこれありし。

当時、余は専《もっぱ》ら泰西実用の学芸を研究せしが、中につきて最も意を致したるは、大砲術、築城学等の如き、すべて軍事に関するものに在りし。有体《ありてい》に云えば、余は今日まで特に専門の学業を修めたることなく、只種々雑駁《ざっぱく》なる多少の智識を得たるのみにて、一も取るに足るものなし。然《しか》れども大砲、築城等の事に至りては、やや知るところなきにあらず。これ余が少年時代に於て最も意を致したるところなればなり。特に大砲という思想は、最も強く余の脳漿《のうしょう》に印影せり。蓋《けだ》し余の厳君《げんくん》(5)は、長崎砲台の指令長官たりしを以て、余は幼少の頃よりして砲術に関する談話を聞きたればなり。藩主閑叟《かんそう》はかつて余に諭すに航海術を学ぶべしとのことを以てしたれども、余は当時、航海術をば如何《いか》にも卑賤なる船乗業の如く思いたるを以て、「父の後を継ぎて砲術を修業し、長崎砲台の指令長官たらんの志」なる旨を陳《の》べて辞謝《じしゃ》したることありき。

はじめ蘭学寮の学生を長崎に派遣し、外人を傭うて親しく泰西の文物制度を研究せしめんとの議、余等同志の間に起るや、藩の執権者は多くこれを危ぶみて、かくの如き人物を長崎に出し、これに自由に運動する便を得せしむるは、なお虎を野に放つが如し、如何《いか》なる事変を惹起《ひきおこ》さんも測るべからずとて、容易にこれを許容すべくも見えざりし。幸いに藩主閑叟の英明なる、独《ひと》り以為《おもえ》らく、「如何《いか》に少壮客気《きゃっき》の書生なるとも、郷藩の不名誉を来たすが如き言動は断じてこれを為さざるべし」と。ついに余等三十余人を撰抜して長崎に遊ばしめ、致遠館《ちえんかん》という一学舎を設立し、英人を傭うて専ら英学を講習せしむることと為せり。爾後《じご》数年間余等が内外に向って種々の運動を為すの根拠と為せしところは、実にこの学舎にてありしなり。

〔佐賀藩における「富国策」の提唱〕

翻《ひるがえ》って更に佐賀藩当時の形勢を察するに、かの窮屈なる朱子学と、奇妙なる経典とに依りて養成せられたる『葉隠《はがくれ》』的武士なおその権威を逞《たくまし》うし、因循姑息《いんじゅんこそく》の弊風深く上下を浸漬《しんし》せしかは、ただに余等同志の士が主張する新智識新思想を採用する能《あた》わざるのみならず、却《かえっ》てこれを排斥《はいせき》非難するもの滔々《とうとう》として皆然りき。

ここにおいて余は大に同志の士と謀り、藩政改革の議を唱え、俗吏の跋扈《ばっこ》を攻撃せり。

その改革の主旨は、まず軍政を改良し、財政を整理し、人材を登用し、冗員を省き、一藩の内政を革新し、而《しか》して後に進んで外人の跋扈《ばっこ》を制し、文武の大権を皇室に帰せしむる運動を為さんとするにありき。

而してこれを為すには必ずこれに伴うの資財を得ざるべからず。ここにおいて藩の有力者に説くに富国策を以てし、漸次に闔藩《こうはん》の気運を鼓舞するに従事したり。謂《いわ》ゆる富国策とは、これより先、佐賀藩に代品方《かわりしなかた》(6)と称する貿易官の如きものあり。その職とするところは大坂に出張して専《もっぱ》ら藩の物産を販売するに在り。その由来を尋ぬれば、外国人より軍器船舶その他の物品を買入るるには、巨多の代価を支払わざるべからざるに、当時藩の財政にてはこれを為すこと容易ならざりしを以て、物産を販売したる価を以てこれに充てんために設けたるものなり。余は因《よ》ってこの代品方の規摸を拡張し、長崎と大坂とに商館を設け、これに投ずるに三四十万円〔ママ〕の資本を以てし、材幹《さいかん》ある官吏と商人とを以てこれが事務を担当せしめ、以て通商貿易の便を開き、一方には国用の充実を図り、他方にはこれによりて中原《ちゅうげん》に向って運動するの計を立んとの企画を為したりき。意外にもこの企画の一半は、因循頑固《いんじゅんがんこ》なる藩吏の容《い》るるところとなり、商館の設立を実際に見るに至れり。然《しか》れども、余の志はもとより此《ここ》に止まらざるなり。乃《すなわ》ちこれを根拠として着々その歩を進め、各藩の志士と気脈を通じ大に為すところあらんと欲したるなり。

〔軍政改革の主張〕

余はまた更に意を軍政の改革に注ぎたり。なんとなれば、その比《ころ》の時勢は、不幸にして内乱の起るか、あるいは外国と干戈《かんか》を交ゆるに至るか、到底一戦争の避くべからざるを知りたればなり。然るに佐賀藩の軍政は、古昔、大坂陣もしくは天草戦争に用いたる軍法兵制をそのままに踏襲したるものにして、畢竟《ひっきょう》、今日の実用に適すべくもあらず。されば速やかにこれを改革し、泰西の制度を取捨し、精選し、且つ紀律ある兵制を組織し、以て一旦の緩急に備えざるべからず。その上封建時代の通弊として数百年前より侍大将の家に生れたるものは侍大将となり、足軽の家に生れたるものは足軽となり、如何《いか》に高才逸足《こうざいいっそく》の士あるとも、容易に班を越て進むことを得ず。只門閥の高下をのみ論じて人物の賢愚を察せざりき。かくの如くにして革《あらた》むるところなくんば、いかで能《よ》く兵気を振作することを得べきと。因て余は同志とともに自ら火術を習い、陣法を講じ、率先してこれが改革を為さんと企てたれども、惜しむらくは頑固因循なる俗吏の排斥《はいせき》するところとなりて、その説は用いられざりしに、後に関東、奥羽の戦争起るに及んで、当局者初めてその非を知り、遽《にわか》にこれが改革を為したりき。

〔藩政改革への奮闘〕

とにもかくにも、内外の形勢は日に月に益々《ますます》非なるを察したるにより、余等の同志は、日夜経営、以てその間に一大運動を試みんとしたれども、如何《いかん》せん、身は眇然《びょうぜん》たる一介の書生に過ぎざれば、世人多くはこれを冷視して、幾多の奮慨、幾多の画策もほとんど徒為に帰し去らんとしたり。ことに佐賀藩当時の状態は、前に述べたる如く、頑固因循《がんこいんじゅん》の弊風深く上下を浸漬《しんし》せしを以て、余等の運動はこれがために障碍《しょうがい》を与えられたることは枚挙《まいきょ》に遑《いとま》あらず。

この時に当り、藩の有力者にして職を側年寄に奉じたる原田小四郎《はらだこしろう》(7)というものあり。その資性頑硬にして諭《さと》すべからずといえども、また巍然《ぎぜん》として動かすべからざる気節を有したり。この人、上下の間に立ちて種々の計策を以て余等同志の運動を妨害せしこと実に尠《すくな》しとせず。故に当時、余等はこれを目するに奸臣《かんしん》、俗物、小人を以てし、相呼号して熱心にこれを攻撃したりき。

『自喜豪気猶未レ摧、毎レ経二一難一倍来』。年少気鋭なる余等の当時は実にかくの如くなりしなり。障害、困難踵《かさ》ね至れば、意気は益々激揚し、奮然身を挺して心力を国事に致さんことを計りたり。然《しか》れども国事を改革せんには、まず一藩の政略を動かして、気運を変じ、その持説を以て有力なる有志を感化し、藩の代表者と為り、藩の勢力を後援として運動すればその功を成し易し。また頑固の俗吏を動かすには、説くに天下の大計を以てするより、むしろ一藩の富国策を以てするの効能あるを見る。ここにおいて、余は泰西の新学術より得たる種々の経済談を以てその啓発誘導を試みたりしに、幸に多少藩吏の容《い》るるところと為り、その結果は前に言える、大阪及び長崎に商館を設立するに至りたり。この時、藩の参政に中野数馬《なかのかずま》(8)、伊東外記《いとうげき》(9)というものあり。伊東はやや進歩主義を執り、謂ゆる西洋贔負《せいようびいき》の人なりしも、却ってこれがためにその勢力を失墜せり。中野はこれに反して強情窮屈にして容易に移すべからざる『葉隠』主義の人にて痛く新知識新思想を排斥《はいせき》したり。然れども、余は循々《じゅんじゅん》として諭すに事の条理を以てし、説くに時の趨勢《すうせい》を以てし、漸《よう》くこれを動かして歩一歩とその誘導を務めしかば、ついに中野も少しはその迷夢を覚し、伊東もまたこれと同時に次第にその勢力を恢復《かいふく》し、藩政もここに初めて多少の活気を帯ぶるに至りたり。致遠館《ちえんかん》を長崎に設立したるがごときは、実に余がこの運動方略の一端にてありき。

〔国事奔走とその挫折〕

かくて余等改革派の企画は多少実行の端を啓《ひら》きたりとはいえども、なお一藩の代表者として運動するには至らざるのみか、時の当局者の多数は百方これを妨障《ぼうしょう》して已《や》まざりき。翻《ひるがえ》りて天下の形勢を顧《かえり》みれば、佐幕の論、開港の説、勤王の義、攘夷の談等囂々《ごうごう》として四方に起り、海内宛《さな》がら鼎《かなえ》の沸《わ》くが如く、紛々《ふんぷん》として乱麻《らんま》の如きを見る。ここにおいて余は窃《ひそ》かに以為《おもえ》らく、「内外の形勢既にかくの如し、苟《いやしく》も、今日にして早くこれが計を為さずんば、神州の存亡は測り知るべからず。これ志士仁人の身を殺して国に報ずる秋《とき》なり。然《しか》るに徒《いたずら》に因循姑息《いんじゅんこそく》なる俗吏を相手にして、碌々《ろくろく》と歳月を送るは言甲斐《いいがい》なきの限りなり。所詮《しょせん》発難に際しては、身を挺して京師《けいし》に入り、時の将軍一橋慶喜《ひとつばしよしのぶ》に見《まみ》えて説くに大政返上の大策を以てせんのみ。(10)この策さえ一たび行わるれば、佐賀藩の頑固も、労せずして自ら動くに至らん」と。直ちに副島と謀り、断然藩禁を犯し、万死を賭して脱藩するに決し、相携えて孤剣飄然《こけんひょうぜん》として郷土を出て辛くして大阪に入りたり。

思えばその時までは、天下皆幕府の実力如何《いかん》を窺《うかが》い知る能《あた》わず、なおその気息を候《うかが》って多少の望を嘱《しょく》したり。且つ将軍慶喜は頗《すこぶ》る賢明の聞えあり、陰然天下の重望を負いたるを以て、苟もこれを動かせば天下の事あるいは為し得べしとは、吾《われ》も人も想像するところなりし。而《しか》して余等の同志は、内外の情勢日に益々《ますます》困難に陥るを以て、これを済《すく》うの途は、速やかに文武の大権を皇室に復し、四海一統の政治を布き、国家の力を尽して外国に当るに在りと為したり。因てこの議を持して、まず幕府の大監察にして慶喜の参謀なる原市之進《はらいちのしん》(11)を説き、且つ大原三位《おおはらさんみ》〔重徳《しげとみ》〕を説き、原の紹介を得て更に慶喜を説きて、直ちに大事を断行せしむるの心算なりしも、如何せん、後ろに一藩共同の援助なければ、只一身の智略に過ぎざりしを以て、これを遂げんこと、もとより容易にあらず。京坂の間を奔走する二三ヶ月、まだ慶喜に見えて胸臆《きょうおく》を披《ひら》くに至らざるに早くも有司の捕うるところと為り、空しく郷土に追い返され、雄図ここに蹉跎《さた》せり。後聞けば、余の献策に因《よ》りて先に大坂に設立せられたる商館の主任者某の如きも、またこの際に余の事業を妨害したるものの一人なりしとぞ。

余の脱藩に先だつ数年に、大木《おおき》喬任《たかとう》は長藩の木戸《きど》孝允《たかよし》等と謀りてともに為すところあらんとして成らず。故江《え》藤新平《とうしんぺい》も憤慨のあまりに、また脱走して忽《たちま》ち捕われ、何《いず》れもその家に禁錮せられたり。嗚呼《ああ》、既往は追うべからず、悔恨幾番するもまた詮《せん》なしといえども、余等をして当初の意見の如く、佐賀藩を代表して天下に運動すること、なおかの後《ご》藤《とう》〔象二郎《しょうじろう》〕が土佐に於けるが如く、西郷《さいごう》〔隆盛《たかもり》〕が薩摩に於けるが如くなるを得ざらしめしは実は千載《せんざい》の憾事《かんじ》なり。今にしてこれを思うも、なお無限の感慨の懐に往来するを禁ずる能わず。

〔立憲的思想を起こしたる濫觴《らんしょう》〕

翻ってこれを思うに、余がかかる政策意見を懐抱するに至りたる原因は、実に当時の学問教育に在り。初め余の弘道館に学ぶや、夙《つと》に窮屈なる学制に反対して改革論の主動者と為りしほどなれば、朱子派の順序を践《ふ》みて深く四書五経を研究する事を為さず、却て諸子百家の書を渉猟《しょうりょう》し、好んで経世済民《けいせいさいみん》の方法を攻究したる中にもその最も愛読したるは管子《かんし》及び〔新井《あらい》〕白石《はくせき》、〔荻生《おぎゅう》〕徂徠《そらい》の著書にてありき。かく一方には和漢の雑書を研究すると同時に、他の一方に於ては、蘭書につきて地理、兵制、物理等、泰西実用の学を修めたるが、よしこれらは簡易なる書冊なりしにもせよ、その当時に在て、啓発の功は実に少なからず。これに因て初めて欧米諸国の貧富、強弱、土地の肥瘠《ひせき》、物産の豊乏、及び制度文物等の一斑を窺うことを得たり。而《しか》して当時最も深く余の脳漿《のうしょう》を刺激せしは、荷蘭《オランダ》の建国法なりき。余は非常の苦心を以て漸《ようや》くこれを読みしに、その記するところ、着々経国の要領を得たるを以て、余は夷狄の国にもまたかかる良制度ある乎《や》と感嘆措《お》く能《あた》わざりし。

嗚呼《ああ》、これこそ実に余が立憲的思想を起したる濫觴《らんしょう》にして、これまで多年立憲政体の設立に苦心焦慮したるは、全くこの思想の発達したる結果なりとす。しかのみならず、余は北米合衆国が英に叛《そむい》て独立したる往時の宣言文を読んで、初めて泰西人の謂《いわ》ゆる自由権利というものの真意を解し、かの文物制度、頗《すこぶ》る我に優過するところあるを覚《さと》り、窃《ひそ》かにこれを移植せんとの志望を懐きたり。これを要するに、余の自由思想、立憲主義は、蘭学寮在学の日に於てその萌芽既に発生したりしなり。かくの如く、余は和漢の知識と泰西の思想とを調和し、且つこれを実地に施さんとせしを以て、その論策は幸いに空漠に流れず、而して財政の整理、国憲の確立と言えるがごとき、国民の一日も等閑に附し去るを得ざる実地の政策主義を胸裏に画定したるは、自ら以て一朝一夕の故にあらずと信ず。

二　生立ちと義祭同盟

〔母の思い出〕

余をして更に少年立志の当時を回想せしめよ。その当時、家族の関係幷《ならび》に金銭上に於ては、比較的自由の身体と幸福なる境遇とを有したり。但し一大不幸と謂《い》うべきは、幼少の時に於て父を喪《うしな》いしことこれなり。然《しか》る故を以て、余は母(12)の柔婉《じゅうえん》なる手腕の下に処理せられたり。余に二人の姉(13)あれど、ともに齢《よわい》、嫁期《かき》に達し、縁を得て他に嫁したるを以て、今はただ一人の弟(14)とともに慈愛深き母の養育の下に成長することと為りぬ。母は自ら家政を処断するにも似ず、余等に対してはあえて干渉を為すを好まざりし。かかる気質なるを以て、余が自ら適当と信じ、必要と認め、その理由を具して請求するところあれば、苟《いやしく》も贅費濫消《ぜいひらんしょう》の類にあらざる以上は、常にこれを容《い》れて拒《こば》むことなかりき。当時、同志の集会を為すに当ては、概《おおむ》ねその同志中の便宜の家を仮りてこれに集ることと為せしに、余等の間に在りては、いつも余が家を以てその集会所と定めたり。青年輩の事なれば、酒も多からざるべからず、肴《さかな》も豊かならざるべからず。酒酣《たけなわ》に興熱すれば、あるいは放歌高吟し、あるいは紛論激争し、時には一日を徹し、時には鶏鳴《けいめい》に至りて纔《わず》かに散会することも少なからざりしかども、母は毫《ごう》もこれを厭《いと》うの色なく、却《かえっ》て怡々《いい》然《ぜん》としてその間に処し、好んで周旋配意の労を執りたりし。かくの如くなりしを以て、余にして朋友間の困難災厄を救わんと欲し、これを母に計るあれば、母は常に及ぶべきだけの力を余に仮し、ために余をして衷心の愉快を感ぜしめ、且つ能《よ》く朋友間に幾分の地歩を占むることを得せしめたり。されば余の家はもと豪富というほどにはあらざりしも、この点に於て余は多少幸福の地に立ちたりしなり。

〔年長者との交友〕

当時、余が同志として交りし朋友は、余のためには多くは先輩なりき。年齢を以てこれを言えば、余よりは五六歳もしくは十歳以上の年長者も少なからざりし。余がかく多くの年長者と交際せしゆえんは、他に原因なきにあらずといえども、一は余が好んでこれを求めたるに因れり。余は外に於ては師よりして、内に於ては母よりして、朋友を撰《えら》ぶの大切なることを教えられ、而《しか》して余自らも将来世に立ちて事を為さんとならば、必ず朋友の力に倚《よ》らざるべからざることを信じたるを以て、そのこれを撰ぶに、もとより強てその範囲を限りたるにはあらねども、自然に経験に富み、学識に豊かなる年長者を交友とすることの傾きに趨《はし》りしなり。されど余は今日よりしてこの事を是認す。なんとなれば比較的為し難き方をば撰《えら》びたればなり。即ち年長者と交際を遂げんには、多少の障壁を越え、謂《いわ》ゆる気兼と遠慮とを払うて然《しか》る後にその傍《かたわら》に達するを得、而《しか》してその交際の上に於ては、いわゆる大人気《おとなげ》を養い且つ謹慎を旨とすべきものなればなり。これ世の父母等がともにその児童に向って希望するところなるに、余の自ら進みてこれを為したるは、疑いなく母の満足を買いたるべしと思うなり。

同年以下の朋友に至りては、たとい、さほどに意を注がずとも得難《えがた》しとせず。さればまた幸いに余はこの種の朋友にも乏しからざりき。学術、武芸に関しては同窓同庭の友あり、且つ遊戯の友あり、談論の友ありて、余はその当時に於て、実に良好の友を多く有したるものの一人にてありしなり。

〔義祭同盟《ぎさいどうめい》への参加〕

もし人あり、余に向って「汝は如何《いか》なる場合に志を立てしや」と問うとも、余はこれに対して「斯《か》かる機会に際会して確然志を決し、爾後《じご》これを守り孜々《しし》として変ぜざりし」というが如き画一の返答を与《あた》うる能《あた》わず。否《いな》、その何時《いつ》、如何なる場合のありしやを明示する能わず。然りといえども、左の一事の如きは、余が世に立ち事を為すの一階梯《かいてい》と為りしものなりと思う。

聞く、佐賀藩の先君は尊王忠誠の志厚く、かの忠臣楠公《なんこう》〔楠木正成《くすのきまさしげ》〕の像を作り、年々これを祭祀して以て士気の涵養《かんよう》に資するところありしと。爾後《じご》星霜《せいそう》移り、藩情の漸《ようや》く変ずるに従うて、ついにその古典を忽《ゆる》がせにし、今は祭祀を廃して、その像をある寺の一偶に放置し、知るものさえなきに至りしを。ある二三の志士相謀り、その寺についてこれを祭ることを始めたり。然るに閑叟《かんそう》の庶兄鍋島《なべしま》安房《あわ》〔茂真《しげまさ》〕[15]なるもの、閑叟の家を継ぎし後に、出でて家老の家を相続し、執政となりてありしが、この人深く楠公の像に留心するところありて、その祭りに加入し、ついにこれを寺の一偶より取出し、藩の鎮守なる龍造寺八幡社内の末社を取り払い、これを楠公社と為して此《ここ》にその像を安置せり。この挙に与《あずか》りたる同志を名づけて義祭同盟と称したり。

かの副島《そえじま》〔種臣《たねおみ》〕の兄、枝吉杢助《えだよしもくのすけ》の如きはこの事に関して最初より力を尽し、実際にはこの同盟の牛耳を執りたりし。

楠公の像を遷《うつ》して祭るほどの事は、今日の思想に於ては誠に易々たる業なるのみ。なんぞ同盟を企ててその運動を為すを要せん。されど、当時に於ては則ち然らず。苟《いやしく》も事物の変更存廃を為さんには、必ず全藩の異議を排するの必要あり。従って、強固なる団体と有力なる運動家とを要せしを以て、乃《すなわ》ちかの同盟を組織するに至りしなり。
その時、余は年甫《はじ》めて十六七にて、中学に在てこの事あるを聴き、喜んで枝吉の下につきたり。枝吉は余が平素より尊信したる人なれば、直接にその訓淘《くんとう》を受けんことを望みしに、幸いにして彼と交を訂《てい》せしより、余は義祭同盟の人々と往復するの便を得て、その結果は多くの年長者を交友と為すを得るに至れり。後に至りてこの同盟者の中には、政治界に立ちてその頭角《とうかく》を見《あら》わしたるもの少なからず。されば、余のこれに加盟したる(16)は即ち余が世に出て志を立つるの端緒と謂《い》うて可なり。

〔義祭同盟《ぎさいどうめい》と藩主鍋島閑叟《なべしまかんそう》〕

然《しか》れども、直接の結果より謂えば、この同盟は幸運なるものにあらざりしなり。同盟の起りし後、まもなく米使ペルリの来るに逢うて、外交問題は日本全国に一大電感を与え、国情紛々としてその定まるところを知らざる勢いとなりしを以て、この同盟の士は奮うてその間に投じ、大に斡旋の力を尽すべき時機に到着したるに拘わらず、却って気息奄々《えんえん》として今にも消えんとする状を呈したり。これ一は藩政の方針一変したるに由り、一は同盟者に有為の士少なからざりしといえども、ある部分の人は全くこれに雷同したるものなるに由るなり。

元来藩主閑叟は、活発有為の人にして、その継職の始《はじめ》に於てはいわゆる急激主義を執《と》り、当時に在ては頗《すこぶ》る目覚ましき改革を為したり。即ち旧来の吏員を廃黜《はいちゅつ》して書生を抜擢《てき》しその任《にん》に当らしめ、またこれを左右に親近せしめてその議を取り、その意見に聴従して藩政を処理したるが如きは、大に人の耳目を驚かしたり。鍋島安房《あわ》これを佐《たす》け、藩内に於ける書生の面目遽《にわか》に改まり、諸事皆活気を帯ぶるに至れり。

かの義祭同盟の士の起りしも、実にこの際に養成せられしものにして、一時書生の力はすべて事物を動かすを得て、勢威頗《すこぶ》る隆々たるべしと信ぜしに、免《まぬ》がれ難《がた》きは盛衰栄枯の理勢にて、自然の反動忽《たちま》ちここに起り来りて、ついに急激主義をして一頓挫を為さしめたり。

書生は、概して気鋭にして策粗《そ》に、志《こころざし》大にして術少く、往々に正当の理に拠りて大胆なる挙動を為すといえども、そのこれを持続しこれを完成するの道は措《お》て問わざるを通態とす。故にこれらの書生は種々の失策を為したり。多数の中には、あるいは醜体《しゅうたい》を露わすに至りしものもなきに非ず。これを統《す》るに、急激手段のために導かれたる弊害は漸く世上に暴白せられ、藩内の守旧家をして益々《ますます》守旧の安全なるを信ぜしむるに至れり。

〔漸進主義に転換した閑叟《かんそう》〕

さるが上に、もはや三十年の経過に閑叟も年老けたり。書生等もまた多少の失敗のために昔日の勇気を失いたり。かくて時と事とを同うして等進したる、すべての藩政に任じ来りし人々は、今は多く漸進説に趨《はし》りて、何事も急進的の事業を避くるの傾向を生じたり。

余は深く閑叟の人と為りを喜び、ことにその温厚の雅量は君子の風あるを欣羨《きんせん》せり。もしこれに加うるに剛毅の精神に富ましむならば、彼は疑いもなく維新の功臣中に於て第一流の地位を占むる人物なるべしと信ず。彼その敏眼は能《よ》く時運の向うところを察して改革の種子を播《ま》きたりといえども、惜しむらくは半途よりこれを荒蕪《こうぶ》に委《まか》して良好なる結果を収むる能《あた》わざりしがために、維新の中原《ちゅうげん》に逐鹿奔走《ちくろくほんそう》するに際して、一着を薩長二藩に輸《ゆ》せざるを得ざるに至らしめたり。

元来、改革最初の結果は、何《いず》れの場合に於ても、必ず多少異様の障害を現出するものなり。これは他の積弊を除くに当りて、必定免《まぬか》れざる数なるに、もしそれこの障害に驚き、改革事業を中止するあらば、その目的を達するの期は到底なかるべし。閑叟が急激なる手段は、疑いもなく幾多の障害を生出せり。一時、保守的極端の弊に代うるに、急進的極端の弊を以てしたり。その間に、新旧両学派の衝突は起りしならん。従って藩政に紊乱《びんらん》を加えしものあらん。然《しか》れども、それはこれ一時の現象にして、なおこれを継続するに着々改革的の精神を鼓して以て事を処理せば、その現象は遠からずして形跡を斂《おさ》むるに至るべきなり。但し当時、かくの如き事は他の模範の比例すべきことなかりしを以て、かかる道理を究め得るを得ず、ついにその最初の方針を転ずるに至りしは無理ならぬ事なれども、抑々《そもそも》彼が一生の事業のために痛惜すべきの事とは言わざるを得ず。

また我が義祭同盟《ぎさいどうめい》の上について考うるに、吏員の多分はこの書生団体より抜擢せられし者なるを以て、始めのほどは能く活発奮進の気力を保ち、一方に藩政を改革し一方に士気を鼓舞し、大義名分の説を講じ楠公の所為に倣《なろ》うて皇室に忠義を致さんことを説きたれど、吏員の地位に在るの久しきに従って、謂《いわ》ゆる俗務に俗化せらるるもの多く、漸々に職務外の事に集会するを怠るに至り、ついに義祭同盟は有力の門閥家なく、吏員なく、唯純然たる書生の集合体と為り終れり。

事態かくの如くなり行《ゆき》たれば、反動の勢力とともに非難攻撃の声は四方に起り、甚《はなは》だしきはこの同盟を目して封建の制度に抵触し藩制に不利を醸《かも》すべきものなりと言うものあるに至れり。これを以てこの同盟はまさにその力を伸ばすべき時機に及んでその力を伸ばす能わず、空しく佐賀藩史上にその名を止《とど》めるのみにして熄《やみ》たりき。

余は想う、かのペルリが渡来したる後に於て、もしこの同盟が以前の体面を保持しおったらんには、維新改革の率先者は佐賀藩なりしやも料《はか》り知るべからずと。
かくて、一般の書生は世の風潮を趁《お》うて続々同盟を脱せるにも拘わらず、余は我が信認したるところの先輩とともにこの中に留れり。この時よりして余は多く同年輩の朋友を失い、おもに年長者の間に奔走するに至れり。

〔弘道館からの追放と洋学への転換〕

またその比《ころ》、同窓中に学制改革の議を起す者あり、朱子学派に対して反対の運動を為さんことを計れり。余は年漸《ようや》く十七歳、もとより一定の思慮見識を有せるにあらざりしも、しきりに反対派の運動を助けてその気焔を煽《あお》り、謂《いわ》ゆる南北両派の争いなるものを生じ(南北とは内生寮《ないせいりょう》は南廨北廨《なんかいほくかい》相対し、廊を隔て両校舎をなしたるより互いに相競争を生じたるなり)漸次激烈に渉り、その結果にてあるいは相殴打《おうだ》するに至りしことあるに及び、藩に於てそれぞれ処分することと為り、余は反対派首謀者の一人としてついに学校を放逐せられたり。

この一時の不幸こそ、余がために将来の幸福とは為れり。余の苟《いやしく》もこの学校に在るの間は、たとい学制に反対して朱子学の薫陶《くんとう》を受けざらんとするも、到底支那流の教育を脱するを得ず。一時の異議を唱うるも必ず水泡に帰して、ついに大勢の圧するところとなり、碌々《ろくろく》と呉下《ごか》の旧阿蒙《きゅうあもう》と伍《ご》を同うし、百事革新の社会に空しく邯鄲《かんたん》の夢を楽しむに終りしならん。幸いにして然らざるを得たるは、全く余がこの時に放逐の禍に罹《かか》りしに由るなり。人間万事塞翁《さいおう》が馬といえども、蓋《けだ》しまた余が一方に独立してその見るところを守りて動かざりしの報果と言うて可なるべし。余は放逐せらるるに及びて愈々《いよいよ》心を奮えり、愈々意を決したり。因て愈々反対の気焔を煽揚《せんよう》したり。これに因て余はここに洋学を学ぶの便を得、また国学を学ぶことを勉むるを得て、実地に漢学排斥《はいせき》の運動を為したり。

当時、余が同志と頼みたる先輩には、もとより洋学を修めたるものなし。然《しか》れども、その中には深く西洋の事情を知るの必要を感じ、而《しか》してこれを知るには必ず洋学の修めざるべからざることを瞭悉《りょうしつ》し、余のこの挙を賛するものも少なからざりし。また他の一部の人々は無論甚《はなは》だ反対したれども、余が洋学を修むると同時に国学を学ぶを見て、少しはその意を安んぜしものの如くなりし。

〔藩内での孤立〕

何《いず》れにもせよ、余は一般の風潮に対して逆流の地に立ちしなり。友人等は多く風潮に従い、これまで多少動揺しおりたる心を沈めて、専心に校則を重んずるに至り、無事に課業の科目を卒《おわ》りて相当の地位を獲《え》んことを望みたり。因て余とともに一時学校を退きたるものも、あるいは父兄の訓誡《くんかい》に順い、あるいは親戚の忠告を受け、因て自己の不利を思いしや、自ら改悛《かいしゅん》したりと称して学校に復籍し、尋常一様の道を進むこととはなれり。

余も同様の訓誡忠告を受けざりしには非《あ》らず。家に父なきも尊属の親あり。叔父、叔母、姉婿等よりして数々鄭重《しばしばていちょう》なる訓誡を蒙り、ついにはこれらの人々、母に向って強迫らしきことにも及びたりしも、母は余が既に意を決せしの有様《ありさま》を見て、あえて余に向ってこれを強ゆることは為さざりし。これ余がためには大なる幸福にてありしなり。この時、もし母にして非常の譴責《けんせき》を加えたらんには、余はために家庭の快楽を破るに至りしやも知るべからず。

これを要するに、余はその時、一定の見識を有してこの事を挙行したるなりとは言わず。また洋学を為すの果して漢学に勝るものあるを予知したるなりとも言わず。先輩の啓誘《けいゆう》に出でしにもあらず。また他の目的を有せしにもあらず。乃《すなわ》ち多少の考慮なきにしもあらざりしといえども、むしろ余の感情が余の境遇に従ってこの事を為さしめたりと言うを允当《いんとう》とすべし。然るにこの事は、たとい余をして一時、藩の信用を失い、親戚の感情を害し、友人の多数を失わしめたるに相違なきも、余のためには一生の好時機としなり。

て記憶《きおく》に存すべきものにして、その将来に利益を与えたることは、実に少々にあらざる

さりながら、余が当時の挙動は、正《まさ》しく藩内の非難を集めしなり。偏頗《へんぱ》の様なれども、師弟の関係と長幼の順序とはもっとも神聖なるが如きの感情を人心に与えたる社会に於て、子弟の身を以て、少年の身を以て、あえて学制を非議し、教師を非難するは容易ならざるの挙動なりしなり。その上、他の子弟等は一日不良の挙動を為ししも、父母親戚の訓誡に遵《したご》うて漸《ようや》く学校に復籍し、師命に従うて斯道《しどう》を学ぶというに至りしに、余のみ独《ひと》りすべての忠告を謝絶し、益々《ますます》方向を彼等の甚《はなは》だ好まざる点に転じて、洋学を修《おさむ》るに至りたれば、彼等は余を糞土《ふんど》朽木《くちき》なんともなすべからざるものなりと謂《いい》しやも知るべからず。これに因て、余は前に述べたる如く、幾多《いくた》の朋友を失い、余とともに提携し、また余に向って望《のぞみ》を属《しょく》するものはほとんどなきがごとき境界に至れり。誠に悲しむべしといえども、また万々已《や》むを得ざるの事にてありしなり。

〔新たな朋友の獲得〕

然れども余は、これがために他の一方に於て新たに朋友を得たり。その新たに得たるものは失いしものに比較すれば少数なりとも、少数者の力はかの多数者の力に勝るとこ

ろのものなりし、蓋《けだ》しこれらの人々は、何《いず》れも当時の時勢に対して一種の意見を懐きたるものして、あるいは藩政に反対し、あるいは学制に反対し、風潮のために容《い》れられずして、むしろ失意の地位に立てるものなり。思うに、人の志操は失意の時に真にして、人の情好は失意のときに密なるものなり。況《いわ》んや彼等はその見識の是非《ぜひ》に拘《かか》わらず、一個独立の地歩を占むるもの、多数の藩吏に対してその是非を較《かく》せんとの意気を有するもの、いわゆる稜々《りょうりょう》たる気骨を有する男子を包含するものなりければ、余はかの多数者を失うてこの少数者を得たれば、必ずしも損失を為したるに非らず、却って利益を得たるなり。但し余は両《ふた》つながらこれを全うするを得ざりしを遺憾とするのみ。

〔義祭同盟《ぎさいどうめい》の分裂〕

義祭同盟は、依然として存在せしには相違なきも、只告朔《こくさく》の餼羊《きよう》と為りて(17)その形存するに過ぎざりし。楠公の大義を表彰し、互いにこれに倣《なろ》うて皇室のために、国家のために尽さんとするの精神は、僅《わず》かに一部の人士間に止りて、已《すで》にこの義祭同盟なる全体の上には属せざりしなり。その同盟者は、定まりたる集会日には、なお何《いず》れも一所に集れり。書生は云うまでもなく、吏員も来り、門閥家も集れりといえども、もはやこれらの人々は同臭味《どうしゅうみ》の団体を以て称すべからず。その心は二様に分裂してまさに軋轢《あつれき》をも生ぜんとするの傾向を呈せり。これを以て、その集会は只一片の儀式に止りて何の功用をも為さざりし。既に自他の間に暗に障壁を設けたり。その胸襟《きょうきん》を披《ひら》きて国事を談ずるが如きは到底その中に為し得べきに非らず。ここにおいて、同盟中の一派は別に集会を為すの必要を感じたれば、佐賀に於ける幽邃《ゆうすい》の一寺院を以てその集会所に充て、以て同志等が国家の大勢に関し、藩政幷《ならび》に教育の方針等に関し、自由にその意見を吐露《とろ》するのところと為せり。蓋し余の尊信する先輩の多くは、この派の人なりし故に、余もまたこれに従って終始その集会に列するを怠らざりき。

〔中略〕

三　形勢一変と藩主閑叟

〔編者注〕

ペリー来航(一八五三(嘉永六)年)以降、江戸の佐賀藩邸警護、諸藩情勢の視察、北方警護を目的とした蝦夷地(北海道)・樺太探検、鍋島閑叟と薩摩藩主島津斉彬との交流、遣米使節団への随行など、佐賀藩士たちの他地域との交流の機会は増え、新たな知識・思想がもたらされたと大隈は回想している。佐賀藩内の改革派であった大隈らのグループは、これらの新しい知識・思想にふれて、体制改革の必要性を感じ、学制・兵制・国防などの政策を活発に論議し、外国の事情を詳しく知るべきであると考えるにいたった。さらに、藤田東湖・佐久間象山らの思想に熱中し、藩外に出たいと彼等は願った。しかし、藩主流派から警戒され、佐賀藩内に押し止められてしまったと大隈らは考えていた。

その中で、一八六〇(安政七)年に、桜田門外の変がおき、大老井伊直弼が暗殺された。大隈らは、桜田門外の変後の混乱に備えて強化された佐賀藩邸の警護要員として江戸に派遣されることによって、そのことをきっかけにして尊王攘夷に消極的であるとみられた藩主鍋島閑叟を翻意させることを計画した。

〔井伊直弼に心を傾けていた鍋島閑叟《かんそう》〕

されば閑叟は水戸と幕府との軋轢《あつれき》に関して、表面は局外中立を為せしが如くなるも、その実はむしろ井伊《いい》〔直弼《なおすけ》〕に心を傾けしやも知るべからず。これは只余が一己《いっこ》の臆測たるに過ぎざれども、井伊が大老の身を以て数々《しばしば》佐賀邸に来遊し、〔島津《しまづ》〕斉彬《なりあきら》もまた同席したることもありと言えば、必ず推料に違《たが》わざるべき歟《か》。当時閑叟は何事も自己の考えを以てこれを独断して吩咐《ふんぷ》したるを以て、その全体の真意を審《つまびら》かにしたるものはほとんどあるなし。蓋《けだ》し余多の藩士中に、学問に於ても、才略に於ても、弁論に於ても、一人も彼に匹敵するものなく、因て彼は自然に何事も独断するの習慣をなし、藩中は唯《ただ》命にこれ従うの状態となり、機械的傀儡《かいらい》的に運動をなしたるに過ぎず。故に井伊と斉彬と藩邸に来りて、如何《いか》なる協議を為し、また如何なる談論を試みしや、もとより秘密を旨としたる事なるべければ、今はこれを審かにするに由なけれども、当時彼の往復は水戸に於けるよりも、井伊に対して頻繁なりしはもとより外表に於て疑うべくもあらず。

また、その結果につきてこれを見るに、井伊が桜田門外に於て水戸浪士の毒手に斃《たお》るるや、閑叟は痛く驚きたり。佐賀藩は猶更《なおさら》大に驚きたり。井伊を斃したる浪士等は、転じて閑叟《かんそう》の頭を獲んと企画すとの風説さえ伝りければ、藩庁に於ては遽《にわか》にその不虞《ふぐ》に備えんがため、まず軍艦を品川に廻し、且つ公然兵を出す能《あた》わざる法制なるを以て、武勇の壮士を撰《えら》び、藩用を帯びたるの外見をなして、昼夜兼行して江戸に上《のぼ》らしむることと為したり。

〔閑叟の翻意をもとめて〕

余は後にこれらの事情を審《つまび》らかにするに及んで、初めて閑叟が水戸と結托せざりしは、結托すべからざる理由のありて存せし事を知りたり。当時に於ては然《しか》らず、余等の同志(佐賀藩の改革派)は、閑叟が水戸と結托せざりしを知らぬのみか、相率いて水戸に左袒《さたん》したりし。蓋《けだ》し余等の同志は、烈公《れっこう》〔徳川斉昭《とくがわなりあき》〕の言行を聞て、漫《そぞろ》にその人となりを慕い、且つ多く藤田《ふじた》〔東湖《とうこ》〕、会沢《あいざわ》〔正志斎《せいしさい》〕等に親接してその所説を聴て語りたるものもあれば、ために感激するところありしを以て、この際に至りても、なお水戸を喜びて幕府を嫌い、因て水戸の敵手たる井伊を悪《にく》むの情は甚だ深かりけり。然る央《なか》に、藩主閑叟は幕府を助けて水戸に抗するの傾向あるがために、水戸人士の憤怒に触れしを聴き、如何《いか》で愕然《がくぜん》としてその不可思議の現象に惶惑《こうわく》せざらん。皆謂《おもえ》らく、これ一日も緩《ゆる》うすべからずと。即ち各自に奮うて江戸に赴き、まず閑叟の心を翻《ひる》がえして水戸派たらしめ、然る後に徐《おもむろ》に天下の大事を謀らんことを期し、しきりに諸所に奔走して江戸派遣の撰に当らんことを企画したり。されど兼てさえその撰を得がたきの事情ある上に、ことに今回は武人を要することなれば、余等の如き白面《はくめん》の書生《しょせい》にてその意を達せんことは、最も至難の望にてありしなり。余等は事の必ず俎豆《そとう》の間に平和の結局を見るに至るべきを説き、万々一、不幸にして腕力を要する事あるも、余等もまた一個の丈夫《じょうふ》を以て自ら任ずる者、必ず身命を抛《なげう》ちて主君を擁護すべきことを述べ、以て藩吏の心を動かさんとしたれども、如何《いかん》せん事の匆卒《そうそつ》に起り、至急に派遣を要する場合なりしかば、余等が昼夜を通じてなしたる必死の運動も、さしたる効果なくして、三四十人の派遣員中に僅かに四五人の同志を加え得たるに過ぎざりし。

〔江戸行きへの熱望〕

余等はこれを聞て無限の恨事と為したり。何となれば、一藩の浮沈《ふちん》はこの時に在りと思いつめしを以てなり。さればなおも如何《いか》にもして挺身し、江戸に出て藩主のために図るところあらんと心は矢竹《やだけ》なるも、他にその方途もなし。さりとて手を束《つか》ねてこの機を空《むなし》うすれば、大事一たび去てまた回《まわ》すべからず。因て自費を以て江戸に赴くことを請願せんとの議起りたれど、かかる場合に於けるに、改革派の常態として余等の同志はいずれもその旅費滞在費等に欠乏したるもののみなり。ここにおいて、余は母と相談して窃《ひそか》に決心するところあり。例に依りて同志の集会を余の家に開き、多数の事は及び難きも、五六人の費用は余が弁ずべきを告げたり。且つ余の齢《よわい》はなお僅かに二十三に過ぎざる黄《こう》吻児《ふんじ》なれども、必ずその一行中に加わるべきことを約し、因って江戸に赴くの自由を許されんことを藩庁に請願したり。同志中島義勇《しまよしたけ》(18)の如きは、君側の藩吏に知人少なからざりしを以て、その間に奔走して許容を得んことを勉めたれども、これもまたついにその目的を達すること能《あた》わずして止みたりき。

嗚呼《ああ》、不運は余等の同志を掩《おお》えり。万已《ばんや》むを得ざるの場合には、万已むを得ずとして他日を待つより外はなし。但し余等の同志五六人は幸いに撰《えら》ばれて已《すで》に江戸に赴きしを以て、これらの人々と自由に書信の交通をなし、因りて以て大勢の変動、諸藩の方向等の概略を窺《うかが》い知るを得、且つその大勢に対して輿論《よろん》の存するところ、幷《ならび》に諸般の出来事に対する有力者の見解等を審《つまび》らかにすることを得るに至り、余等同志の団結はこれがために煽動せられ、刺撃せられて益々《ますます》その強固を加えたり。

〔佐賀藩内における尊王論の提唱とその挫折〕

余等はまず尊王の大義を明らかにし、進んでは全国のために正当の方針を見出さんことを期し、退きては郷国のために藩政の改革を遂行せんことを期し、かくて同志の熱心なる運動は、これよりして益々その気焰を高め、その勢力を増進せしめたるを以て、藩吏等は愈々《いよいよ》その心に快しとせず。曰く、「これ君主を後にして皇室のために尽すものなり」と、また曰く、「藩士は藩士たるの務めを守らざるべからず、我が藩を外にして漫《みだり》に国家のためと揚言し、恣《ほしいまま》に狂奔するは非理の甚だしき者なり」と、憎嫉《ぞうしつ》するに至れり。余等は因てこれを弁解するに、「忠臣は孝子の門に出ず。皇室に忠なる者にしてなんぞ藩主に忠ならざらん。藩主に不忠にして皇室に忠なるものあるを聴かず。余等の心は他なし。唯《ただ》誠心に藩主を推して皇室のために尽力せんと欲するのみと」の大意を以てせり。

とかくに、余等が満腔《まんこう》の企望《きぼう》を達せんには、なるべく藩吏の妨害を避くるの利なるを察し、その心を融和せんことを勉めたれど、如何《いか》にせん、彼等は皆機械的の人物に過ぎざれば、諸般の事物に対して毫《ごう》も自己の意見を画することなく、唯々《いい》として藩主の命に順従して一意にその事を務むるに過ぎず。時勢の愈々切迫するに従い、彼等も益々繁忙を加うれば、益々余等の言に耳を傾くるの暇《いとま》あるなく、余等が刻下の急務と信じて謀らんとすれば、彼等は唯無造作に「それは藩主の喜ばざるところなり。これも藩主の好まざるところなり」と答え去るのみ。実にこの機械的の人に対する術には困《くる》しみ果たり。

かくの如き事態なるを以て、余等は自己の意見を藩主に通致する能《あた》わず、また藩主に於ても同志の所見を聞くこと能わず。されば藩主は果して藩吏等の言うが如き意見を有せるにや、はた余等に対して如何《いか》なる見解を懐かるるか、すこしも明らかにする能わず。蔽障《へいしょう》の外より藩主の行為を観察すれば旧に依て寛裕《かんゆう》なり。同志中より禁を犯して藩を脱し、大事を図らんとして破れ、捕われて死刑に処せらるべき者も、なおこれを宥免《ゆうめん》してその側に近侍せしめたる事もあれば、その真意は必ず余等を棄てざることを証するに足る。これを以て、余等は藩吏を悪《にく》むの情を漸《ようや》くに増長したりといえども、藩主に対しては少しも怨《うらみ》を含むに至らず。なおひとえに望みを属《しょく》したる故を以て、あえて麤忽《そこつ》の暴挙に出でず。姑《しばら》く躍如《やくじょ》たる意気と鬱乎《うっこ》たる憤慨とを抑えて時の至るを待たんと欲したり。

〔中略〕

四　英学研究と商人との連携

〔編者注〕

桜田門外の変の後、佐賀藩内でも攘夷派と開港派の争いが発生し、支藩蓮池藩を中心とした長崎居留地襲撃未遂事件などもおきた。鍋島閑叟の意見は開港であったが、藩内の攘夷派に対しても、なるべく実質的な処刑をさけ、佐賀藩内の融和を中心に考慮していた。他方、井伊直弼や島津斉彬の死(一八五八(安政五)年)、自身の病気などにより、積極的に全国的政局にかかわろうとはしなくなっていったと大隈らは考えていた。

一八六二(文久二)年の島津久光の上京を契機にした、大藩の藩主の上京を求めた朝廷の要請に応じて、閑叟は上京した。しかし、幕末政局の主導権を掌握することはできなかったと大隈たちは観測していた。第一次長州征討(一八六四(元治元)年)の際、大隈らのグループは、閑叟が率先して幕府と長州藩との和解をはかり、そのことによって幕末政局の主導権を掌握することを主張したが、この意見も採用されなかったと大隈は回想している。

政治的な動きが挫折したこの段階で、大隈らに残された道は長崎における英学研究と商人との連携であった。

〔英学研究の開始と副島種臣《そえじまたねおみ》〕

嗚呼《ああ》、余等同志の失望は今やその極に達せり。翻《ひるがえっ》て天下の形勢を察すれば、歳月を紛々《ふんぷん》擾々《じょうじょう》の間に送りつつ漸次《ぜんじ》に進歩発達するところあり。益々《ますます》洋学を研究する必要を感ぜしを以て、余はこの失望の極より一転して専《もっぱ》ら英学研究に従事するに至りぬ。志士の境遇より実に悲しむべきの至りなりしも、またこれ歳月を利用するの一方法にてありしなり。

余等の意見といえば、尽《ことごと》く排斥《はいせき》さるる中にも、長崎遊学、洋学研究の事のみは、幸いに藩主の許容するところと為りたるを以て、余はなるべく多くの同志とともにかの地に至らんことを欲し、種々遊説するところありしも、愈々《いよいよ》志を決して同行を諾せし者は僅々十数名に過ぎず。その中にて今現存するものは副島種臣一人のみ。余は尽く維新の前後に不帰の客と為りたり。副島は枝吉《えだよし》〔杢助《もくのすけ》〕の弟なれども性質同じからず、この時より既に一種の学者風を備えたり。彼は漢学に於ては、余等の先輩中に在りて夙《つと》に頭角《とうかく》を見《あら》わせる人にて、而《しか》してその説は独立の判断より出《いで》しものと見え、当時の学者間に容《い》れられず、時に異端を以て目せられたることあり。彼はまた慎独《しんどく》の君子にして朋友を求むることを為さず。藩吏等とはもとより相容れず、且つ江藤《えとう》〔新平《しんぺい》〕等の一派とも相善からず、為すあらんと欲しても為す能《あた》わざるの地位に立ちたりし。余は枝吉との交誼《こうぎ》ありしのみならず、副島とも交際する久し。且つ彼が如き一方の学識に富みたるものと事をともにするは、多少衆議を排する手段と為りて、同学生を増加するに至らんと思考したるを以て、進んでまず彼を説きたり。彼の年歯《ねんし》は余に長ずること十歳なり。しかも既に大成したる漢学者なり。また攘夷の臭味《しゅうみ》を帯びたる人なり。齢《よわい》は已《すで》に壮年に達して相応の責任を帯ぶべき人なり。尋常の場合ならば必ず黄吻書生《こうふんしょせい》の価値なき言説として排斥したるべく、余もまた首肯《しゅこう》せしむることは極めて難事ならんと予料《よりょう》せしに、幸いなる哉《かな》、彼が不遇の地位と、その好学の意念とは、ついに駆りてその障碍《しょうがい》を排して余の勧誘に従わしめたり。

かくて彼は専心に英学の講究を始め、初歩の文典読本等を学びおりたりしが、晩学者の常として漸《ようや》く時日を経るに従い順序を追うことを好まず。一日余の寓所に来り、余の読みつつありし書籍を取て熟視しおりたりしが、ややその大意を解したると見え、「これは面白き書籍なり。将帥《しょうすい》たらんと欲するものは読まざるべからざるものなり」とて直ちにこれを買い求めて、謂《いわ》ゆる『字引と首引《くびっぴき》』を始めたり。余は多少の廃絶もありたれど、已《すで》に三四年来英書を手にしたるを以て、これらの書を読むに彼よりも容易なれども、彼は就学より僅《わず》かに五六ヶ月を過したるのみなるに、余と同一に習了せんと存立しことなれば、その困難は実に一方《ひとかた》ならざるべし。然《しか》れども、彼の堪能と熱心とは一向に屈することなく、日々一ページ乃至《ないし》二ページをば大概尽《ことごと》く字引にて討尋《とうじん》し、漢学者の例を以て、朱にて文字の両側に註釈もしくは翻訳をなし、独《ひと》りほとほと喜びおりたる有様《ありさま》は、数十年後の今日までなお髣髴《ほうふつ》として余の眼睛《がんせい》に影を消さざるを覚ゆ。

〔幕末における長崎の位置〕

当時は長崎の最も繁栄を極めたる時にて、諸事の便宜に乏しからず。条約に依りて開きたる港はなお他に横浜と函館との二港あれども、横浜は江戸に近き故を以て、その警衛ことに厳密に、且つ商人に非ざれば出入することを得ず。函館は蝦夷《えぞち》地なれば内地との関係に甚だ遠ざかりて、容易に往来すべくもあらず。独り長崎はかくの如き事情なく、且つ久しき開港地なるを以て、各藩人士の往復頻繁なるのみならず、外人との交通もまた甚《はなは》だ便利なりし。これを以て、長崎は京師《けいし》に次ぎて全国有志の輻輳《ふくそう》するところとなりたり。舟航の便利も比年に数層の進歩を為し、各大藩は少くも一二艘の汽船を有し、薩州、佐賀の如きは五六艘を有して各々《おのおの》江戸、横浜、大阪等に往復したるを以て、江戸の消息、各藩の事情を審《つまび》らかにするを得、その上各藩より購求する武器、弾薬、船舶等は多くは長崎に於て取引せしを以て、何《いず》れの藩は幾許《いくばく》の武器を買い込み、何れの藩は如何《いか》なる計画を為しつつあるやをも知悉《ちしつ》することを得たり。それのみならず、当時は已《すで》に毎月一回欧洲よりの便船ありしを以て、その便りについて欧米各国の事情及び世界の大勢をもほぼ聞知《ぶんち》することを得たりき。これを以て、余等は益々《ますます》その見聞を博《ひろ》くするを得、而《しか》してこれと同時に佐賀なる同志と互いに気脈を通ずることを怠らざりし。佐賀と長崎との間はその距離三十里計《ばか》り、船路に依れば一昼夜にして達すべし。故に同志は常に相往来し、且つ相通信し、事業企画の上に非常の便利を与えたり。

〔英学研究の重要性〕

されば、余等の心中に経画したる事は頗《すこぶ》る多端なりしも、英学研究はまた毫《ごう》も怠ることなかりしかば、面々《めんめん》歳月とともに進歩して漸《ようや》くその何物たるを解するに至りぬ。蓋《けだ》し学問は一歩を進む毎《ごと》に益々その滋味を解する深きものにて、世の好学の徒が書に対すれば疲れを忘るるもまた故なしとせず。

余等も益々英学の滋味を解するに従い、愈々《いよいよ》その有益なるを感じたり。その記するところは広く且つ深く、多く実際的にして、ほとんど人類の為すべき事を網羅せざるなし。則ち歴史上、社会上、経済上の事は勿論《もちろん》、兵制、軍術、通商、貿易、航海、築造その他諸般の工芸に至るまで、尽く学理を以て整然たる規定を為さざるなし。ここにおいて、余等は初めて、かつて忽諸《こっしょ》に付し来りしものの、却《かえっ》て人事の上に至大の関係を有したることを知り、以為《おもえ》らく、これこそ活学なりと。

〔漢学教育への反省〕

余等はこの理を知ると同時に、我が国現在の教育に対して益々《ますます》遺憾の念を鬱興《うっこう》せり。以為らく、「漢学はこれ空理空論を旨とするものにて、もとより以て活動社会の人材を養成するに足らず。ただにこれを養成するに足らざるのみならず、却て有為の材を無用の徒に変化せしむるものなり。見よ、現に儒者なるものは人類社会に如何《いかが》の地歩を占むるものにや。彼等は一種の活字引《いきじびき》にして唯不消化なる文学を胸中に貯え、常に迷妄の夢を見るに過ぎず。政治上、社会上、実業上に於て寸毫《すんごう》の利益を発揮することなく、また一個の計画を為してその目的を達するの方法を講ずることなく、只迂闊《うかつ》の言辞を並べて自ら得たりと為すのみ。その言説方針は、もとより以て人生処世の大道を指示するに足らざるなり。故に目下の急務は、将来為すあらんとするの青年をして漢学を止めて英学を学ばしむるに在り。偏僻頑迷《へんぺきがんめい》の思想を打破して天高く地厚きの実相を知らしむるに在り。彼等にしてこの途に由りて漸く《ようや》進行せんか、我が国の将来は兵事にまれ、政事にまれ、教育にまれ、はた商工業にまれ、必ず能《よ》く改革の成果を収むるを得べきなり」と。

〔致遠館《ちえんかん》拡張に対する商人たちの協力〕

ここにおいて、余等は曩《さき》に長崎に設立したる致遠館(19)という英学校の規模を拡張し、佐賀藩の子弟は勿論《もちろん》、他藩の有志をも集めて相ともに同窓の交誼《こうぎ》を分ち、将来同一の方針に依りて改革の衝《しょう》に当らんと欲し、因て数々藩庁に請願するところありしも、藩吏等はこれにも反対の意見を懐きたるを以て、肯《あえ》てこれに応ぜず。已《や》むを得ず一時各自の資金を擲《なげう》ちてその拡張に充てたれども、もとより限りある金額なれば余等の志を満たすに足らず。余等はこれに向て種々の手段方法を講究したる中に、長崎へは諸藩より有志者、商人等多く出入するを以て、これらの人々を叩《たた》きて以て図るところあらんと存立せり。

余等のこれまで交際したる人々はその数少なからざりしも、多くは皆学生吏員等に止り、商人のごときは毫《ごう》も相識る者なかりき。思えば必要は人を意外の方位に導くものにして、何《いず》れのところにか資金を得て学校を盛大にせんとの志は、余等をして商人等と交際を結ぶに至らしめたり。これ実に意外の事と謂《い》わざるべからず。顧《かえり》みればその比《ころ》、一般の士人は商売を賤《いやし》み、金銭を賤しむこと甚だしく、商人と膝を接して事を談する事などは夢にだも思想せざりしなり。只、余等が已《すで》に英書に熟し、且つ多少外国の事情を知りたるを以て、この観念は頗《すこぶ》る消散したるも、尋常の場合に於ては、なお依然と習慣のために支配せられ、身を挺して彼等と交を結ぶことを為し得ざりしならん。然《しか》るに能《よ》くこれを為すに至りしは、全く志のために駆られたるなり。

かくて余等は商人の間に交を容《い》るる温かなるに従い、漸く商人の気質を知るを得たり。もとよりその多数は営利にのみ汲々《きゅうきゅう》として、ともに国事を談ずるに足らざれども、中には活発なるものあり。多少の智識を具《そな》えて公共的の事業に注目し、且つ義侠心に富むものなきにあらず。これを以て、余等は彼等のために相応の力を致し、且つ彼等に依て以て学校を拡張し、同志者を養うの道を講ぜんと欲したり。然るに彼等の中には、余等の勧誘に応じたるものまた少なからず。

〔佐賀藩における富国策の唱導〕

余が盛んに富国策を唱導したるは、即ちこの時の事にして、一は以て藩庁を動かし、一は以てこれら商人のために裨益《ひえき》を図らんと欲したるなり。富国策に関したる余の所説は、今日よりしてこれを見れば、三尺《さんじゃく》の童子《どうじ》も能《よ》く知悉《ちしつ》するところなりといえども、当時に在りては卓見として迎えられ、頗る人心を動かすに足るものありしなり。而《しか》して一般社会の形勢も漸次に余の説に傾き、人々皆財貨に乏しきを感ずるに至りしかば、流石《さすが》頑愎《がんふく》の藩吏等も、多少余の説を採用して、これを実施することと為り、且つ一方には佐賀に於ける商人の注意を惹《ひ》き、漸《ようや》くこれと交際の道を開くを得たり。

商人との交際は、その事もとより小にして、且つ維新後の天地に在りては毫《ごう》も注目するに足らずといえども、当時社会の階級を厳存して、士人と平民とは主人と奴隷との如き関係を有し、「武士の面目を立る為には斬り棄《すて》も御免」というが如き旧弊の未だ除き去られざるの時に際して、士人の家に生れながら、自ら奮って彼等と提携せんと図りしは、本は必要に迫られしに由るといえども、抑々《そもそも》また異常の事として批判せざるべからず。否《いな》、社会変革の上に於て記臆《きおく》すべき一事件なりと言わざるべからず。これは自賛に似たりといえども、かくの如き点には、世人の注意を受くる甚《はなは》だ冷淡なるを以て、あえて自ら点染《てんせん》しおくなり。

余等は商人等と交際する愈々《いよいよ》深く且つ広きに従って、新知識を得ること少からざりしと同時に、商人等もまた依りて裨益《ひえき》を得たるところの頗《すこぶ》る多かりしが如し。これよりして、初めは多少余等の言説に疑惑を懐きて躊躇《ちゅうちょ》するところありし商人等も、漸次にその過大誇張にあらざるを覚り、余等に向ってやや望を嘱《しょく》するに至れり。ことにそれ外国商人と交通するに及んでは、心胸頗《すこぶ》る闊大《かつだい》に赴き、商機を見ること鋭敏に、物品に処すること活発に、約束を守ること厳正にして、時間を貴《たっと》ぶこと甚しき等は、彼等を感動刺撃するところありたるものの如し。

〔中略〕

〔編者注〕

大隈らは、具体的な富国策として、江戸への米穀・酒の直接販売を試みたが、従来の問屋などの妨害などもあり、さほどの利益は上がらなかったと回想している。また、佐賀藩士が探検していた蝦夷地との昆布を中心とした交易も試みたと大隈は述べている。この時期の佐賀藩の商人たちには進取の気風を持つものが少なくなく、彼らは藩主流派よりも、むしろ大隈のグループに接近したと大隈は想起している。

英学研究・商人たちとの連携など間接的な形でしか状況に関われなくなった大隈たちだったが、長州再征(一八六六年)を契機にして、再び国事に奔走することになったと、大隈は次章において述べている。

五　長州再征と国事奔走

〔余の人生観〕

嗚呼《ああ》、少年の時は春花の如く、老年の時は秋実に似たり。少年の所為《しょい》は何事も陽気に、何事も華麗にして、比較的に卑劣、醜悪、陰険、詐欺の術に乏しく、時に危険の感なきにあらずといえども、その言動は愉快にして掬《きく》すべきものなり。彼等は多情なり。多感なり。見るもの、聴くもの、また、触るるもの、ことごとく皆これを取り、皆これを為さんことを希《ねが》う。その勇気や尚《とうと》ぶべく、その無邪気や愛すべし。十州を得んと欲するものは一州を得、一州を得んと欲するものは一郡を得、意の存ぜざるところには道なく、志の存ぜざるところには結果あるなし。故に多情多感の性行を利用して、諸事諸物に経歴を加えしむることは、少年者に於て最も必要の所為なり。余輩は一種偏僻《へんぺき》の学者の如くみだりに禁欲主義を取りて、かの少年のまだ何《いず》くに芳芽を発《ひら》くにや知るべからざるの素性をば圧却するを好まざるなり。少年にして漫《みだり》に老成人を学ぶ者は、老年に至て純粋の少年と為るや知るべからず。何となれば、言わず、動かずしては有用なる経験と知識とを積む能《あた》わざるを以てなり。

且つそれ、人は歳月とともに絶えず異りたる境遇を通過する旅客なり。老年の境遇はもとより少年の境遇に異り、今は想像を為すの時に非ずして実地に働くべきの時なり。それ脳は物に接してむしろ冷《ひやや》かなるを尚《とうと》び、その眼は事に当ってむしろ一部に注《そそ》ぐを要す。彼は事物のために己《おのれ》を支配せらるることを止《や》めて己の見識を以て事物を支配せざるべからず。壮言大語は老壮の徒に益なし。その思想は一層真摯《しんし》にして実際的ならざるべからず。社会の外に道理なく、道理の外に社会なし。故に事実を外にして徒《いたず》らに空論臆測をなすものは、哲学者といえども排斥《はいせき》せざるを得ず。況《いわ》んや政治家その他の事業家に於てをや。老者は須《すべか》らく秋実と為りて各々その種に従ってその効用を遂げざるべからず。春花、秋実、能《よ》く人の一生を為す。少年の楽は老後の地位を想像するより楽しきはなく、老者の楽は少時の境遇を顧みるより楽しきはなし。

更にこれを他の点より看察する時は、人生は河水の行路に等し。少年の様は源流の如く、老者の体は下流の如し。水の初めて源泉を発するや、障碍《しょうがい》に逢えば十丈の懸河《けんが》と為り、険途《けんと》につけば駻流《かんりゅう》〔ママ〕と為り、停《とどま》れば淵と為り、放てば瀬と為り、あるいは巨巌《きょがん》を裂き、あるいは大木を堰え、跳《はね》るが如く、奔《はし》るが如く、怒るが如く、笑うが如く、争うが如く、闘うが如く、須臾《しゅゆ》にして分離し、須臾にして結合し、一区域内に於て能く千体万状の奇観を呈す。これ則ち少年初めて志を立て、世上に突進を試みるの様にあらずや。彼等は実に忙《いそ》がわしきものなり。彼等に向っては日は月の如く、月は歳の如し。彼等はその行為に於て已《すで》に忙がわし。その心情に於ては更に一層急がわしきものあり。手を焼かざるまでは火の暑きを知らず。身を溺《おぼ》らさざるまでは水の恐るべきを知らず。唯、彼等の決心と勇気とは世の剛者をして僻易《へきえき》せしむるに足るものあり。

已にして水の山を離れて渓間を伝え、流れ来る幾条の水を併《あわ》せ、漸《ようや》く平地に出て、漸く海口に近づけば、水は次第に深くして舟楫《かじ》《や》を行るに足り、また遍《あまね》く両岸の田野に灌漑するを得れども、その体は寛漫《かんまん》にしてまた昔日山に在りしの時に似ず。今は急がずして急ぐなり。あえてまた妄《みだ》りに衝突氾濫の憂を見ず、洋々《ようよう》として自然に従って流る。河水に幾多の小流を併するは、吾人が幾多の経験を得るに異ならず。深水は岩石と争わず。経験あるものは小事を異とせざるなり。経験なる哉、経験なる哉。経験は実に人の労力を和《やわら》ぐるものなり。経験なきの人は肩を以て物を担わざるを得ず。経験あるの人は汽車を駆ってこれを運ばしむることを得。

〔余の経歴は概《おおむ》ね失敗の経歴のみ〕

然り而《しこう》して余はかくの如き言を為すに拘《かか》わらず、数々《しばしば》身の少時を顧みてその日月の甚《はなは》だ長くして心情の甚だ多端なりしを思う。今は閑散の地に在りて数年を経過すること実に一夢の如きを覚《おぼ》ゆといえども、少時の経歴について考慮を運《めぐ》らす時は、今もなお多忙の思いを為すに至る。蓋《けだ》し少年の時は多端の時なるに相違なし。変化多きの期なるを免《まぬ》がれず。余等はこの多端の時期に於て、我が邦に最多端の歴史に遭着したるなり。維新の歴史たる、僅《わず》か二三十年間に於て、過去数百年間の変遷よりも著大なる変遷を為したるなり。余等はもとよりその勢運に乗じて活発々地の運動を為せしものなりとは言わず。已《すで》に毎々《まいまい》陳述したる如く、余の経歴は概《おおむ》ね失敗の経歴のみ。余等は二世三世を通ずるもなお見る能《あた》わざるほどの活劇を目撃しつつ、拘束圧制の下に頭を屈してこれを忍びしなり。余等をして時勢に無感覚ならしめばかくまでに焦心苦慮、失敗の上に失敗を重ぬるには至らざりしならん。只それ幸か不幸か、多少時勢の変遷に注意して、偶然にもせよ、その趨嚮《すうこう》を察知するの地位に立ち、千百異同の事物に刺撃せられて徒《いたず》らに心情の多端を加え、日月の転《うた》た長きを覚えしを如何《いかん》せん。

〔教育・学問への思い〕

余は今に及んで一生の憾事《かんじ》と為すものあり。それは何事といえば、かの当時に於て効果なき運動を断然と止めて専《もっぱ》ら心を学事に委《ゆだ》ねざりし事、これなり。もし余にしてその意を決し、政治、経済及びその他社会上に適切なる学問を専攻し、以て大にこれを必要なるの道に供したらんには、これに因《よ》りて国家を利したること、必ず少々にあらざりしならん。只国家多端の際に遭い、心を多方に騁《は》せて空しく数多の歳月を送り、一方に於ては事業の効果を得ることもなく、一方に於ては学術の深奥を極むるに至らずして止みたるは、これ余が自ら以て一大失策と為すところなり。

然る故を以て余は頗《すこぶ》る教育の事に熱心するに至れり。即ち全身の遺憾を挙げてこれを少年子弟の上に周慮《しゅうりょ》を加えたり。かつて大木が文部に相たる時に、余はこれを助けて教育令を発布せしめ、次に余の内閣を退くや、東京専門学校《とうきょうせんもんがっこう》を設立し、以て世の少年子弟をして完全なる教育を受けしめんと図れり。前の教育令発布につきては、当時の内閣員中に反対の意見を懐《いだ》くもの少なからず。現に井上《いのうえ》〔馨《かおる》〕の如きは力を極めて反対し、ついにその職を辞するに至れり。余と井上とは従来相提携して国務に鞅掌《おうしょう》せしものなるに、この事よりしてその後は今日に及ぶまでもまた相容《い》るる能《あた》わざるに至りたるは誠に是非《ぜひ》もなき事なり。但しかくの如きもなお余の持説を譲らず、ついに大木を助けてその発布を断行せしめたるは、蓋《けだ》し自己の経歴に於て深く教育の欠乏を感じ、少年子弟をして再び余の覆轍《ふくてつ》を踏まざらしめんとの情甚《はなは》だ切なるに由りしなり。

　かくの如く、余は自ら教育の不完全を悔恨し、及ぶ限りは少年子弟のために意を用いたりしも、当時の実勢を反顧《はんこ》するに、余等は実に安んじて教育に従事する能《あた》わざりき。もしそれその時に身を挺して断然外国に遊学したらば、世事の係累《けいるい》を免《まぬ》がれて、専《もっぱ》ら意を学術の上に注ぐを得たるならん。然《しか》るに空しく国内に在りて時勢の変遷を断《た》えず目撃し、数多の同志と相提携して、ややもすれば痛談にて暁《あかつき》に徹すること多き余に於ては、ついに身を国事より遠ざくるを得ず、従って専ら意を教育に注ぐ能わざりし。それ人は道理と感情とに制せらるる動物なり。苟《いやしく》も道理ある事物のその頭脳を刺撃し、感情を衝《しょう》撞《どう》する間は、黙せんと欲しても黙する能わず、姑《しば》らく忍んで黙するといえども頓《とん》で感動されて黙す能わざるなり。ことに余の如き少壮客気《きゃっき》の士にして、かの極端の衝突を為したる時期に際会し、身を度外に措《お》き、意を専らにして学問に従事せんことは、ほとんど望むべからざるの事なるべし。強いてこれを為したるならば、学問上の利益は多少これあらん。されど時勢の上に攀登馳駆《はんとうちく》するに際して、必ず数歩を蹉躓《さち》したるは疑うべくもあらず。

　とかく余等は社会の変遷甚だ急激にして、千古に比類なき多事の間に呼吸せしものなり。譬《たと》えば親の手を仮《か》らずして新世帯を持ちたる若者と同じ。すべて諸事を一時に整頓せざるを得ぬ必要に迫られしなり。即ち余等は国家に非常の改革を為さんことを企図すると同時に、一身に向って新知識を得んことに汲々《きゅうきゅう》たりしものなり。不幸にして国事に関しては、失敗に失敗を重ね、失意に失意を加えたるを以て、已《や》むを得ず姑く閑散の時を利用して英学研究に従事するに至りしも、志望はもとより彼にありて更に重大なりしを見るべし。

〔長州再征時における国事への奔走〕

かくて余等は長崎に英学校を建設し、両三年の間は専ら研究に従事したるも、最後の大勢力を以て打寄せ来りたる時運の潮流は、余等を撼動《かんどう》して再び船を政海《せいかい》に漕ぎ出すの已むを得ざるに至らしめたり。謂《いわ》ゆる最後の潮流とは他なし、幕府が長州再征伐を企てしことこれなり〔第二次長州征討。一八六六(慶応二)年〕。長州征伐は已《すで》に一たび余等の頭脳を刺衝して奔走するところあらしめたるに、今これを再びせんとするに於ては、余等豈《あ》に強忍《きょうにん》の緒を截《き》って奮起するところなきを得んや。以為《おもえ》らく、「今は国家累卵《るいらん》の危きに処す。再び征長の師を起して内乱の端を啓《ひら》くは、これ盤石を扛《あ》げてこれに臨むものなり。必ず摧砕《さいさい》を免がれず。嗚呼《ああ》、これぞ国家存亡の秋《とき》にて危機一髪の間に迫る。苟《いやしく》もこれを一転して天下の禍源なる幕府を掃滅し、諸藩をして王政一統の下に属せしむるにあらざれば、ついにこれを拯《すく》うなからん」と決意せり。

ここにおいて、余等は再び国事につきて奔走を始めたり。まず閑叟《かんそう》をして幕府と長州との間に立ちて調停を為さしめ、然《しか》る後に進んで天下の表に立ち、徐《おもむ》ろに大事を経営せんと欲したり。これもとより為し難き事にあらず。何となれば、当時幕府の閣老となりて重きを置かれたる小笠原《おがさわら》壱岐守《いきのかみ》〔長行《ながみち》〕(23)は肥前唐津の藩主〔世子〕にして、その領土は佐賀領土の間に介立し、彼かつて佐賀の学校に留学せしこともあり、明山公子と称して今の長岡《ながおか》護美《もりよし》(24)とともに世に名を知られ、余等の同志中にも互いに相往来せしもの少なからず。且つ長州の長井《ながい》玄蕃《げんば》(25)はかつて佐賀の書生と相知るものにして当時大監察の職を奉じたり。而《しか》して藩主閑叟は正に天下の重んずるところと為り、その一言一行はほとんど行われざるなきの地位に立ちたればなり。故に幕府は閑叟に向って数々《しばしば》助力を求め、更に佐賀の事情を知るものをして彼を動かさしめんことを図るに至りし。

余等はこれを見て奇貨居《きかお》くべしと為し、説て曰く、「我が藩は宜《よろ》しく最後の決心を為してこの間に処するところあるべし。征長の挙はもとより以て拒《こば》むべし。幕府幸いに聴くならばこれを助くべし。もし聴かざるならば、全力を挙げて長州を助くべし。但し我が藩の勢威を以て幕府に臨むならば閣老小笠原の如き、必ず他を説きてともにこれに聴従するに至るべし。万一、彼これを拒むが如きことあらば、その領土は我が佐賀領土の間に介立せるもの、兵力を以てその四境を圧してこれを強ゆるも易々たる事のみ。何《いず》れにもせよ、この際に閑叟一呼して起つあらば天下必ず靡然《びぜん》として随《したが》い、我が佐賀藩は労せずして較著《こうちょ》なる地位を占むるを得ん。否《いな》、この内乱の危機を転じて全国の一致結合を図り以て改革の偉業を大成するを得ん。嗚呼《ああ》、時運は我が藩に幸いを与えんとせり。天の与うるを取らざれば却てその禍を受く。我が藩の君民は如何《いかん》ぞ坐して好機を失うべけんや」と。

〔佐賀藩の天下に雄飛すべき最後の好時期〕

今にしてこれを料《はか》るも、余等がこの言説は識者の是認するところなり。その当時は、実に佐賀藩の天下に雄飛すべき最後の好時期にてありしなり。然るにこの機も空過してまた為すべきなく、閑叟に対するの望《のぞみ》はほとんどここに尽果《つきは》て、佐賀藩が維新の改革に対して薩長と光栄を競う能《あた》わざるの運命は全く此《ここ》に決したり。嗚呼《ああ》、余等は已《や》みなんか。時勢の変遷と耿々《こうこう》たる忠愛の人心とは、余等をして已む能わざらしむ。男児は斃《たお》れて而《しか》して後ち已まんのみ。曩《さき》に江藤《えとう》〔新平《しんぺい》〕が脱藩して京師《けいし》有志の間に奔走画策したるところも徒労となりて空しく帰りたり。

然れどもそれは往事のみ。今の時はその時と異なり、頗《すこぶ》る余等の画策を施すに適せるを以て副島《そえじま》〔種臣《たねおみ》〕とともに私《ひそ》かに藩を脱し、京師《けいし》に至りて大に為すところあらんことを謀れり。(26) それ天下の形勢已《すで》に此に至る。幕府の政権を解かしめて皇室の下に復帰し、政令一途に出でしむるにあらざるよりは、また他にこの紛擾を拯《すく》うの途なきなり。幕府のために計るも、二百五十年来の家系を保ち、永く我が君の良臣たらんと欲せば、速やかに政権を返上して天下民衆の憤恚《ふんい》を平かならしむに如《し》くはなし。且つ天に二日なく、人に二王なし。この際に於て、徒《いたず》らに公武の合体を図らんとするも、その無益にして有害なるは、実際の経験に於て業《すで》に已《すで》にこれを証せり。今や幕府は再び征長の軍を起さんとして益々《ますます》失体を見《あら》わし、天下の人心愈々《いよいよ》不穏に赴く。この時に当り幕府は宜《よろ》しく自ら反省してその罪を謝し、速やかに政権を返上するの挙に出でざるならば、朝廷より進んで要求せらるるに至るべし、天下の民衆もまた干戈《かんか》を以て強るに至るべし。かくては幕府のために不利なるのみならず、実に日本帝国の不利なり。

〔国事奔走の挫折と余の謹慎〕

これはその時、余等の胸中に湧出たる感想なるのみならず、一般志士の脳裡《のうり》に浮べる意見にして、薩長志士等は疑いもなく幕府をしてこの挙に出でしめんことを希図《きと》せしなるべし。後に後藤《ごとう》〔象二郎《しょうじろう》〕が〔山内《やまうち》〕容堂《ようどう》の意を受けて、〔徳川《とくがわ》〕慶喜《よしのぶ》を説くにこの事を以てしたるを見れば、土藩志士間にも已にこの説を持せるものありしを知るべし。実に余等は佐賀藩をしてこの局に当らしめんを欲したるなり。閑叟《かんそう》をしてその処理に任じ、偉大の光栄を受けしめんと欲したるなり。否《いな》、彼をして更にその歩を進め、薩長の睽離《けいり》反《はん》目《もく》を調停してともに心力を協《あわ》せ、列藩を導きて皇室のために尽力するところあらしめんと図りしなり。

回顧すれば、かの土佐藩はついに能《よ》く慶喜を動かし、大政返上の目的を達したり。閑叟の地位と技倆《ぎりょう》とを以てして当時に周旋するところあらば、そのこれを遂《とげ》るは、猶更《なおさら》に易々たることにてありしならん。然《しか》るに彼はついに寂として起たず。且つ人はその説を聴かずしてその人に聴くものなり。余等は箭竹《やだけ》なるとも、もとこれ一介の書生なり。如何《いか》に剴切《がいせつ》の言説を為すとも、かの京紳幕吏はこれを馬耳の風に附してほとんど顧みるなし。故を以て、脱藩奔走したるも、毫《ごう》もその効を奏するに至らずして、早くも藩吏の抑留するところと為り、帰れば謹慎を命ぜられて親類預けの身と為り、空しく好機を人に委《まか》したるは、思えば悲しむべき境界なりき。

〔幕末政局の急変と謹慎解除〕

爾来《じらい》余は謹慎の身なるを以て他人との交通を禁ぜられ、一室に閑居して読書を事とせしが、その間に於て、幕府は果して再度の征長に大失体《だいしったい》を見《あらわ》し、かてて加えて将軍〔徳《とく》川《がわ》〕家茂《いえもち》は遽《にわか》に大阪に薨《こう》じ〔一八六六(慶応二)年七月二〇日〕、倉皇《そうこう》の際に慶喜その後を襲《つ》ぎ、天下の危機は正にその極に達したり。

ここにおいて、佐賀藩の執政、参政等も初めて大に驚愕《きょうがく》し、これまで劇《はげ》しく余等の意見に反対したるも、今は漸《ようや》くその非を悟り、曩《さき》に惟《ただ》壮言暴語を擅《ほしいまま》にするものと軽々看過したる少壮書生の議論は、一々ほとんどその趨勢《すうせい》を予言したるが如きを見て、遽にその卓識に服して大に推重《すいちょう》するに至れり。執政は藩主の親族にして頗《すこぶ》る勢力あり。参政の中野《なかの》〔数馬《かずま》〕はかつて学友たりし故を以て余と相知り、やや材幹《さいかん》を以て称せられしが、一日突然とともに使を遣りて余等をその家に招きけり。

これ実に奇異の事なり。蓋《けだ》し余等は謹慎中の身にして、且つ彼等は執政なり、参政なり。容易に席を同うすべきにあらざるに、特に余等を呼て語るところあらんとするは、これ恐くは閑叟《かんそう》の意に出でたるものなるか。往《ゆき》て談ずるに、彼等は意外にも時勢に対する余等の識見を是認し、従来世の事情を誤解して痛く余等に反対したることを陳謝し、且つ今より藩政の方針を一変して余等の見解に従うことを約したり。ここにおいて余等は更にこれに告げ、「我が藩にして果して藩政の方針を一変して、能《よ》く余等の意見を用うるならば、その力を国事に尽すに於て、今もなお後《おく》れたりと為さず。但し内部の改革は必ずしも一日の急を争うことにあらざれば、宜しく外部に向って専《もっぱ》らその力を致すべし。まず兵を京師《けいし》に出し、且つ有為の人士を派して我が藩方針の上に立ちて列藩有志の間に交渉を為すところあらしむべし。もっとも必要なるは、閑叟をして速やかに京師に上り、朝廷に従うて天下のために斡旋するところあらしむる事これなり。かくの如くして着々その機を誤らざれば、我が藩の地位と声望とを回復すること決して難事にあらざるなり」といいしに、執政等これを領しぬ。

〔長崎赴任と発病〕

ほどなく余等は謹慎を許され、再び長崎に向って出発することと為れり。当時参政の一人に伊東《いとう》〔外記《げき》〕(27)（現時広島県知事なる鍋島幹《なべしまみき》の父）というものあり。藩の会計を司《つかさど》り、外国人等と取引を為す点に於ては頗る閑叟の信任を受けて、船舶、兵器等買入れのため数々《しばしば》長崎に来り、滞在中は余等の同志と相往来し、且つ幕府の奉行監察等とも交際したるを以て、頗る当時の事情を知悉《ちしつ》したれど、藩吏の中に於てはむしろ失意の地に立ち、従って常に余等同志と気脈相通じたりし。余が長崎に向って出発せんとするの当夕に、中野等数人とともに伊東の家に会し、種々談合するところありし。折しも余は俄《にわか》に風邪の心地して悪寒を感じたれども、なおこれを忍び、その夜十時頃に彼等に別れ、直に舟に搭《とう》じて長崎に向いしに、舟中にて悪寒益々《ますます》甚だしく、翌朝、長崎を距《へだた》る八九里のところなる諫早《いさはや》に着せしに、屢々眩目《しばしばげんもく》してほとんど動く能《あた》わず。然《しか》れども、その地に於て臥《が》褥《じょく》につくとも治療を請うべき良医なきを以て、病を勉めて長崎に向いしに、途上の籠《かご》の中にて気絶すること数回、漸《よう》くにして夕刻長崎に着するや、また人事を弁ぜず。かくの如きことおよそ一週日、吾《われ》も人もほとんど不帰《ふき》の途につくならんと期せしに、同地はもとより良医に乏しからず、蘭医、邦医、こもごも力を尽して治療を施ししにより、幸いにも九死に一生を得て回復するに至りぬ。然れども、これがため貴重なる三四ヶ月の日《にっ》子《し》をば空しく病褥《びょうじょく》の中にて送りたり。吁《ああ》、病もまた一の経験か。

〔少年時における右足負傷などについての回想〕

然り、病もまた一の経験なり。およそ天地の間不必要の物はなしとせば、病もまた必要なしとせず。吾人《ごじん》もとより自ら求めて疾病に罹《かか》るの非なるを知る。またかの無学にして不注意の徒が浪《みだ》りに衛生を怠りて故《こと》さらに病を招くの愚なるを知る。然れども、これを一方より観察すれば、天の雨を降すに勤人の田と惰人の田との差なきが如く、病の来るも摂生家と不摂生家とを択《えら》ばざることあり。余は少年の時に於て身を羸弱《るいじゃく》に陥れ、二十四五にして四十以上の衰容を呈せりと称せらる。これもとより自己の不注意に由るものなきにあらず。その始め学友等と一間あまりの溝を飛越ゆることを競い、足を失して痛く右足を傷《きずつ》けしに、その傷は掌大の潰瘍《かいよう》となりて、肉落ち、骨露《あら》われ、容易に治療を為す能わず。もし今日ならしめば、医師は必ずその足を切断して快速の治療を施したらんも、その時に在りては、未だこれらの施術に熟せる医師あらざりしを以て、別に詮ずべき様もなく、そのままに捨て置きしに、その暫時は痛苦を感ずること甚しく、後年に至るまで左足に比すればやや疲瘠《ひせき》したるを覚えたりし。然るに、不思議にもその右足をまたダイナマイトのために傷つけられて(28)ついに切断せざるを得ざる事となり、有名の国《こく》手《しゅ》を煩わすに至れり。嗚呼《ああ》、数十年の前に於て切断すべかりしもの、能《よ》くかの日まで保存し来りたりと思えば、また遺憾もなき事なり。

　足傷の後は余の身体何となく健全ならざるところあり、熱病、痲疹《ましん》等の疾病流行すれば一ヶ月乃至《ないし》三四ヶ月の間これに悩まされて褥床《じょくしょう》の中に呻吟《しんぎん》すること多し。書生の常として、病少しく癒《いえ》れば忽《たちま》ち学校に出て学事上の競争を為さんとし、且つ喫飯《きっぱん》、飲酒等すこしも節制を加うるなく、時には余多の学友と郭外数里に遠足を試みて故さらに筋力を無用の事に費すなど、とかくに無理押を為すこと多かりしを以て、いとど羸弱《るいじゃく》なる身体は益々健康を害するに至れり。かくて病のために後れたる学科を勉めて、他の学友に追及せんとすれば忽《たちま》ちまた病を起し、その少しく癒《い》ゆるを待ちかねてこれを回復せんとすれば、更に激疾に冒され、因て心気益々煩悶《ますますはんもん》し、躰軀《たいく》徒《いたず》らに疲労を来すこと多かりし。

当時、佐賀藩の学校は病気もしくは事故に遭遇して休養の已《や》むべからざるものには、三ヶ月の猶予を与《あた》う規定なりしも、余はある時ほとんど四ヶ月に渉りて病の愈《い》えざる事あり。既に退校者を以て目せられ、再びその学級の初めより就学せざるべからざるの場合に至らんとせしに、幸いに教頭副島《そえじま》某等の余がために尽力するあり、僅《わず》かに引き続きその学級に在るを得たる事すらありき。

〔猩紅熱の治療とその予後〕

なかんずく最も危難なりしはかの長崎へ赴く行途に於ての疾病なりし。それは猩紅熱《しょうこうねつ》と唱えて熱病中に最もその性の暴悪なるものにして、これに罹《かか》りしものは概ね死を免れずと云う。幸いにも当時、長崎には有名なる蘭医マーセールあり。また医術養成の褓母《ほぼ》とも言うべき相良《さがら》〔知安《ともやす》〕(29)は余と同宿しおりたるを以て、余はまず十分なる治療を受くるを得、漸《ようや》く生命を回復するに至りたるなり。然れども、猩紅熱を病むものは全身の表皮尽《ことごと》く剝脱す。その状宛《さな》がら蛙の皮を剝《は》ぎたるに異ならず。故に十分の摂養を加えざれば余病を惹《ひ》き起す虞《おそ》れあり。医者はこのことを以て数々《しばしば》余を誡《いまし》めたり。然れども、時勢の切迫と余の鬱勃《うつぼつ》たる意気とは静居休養するを許さず、直ちに起ちて同志とともに運動するところありしに、謂《いわ》ゆる因果応報なる不注意の結果は忽《たちま》ち不幸の素因と為り、春過ぎ夏たけて秋候の漸く冷風を吹催《ふきもよ》おすの時に及び激しきリューマチスに襲われて、また非常なる苦痛の中に輾転《てんてん》するに至れり。

〔中略〕

〔編者注〕

大隈の国事奔走を警戒して、彼をパリ万国博覧会(一八六七年開催)に派遣しようという計画がもちあがったが、この時期に日本を離れるわけにはいかない、派遣団長の佐野常民と相容れないなどの理由で大隈は拒否したと述べている。また、大隈らのグループは、佐幕を目的としているのではないかなどの理由で佐賀藩と熊本藩の提携に反対し、鹿島支藩藩主鍋島直彬による佐賀藩内の改革を試みようとしたが、いずれも挫折したと回想している。

大隈は、次章において、佐賀藩内での働きかけを当面断念し、江戸・京都に単身赴いて活動することを決心したと述べている。

六　大政奉還と佐賀藩の帰趨

〔江戸・京都行きへの画策〕

ここにおいて、余はまず江戸に赴き、幕府の地位幷《ならび》にその弊害の伏するところを視察し、再び京都に到り、その実跡を挙げて京紳の間に遊説し、然《しか》る後に還りて藩吏を動かし、以て素志を貫徹せんとの意を起すに至れり。然れども、翻《ひるがえっ》て余の境遇を顧みれば、数年来の奔走に少なからざる資産を擲《なげう》ちしのみならず、引き続きたる大病のため巨多の金員を費せしを以て、今はほとんど金策の道なきに至れり。蓋《けだ》し余は已《すで》に自家の事情を知れり。徒《いたず》らに母に向うてその心を煩《わずら》わしむべきにもあらず。ことにこの回は江戸より京都の間に奔走して為すところあらんと欲することなれば、とても少々の金額にてその目的を達すべきにもあらず。これを知己《ちき》の商人に求めんか、昔日の如き交際あらば、あるいはこれを調達し得べきも、已に数々《しばしば》彼等と商事を図りて数々藩吏等のために阻碍《そがい》せられ、離間せられ、ために少からざる損失を為さしめたるのみならず、彼等は巧みに藩吏等のために欺《あざむ》かれ、今は多く余等を以て危険の事を企つるものと為せしほどなるを以て、到底その意を達すべからず。然るに幸いに横尾某なるものあり。余が曩《さき》に富国策を唱え、藩庁よりその一部を採用したる当時に、藩の会計に与《あずか》りたるものにして、かつて書生の生活に馴れ、且つ相当の学識を有し、気質至て淡泊なるところあり、数々長崎に来りしを以て余等と相知り、時に時勢に対する意見を闘わせし事すらありたりしが、今は余が金策に苦み居ることを聞知《ぶんち》し、若干の金員を調達して余に貸与せり。蓋《けだ》し余は我の目的を告げて彼に求めたるにあらず、因《よ》って彼が如何《いか》なる意志を以てこれを貸与したるやを審《つまび》らかにせずといえども、ともかく、余が金策の道に苦みつつあるの時に当り、突然この厚意に接したるは大旱《たいかん》の雲霓《うんげい》もただならざりしなり。

〔余の横浜到着〕

然るになんぞ思わん、余のリューマチス未だ全快に至らず、ために空しく時日を遷延せんとは。但し天下の事は日一日より急にして寸時も猶予すべきにあらず。依て余は同志中に活潑《かっぱつ》の名ある山口尚芳《やまぐちますか》(30)に語り、彼をしてまず京師《けいし》に上り、諸藩の有志もしくは京紳に依て閑叟《かんそう》の上京を促さんことを図らしむ。余は彼の力にて果してその目的を達し得べきや否《いな》やを予料《よりょう》する能わざりしも、とにかくに彼が非常に奮激し死を以て事に当らんことを矢《ちか》いしほどなりしを以て、大にこれを頼母《たのも》しと思いたりき。

暫《しばら》くして余の病も少しく癒《いえ》たり。然《しか》れども、陸路京都に赴くことは甚《はなは》だ困難なるを以て心を苦しめつつある折柄、幸いに英国商船の神戸を経て横浜に向うものあり。因てこれに便船して東上したり。同船中には肥後球磨《くま》の人あり。また神戸開港並びに江戸築地《つきじ》の居留地を定めし事業につき長崎より召喚せられたる幕府の通弁《つうべん》某あり。これらは予《かね》て余と相知るところの人々にして、余がリューマチスのために船の上下に不自由を感ずるや、常に扶《たす》けて困難を減ぜしめたり。

この行は、初めはまず江戸に赴き、幕府の実況を探り、後京都に運動するところあらんと欲したれども、病のために時日を遷延し、而《しか》して情勢益々《ますます》切迫したるを以て、その意を翻《ひるがえ》し、神戸より上陸して直に京都に入り、山口に力を併《あわ》せんと決せり。然るに如何《いか》なる都合なりしにや、英船は神戸に寄港せずして横浜に直航することと為りしより、一旦失望したれども、斯《かか》る時には時運を利用するの外なしと思い定め、初志に還って幕府の実情を探らんと欲するに至れり。

既にして横浜に着船すれば、この地の警戒厳になり、時勢後《おく》れの攘夷家《じょういか》なるもの所々に徘徊《はいかい》して居留地を襲い、外人を鏖殺《おうさつ》せんとの企《くわだて》を為すものありと聞え、幕吏は非常にこれに備うるの時なりしを以て、苟《いやしく》も腰に双刀を横《よこた》うるものなれば容易に関門を通行するを得ざりしなり。且つや、天下一般已《すで》に騒然として大変を惹起《ひきおこ》さんとするの徴見《ちょうあら》われ、数多浮浪の徒、幕府の歩兵、及び新徴組《しんちょうぐみ》(31)の猛卒等、到処《いたるところ》に紛擾を醸《かも》したるを以て、横浜の警備は常に倍して厳重なるものありしなり。事情かくの如くなれば、佐賀の脱藩書生が如何《いかん》ぞこの関門を通過し得べき。

嗚呼《ああ》、嗚呼、世は実に微妙なるものなり。為すべからざるが如き場合に於ても更に為すべきの道あるなり。自然は真正の幸運を放ってこの間に周旋せしむるなり。余は始め金策に苦みて意外の厚意を受け、次に病のために旅行の困難を覚えしも、図らず同行者の扶助を得、今はまた横浜に来りて上陸の道なきを憂えしに、かの通弁人のその間に周旋したるに因て難なく上陸するを得たるは真にこれ天幸と謂《い》うべし。

〔江戸の実況〕

かくて余は通弁人の厚意に依て無事江戸に着するを得たれども、知己朋友《ちきほうゆう》のこの地に在留するものは至て少く、因てついてその事情を聴く能《あた》わざりしより、已《や》むを得ず予《かね》てその名を聞知りし勝安房《かつあわ》〔海舟《かいしゅう》〕及び他の人々に会して談論するところありしも、天下の形勢はもはや談論の間にその要領を得べきにあらず。因て責《せめ》ては幕府の一部分なりとも余等の意見に従わしめ、以て一般騒擾《そうじょう》の度を減却せんと勉めたれども、業已《すで》に紛乱の端緒を開きし際に於て、従来交際なき書生が如何《いか》に弁説を逞《たくまし》うするも、ついに焦眉《しょうび》の急に応じ得べくもあらず。而《しか》して耳目《じもく》の触るるところに拠て江戸の実況を察するに、幕府は前橋藩の兵を以て市中の警備を為さしむるも、その威令はほとんど行われず。歩兵、新徴《しんちょう》組《ぐみ》等は当るに任せて乱暴し、謂《いわ》ゆる盗賊白昼に横行するの有様《ありさま》なりき。

江戸にしてかくの如し。天下の事は知るべきのみ。幕府は既に自滅に陥れり。またなんぞその吏員と相語るの暇あらん。否、相語るもついに益なきなり。ここにおいて余は直に京都に赴かんと欲し、前の通弁人に依て船便を問いしに、あたかも外国船の神戸に向うものありしを以て、直に搭乗して神戸に達したれば、山口尚芳《やまぐちますか》は已《すで》に京都の勢いを察し、寸時も躊躇《ちゅうちょ》すべき時にあらずと為し、余の来着を待たずして急に藩に帰り藩論を動かすところあらんことを期し、帰途につきまさに神戸に来りしに、あたかも余と出会し、ここにおいて彼よりして京都の情況を聴き、彼に江戸の形勢を告げ、因て帰藩せば直に両地の実勢を陳じて閑叟《かんそう》を動かし、速やかに兵を引率して上京するに至らしめんことを嘱《しょく》したり。ここにおいて、彼は佐賀に向い余は京都に上りしが、リューマチスの苦悩はなお滅却せず、ために余はほとんど自由の運動を為す能わざりし。

〔大政奉還実施と佐賀帰還への決意〕

時は慶応三年〔一八六七〕十二月なりき。将軍〔徳川《とくがわ》〕慶喜《よしのぶ》は大政を返上せんとせしに、朝廷忽《たちま》ちこれを嘉納し、爾今《じこん》天皇陛下親《みずか》ら万機を処断せらるることとなりてここに太政《だじょう》官《かん》の設立(32)あり。慶喜は事の意外なるに驚きて少しく躊躇《ちゅうちょ》せる際、朝廷は更に断乎たる政策を執り、会桑二藩(33)の京都守護職を解きてその兵を引き上げしめ、代うるに薩長二藩の兵を以てし、三条《さんじょう》〔実美《さねとみ》〕以下七卿の官位を復して直に枢機に参ぜしむるに至れり。慶喜はなお二条城に在りしが、会桑二藩の兵穏かならざる企画あるを聞て、輦轂《れんこく》の下に在りては恐れ多しとの故を以て、突然と大坂に下り、不満の裏《うち》に考慮を砕くの模様ありしより、近畿の人心は戦々恟々《せんせんきょうきょう》としてあたかも鼎《かなえ》の沸《わ》くが如くなりし。

事已にここに至る。今は朝廷の命令を待て初めて起つべきの時にあらざれば、京紳の間に奔走するの要を見ず。且つ事変は続々生出《せいしゅつ》し来らんとす。乃《すなわ》ち速やかにこれに備うるの策を講ぜざるべからず。ここにおいて、余は急に京都を発して神戸に至りしに、佐賀藩の汽船あたかもその埠頭《ふとう》に在て将《まさ》に出発し帰らんとするに会せり。これ無上の好機なりと直に搭乗せんとせしも、顧みれば背法の脱藩人なり。この船に乗ずるは自ら虎口《ここう》に投ずる者にはあらざるか。さりとて他の船便を待たんか、冬季にて風強く海荒る。佐賀までは少なくとも二週間を費さん。その間にあるいは時に後《おく》れて天下の大事去るには至らざるか。虎穴《こけつ》に入らずんば虎児《こじ》を得ず。身は唯自然の成行に任せんのみ。

〔船中における船員らへの説得〕

即《すなわち》意を決して該船に乗込めば、幸いにもその船員は絶えず近海を航行して久しく佐賀に帰らざりしものと見え、余が脱藩者たることを知れるものなく、且つ船長、機関手を始め、その他の乗込員に至るまで多くは藩の海軍所に養成せられたるものなれば、余の朋友にして、かつて同窓に在て英学を研究したるものなりしを以て、流石《さすが》は旧知の情としていずれも喜んで余を迎えたり。只、彼等は概《おおむ》ね佐野常民《さのつねたみ》等の手に依て養成せられたるものなるを以て、航海術と軍事上とには多少の教育と熟練とを有するも、国事に対してはむしろ冷淡の傾ありしなり。

航海中は人々皆無聊《ぶりょう》に苦み、自他の談話を以て時を遣《や》らんと欲するものなり。余は親しく江戸と京都との実情を視察し来りたれば、胸中もとより談柄《だんぺい》に乏しからず。且つ彼等と航海をともにすることほとんど数日なりしを以て、則ち諄々《じゅんじゅん》として説くに世界の気運を以てし、諭《さと》すに国家の大勢を以てし、大義の存するところ、士は死を以てこれに尽すべきものなるを論じ、且つ我が藩の方向につき特に論じて曰く、「天下の大勢は将に旦夕《たんせき》を以て決せんとす、この機に後《おく》れたるものは則ち無窮に後るるものなり。あたかも身はその時に会しながら王政復古の大業に光栄を分つ能《あた》わざるものなり。今や皇室は已《すで》に政権を収めたりといえども、天下の大藩にして速やかにその方向を決せざれば、反対の意見を懐くものをして転《うた》たその気焔を養わしむに至るべし。かの佐幕党は天子幼沖《ようちゅう》にして事に与《あずか》り給《たま》わざる事を揚言し、直に薩長を敵として戦端を開くも料《はか》り知るべからず。事此《ここ》に至らば、天下は二分すべし。否《いな》、南北朝ならぬ東西朝を生出して世の奸雄《かんゆう》をしてこれに乗ぜしむるに至るやもまた料り知るべからず。嗚呼《ああ》、これ国家の大事にあらずや。我が藩の如きは速やかに兵を挙げて京師《けいし》に至り天皇陛下の下に属し、幕府をして再び相競う心を起さしめず、最先に列藩の模範となりて天下に向うところを知らしめざるべからず。諸子は皆武を以て世に立つものなれば、この時に当りて地歩を撰《えら》ぶ事なく未曾有《みぞう》の変事に対してもし顧望するが如きことあれば、平素鍛錬したる技倆《ぎりょう》は何《いず》れの時に、誰がために、用をなさんとするぞ。諸子幸いに志を決して我が藩のために尽力するところあるべきなり。徒《いたず》らに時日を遷延し、君主をして不忠不義の名を遺さしむること勿《なか》れ」

との意見を述べたり。

〔佐賀への帰還〕

余の船員に諭したる言語は十分ならずといえども、然れども、余の熱心はついに彼等を動かしたり。彼等はもとより朴直《ぼくちょく》なる武人なり。従来訓練の素を異にし、器械的に生長せし観はあれども、実際の事に当りては是非《ぜひ》を弁ずるの明あるなり。且つ藩内にのみ止りて二十年前の夢をのみ夢みるものとは異にして四方に歴遊したるの故を以て、多少見聞を広め居るなり。彼等は余の説を熟《つ》ら熟ら聴き終りて誠心に同意を表したるものの如く、余の出来得るだけは急に佐賀に着せんと希望するを以て、彼等は予定したる馬関《ばかん》の碇泊を見合わせて直に長崎に航し、それより直に佐賀に向うことと為たり。元来、神戸、馬関の間の航程は通常一昼夜半もしくは二昼夜に達し得べきところなるに、折悪しく風波甚《はなは》だ高かりしため、今回の航海は実に六日間を費し、且つ少しく船体に損所を生じたるがため、更に長崎に一昼夜の停泊を為すに至り、意外に日子《にっし》を費せり。但長崎に於ては同志の士こもごも尋ね来りて京都の事情を聞き、瞬時も猶予すべきにあらざるを覚り、余とともに佐賀に帰り力を戮《あわ》せて奔走することと為りたるより、一昼夜の停泊はむしろ幸福の事なりし。

〔佐賀藩重役への面会申込み〕

船の士官山崎景則《やまざきかげのり》(34)(今の予備海軍少将)は、余と親戚の関係あり。且つ彼は当時、佐賀に於てもっとも閑叟《かんそう》の信任を受けたる側年寄原田《はらだ》〔小四郎《こしろう》〕と近親なるを以て、余はこれに縁てまず原田に説き、因って親しく閑叟に面会し、余の意見を吐露《とろ》する便を得んと図れり。船は夕刻に佐賀川口の上陸場に達し、これより城下までは三里の行程なれば、余の佐賀に入りたるはあたかも夜半なりき。然れども、余の心は急切已《きゅうせつや》むべからざるものありしを以て、山崎を促がして原田を訪《おとな》わしめ、告ぐるに「今日の事、佐賀藩のために決して黙過すべきにあらず。これを以て、脱藩の身を以てあえて即刻直面謁を得て天下の大事を訴うるところあらんとす」る旨を以てせしめたり。流石《さすが》の原田も近日来の形勢には多少の疑惑を懐きつつありし折柄なれば、直ちに山崎の言を容《い》れたれども、時已《すで》に夜半を過ぎたれば明日未明を待ちて面会せんと答えたり。ここにおいて、余は約の如くに彼の家を訪えり。

〔佐賀藩重役への入説〕

これより先、我が藩に於ても、時勢の変遷と四方の伝説とを見聞して、やや疑惑するところあり。因て特に賢達《けんたつ》と信ずる原田を派して京都の実情を視察せしめ、その報告を待て徐《おもむ》ろにこれに応ずるの策を講ぜんと欲し、原田は明日を以て佐賀を発し京都に向うことと為りし際会なり。されば余は従来彼と直接の面識なく、従って親しく言語を交えたる事すらあらざりしも、彼は今、余が新たに京都より帰り来りて大事を告げんとするを聞き、心に愕《おのの》き遽《あわ》てたれば、余が言説に耳を傾け、聴き終りて初めて時勢推移の急激なるに驚愕《きょうがく》したるものの如し。

依て余は更に言を為して曰く、「大勢は已《すで》に決したり。京都より関東を滅すに非ざれば、関東より必ず京師《けいし》を圧制するに至らん。この二者の末流に在ては、今已に戦端を開きたるやも知るべからず。この時に当り、天下の重きを以て自ら任じ、且つ他藩に許されたる佐賀藩にして茫然《ぼうぜん》として向うところを定めず、その重臣たる者が漫然と出でて京師を視察せんとする様のことあるならば、天下の具眼者は我が佐賀藩を目してそれ何とか言わん。想うに、我が老公は天下に率先して藩政の改革を為し、内は皇室のために力を尽し、外は外国に対して我が国威を発揚せんことを勉め、威名は赫々《かっかく》として久しく列藩諸侯の瞻仰《せんぎょう》するところと為りたれば、今この時にして晩節《ばんせつ》を持し、余勇《よゆう》を鼓《こ》し、以て大に為すところなくんば、後世の史家は老公の言動を批評して竜頭蛇尾《りゅうとうだび》と為すに至らん。これ豈《あ》に足下《そっか》等の罪にはあらざるなきを得んか。今は老公は年と病とのために悩まされて、やや時事に疎なるの観なきにあらず。只これを輔《たす》けていわゆる掉尾《とうび》の運動を為さしめ、以て佐賀藩の面目を保持するは足下等の任務にあらずや。且つそれ事皇室の安危に関し、国家の大難既に目前に迫る。これ誠に志士の当《まさ》に死を以て報効すべき時なり。これを為さずして漠然と京都に入り、京都の事情を視察せんとするは、遅緩《ちかん》もまた甚《はなはだ》しからずや。事頗《すこぶ》る僣越《せんえつ》に属すといえども、今日の急はまた顧慮するの暇《いとま》なし。冀《こいねがわ》くは足下に依て老公に拝謁するの栄を得たし。もし足下が余の意を聴許されずんば、余等の同志は別に決心するところに従って動くの外はなきに至らん。機は得難くして失い易《やす》し。なおも徒《いたず》らに時日を遷延しなば大事必ず率然として至りて、天下みな我が佐賀を敵とするにも至らん。その不幸と不面目とは果して幾干《いくばく》ぞ。これ余があえて直言して憚《はばか》らざるところなり。幸いにこれを容《い》れよ」と陳じたり。

もしこの言説を数日前に陳じたるならば、彼は憤然として余を咎《とが》めて非礼と怒り、急激と嘲り、一喝してまた聴《ゆる》さざりしならん。只時と事実とは彼が胆を破りたりしと見え、毫《ごう》もかくの如き言色《げんしょく》はなく、余の言説に同意したるには至らざりしならんも、老公への謁見は遂《と》げしめんと欲したるものの如し。但し彼はその事の重大にして急卒《きゅうそつ》の間に決すべきにあらざれば、暫《しばら》く心を静かにして待つべきよしを喩《さと》せしより、余は一瞬に千歳《せんざい》の好機を失わんことを説き、今にも謁見の栄を得んことを迫り、退いてその消息を待ちしに、夕刻に至るまでなんらの沙汰《さた》なかりしを以て、こらえず更にこれに迫りければ、漸《ようや》くにして明朝執政、参政列席の上にて謁見を許さるべしとの返辞に接したり。

〔鍋島閑叟への拝謁〕

佐賀藩の慣例として、苟《いやしく》も大事につきて意見を言上する者あらば、執政、参政列席の前にこれを聴かしむることとなりたれど、それは何となく儀式的に止まるの感あり。直接に藩主の心を動かさんとする場合には望ましきことにあらず。今回余の謁見を求めたるは、親しく閑叟《かんそう》に面接し、左右を遠ざけさせて十分に所見を吐露《とろ》し、以て彼の心を動かして直に断行するに至らしめんと欲せしなり。これを以て、執政、参政列席の場所に於て漫《みだり》に意見を陳述し、直に退くと云うが如き儀式的の謁見は甚だ不満とするところなれども、翻《ひるがえっ》て顧《かえりみ》れば、身は一介の書生なるにかくまで君主、執政等の意を動かし、ついに列席の前に於て意見を述ぶることとなりたるは、むしろ意外の特例なるを以て、謹《つつし》みてその命を承《う》けたり。

翌朝、時刻を計りて出庁したれば、藩庁の書記は余に一片の書付《かきつけ》を渡して、告ぐるに調印すべきを以てせり。怪んで披《ひら》き見れば、その文に「拙者《せっしゃ》儀、藩の法制をも顧みず、妄《みだ》りに身を脱して京都に出入せしこと重々恐入申候《おそれいりもうしそうろう》。只衷情の存するところは、天下のために藩の利害を思うに切にして、身の安危を思うに暇《いとま》あらず。事ここに至りたる故に、幾重《いくえ》にも仁恕《じんじょ》を仰ぎ奉る《たてまつ》」と言うに在り。余は少しく意外の感を為したれども、書記等がこれを君主の面前に出ずるに必要なりとの事を告げたるを以て、その言うに任せて調印を為したりしに、彼はこれと引換えに「その方儀、脱藩の罪を犯す。事甚《はなはだ》軽からずといえども、その衷情を酌量《しゃくりょう》し、今回に限り特別にその罪を許すものなり」との書面を附与したり。封建末路の儀式は笑うべきが如くなりといえども、藩制の存する間はこれもまたやむをえざりしものなり。

ここにおいて漸《ようや》く閑叟の前に出ずるを得たり。余の閑叟に於ける、これまで数々《しばしば》謁見を得てその前に於て講義を為し、あるいは従って京都に到りし事あれども、その直接して談話を交えたるは実に今回を以て嚆矢《こうし》と為す。

蓋《けだ》し書生にして藩主と言談を交ゆるは、藩制に於て許さざりしところなり。況《いわ》んや政事の意見を述ぶることをや。今余の謁見して陳説するは実に破格《はかく》の特例なりき。嗚呼《ああ》、余は十数年来閑叟を思えり。閑叟のために働けり。誠意にそのために働きてその意に忤《さから》い、失敗に失敗を重ね、不遇に不遇を極めたるもの、今に至り初めて彼に直接して我が意衷を吐露《とろ》するを得たれば、余が満腔《まんこう》の意気は自ら軒昂《けんこう》し、胸中は愉快の念を以て満されたり。

〔閑叟の上京を主張する〕

ここにおいて、余は侃々諤々《かんかんがくがく》として江戸及び京都の近状を詳述し、而して幕府のついに滅亡を免れざるゆえん、大政の已《すで》に統一に帰しつつある事情を説き、且つ曰く、「勢運已にかくの如し。然れどもこれを完成すると否《いな》とは多く人力に関す。我が藩の如く天下の重望を負うものにして、この際、速やかにその方向を決するなくんば将に不測の災を醸《かも》さんとす。乃《すなわ》ち薩長二藩の如きは、他の大藩の動かざるを見て、まさに世人が想像する如くに真に皇室を挟んで覇者の業を成さんと欲するに至るやも測り知るべからず。何となれば、これを成すと否とは全く周囲の制裁如何《いかん》に依るものにして、且つ成し得べき事を成さんと希望するは、実に人の情なればなり。然《しか》れども、我が藩にして進んでその間に立ち、更に皇室に対してその旗幟《きし》を明らかにするに至らば、これまで勤王と佐幕との間に躊躇《ちゅうちょ》せし者も漸《ようや》くこれに倣《なろ》うて王政の下に帰順するに至るべし。而《しか》して幕府もまた自らその分を顧みて撰《えら》ぶところを知るに至らん。果してかくの如くは、我が国の運命はここに安全強固を告げて、将来、その国光を発揚するに至るべし。且つそれ我が藩の藩論の如何は一般有志者の深く注目するところなり。たとい今日は多少薩長諸藩の失望を買うたる嫌《きらい》なきにあらずといえども、もし老公にして蹶然《けつぜん》と起ちて国難に当るならば、朝廷は勿論《もちろん》、薩長諸藩は必ず喜んでこれを迎えん。而して列藩はこれを観て今回の事は全く大勢の然らしむるところにして、薩長の異志《いし》に出でたるにあらざるを知るに至り、且つもし薩長にして異志を有すとするも、老公にして儼然《げんぜん》として京都に在らば、彼等は決してその形跡を見《あら》わすを得ず、却《かえっ》て相ともに尽瘁《じんすい》して皇室の尊栄を計り、国家の基礎を確立するに至るべきなり。然らば、我が藩の一挙手一投足は、実に天下の形勢を定むるものにして、且つ天下の危機を変じて社稷《しゃしょく》を富岳《ふがく》の安きに置くものと言うを憚《はば》からず。先んずれば人を制し、後《おく》るれば人に制せらる。今にしてもし一歩を誤らば、我が藩はついに永く人後に落ち、従来老公の技倆《ぎりょう》、功勲、威望、名声は一朝にして滅却せん。人の一生は終《おわり》を克《よ》くするを大切とす。九仞《きゅうじん》の功を一簣《いっき》に欠くが如きことあらば、遺憾《いかん》千《せん》万《ばん》にあらずや。嗚呼《ああ》、我が藩の運命は正に一髪の間に懸《かか》れり。今苟《いやしく》も老公にして起たんか、以て憂《うれい》なかるべし。起たざらんか、忽《たちま》ち済《すく》うべからざるに至らん。老公の起否はただに我が藩の運命に関するのみならず、実に天下の安危に関するものなり。且つ今日の形勢はついに肉飛び、血舞うの惨状を免《まぬ》がれざるべし。否《いな》、京都に於ては既にその端を啓《ひら》きしやも知るべからず。これも只、幸いにして老公の起つあらば、その激甚に至らざる前にしてこれを制止するを得べし。事急《こときゅう》、事急、一日後るれば天下一日の危難を加えん。嗚呼、暁鐘已《すで》に響けり。願くは老公速やかに臣が言を容《い》れ、臣等をしてともに旭日の耀々《ようよう》たるを見るの栄を得せしめよ」と。反覆陳弁以てその意を動さんと勉めしも、彼は至って冷然たる有様にて唯《ただ》「委細聴《きき》置く」との言を漏らせしに過ぎず。嗚呼、この結果は如何《いか》に成行《なりゆ》くべきか。事機は旦夕《たんせき》を争う余の身に向っては実に一方《ひとかた》ならざる憂慮を懐かしめたり。

〔閑叟《かんそう》との拝謁の意義〕

これより先、山口尚芳《やまぐちますか》は藩に帰りて、執政鍋島上総《なべしまかずさ》〔茂昌《しげはる》〕(35)に依り、目下の急務を説きて藩論を動かさんとせしも、未だその目的を達するに至らず。上総は有名なる門閥家なるも、今は閑叟の信用昔日の如くならず、むしろ失意の地位に立ちし故に、彼の力を以て閑叟を動かさんとは頗《すこぶ》る難事に属ししなり。この日は彼も余の陳述せしところを聴きたりしが、この分にては必ずその目的を達すべしと言えり。然《しか》れども、余はなお心に安ぜざるところあり、更に参政伊東及び中野等を訪うて説くところありしに、彼等はいずれも熱心に賛同の意を表せり。蓋《けだ》し彼等の意見は、従来、余等と相近きものありしのみならず、今はやや不満の地位に立ち居りしを以て、切にこの行の断行を望み、而してこれに乗じてその勢力を回復せんと欲せしなり。

〔閑叟上京の遅延〕

然れども、藩の為すところは依然として旧時に異ならず。但だその後は兵隊並びに軍艦等の準備を為すことなきにあらざりしも、その処置の遅緩《ちかん》なるは、これを以て目下の大事に応ぜんとする決心なりとは思われず。嗚呼《ああ》、余が満腔《まんこう》の熱血を濺《そそ》ぎて吐露《とろ》したる言説もついに採用せられざるか、抑々《そもそも》幾分の影響をも与えざりしか、誠にうたての限りなる哉《かな》と、焦心苦慮、一日も自ら慰むる能《あた》わざりしに、慶応三年〔一八六七〕も早や将《まさ》に暮れんとするに及んで、老公上京の布達は漸《ようや》く伝えられたり。

然れども、その期日は未だ確定せず、不幸にして来年に移るが如きことあらば、俗のいわゆる新年の儀式等のために、必ず遷延するところあるべきを思い、如何《いか》にもしてその年内に出発せしめんと欲し、その二十九日たると、三十日たるとを問わず、断然東上の途につくべきを主張したれども容《い》れられず。ついに慶応三年も暮れて四年の春を迎うるに至り、彼等は依然として悠々たる年頭の礼式を挙行し、全く国家の危急を顧慮せざる者の如し。今や余等の心緒《しんしょ》は乱れてほとんど狂せんばかりと為れり。ここにおいて、しきりに同志とともに奔走し、この上にも時日を遷延するが如き形跡あらば、余等は閑叟に先立ちて京師《けいし》に入らんと志せり。果然《かぜん》、彼等は遷延せり。ここにおいて、余等はついに決心するところあらんとす。

島義勇《しまよしたけ》は元来短気の人なり。この事情を見て憤慨禁ずる能わず、過激の説を以て藩に迫りて曰く、「我が藩にして遷延するかくの如くなれば、これついに頼むに足らず。余等は既に志を決するところあり。不日《ふじつ》将に断然と藩を棄てて京都の急に上らん」といいし。この言説に驚かされて藩吏等は大に狼狽《ろうばい》し、爾後《じご》は余等の運動について厳に監察するところあり、ために少なからざる迷惑を感ずるに至れり。

後に聞くところに拠れば、この時、閑叟《かんそう》も藩吏等の所為《しょい》について大に憤激したりとなり。蓋《けだ》し彼は老年病衰の故を以て、なるべく閑静の日月を送らんことを期し、京都、関東等の形勢については、一に他の報告を待ちて心に思慮するところあり、彼自らも早晩に時勢の大変革を来すべく、而《しか》して到底幕府は永くその地位を保つこと能《あた》わざるべしと予想しおりしも、報告者は概《おおむ》ねその実を以てせざりしなり。彼等吏員は薩長のみを幕府の敵と為し、ひたすらに幕吏等の言を信じて、幕府の基礎は依然堅固なるものとなし、従って幕府に不利なるの説は全く薩長の構造に出ずるものと為し、一々これを報告するに至らず。これを要するに藩吏等はその先天頑愚の性質を以て君主の聡明を蔽《おお》いしものなり。世人あるいは閑叟を評してひとえに薩長を嫌うのあまり、国事に対して冷淡なりしものなりしと為す者あるも、これその実を誤りたるものなり。

〔フルベッキなどの教育によるキリスト教認識の意義〕

ソハ姑《しばら》くこれを措《お》き、余の談論は漸《ようや》く進んで明治維新の境界に達しぬ。これまでは余が書生としての経歴、これより以後は余が実際国事に干《かかわ》りての運動なり。乃《すなわ》ち余の一生も維新の改革とともに革新せしなり。従ってその談論の上に於てもまた一区域を為さざるを得ず。然《しか》り、その区域を為して維新前の小歴史を結ぶに当り、なおここに一二の言うべき事あり。

余等は当時の一般人士と同じく基督教《キリスト》を以て国家に危害あるものと思えり。然るに、余等先に英書を学ぶに当り、毎々《まいまい》良師を欠きしを以て、やむをえず基督教の宣教師と称せられたるウイリアム(36)、幷《ならび》にフルベッキ(37)等について英書の質問をなし、且つその講義を聴きしことありしが、少年者の好奇心として、側《かたわ》ら基督教の事をも研究せんと思い立ちたり。当時、基督教はなお厳禁なりしも、学理上より研究するは毫《ごう》も不可なるなしと信じたるを以て、余は副島とともにおよそ一ヶ年半の間これが研究を為せり。然れども彼等の言うところは、大概浅薄にしてあたかも怪談奇話を聴くが如く、学識あるものに向っては格別の価値なしと思えり。只、余等はそのためにまた多少発明したるところなきにあらず。即ち基督教はこれまで世人の目したるが如く邪説魔法の分子を含むものにあらずして、等しく社会の人心に向って道徳を保持するを目的とするものなることを知りしなり。簡短に言えば、基督教なるものの大体を知り得たりしなり。

これにつき一の奇談あり。即ち佐賀に於て、副島と余とフルベッキ等の家に出入して基督教を研究すること聞知《ぶんち》したるもの、流言して「副島と大隈とは表面尊王攘夷の美説を唱うるも、実は心気已《すで》に腐敗して今は専《もっぱ》ら邪宗引入れに従事するものなり」といえり。彼等の無識なる、研究と信仰との異同を問わず、単に余等がフルベッキ等の家に出入するの事実を以て、邪宗を引き入るるものと認定したるに似たり。

その後およそ二年を経て諸外国に対する宗教の問題起るに及んで、余は自らその局に当り各国公使との談判を為したる事ありしが、かのフルベッキよりして学び得たる基督《キリスト》教の智識は、その時、余に向って少なからざる利益を与えたり。余にしてもしその智識なかりせば、あるいは漫《みだり》に基督教は邪宗なり、魔法なりとの言語を以て反対を試み、彼等各国公使をして日本政治家の無学無智を嘲笑せしめしやも知るべからず。然《しか》るに、さはなくて多少相当の理由を開陳して彼等が批拒《ひきょ》を試むることを得、彼等をして日本の外交官も一通りは基督教の教義を研究したるものなりとの感念を懐かめしもの、蓋《けだ》し全く経験の余沢《よたく》と云うべきなり。

〔フルベッキの算術教育〕

余はまたフルベッキについて算術を学べり。即ち学べりと言うも、その実は唯《ただ》その初歩を学びしに過ぎず、今日の小学科を卒《お》えしものにだも比すべからざりし。然りといえども、これまで算盤《そろばん》をつつくは士君子の恥ずる事という諺《ことわざ》のまた脱却せぬ当時に在りては、他に一人のこれを知るものなくして、余は実に唯一の算学者にてありしなり。而《しか》して余はこれがために利益を得たること少なからず、後日に余が自ら財政の衝《しょう》に当りて多少の規画を為し得たるも、職としてこれに由来せずんばあらざるなり。

〔「幕府列藩の形勢及維新改革の原動力」「維新前後の外交事情」「大政返上の真相」は略〕

七　新政府に加わる――外交の初陣《ういじん》

1　明治政府における外交の意義

〔維新改革の最大原因としての外交問題〕

維新改革の原因は種々ありといえども、そのもっとも近くしてもっとも強大の力を与えたるものは外交問題なり。外交に対して我が国民は愛国心を発揮し、従って大義名分の説と為り、尊王攘夷の論と為り、倒幕と為り、王政統一と為り、また外交に導かれて新政府の組織を為し、而《しか》してこれに刺衝《ししょう》せられて内治百般の事物を改良するの運《はこび》に遭着《そうちゃく》したるなり。もしかの時に於て外交問題の起らざりしならば、漢学者の勤王論あり、国学者の国体論あり、また水戸派の一部が王政復古に向って尽力するあるといえども、恐くは倒幕の功を全うして王政維新を見ることは至難ならん。封建の制度を廃滅して郡県の制度を挙行することは至難ならん。況《いわ》んやかくの如き明治政府を組織するに於てをや。

然《しか》らば則ち王政維新の改革を遂げ得しゆえんは、ほとんど全く外交の刺衝に出でしものなりと言うもあえて不可なきなり。

〔幕府倒壊・戊辰戦争を契機とした外交問題の尖鋭化〕

これより先、薩長を始め全国数多の志士は、外交に関する幕府の処置に対して強く反対を試み、その卑屈にして無識なるを嘲《あざけ》り、国体を毀傷《きしょう》して名誉を失滅せるを責めたれども、その実際についてこれを見れば多くは無理の注文にして、全く出来得べからざる事を以て幕府に望みしなり。而して幕府はほとんどこれがために倒れ、今はこれを詰責したる有志が自ら代りて外交を処理せざるを得ぬ地に立ちたれば、その困難思うべきなり。彼等は如何《いか》にしてその実際に為す能《あた》わざるの事を処断し得べきか。しかのみならず、彼等はまた他に焦眉《しょうび》の急務を有したることあり。それは幕府が伏見鳥羽《ふしみとば》の一戦にあえなく敗を取りしといえども、東北の諸藩は再びその爪牙《そうが》を磨するの音高く、他に首鼠両端《しゅそりょうたん》を懐きて勢いの傾くところを観する者少なからず。且つや幕府の一部には更に激烈なる党派ありて断然反旗を翻《ひるが》えし、以て新政府に当らんとするの形勢あり、内乱は到底避け得べからず。かかる際にも外国公使等は毫《ごう》もこれがために猶予を為さず、否《いな》、むしろ事を決するに速やかなるの便ありとて、しきりに幕府以来延滞の事務を挙げて迫り来れり。

されば新政府の困難なるは、幕府の困難なりしに異ならず、かの幕府が一方に外交の困難を控えて他方に長州征伐を為さざるを得ざるとほとんど一般の境遇に立ちしなり。否、新政府の地位は更にこれよりも困難なるものありしなり。乃《すなわ》ち幕府を掃蕩《そうとう》し、東北を鎮定するは、幕府の長州征伐よりも更に容易ならざるものありしを以てなり。

〔攘夷から開国に転換した新政府〕

然《しか》るに、新政府は余が先に述べし如く、君子豹変《ひょうへん》の策を学んで、あえて世論を恐れず、断然従来の言説を放棄し、その正当と見るところに従って、神戸の開港、大阪の居留地を聴許し、続きて各国公使の参内謁見を許すに至れり。これ新政府の一大技倆《ぎりょう》として見るべきものにして、幕吏等の容易に為すを得ざりしところのものなり。もし新政府にしてこれを決するの勇気なく、この間に躊躇《ちゅうちょ》して向うところを定めざるに於ては、その有様《ありさま》は毫《ごう》も幕府に異ならずして、国民に対し、外人に対し、その為すなきの実を表白するに至りしならん。果して然らば、ただに実際に活潑《かっぱつ》なる改革を挙行する能《あた》わざるのみならず、ついに再び外交の重荷の下に国家とともに萎縮《いしゅく》するに至りしやも知るべからず。幸いに新政府は一定の方針を定めて着々これを処理して後顧の患を除き、関東、東北の平定に従事するに至りしは、誠に我が国の幸運と謂《い》うべきなり。但しこの政策は先にも述べし如く、一部の人心を激動せしめたり。新政府の所為《しょい》を以て反覆極りなきものなりと認めたる世の攘夷家は、依然たる旧夢の間に彷徨《ほうこう》し、これを以て国体を汚し、神聖を穢《けが》すものなりと為し、あるいは英公使の参内を待て暗殺を為さんと企て、あるいは仏の軍艦に向って乱暴を為し、あたかも幕府の末路と一般、浪士諸所に出没して危険の計策を廻《めぐ》らすもの少なからず。

ここにおいて乎《か》、外交問題は新政府に在りてもまた最も重大にして且つもっとも困難なる問題として数えられたり。さればその事務に鞅掌《おうしょう》せる官吏は、勢い機敏にして材幹《さいかん》あるものならざるべからず。而《しか》して当時外交吏として任を帯びしものは、小松《こまつ》〔帯刀《たてわき》〕(38)、伊藤《いとう》〔博文《ひろぶみ》〕、井上《いのうえ》〔馨《かおる》〕、後藤《ごとう》〔象二郎《しょうじろう》〕、寺島《てらしま》〔宗則《むねのり》〕、及び余の数人なりき。

〔各国公使の干渉をはねのけた新政府〕

明治政府は各国政府に対して、日本の主権者は天皇陛下にして、新政府はすべてこれが責任を負うものなることを宣言せり。然るに全国内の事情如何《いかん》を顧《かえり》みれば、明治政府の権力は僅《わず》かに横浜までに及ぶを得たるも、江戸は依然旧幕府の権力の下に在りて容易に統一の状を示すべくもあらず。かの西郷《さいごう》〔隆盛《たかもり》〕等は無事に江戸城を受け取るに至りしも、未だ市街を如何ともする能わず。新政府の吏員兵卒等は、到処《いたるところ》に暗殺の厄に遭《あ》い、一方には彰義隊《しょうぎたい》(39)ありて慶喜《よしのぶ》の命をも聴かず、上野に拠て断然新政府に反抗すべきの形勢を示し、これを傍観者より見れば天下の形勢未だ遽《にわ》かに料《はか》るべからざるものあり。ここにおいて各国公使等は新政府に迫り、言を為して曰く、「新政府は日本の責任者なりと宣言したりといえども、江戸の状況は果して如何《いかん》。築地《つきじ》は居留地なれば続々白人の入り来るに、これを保護するもののなきは如何。もし新政府にして自ら責任者を以て任ぜんとならば、速やかにこれらの警護を為さざるべからず」と。かくて内政の事も外交のために速やかに処決せざるを得ざるに至れり。もし外人にして幕府の残党を認めて一勢力者と為し、日本に二権力の分立するものなりと思惟《しい》するに至らば、これむしろ容易ならぬ大事なり。乃《すなわ》ち速やかに彼等を掃蕩《そうとう》し、内乱を鎮定するにあらざれば、到底十分に外交事務を挙ぐる能《あた》わざるなり。

これにおいて乎《か》、新政府は自然機敏の処置に出でざるを得ず。果して然り、その吏員は彼等の言に刺衝《ししょう》せられ、ほとんど前古《ぜんこ》に比類なき敏活《びんかつ》の手段に依て錦旗《きんき》東征の功を挙ぐるに至れり。

〔鍋島閑叟《かんそう》への期待〕

かかる紛雑困難の際に当て、身は外交の衝《しょう》に当たり、盤根錯節《ばんこんさくせつ》に対して快刀乱麻《かいとうらんま》を絶《た》つが如き技倆《ぎりょう》を振わんことは、真に国家のために重大の希望を有し、将来大に為すあらんとする有志家に向ってはこの上もなき快事なりしなり。余もまた、これら外交吏の末席に連なるを得て大に喜べり。時あらば日本帝国のために広く光栄を輝かすの事業を全うせんことを望めり。

然れどもこれ唯《ただ》希望上の事のみ。自ら内に顧みて考慮を回《めぐ》らす時は、胸中必ずしも成算あるに非《あ》らず、この局に当たること余自ずからすら全く意外の事なりしなり。余等はかつて好んで他の批評を為せしことありしも、今はその十分の一だに実行し得べきに非らず。余は元来閑叟を信ずること厚し。彼を有力なる政治家なりと思いたり。これを以て、余は最初よりして維新の始に至るまで、専《もっぱ》ら彼をしてこの局に当らしめんことを希《き》図《と》せり。即ち彼を輔佐して天下の改革を為さんことを望めり。故に大政維新の下に、外交、内治もしくは軍事上に与《あずか》って自ら働きを為すことは予期せしところにあらず。已《すで》に予《あらかじ》め期せしところにあらず。また画策の以て事に応ずるに足るものなし。その任に当たるまでやや躊躇《ちゅうちょ》するところなきを得ず。元来余等は一意幕府を倒して王政を確立し、因循姑息《いんじゅんこそく》の政策を止めて活潑《かっぱつ》機敏に内外の事を処分せんことを希図せしのみ。その後の手段方法に至ては、深く問うところにあらず。されば何人《なんぴと》といえども、その目的を同うせしものは、ともに相提携し来りしなり。

〔外交の衝《しょう》に自ら身を投じた余の心境〕

然《しか》るに世途《せと》を歩《ほ》するは、なお大山に上るが如し。已《すで》に一峯の頂《いただき》に達すと思えば、更に他の高峻なる一峯の屹立《きつりつ》するを見る。余等は蹇然《けんぜん》維新の境域に達し、未だ前途の方向を考うるに暇《いとま》あらずして、俄《にわか》に紛乱これ極るところの我が国政事改革の原由なる外交の衝に身を投ずるに至れり。

ありのままを言えば、余等はかつて堂々幕府の政策を非難せしに拘《かか》わらず、未だ安政条約の如何《いかん》をも深く研究するところあらざりし。一介の書生が突然志を得てこの難局に当たる、快は即ち快なりといえども、国家人民に対する責任を顧《かえり》みるときは、実に竦然《しょうぜん》として謹《つつし》まざるべからず。一度その方策を誤ればただに一世の利害に関するのみならず、延《ひ》きて将来に幾多の禍根を残す恐れあり、決して軽々《けいけい》に着手し得べきものにあらず。ここにおいて余は遽《にわか》に安政条約等の研究を始め、幕府十四五年来の外交史を披閲《ひえつ》せり。謂《いわ》ゆる盗を捕えて縄を綯《な》うの所為《しょい》に似たれども、当時に於ては実にやむをえざりしなり。

〔余自身の政治方針の確立〕

この間、余は政治上に対してほぼ自家の方針を定めたり。大政はここに維新を告げたれども、内治の事なお容易に決し難し。勿論《もちろん》、幕府の残党は遠からずして平定に帰すべし。会桑等一二の藩々を除くの外は、真に幕府を助けんと欲するものにあらず。それ暫《しば》し中立傍観してあえて皇室に向ってその馬を馳《は》せざるものは、もと新政府を以て薩長の私に出ずるものなりと為したるに由るなり。然《しか》れども今はこの疑い漸《ようや》く晴れ渡れり。他の藩々にして続々その兵を京師《けいし》に集むる事実は、彼等をして能《よ》くその向うところを決せしめたり。形勢已にかくの如し。王師の向うところ必ず十分の勝を奏することは、もはや疑うべくもあらず。

只困難なるは内乱平定後に於ける内治問題なり。封建の制度如何《いか》にすべき。これをしてこのままに存在せしめば、ついに互いに衝突を来《きた》さざるべきか。封建制度は自らに於て危険の制度なり。国家の統一を害するこれより甚《はなは》だしきはなし。然るにこの制度の上に立ちて一日の平和を楽しむは、これ将《まさ》に破裂せんとする山上に於て行楽を為すに異ならず。もし薩長の如き強藩にして一朝機に乗じて立つあらば、天下の事は将に測られざらんとす。これ大に志士たるものの注目を要すべきところなり。この事にして確定せざる以上は外交の方針は決して確定すべからず。たとい王政統一の名ありといえども、各強藩各地に拠て我意を逞《たくま》しうし、明治政府の吏員がその臣僚たるを幸いとして、事毎《ことごと》に容喙《ようかい》する如き有様《ありさま》にては、到底何事をも為す能《あた》わざるなり。されば余等はまず王政統一の実を挙げ、而《しか》る後外交問題に及ぼさざるべからず。

ここにおいて、余等は自ら決して以為《おもえ》らく、「まず封建制度を全廃し、次に全国を通じて新なる教育制度を施行すべし。この二者だに目的を達するを得ば、外交の事も従って困難の度を減ずべし。封建制度を打破して郡県制を敷き、各地の中央政府に対する、なお手足の頭脳に相応ずるが如くならしめば、初めて健全活潑《かっぱつ》なる政治機関の運用を為すを得べし。また既に全国の人民にして新教育の下に養成せられ、その思想闊大《かつだい》と為り、世界各国の地位を審《つまび》らかにし、人類交際の必要、有無交通の便利を覚るに至らば、外交の事もまた意のままに処断するを得て、十分に権利を伸暢《しんちょう》するに至るべし。今日の事情にては、外交の官吏は実に苦脳の地位に立てり、内、国人のために無理の掣肘《せいちゅう》を受け、外、外人のために弱点に乗ぜらる。これらの障害を除くにあらざれば、如何《いか》に技倆《ぎりょう》ある政治家といえども決してその技倆を逞《たくまし》うする能《あた》わざるべし」と。

2　列藩代表者による長崎管理と耶蘇教問題の惹起

〔列藩代表者による長崎管理の開始〕

翻《ひるがえっ》て説く。これより先、徳川慶喜《とくがわよしのぶ》大阪を脱走の報あるや、長崎の外国奉行等は何《いず》れも役所を棄てて逃走せり。当時長崎は我が国外交の要枢にして外人等の往復もっとも頻繁に、従って商業上その他の交渉も甚《はなは》だ少なからざれば、一日も外交事務を処断するのところなかるべからず。佐賀はことに長崎に関しては直接に関係を有するものなれば、この際に於てこれを忽《ゆるがせ》にすべきに非らず。依て余は藩命を帯びてかの地に出張し、以て外交事務を執《と》ることと為れり。時に薩藩よりは松方《まつかた》〔正義《まさよし》〕、町田《まちだ》(久成《ひさなり》)等来り、長藩士藩等よりもまた吏員を送り越せり。ここにおいて、余等は一同協議の上、合議事務所を開設することと為せり。

この際に於ける事務吏員間には頗《すこぶ》る奇談を遺せるものなきにあらず。蓋《けだ》しこれらの吏員は何《いず》れもその藩より撰抜《せんばつ》せられて外務の局に当りたるものなるを以て、リードル、歴史、国際法等の一端は学び得たる人々に相違なきも、実際外人に対して商業上その他精細なる事柄を審判処断するに際しては、等しくともに初経験の人たるを免《まぬが》れず。しかのみならず、長崎の外交事務は、数年間延滞に延滞を重ね来り、その錯綜《さくそう》言わん方なし。奉行等は何事も幕府の政策に連れて因循姑息《いんじゅんこそく》を旨とし、ひとえに一日の安を貪《むさぼ》り来りしものの如く、また彼等は逃散の際に書類等を持去り、もしくは棄て去りしものと見え、一も事物を調査するに足るべきものとてはなかりし。されば新吏員は何れも当惑せり。

〔外国商人・外国領事への余の対応〕

余はやむをえざる場合には、やむをえざる策を執《と》るの外なしと考え、意を各国領事に伝えて、すべて内国人に対し取引上その他に於て権利を有するものは、二箇月以内に更にその次第を具陳し、各領事の手を経て我が事務所に致さしむることと為し、且つ二箇月を経過して訴を為さざるものは、たとい権利あるとも消滅すべき旨を告げたり。ここにおいて書類続々は出で来れり。而《しか》してその中には難件また少なからず。あるいは某藩の吏員がある物品を引き渡すべき約束にて若干の武器を買取りて、ついにその約束を果さざりしの件あり。あるいは某商会より某物品を引き渡すべき約束にて贋品を送りたる件あり。その他某の事、某の件など数年来の訟事は積んで几上《きじょう》に堆《たい》を為せり。これを披《ひ》閲《えつ》するに、中には現在余の知友中に於て不正の行為を為せるものあり。その処断には多少困却したりしも、もとより情誼を以て道理を変ずるを得ず。依て余は書類に従って一々裁断を与え、二箇月間にして尽《ことごと》くこれを処理し終れり。

この間、外人等絶えず不服を唱え、種々様々の理由を陳《の》べ来りてその不当を咎《とが》め、果ては各国領事連合して事務所に迫るに至りしを以て、松方等は大にこれを憂慮し、少しく退譲の策を取らんとの議を出せしも、かかる場合に於いて、一旦裁断せし事は決してこれを翻《ひるがえ》すべきに非《あ》らず、乃《すなわ》ち余は断然これを拒《こば》み、日々外人と論争してついに漸《ようや》くこれを切抜くるに至れり。思うに余はかかる事務には従来寸毫《すんごう》の経験なく、而《しか》してかく多年間積堆《せきたい》し来れる紛雑の訴訟を二箇月にして結了せし事なれば、その調査不十分にしてために裁断の誤謬《ごびゅう》を来せしものなきにあらざらん。只裁断に於て最も必要とする公平という一事は決して失わざりしなり。乃ち余は内外人の区別を為さず、己《おのれ》の知友といえども苟《いやしく》も不正と認むる時は、容赦なくこれを処罰せしを以て、彼等外人もついにこの事を知悉《ちしつ》し、漸くにして余の所為《しょい》に信を置くに至れり。

この間、外人我に対して不正の所為あり。而してこれが領事たるもの、もし相当の裁判を為さざれば、余は市民幷《ならび》に商会に命じて共同拒絶を行わしむ。即ちその外人に限りては、穀商をして穀物を供給せしめず、織物商をして織物を売らしめず、何事にも彼を疎外してこれに与《あずか》らしめざりし。彼等は驚けり。余は意とせざりき。当時この地に駐在せる各国領事は概《おおむ》ね皆老年者に非らざれば若年にして事に経験少きものなりければ、彼等も余等の勢いに僻易《へきえき》し、ついに数年来の難件を一時に処断し終るを得たりしなり。これ余が最初に執りたる外交事務なりと為す。

今日よりしてこれを思うも、余がこの時外人等に対せしの挙動は実に愉快なるものあり。旧政府は去って瓦解に帰し、新政府は僅《わず》かに成立を告げて未だその注意の長崎に及ばざる時なりしかば、余は意のままに外人に応接して、寸毫《すんごう》の故障なく己の欲するところを挙行することを得、従って大に外交上の経験を積み、且つ彼等外人の心情と技倆《ぎりょう》とを知るに至れり。これ余が十分の血気《けっき》に任せて事を処断したる少年時期の終《おわり》と為す。

〔新政府代表者の長崎接収〕

とかくする中に、沢主水正《さわもんどのしょう》〔宣嘉《のぶよし》〕(40)九州鎮撫総督となりて参謀井上馨《いのうえかおる》とともに下り来る。ここにおいて余等藩々の有志即ち長崎の仮政府を維持せし人士は、その顚末《てんまつ》を具してこれを沢に引渡せり。余は直に沢に選抜せられて総督府の副参謀と為り、ついで外交事務に当るべきの命を受けたり。元来沢は極端の攘夷家なり。かつて三条《さんじょう》〔実美《さねとみ》〕等とともに京師《けいし》を脱して長藩に倚《よ》りしものの一人にして、今なお攘夷の念を除却せざるの人なり。且つ彼は国学者にして王政維新とともに神道の気焔を吐かんと熱心に希図《きと》する一人なり。この時あたかも長崎に於て耶蘇《ヤソ》教問題(41)起れり。

〔耶蘇教問題の惹起〕

長崎は我が国に於てもっとも長く、且つもっとも多く耶蘇教の歴史を有するところなり。西班牙《スペイン》及び葡萄牙《ポルトガル》の宣教師が数百年前に於て、一度その謂《いわ》ゆる福音の種を蒔《ま》きしより以来、徳川幕府はこれを厳禁し、擬するに死刑を以てしたるに拘《かか》わらず、密《ひそか》にこれを尊奉するものは常に絶えず。而《しか》して幕末の法令漸《ようや》く解弛《かいし》するに従い、これに帰依するものの漸く多く、幕吏これを覚りて罰するところあらんとせしも、英仏諸国の痛く拒《こば》むところと為りてついにそのままにして止《や》みたりき。事情かくの如くなりしを以て、長崎近傍に於ては耶蘇教愈々《いよいよ》その勢いを逞《たくまし》うして信者の数、数千の多きに達し、中にはほとんど一村を挙げてこれを奉ずるものあるに至れり。当時の法律は依然として耶蘇教を厳禁し、これを信ずるものは死刑に処せらるべきものなり。全体の上より言えば、長崎近傍の人々は一般に習慣に依てこれを嫌う甚《はなは》だしく、こもごも幕府の不注意を責めて総督府に訴え来るに際す。沢は耶蘇教に対しては言うまでもなく絶対的反対者なり。さればこの事は沢の来る前に於て已《すで》に一問題と為り居りしほどなりしを以て、その来るに及んで議論益々《ますます》沸騰し、ついに断然これを処分せんとするに至れり。而して余は先に多少耶蘇教を研究せしを以て、その見るところ沢等と異なり、彼は一概にこれを邪教視し、蛇蝎《だかつ》視するものなり。余は必ずしもこれを悪《にく》むにあらず、而《しか》してその教義に於てはむしろ多少の道理を含むを認むる者なり。然れども、彼等信者が浪《みだ》りに国法を犯したるの点に於ては、ついに黙々に附する能わざるを思えり。この時、沢の幕下に属して実権を握りしものは井上《いのうえ》、町田《まちだ》民部《みんぶ》〔久成《ひさなり》〕、並びに土佐の佐々木《ささき》〔高行《たかゆき》〕等なりしが、何《いず》れも皆これを放《ほう》擲《てき》すべからずとの意見を持し、ともかくも彼等信者を捕縛して糾問《きゅうもん》を為すべきことに決したり。

一二日を出でずしてほとんど五六百人の老幼男女を捕え来り、その中の重なる人々を捉《とら》えてこもごもその心得違《こころえちがい》を諭せしも、彼等は断乎としてこれを首肯《しゅこう》せず。始め余等は謂《おも》えらく、彼等は一樸茂《ぼくも》の民たるに過ぎず。これを諭《さと》すに道理を以てし、これに臨むに政府の威厳を以てせば、容易に彼等の心を翻《ひるがえ》すを得べしと。然《しか》るに実際これを糾問《きゅうもん》するに際し、彼等は一々反抗を為し、且つこの事のみは官命といえども決してこれに従わざるの決心を示したり。彼等の言に、「余等は未だかつて他に官命に背きしことなく、貢租を怠《おこた》りし例なく、また罪業を犯せしことなし。唯《ただ》この耶蘇《ヤソ》の道のみは上帝の上に関る事なれば、たとい生命を失うとも代ゆる能わざるなり」という。試に妙齢の処女を呼んでこれを諭すもその答うるところまた同じ。余等怒りて益々《ますます》彼等を酷待《こくたい》すれば、彼等は愈々《いよいよ》その決心を堅うして動かず。当時余は彼等を以て実に頑愚固陋《がんぐころう》不法妄漫《ふほうもうまん》ついに移すべからざるの鄙民《ひみん》と想いしも、その後熟々《つらつら》と彼等の所為《しょい》を思う毎《ごと》に、未だかつて深くその操志《そうし》の強固なるものありしを感ぜずんばあらず。

3　耶蘇教問題をめぐる英公使パークスとの対決

〔新政府参与への任用〕

この時余は突然中央政府よりして参与《さんよ》に任ぜられ、且つ外交官出仕に叙せられ、(42)速やかに上京すべしとの命を受けたり。蓋《けだ》しこの時に当って長崎に於ける余の地位は甚《はなは》だ要用なりしなり。新総督府の人々よりも早くこの地の事務に干《あず》かり、外人に対する交渉中に於て未だ全く処断し終らざるものあり。その他に於ても余を要すること少なからず。故に余は暫《しば》しの時を仮《か》りてこれらの事を処断し、また耶蘇教事件の結末をも見て上京せんと欲せしも、京師《けいし》よりして横浜、江戸に所用あり、速やかに上京すべしとの再命あり、且つ岩倉《いわくら》〔具視《ともみ》〕より特に書を沢に宛てて、重要の用事なれば何事も棄て置き、直ちに大隈を上京せしむべしとの旨を伝えたり。依てやむをえず、余は事を挙げて町田、井上等に托し、上京するに決せり。時に沢総督は九州全体に関して全権を委任されたるものなるが、耶蘇教は国家の問題にして、且つその影響を外交上に及ぼすこと少なからざるを以て、ともかくも一応京師に図るべしと為し、余の上京を幸いとしてこの事を図らしむることと為し、而してその裁定を仰ぐの間は、彼等信者は依然獄中に繋《つな》ぎ置《お》くに決し、明治元年〔一八六八（慶応四）〕三月の始め、余は京師に向って出発せり。

〔新政府の懸案となった耶蘇教問題〕

余は途上耶蘇《ヤソ》教問題につきて種々考慮を運《めぐ》らし、その処分の方策を案じたり。然《しか》るに耶蘇信者捕縛の事実は、余の京師《けいし》に到着する前、早くも大坂神戸なる各国公使の許《もと》に達し、彼等直ちに中央政府に向って已《すで》に激烈なる談判を為せり。これ蓋《けだ》し長崎に於ける各領事等よりして、詳細の事実を公使に急報し、このままに捨て置かば長崎の総督府はついに尽《ことごと》く耶蘇教信者を虐殺するに至るやも知るべからずとの揚言《ようげん》を為せしに由る。公使等は何《いず》れも起ちて中央政府に迫り、以て直ちに彼等信者を放免せんことを求めしも、当時我が内閣は未だ沢よりの通知に接せず、毫《ごう》もその事実を知らざりしかば、ほとんどその答弁に窮せり。岩倉、木戸《きど》〔孝允《たかよし》〕等大に憂慮し、公使等の数々《しばしば》迫り来るに及んで、やむをえず告ぐるに事情を以てし、且つこれが関係者たる大隈が不日《ふじつ》長崎より来着すべきに依り、彼につきてその事実を審《つまび》らかにし、然る後、答弁するところあらんと答えたり。

されば余の到着するや否《いな》や、耶蘇教問題に関する内閣会議は開始せられたり。当時の内閣は公卿及び大名より撰抜《せんばつ》したる議定幷《ぎじょうならび》に各藩士中の有力者を挙げたる参与に依て組織せられ、その人数は甚だ多かりしも、ともに等しく国家の事務に対してこれを論議し、これを処断するの権利を有せり。余は已に参与に任ぜられたるを以て、その会議に列して意見を述ぶるを得るのみならず、耶蘇教問題の関係者なるが故に、これに対してはもっとも他人の注目するところと為れり。時に西郷大村《おおむら》〔益次郎《ますじろう》〕等は有栖川宮《ありすがわのみや》〔熾仁親王《たるひとしんのう》〕東征の参謀として已に出でて江戸に向かい、現在内閣に在るものは、幾多の公卿大名及び木戸、大久保《おおくぼ》〔利通《としみち》〕、広沢《ひろさわ》〔真臣《さねおみ》〕、小松〔帯刀《たてわき》〕、後藤〔象二郎《しょうじろう》〕、副島《そえじま》〔種臣《たねおみ》〕、大木《おおき》〔喬任《たかとう》〕、横井《よこい》〔小楠《しょうなん》〕、岩下《いわした》〔方平《まさひら》〕[43]等の諸士にして、何れもこの事件を以て国家重要の問題なりと為し、容易にその意見を述べず。なかんずく公卿大名等は深くこれを憂慮せるものの如くなりし。而《しか》して三条、岩倉、中御門《なかみかど》〔経之《つねゆき》〕[44]等を始めとし、何《いず》れも耶蘇教を厳禁し、その蔓延《まんえん》の道を杜絶《とぜつ》せんがためには、長崎信者の首魁《しゅかい》は死刑に為すべしとの考えを有せしも、各国公使等はこれについて非常に反対し、他の事件の談判よりは一層激烈なる論鋒《ろんぽう》を以て迫り来り、各国連合の威力を逞《たくまし》うして、直ちに長崎在獄の信者を解放し、且つ耶蘇教の禁を解くべしとの事を号叫せり。これに対して如何《いか》なる答弁を為すべきやは、当時紛乱の際に処する外交官等のもっとも苦心を要せしところなりしなり。従来我が国の外交は大概猶予《ゆうよ》政策を取り、而してその結果は常に退譲主義と為りしものなり。彼等の明治政府を見るは、遠く旧幕府を見るに異ならず。彼等は等しく見て日本人と為せり。当時の日本人なる名称もまた遠く今日の朝鮮人と言うに異ならざりし。故に彼等は何事も同盟連合の威力を以て我が国を圧服し得べしと考たるものの如し。

〔攘夷——反政府運動惹起の可能性〕

然《しか》るにまた今回の事は我が国に於て容易ならざる問題なり。明治の初年に於て耶蘇《ヤソ》教を嫌忌するの情は、嘉永年間に於て夷狄《いてき》禽獣《きんじゅう》を悪《にく》むの情よりも更に甚《はなは》だしきものあり。反《かえ》って明治政府の基礎は如何《いかん》と顧《かえり》みれば、未だ必ずしも確然たるものと言うべからず。この時に際してもし外人等の請求を容《い》れ、已《すで》に我が権力を以て捕縛したる五六百の囚虜を許し、併《あわ》せて耶蘇教に対する国禁を解きたりとせんか、全国の輿論《よろん》は明治政府に向って如何《いか》なる見解を下すに至るべきか。国民の大多数は九州の端より奥羽の極に至るまで耶蘇教排斥《はいせき》の旗を揚げて、大声疾呼《しっこ》し革命の軍を起すに至るやも料《はか》り知るべからず。明治政府が神戸、大阪の開港、開市を許し、各国公使を参内せしめしの所為《しょい》は、業《すで》に已に各地幾多の敵を加えたるに、今また耶蘇教を許すに至らばその結果は非常なること疑いなし。反対党は必ず大同団結の必要を感じて幕府と連合すべし。東北はために気焔を吐くべし。事此《ここ》に至らば王師の必勝を期すべからず。薩長の武勇を以てするもついに大多数の敵に抗する能わざるに至るべし。これ則ち革命の上に革命を加えてほとんど帰着するところを知らざらしむるものに非らずや。然るに一方に於て外人の請求はかの如きものあり。諸外国を敵として戦を開かんか、はた再び国家を危難の中に陥れんか、これ実に内閣列席者の心を苦むるの疑問なりし。されば何人も進んで確乎たる意見を吐露《とろ》するものとてはあらざりし。

〔余は内政干渉拒絶を主張した〕

ここにおいて余は徐《おもむ》ろに一策を建てて曰く、「国法は国家の安寧秩序《あんねいちつじょ》を維持するところなり。国際法に於て如何《いか》なる諸国といえども、他国の法律に干渉することを得ず。我が国は古来国法を以て耶蘇教を厳禁したり。この法を犯したる我が国民を捕えてこれを処罰するに、もとより外人の喙《くちばし》を容《い》るべきところに非《あ》らず。公使等は何者ぞ。何の権利に由て他国の法律内政に干渉を為さんとするものぞ。もしかくの如き事に対して一々外国公使等の喙を容れしめば、我が国の独立ははた何処《いずく》にか在る。今仮りに彼等の言に従てかの罪囚を解放せんか、明治政府の威厳は地に墜《おち》るべし。天下は再び乱麻《らんま》の有様《ありさま》を呈し、外人等は乗じて以て我が国を滅亡するに至るべし。如《し》かず、余等は今彼等公使に対して正当の談判を遂げ、道理を示し、事情を明らかにし、以て彼等の請求を拒絶するに、彼等にしてなおこれを聴かず、無名の師を起して我が国に対せんと欲するか、余等また須《すべか》らく起ちてこれに応ぜんのみ。不幸にして倒れざるべからずとせば、むしろ戦て倒るるに如かず。余等はかつて幕府に対してこの言を為せしものに非らずや。虎穴《こけつ》に入らずんば虎子《こじ》を獲ず。危難の間に進むにあらざればついに大事を全うすること能《あた》わず。社会は権利の競争場なり。我が国にして従来の如く退譲を主義とする以上は、ついに外交を全うするの時は来らざるべきなり。一国独立の威厳を示すはこの時に在り、国家の浮沈《ふちん》は唯内閣の決心如何《いかん》に在るのみ」と。且つ曰く、「余の見るところかくの如し。閣議能《よ》くこれを決せば不肖自らこの任に当らん」と。

多数の人はこれを喜べり。中にはなお疑惧《ぎく》の念を懐くものありしも、さりとてかの囚虜を解放し、耶蘇教の禁を解くは決して承諾すべからずと思惟するものなりしかば、別に異議を策するものなく、只「これでいけようか、何《ど》うじゃろう。大丈夫、やってみるが好い」等の低語を為すものありしのみにて、余の提議はついに内閣の採用するところと為り、彼等に向って愈々《いよいよ》談判を試むることに決せり。

〔外交に於ける初陣《ういじん》〕

嗚呼《ああ》、これ余が外交に於ける初陣なり。誠に長崎に於てかの領事等を相手に小事を処断せしの比にあらざるなり。余はかつて宗教問題に関しては、彼等外人が非常の力を用ゆることを知れり。これを外観よりすれば一介の書生を以て遽《にわか》に閣議を動かし、以て各国公使を相手に談判を為すことは、実に一身の名誉たるに相違なしといえども、その責任はまたこれに対して大なるものあり。これただに余が一身上の初陣なるのみならず、正に明治政府が初陣の技倆《ぎりょう》を揮《ふる》うの時なり。もし能《よ》く一場の言説に依て彼等の気焔を挫《くじ》くを得んか、将来の事また従って為し易《やす》かるべし。然《しか》らずして一歩を誤りて彼等のために嘲弄《ちょうろう》せらるるに終らんか、彼等は明治政府を見る、永く幕府を見しに異ならざるに至らん。嗚呼、余は実に重責を負えり。ここにおいて能《あた》うだけ十分の調査と考慮とを遂げたりき。

かくて大阪なる本願寺の別院(45)を以て会場に宛て、日を期して彼等と談判すべきことを通ぜり。維新前幕府の外人等と談判を為すに当りては、閣老、大目付、幷《なら》びに談判委員十数名を列席せしむるの習慣なりしが、今日に至てもなおほぼ同様の儀式を用い、〔外国事務局督〕外交官総裁山階宮《やましなのみや》〔晃親王《あきらしんのう》〕(46)を始めとして小松、後藤、木戸等及び通弁人、筆記者を併《あわ》せてほとんど二十人の多き、その会場に列するに至れり。

元来、公使等に対する外交談判は、外交官総裁もしくは副総裁これに当るを以て適任とす。余は参与として内閣員の一人なるも、外交官として一の判事に過ぎず。判事の地位を以て公使等と談判を試るは少しく異例なるが如し。然れども、当時の長官もしくは次官というは尽《ことごと》く皆公卿もしくは大名の中より任用し、一種の尊官にして、常人は決してこの地位に立つを得ず。因って実際に当て事を処断する者は、何《いず》れの政局に於ても判事これに任ぜしなり。即ち判事政治の時代なりしなり。

〔英公使パークスとの初対面〕

余はこの時初めてハリー・パークス(47)に面会せり。彼は諸外国公使の中に於て当時已《すで》に較著《こうちょ》たる地位を占め、当日余に対する談判委員なりしなり。余は已に彼の事に関して聞くところ多し。彼は性頗《すこぶ》る剛愎自ら用い、虚喝手段を以て談判の局を速やかならしむる術を知り、時にほとんど狂暴の行為を為すことありといえども、胸中また快闊《かいかつ》のところなきにあらずと。他の公使等も彼の技倆《ぎりょう》を認め、東洋諸国との談判はすべて彼の術策に従うに如《し》かずとの意見を有せしものに似たり。とにかく、彼は我が国に於ける公使中の逸物なり。また厄介物なりしなり。この種の人は欧米各国の間に於てはその用を為さざるも、当時の東洋に於てはまず面白き一人物なりしなり。

余の名は彼に伝えられ、当日の談判委員としてともに席を対せり。彼も余を見ることはその時を以て初めと為すも、大隈という名は已に剛愎の外交吏として彼の胸中に記憶《きおく》せられしなり。それは余が長崎の税関に於て各国領事を相手として数々激烈なる談判を為せし事実は、疾《と》うに彼等が機敏なる報告に依って彼の耳朶《じだ》を打ちしに相違なく、また今回の耶蘇《ヤソ》事件について、領事等は余の関係せしところを仔細に報道したるべき故に、彼は余の人と為り、并《なら》びに地位等についても已に聞知せしところありしなり。余等皆席について将《まさ》に談判を開かんとする時に当り、彼は突如として叫んで曰く、「我は大隈とは談判せじ。かかる地位の低きものは責任を有せざればなり」と。この一言は少しく意外の感なきにあらざりしも、余はこれを以て彼の慣用手段なりと思いしかば、さして心にも止めざりし。時に列席の上官は、余がために弁解を為し、「大隈は日本政府一同の承認を経てこの局に当りしものなれば、その言説は必ず責任を有するものなり」と答えしを以て彼も漸《ようや》くこれを諾し、「然《しか》らばこれより談判に着手せん」と首頷《しゅがん》せり。

〔パークスとの対決〕

ここにおいて余は徐《おもむ》ろに言を為して、「余は現に長崎に於て耶蘇教徒を縛し、これを糾問《きゅうもん》せしものの一人なり。故にその事情に於て尽すところあり。これ余があえて自らこの局に当て足下《そっか》等に談判を試むるゆえんなり。足下等は我が政府に向て、我が政府の捕えたる日本の耶蘇教信者を許し、併《あわ》せて耶蘇教の禁を解くべしとの事を請求するも、これに対しては余等は唯《ただ》我が国今日の事情に於て為し難しと答えんのみ。且つこれを一国の権利上より考うるも、我が国の法律を以て我が国の人民を罰するに、決して外国の干渉を受くべきの理なし。故に余等はこの事に関しては別に足下等と談判するの必要なきものと思う」とハネつけたり。

果然《かぜん》パークスは怒れり。手を振り、卓を撃って「コハ妄言なり、過言なり。宗教と道理は宇内通有《うだいつうゆう》のものなり。この宗教に従い、かの道理を取る、もとよりその人の自由なるところ、ここにおいてか、文明諸国に於ては何《いず》れも皆信仰の自由を承認せざるはなし。今日本に於ては無辜《むこ》の民を罰する法律を存し、真理を遮断するの関門を有す。かくの如きはもっとも秩序なき野蛮国に於てもなお且つ為すを恥ずるところ、足下《そっか》等は今これを為して恬《てん》として顧みず、却て他国の厚意を一笑の下に排斥《はいせき》せんとす。日本の事知るべし、日本の将来見るべきのみ」といえり。

〔パークスとの喧嘩《けんか》別れ〕

余直にこれに応じて、「かくの如き簡単の道理にては毫《ごう》も余等の見解を動かすに足らず。余は多少宗教の事を知れり。また宗教の歴史を知れり。耶蘇《ヤソ》教は真理を含むに相違なし。只その歴史は弊害を以て満たせしことを忘るるべからず。ある歴史家は言う、欧洲の歴史は戦乱の歴史なりと。またある宗教家は言う、欧洲の歴史は即ち耶蘇教の歴史なりと。この二者の言をして誤りなからしめば、耶蘇教の歴史は即ち戦乱の歴史なり。耶蘇は地に平和を送りし者に非ずして剣を送りしものなり。耶蘇が産れし以来、羅馬《ローマ》法皇の時代と為り、世に風波を惹起して、欧洲の人民をして絶えず塗炭《とたん》の苦に陥らしめしものはこれ何者の所為《しょい》なりしか。古来各国の帝王は時に残虐の行為を為せり。然《しか》れどもこの帝王の上に立ちて一層残虐の行為を逞《たくまし》うせしものは果して誰ぞや。土牢、石窟、針山、血海、その悪虐の想像を肆《ほしいまま》にして以て足下等のいわゆる単に見解を異にせるものを処罰せしの事実は如何《いかん》。近世に至り、欧米に於ては少しくその弊を絶ちしものの如し。如《じょ》これ人心漸《ようや》く宏闊《こうかつ》に赴きて宗教のみにその心を支配せられざるに由るものなるべし。今《こん》我が国の事情は大にこれに異れり。開闢《かいびゃく》以来の人心を支配し来れる神道あり。また千有余年来最も勢力を占め来りたる仏教あり。宗教の上に於ては則ち欠くるところなし。この際に於て、余等もし耶蘇教の禁を解き、剰《あまつさ》え已《すで》に捕縛したる数多の耶蘇教徒を許すに至らば、天下の神道派、仏教徒は憤然起って事を醸《かも》すに至るべし。およそ争論と言えば宗教の争論ほど惨烈なるはなし。彼等は血を吸い、骨を噛《か》んでなお止《や》むところを知らず。蓋《けだ》し意一に思い深ければなり。已に然り。然らばこの事は我が国内に如何《いか》なる変動を惹《ひ》き起すやも測り知るべからず。これ我が国政治家の予《あらかじ》め慮《おもんぱか》るを要するところなり。現に長崎事件の如きは、我が政府は好んで手を下せしものに非《あ》らず。各地人民より続々訴え来りてこれが処分を要求せしに由る。されば余等は内国に於ける政略上必ずこれを処分し、これを厳禁せざるを得ず。足下等の厚意は余等の銘謝するところなり。但し以上の如き事情あるを如何せん」と陳弁せり。

パークスは益々《ますます》怒って曰く、「足下《そっか》等は卑怯《ひきょう》なり。一事を挙げんと欲せばもとより一害を予期せざるべからず。現在の労を厭《いと》うて事を起すに踟蹰《ちちゅう》すれば、永遠ついに一事を成す能《あた》わざるべし。足下等は創業革新の際に会せるに非らずや。なんぞその弊習を打破して空濶《くうかつ》の天地に出るを勉めざる。耶蘇《ヤソ》教は今日文明諸国の尽《ことごと》く信奉するところなり。その歴史に於て多少の弊害ありといえども、その結果はこの十九世紀の文明を養成したるものなり。その善良にして真理なるや明《あきら》けし。世間善良者を敵視するほど悪虐《あくぎゃく》なるはなく、真理を謝絶するほど愚蒙《ぐもう》なるはなし。足下等は須《すべか》らく眼眸《がんぼう》を大にすべし。徒《いたず》らに眼下の事のみを視て、眼上の事を見ざるは東洋政治家の通患とは言え、実に嘆ずべきの事なり。試に国禁を解きて数百の信徒を許せ。足下の思慮するところの如きは尽《ことごと》く杞憂《きゆう》に属せん。否《しか》らざれば余は断言す。明らかに断言す。日本国は必ず滅亡せん」と。

余は笑って答えて曰く、「徒らに外人の指揮に従うの日は、これ我が国の滅亡する時なるべし。余等は足下等よりも我が国の事情に於ては尽せるところあり。足下等は単に道理の上より軽卒《けいそつ》にこれを為し得べきを説くといえども実際は決して然《しか》らず。百千年前より養成し来りたる一種の宗教心は、決して一朝一夕に空虚に帰するものにあらず。余等はこの際我が国民をして紛争に紛争を重ねしむるに忍びず。事物は相当の価値を以て買うを要す。余等は過当の支払を好まず。徒らに許多の生命を賭《と》し、鮮血を以て耶蘇教を買うが如きは即今余等の為し能わざるところなり」と。

かくて午前十時頃に始まりたる会議、以上の如き論鋒《ろんぽう》を以て弁難攻撃益々激烈に渉り、昼飯をも喫せずして夕刻に達し、結果はついに喧嘩《けんか》分れと為れり。

〔通訳シーボルトの評価と耶蘇教問題の処理〕

この時、通弁の労を取りしものは、外務省の雇員シーボルト(48)なるものなりし。彼の父は夙《つと》に我が国に来りて我が国人に蘭学を教授し、その功少なからざるものにして、彼もまた幼少の時より父に従って我が国に在り、頗《すこぶ》る能《よ》く両国の言語に通ぜり。彼はその籍墺州に属せるも、実はむしろ日本人にして、日本は彼が最も多年の生活を為せしところなり。閑叟《かんそう》は彼が父の時よりして彼を愛し、余もまたかつて彼を知れり。余は談判後シーボルトを招き、パークスの実情につきて問うところありしに、彼は具《つぶ》さに答えて曰く、「パークスも今日の談判には大に驚けり。否《いな》、意外の感を為せり。彼は言えり。これまで日本に於て大隈の如きものと談判したることなしと。彼は日本の外交吏に対して少しく尊敬の意を加えたるものの如し。パークスは感情に富めどもまた道理あるの人なり。故に道理を以て争えば、たとい一時は憤怒するとも、これがために破裂を来すが如きことはなかるべし。但宗教の事は最も注意すべし。公使等自らはともかくも、各地の宣教師等次第にその声を併《あわ》せて迫り来るべきを以てなり」と。閣員はこれを聴いて何《いず》れもややその心を安んぜり。思うにパークス等は余等もし長崎の信徒を処分するに至らば、その時更に厳談を試みんとして、このまま手を引きしものならん。余等もまた思うところあり。長崎の信者等は当分そのままに為し置くことと為し、以て一時この難関を経過するを得たり。

〔余をして明治政府の間に一地位を占むる〕

以上の事実は端《はし》なくも余をして明治政府の間に一地位を占むるを得せしめたり。余は従来在朝の人々に対して面識あるもの少なかりしが、この際、木戸、大久保、広沢〔真臣《さねおみ》〕等と自由に談論を交ゆるを得て、親しくその人と為《な》りをも察知せり。彼等もこの度の談判に由て大に外交の方法を悟りしものの如く、従来の如く辞譲謙遜《じじょうけんそん》を主とするの不利なるを知れるが如し。蓋《けだ》し当時新政府に於て権力を握りしものは、かの伏見鳥羽《ふしみとば》の戦勝以来、薩長の人士なりしなり。この間に当て他藩の士が頭角を見《あら》わさんとするはもと容易の事にあらず。今や余がこの外交談判は幸いにも内外人士の信用を博することを得、将来の運動上に向って少なからざる便宜を与《あた》うるに至れり。

〔「宗教問題」「蝦夷問題」「徳川家処分問題」「遷都問題」は略〕

〔編者注〕

キリスト教問題で明治政府の外交官となった大隈重信は、その関係で神祇官御用掛となり、キリスト教に対抗する宗教政策を担当したが、その結果については「余は維新後、外交談判の行懸りよりして、之に関係せしと雖も、何の成効する所なく、余が歴史に於ける失敗の一事として記臆せらるるに至れり」と回想している。また、対ロシア政策の一環として蝦夷地（北海道）開拓が喫緊の課題となった。幕末期に佐賀藩が探検を行っていたことを前提にして、蝦夷地開拓への尽力を大隈は旧藩主閑叟に要請したと大隈は述べている。

そして、大隈は懸案が山積していた関東地方に赴くことになった。

八　横須賀恢復、軍艦兵器買入、江戸平定等の諸問題

〔余の横浜・江戸出張における政治的課題〕

蝦夷《えぞ》問題と云い、徳川家処分問題と云い、はたまた遷都問題と云い、これらは何《いず》れも明治元年〔一八六八（慶応四）〕の三月より四月に亘《わた》り、余が外交官として京師《けいし》に在る間に起りたる重要の問題なりき。その後余は命を受けて横浜及び江戸に出張することとなり、ここに外事内憂の衝《しょう》に当りて、頗《すこぶ》る心身を労したる事ありき。その外事内憂とは、幕府の負債の抵当として仏蘭西《フランス》より取押えられたる横須賀を恢復《かいふく》することとなり。幕府の買入に係る米国の軍艦ストンヲール号(49)を受取ることとなり。幕府より仏国に注文せし兵器を受取ることとなり。(50)征東総督府の軍費を補充して速やかに残余浮浪の徒を平定することとなり。実にこれらはその当時に於ける大問題にして、勇断果決を要するところのものにてありしなり。

〔不安定な関東・奥羽情勢〕

維新革命の潮勢は、滔々《とうとう》として大河を決するがごとく、幕府を倒し、封建制を破り、大政を親裁の古《いにしえ》に復し、ついに将軍〔徳川《とくがわ》〕慶喜《よしのぶ》恭順して罪を待ち、その居城たりし江戸城を明け渡すに至りしといえども、征東総督府にては未だ全然これを受取るに及ばず、官軍は僅《わず》かに西ノ丸に拠て屏息《へいそく》し、品川湾に浮べたる幕府の海軍軍艦も未だ受取るに及ばず。而して幕府を懐《おも》い王師に抗すの徒は、なお江戸府中に出没隠見し、なかんずく、かの彰義隊《しょうぎたい》のごとき一種浮浪の徒は、陰然強大なる勢力を有し、旧幕麾下《きか》の士にしてその方向に迷い、心に両端を持するものを誘引してその党類に与《くみ》せしめ、苟《いやしく》もこれに応ぜざるがごときことあれば痛くこれを脅迫し、甚《はなは》だしきはその生命を断ち、その財産を奪うに至る。特に官軍の江戸府下にあるものにして、これがために暗殺に遭《あ》うもの少なからず。かくのごとき報知の相接して京師に達せしより、当時の局に任ずる者は謂《い》う、「今にして速やかにかの徒を追撃平定し、進んで関東奥羽の人心を定むることを為さず、曠日弥久《こうじつびきゅう》するあれば、かの大小諸藩の心に両端を持するもの、王師の能《よ》く為すなきを見て、ついに方向を誤りてかの浮浪の徒に与し、不測の禍変を生ずるに至るやも知り難し」と。

〔財政窮迫と大阪商人からの負債〕

然《しか》れども如何《いかん》せん、これまでたびたび述べたるごとく、当時の政府は収入の途を有せず、国庫甚《はなは》だ欠乏し居るを以て、その意のままに兵を出すこと能《あた》わず、また兵器を整うること能わず。かくのごとき次第なるを以て、征東総督府よりしきりに送金を促がし来るも、到底これに応ずる能わず。その困難窮乏の状、誠に言うに忍びざるほどなりき。この時に当り、余は外交官として外事に関する用を帯び、側《かたわ》ら内憂に属する用を兼ね、横浜及び江戸に出張することとなれり。既に用務を帯びて出張す。入費の已《や》むべからざるものありといえども、京師《けいし》に於ては詮術なかりしを以て、東上の途次に大阪に出て、大阪府の手を経て、その地の商人より二十五万円の負債を起し、これを携えて漸《ようや》く東上することを得るに至れり。蓋《けだ》しその負債は大阪府の酷甚《こくじん》なる脅迫に依て僅《わず》かに得たるものにして、酷甚なる脅迫に依るも、なお僅かに二十五万円を集むるに過ぎざりしを思えば、当時の商人が幕府よりの屢次《るじ》の脅迫的調達のために、如何《いか》に衰弊しおりたるかを知るべく、また当時の政府が如何に不信用なりしかを知るべきなり。(51)

〔横須賀造船所・軍艦の受取問題〕

余が命を受けて江戸及び横浜に出張し、而《しか》して処理せんとする三四の事件は何《いず》れも一挙手一投足の労もて処理し得べき問題にあらず。特に横須賀恢復《かいふく》の問題のごときは、事頗《すこぶ》る重大にして、余が出張の目的中に於ても肝要《かんよう》なるものなりしなり。

蓋し仏国は、当時の事情に見るも、従来の経歴に徴するも、我が国に対して種々の陰謀を構うることとなしとせず。且つ那破翁《ナポレオン》三世が威を欧洲に張りて、四方の侵略に努むる折なりければ、横須賀の取押に対しては頗る危険の感なき能わず。さればとてこれを恢復して造船所の処理を為さんには、その費用を要すること実に鮮少《せんしょう》ならざるも、当時の事態はとてもこれに応ずる能わず。これを以て京師に於ては、征東総督府及び神奈川県(52)よりの報知に依り、横須賀造船所(53)を廃止せんとの議さえ起るに至れり。

然れども余は断然これに反対して曰く、「四方繞《めぐ》らすに海を以てする我が海国にして、鎖国攘夷の迷夢漸く覚め、外国との交通貿易日に月に頻繁に赴かんとするの現時、将来に海軍の必要なる、もとより言うまでもなし。従って造船所の必要またなんぞ呶々《どうどう》の弁を俟《ま》たん。且つそれ廃止するは易し。廃止したるものを再興せんとするに至っては容易のことにあらず。顧《おも》うに横須賀の造船所は、幕府はその末路に際してなおこれを建設したり。もとより美事として嘉《よみ》すべきなり。末路の際にしてさえ然り。如何《いか》んぞ維新草創広く知識を世界に求め、大に皇基《こうき》を振起《しんき》せんとするときに当り、これを廃止するがごときことやあるべき。只それこれを維持しこれを拡張せんには、要するところの費用は誠に少なからず。少なからざればとて、これを廃止するは理勢の許すところにあらず。請《こ》う、処理の全権を余に委《まか》せよ。その費用のごときは余がかの地に到りたる後、奔走周旋して供充するところあらん」と。蓋《けだ》し廃止の議は、もと国庫会計の上に於て恢復《かいふく》維持に苦しむよりして生じたるもの、余の決心明言にして已《すで》にかくの如くなれば、誰《た》れかまた異論を挟む者あらん。挙げてこの大問題を余に委託することとなれり。

且つ幕府の買入に係る米国の甲鉄艦ストーンヲール号も速やかにこれを受取りて、海軍の用に供せざるべからざるも、事の外交に渉るを以て、征東総督府の処置し得べきものにあらず。これを以て外交官たる余は、その処理をも委任せられたり。

嗚呼《ああ》、彼《かれ》と云い、これと云い、何《いず》れもその当時に於ける重要困難の問題にして、而してこれを処理するために調達したる金額は僅《わず》かに二十五万円に過ぎず。その談判処理の困難なる、また想うべきにあらずや。

〔旧幕府軍艦による妨害〕

されぱとて、別に調達の途なかりしを以て、余は已《や》むなく二十五万円を携えて、海路江戸に赴き、品川湾に入るや、同湾に繋泊する旧幕府の軍艦は突如としてこれを遮《さえ》ぎり、搭載の荷物を撿査《けんさ》するところあらんとせり。将軍慶喜は已に恭順の実を表して遠く水戸に退き、江戸城を明け渡し、文武の大権、挙げて朝廷に復したる後に於て、未だ軍艦を引渡さず。擅《ほしいまま》に海上の権を握りて出入の船舶に撿査を施さんとするは、咄々《とつとつ》なんらの怪事ぞ。

余はかかる怪事に遭遇し、かつて京師《けいし》に在て聞しに勝る亡状なるを見、痛くこれに憤激し、且つその際に於て逡巡《しゅんじゅん》するあらば、酷甚《こくじん》なる脅迫に依て僅かに調達し得たりし二十五万円も、空しくその没収するところと為り了《おわ》らんことを知り、侃々諤々《かんかんがくがく》と堅く理義を執て旧幕府の軍艦を論破し、その船舶の撿査を排斥《はいせき》し、漸《よう や》くに上陸して征東総督府に到り、時の同府重務の局に当れる参謀大村益次郎《おおむらますじろう》に面し、その処置の緩慢にして意気地《いくじ》なきを論責し、曰く、「幕府已に倒れ、将軍慶喜恭順の実を表して遠く水戸に退き、文武の大権を挙げて朝廷に復したる後に於て、その軍艦は未だ受取るに及ばず、擅《ほしいまま》に海上の権を握りて跋扈跳梁《ばっこちょうりょう》するに任せ、江戸城を受取というも徒《いたず》らに名のみにして、西ノ丸の外は残余浮浪の徒の出没蹂躙《しゅつぼつじゅうりん》するに委し、市政挙らず、警察行われず、秩序全く亡びて宛《さな》がら無政府の如く、要務の局に当る政府の官吏も、各自相守るにあらざれば、夜間府中を往来する能《あた》わざる状勢なりとは抑々《そもそも》何事ぞ。また緩慢にして意気地なき極《きわみ》ならずや。知らず、征東総督府は何をか為せる。余が東上の目的は、横須賀の恢復に在り。軍艦兵器の受取に在り。兼ねて征東総督府の軍費を補充して速やかに残余浮浪の徒を平定するに在り。然《しか》れども携え来りしところの金額は、僅《わず》かに二十五万円に過ぎず。これを以てかれこれの目的に充用せんとするは、もとより実際の許さざるところ、且つ蕭《しょう》墻《しょう》の内に鬩争《げきそう》かくのごとく、江戸の地は紛乱かくの如くなれば、外国との交渉などはとても出来《でき》べくもあらず。これを以てまず宜《よろ》しく江戸城下に跋扈《ばっこ》する残余浮浪の徒を撃掃平定し、然る後に進んで外交のことに及び、且つ関東奥羽の嚮背《こうはい》を定むべきなり。勢いの乗ずるところ、刃を逆《むか》えて割くる者あらん。携え来りし二十五万円をその掃定に投ずること、もとより惜しむところにあらず。請う速やかに処決するところあれ」と。気逼《せま》り意馳《は》するといえども、如何《いかん》せん、征東総督府の進退挙措は、大村一人の意見を以て左右し得るところにあらず。

〔江戸の治安情勢悪化〕

当時府下に出没して陰然勢力を有し居れる残余浮浪の徒は、品川湾に繫泊して亡状にも海上の権を擅《ほしいまま》にせる幕府の軍艦と気脈を通じ、ややもすれば相呼応して王師に抗せんず〔ママ〕形勢あり。翻《ひるがえっ》て征東総督府の有様《ありさま》を見るに、一人の海兵なく、一隻の軍艦なく、且つその陸軍はあるいは鎮撫《ちんぶ》のため両野州《やしゅう》に分遣せられ、あるいは警備のため横浜開港場に派出せられ、従って村内に留守する軍卒は至って少く、かれこれの事情は相湊合《あいそうごう》して、征東総督府をして断然たる処置を為す能《あた》わざらしめたりき。顧《おも》うに、王師の伏見に勝ち、江戸を衝《つ》き、西ノ丸を受取るまでは、その処置あたかも迅雷《じんらい》耳を掩《おお》うに暇《いとま》あらざるほどにして、頗《すこぶ》る天下人士の心目を壮快にせしといえども、かの勝安房《かつあわ》〔海舟《かいしゅう》〕等が悄《しょう》然《ぜん》軍門に来り、種々の情由を述べて憐みを乞うに及び、西郷《さいごう》〔隆盛《たかもり》〕等の厳鋭なる処置は倏忽《しゅっこつ》の間に変じて寛柔と為り、転じて緩慢と為り、ついに意気地《いくじ》なき極《きわみ》と為り、江戸城をしてその受取り後の二三ヶ月間は宛然《えんぜん》たる無政府の境遇に陥らしめたり。情に脆《もろ》く弱を憫《あわ》れむはもとこれ勇夫の常にて、必ずしも咎《とが》むべきにあらず。且つ西郷と云い、勝と云い、はた大久保と云い、その当時に於て胸中何の見るところありしや否《いな》やは知らずといえども、その処置の猶予を乞い、而《しか》してこれを許容したるがごときは、幕府末路の局に当りし官吏の姑息《こそく》と征東総督府の議論が一致せざりしとに出でたる一時姑息の策と謂《い》わざるべからず。

その徳川家の処分に関する意見議論の寛厳両様に別れたると一般、旧幕府に対する種々の処置の上に於ても、征東総督府の意見議論は区々として一致するところなかりき。苟《いやしく》もその意見議論にして一致せば、如何《いか》んぞ江戸城を受取りたる後に於て、僅かに西ノ丸を保つに過ぎざるが如きことあらん。如何んぞ幕府已《すで》に倒れ、文武の大権挙げて朝廷に復せし後に於て、残余浮浪の徒がなお陰然権威を擅にし、市政行われずして秩序全く亡ぶがごときことあらん。また如何《いか》んぞ彰義隊《しょうぎたい》との戦争起り、遺憾《いかん》にも府下の美観たりし上野の建物などを烏有《うゆう》に帰し、且つ百万の民人をして容易ならざる困難の境遇に陥らしむることあらん。意見の区々、議論の紛々《ふんぷん》、観じ来れば、これまた後日に於ける薩長軋轢《あつれき》の一端にあらずとせんや。

〔不調に終わった軍艦受取交渉〕

ソハともあれ、事態かくのごとくなりしを以て、大村は答えて曰く、「議論詰責もより理なしとせず。只如何《いかん》せん、現時の事情は速やかに足下《そっか》の意見を貫徹せしむる能わざるを。出来《でき》べくんば、請う、まず米国の軍艦を受取り、これを以て品川湾に繋泊する幕府の軍艦に備え、然《しか》る後に府下に跋扈跳梁《ばっこちょうりょう》する残余浮浪の徒に臨まば、労と虞《おそれ》とを少くして掃定の功速やかに挙がるを得ん。勢いに乗じて関東奥羽の嚮背《こうはい》を定め、徐《おもむ》ろに他の外交のことに及ぶ。むしろこれ捷径《しょうけい》にあらずとせんや」と。(55)

余聞きて已《や》むなくこれを頷《がん》し、直ちに横浜に赴き、米国公使に面して軍艦引渡の談判を試みたりき。蓋《けだ》し公使はかの仏国公使とともに我が王政を喜ばざるもの、これを以て謂《い》えらく、「今や日本の内乱は正に王政と覇政との争いなり。想うに、政権の争奪に基づく擾乱《じょうらん》は、容易に局を結ぶべくもあらず。苟《いやしく》もその争乱にして永く日子《にっし》を継ぐがごときことあれば、我が米国は局外中立を布告するの已むを得ざるに至らん。而して軍艦ストーンヲール号は、幕府の買入に係るもの、直ちに取て以て王政の政府に引渡すがごときは、余(公使)が独断の能《よ》く処決し得べきところにあらず。必ずや本国政府の命を待たざるべからず」と。談判再復するもついに頑として決するところなし。

〔佐賀藩兵による江戸鎮定〕

ここを以て、余は軍艦の俄《にわか》に受取り難きを知り、以為《おもえ》らく、「この上は詮方なし。まず速やかに府下の残余浮浪の徒を掃定し、徐ろに他に及ぼすの策を取らん。逡巡躊躇《しゅんじゅんちゅうちょ》して内外ともに不測の禍患を醸《かも》すがごときことあらば、また収拾すべからざるに至らん」と。帰りてこれを総督府に告げ、且つ余が独断を以て、携え来りし二十五万円はその掃定のために投ずることとなせり。

この時に際し東久世《ひがしくぜ》通禧《みちとみ》、鍋島直大《なべしまなおひろ》の二人は、あたかもかの幕府の時代に、外国奉行が神奈川県奉行を兼ねて横浜を支配せしがごとく、外国官の副知官事として横浜に於ける外交の事務を司るの任に当りき。然れども、もとこれ公卿と大名との地位門閥に由てかかる重要の任に当りしのみにして、親《みずか》らその実際の事務に鞅掌《おうしょう》することなく、これを部下の吏員に委《まか》してほとんど顧《かえりみ》るところなし。従って断《た》えず神奈川もしくは横浜に在て事を見るの要なしといえども、鍋島はその当時現に大藩の君主たりしを以て、その身を保護し、且つ居留地の警備のため、その藩兵千人内外を神奈川に屯在せしめおれり。而して今や府下掃定の意ほぼ決し、軍費やや足り、征東総督府の憾《うら》みとするところは、只軍卒の寡少にあるのみ。

ここを以て、余は直ちに鍋島の属兵を仮りて掃定の功を奏せんと欲し、これを総督府に通ぜり。総督府は首肯《しゅこう》せり。(56)江戸召集の命は余の手を経て鍋島の属兵に伝われり。鍋島の属兵は、召呼に応じて江戸に集まれり。ここにおいて、総督府もついに因循姑息《いんじゅんこそく》の策を舎《す》て、まず残余浮浪の徒を掃定することとなれり。銃丸飛び、剣戟閃《けんげきひらめ》き、両軍こごも相追逐《ついちく》するに及んでは、多少の劇戦なきにあらざりしといえども、かの彰義隊《しょうぎたい》と云い、その他の残徒と云い、もとこれ節制なき烏合《うごう》の衆、如何《いか》んぞ能《よ》く相抗するを得ん。特に事匆卒《そうそつ》に出で、その不意を撃ちたるを以て、品川湾に繋泊せる旧幕府の軍艦は、残余浮浪の徒と相応援して王師に抗するに及ばず。ここを以て彰義隊のごときは、上野の一戦に脆《もろ》くも敗衄《はいじく》して潰走し、その他の残余浮浪の徒は、風を望んで東に逃れ、あるいは会津に倚《よ》り、あるいは常総の地に跳梁《ちょうりょう》し、府下にはその孤影だも留めざるに至れり。

この時に当り、かの幕府の軍艦が彰義隊等と相応じて劇《はげ》しく王師を夾撃《きょうげき》するがごときことあらば、未だかくまで脆《もろ》く敗走するに至らず、王師も多少の苦戦を為せしならんといえども、幕府の軍艦はかかる機敏の挙動に出ずることを為さず、手を袖にして傍観し、空しくその敗走に任せしがごときは、吾《われ》も人もともに意外の感を為せしところにて、むしろ怪訝《けげん》すべきなり。

その後、王師関東を平《たいら》げ奥羽に向うに当り、幕府海軍の残徒は、闃《げき》として動くところなく、そのことごとく平定せらるるに及び、初めて北海に拠て以て王師に抗せしがごとき、またこれ機を誤り、宜を失うたる仕打と謂《い》わざるべからず。ともかくも事の予想の外に出で、容易に鎮定するを得たりしは、かえすがえすも喜ぶべきなり。「案ずるより産むがやすし」とは、かかることをや言うならん。

かくて残余浮浪の徒、已《すで》に掃定し、これまで宛《さな》がら無政府の境遇にありし江戸府下も、漸《ようや》く市政を布くに至り、警察整い、秩序立ち、五月十五日後は、征東総督府の威令、全府下に行わるるに至れり。ここにおいて乎《か》、洶々《きょうきょう》として定まらざりし府下百万の民心も、漸く安堵《あんど》し、且つ二百数十年来の浸漸《しんぜん》の致すところ、徳川家を懐《おも》うの府民も少からざりしが、王政の寛大なるを見て初めて喜び服するに至れり。

〔横須賀造船所・軍艦受取資金の欠乏〕

此《ここ》に於て余が江戸及び横浜に出張せし目的の一端は、既にこれを達するを得しといえども、如何《いかん》せんこれを達するがために携え来りし二十五万円は、ことごとく消費しおわりしを以て、他の肝要《かんよう》の目的なる横須賀の恢復《かいふく》及び軍艦兵器の買入に向っては、手を下すこと能《あた》わず。さればとて、大坂商人の例に倣《なろ》うて、府下の商人等より巨額の金員を借り集むるがごときは、到底為し得べきことにあらず。特に仏国の言うところ、及び関係ある商人領事の語るところに依れば、仏国に対する幕府の負債は実に五十万円なりといい う。蓋《けだ》しこれ実際に借り入れし負債と、買入にかかる兵器の代価と、幕府の末路にかかる巨額に上りしものなり。今日こそ五十万円もさほどの巨額にあらざるなれ、酷甚《こくじん》なる脅迫に依りて僅《わず》かに二十五万円を得るに過ぎざりし当時に在りては、実に驚くべき巨額にして、これを支弁するは至難のことなりしなり。

〔国内商人からの資金調達の挫折〕

至難の事なればとて放擲《ほうてき》し置くべきに非ず。ここを以て已《や》むなくかの幕府以来の用達を務め居れる三井の支店の江戸にある者を説き、その信用を仮りて江戸の商人を勧誘し、以て出金せしめんことを計れり。然《しか》れども当時の事情と商人の困弊とは、相拠《よっ》て意のごとくならざらしめしこそ遺憾《いかん》なれ。顧《おも》うに、江戸の地は漸《ようや》く掃定に帰したりといえども、ともかくも大業草創の際なれば、一般の民人は疑懼《ぎく》の念を抱き、洶々《きょうきょう》として定まらず。特に商人等は幕府の末路に於て、数々脅迫的の調達を命ぜられしのみならず、幕府が次第に権威を失うに従い、参勤交代を為すものも自然に減少し、これまで妻子を江戸に留めし大小の大名も、妻子を藩地に呼戻すに至り、天下の富を集めて繁栄を極めたる江戸の地も、日一日と衰弊に赴き、ほとんどその極に達せり。これに加うるに幕府の末年には、天災しきりに至り、五穀《ごこく》実らず、米価騰貴して窮民途に泣き、ついにかの残余浮浪の徒と相拉携《あいらっけい》して府下を横行し、富豪を虐奪し、法規権威の能《よ》く制裁を加うるなし。かかる次第なりしを以て、江戸商人の非常に困弊を極めしは言うまでもなく、たとい多少の資財を有するものも、相携て田舎に逃がれ、郷国に隠れ、かの京摂及び江州勢州の商人にして支店を江戸に設けしものは、謂《いわ》ゆる番頭をしてこれを留守せしめ、その資財は挙げて本店に戻収《れいしゅう》するに至れり。さればかの商業社会に容易ならざる勢力と信用を有する三井家が、余等の依託を諾《だく》して多少力を尽すところあり、且つ鎮将府《ちんしょうふ》(57)の官吏も、為替方及び名主等を説諭して奔走するところありしも、如何《いか》んぞ五十万円というがごとき巨額の調達を為すを得ん。況《いわん》や一方には、征東総督府が軍用金を集むるに汲々《きゅうきゅう》たるあるに於てをや。

〔英公使パークスへの資金調達に対する協力依頼〕

府下に於て五十万円の巨額を調達するの望みは已《すで》に絶えたり。これを如何《いか》んかすべき。時に余が先輩にして同僚たる小松帯刀《こまつたてわき》は他の用務を帯びて京師《けいし》より来れり。寺島宗則《てらしまむねのり》は外国官判事として横浜にあれり。依て相会し、最後の策につきて協議するところあり。ついに詮方なかりしを以て、横浜に在る外国の銀行に向い、金融を計るの外なしと決せり。然るに外国の銀行といえば、英人の営みおるもののみにして、これに向い金融を求めんと欲せば、当時の英国公使パークスの紹介を請うの已《や》むを得ざるものあり。而《しか》してこれ実に為すに忍びざることなりしなり。これより先、余はかの長崎に於ける耶蘇《ヤソ》教問題について、パークスと口角沫《こうかくあわ》を飛ばして相論難したることあり。加うるに、その当時、外国との交渉問題少なからず。あるいは長崎にて英国の水夫を殺害し、而して未だ縛につかざるものあり。あるいは開港場に於ける輸出入の物品に尋常関税の外なる五厘税を課せるのことあり。あるいは居留地のことあり。あるいは貨幣引換のことあり。これらの諸問題は、もとより単に英国政府と我が国政府との間に起りしもののみにあらずして、その他の諸国とも関連せしといえども、時の英国公使は最も勢力ありしを以て、我が国と諸般の談判を為すにも、常に各国公使を代表してその局に当り、甚《はなは》だしきは全く自国と関係なき他国の交渉事件にも、代って談判を為すに至る。斯《かか》る有様《ありさま》なりしを以て、当時外交の任に鞅掌《おうしょう》せし余は常に英国公使と相論争するの地位に立ちたりき。嗚呼《ああ》、平素諸般の交渉談判を為すに当りては、強硬下らず、論争譲らず、壮言励色《そうげんれいしょく》、むしろ彼嫌忌《けんき》するところとなりしもの、一朝、事変困難に遭遇したりとて、その周旋を請いその救援を求むるがごときは、焉《いずく》んぞ得て為すに忍ぶところならんや。嗚呼、焉んぞ為すに忍びんや。

かくて余は幾たびか逡巡《しゅんじゅん》せり。幾たびか躊躇《ちゅうちょ》せり。さればとて別に調達の策なく、募集の途なく、而して仏国の要求は日に益々《ますます》急にして猶予すべくもあらず。余等三五人は、徒《いたず》らに頭を鳩《あつ》めて、益なき協議に時を遣《や》り刻を移し、相顧みて長大息《ちょうたいそく》するのみなりき。百計ここに尽きて進退維《こ》れ谷《きわ》まり、また如何《いかん》ともすべきなし。只最後の一策は、忍びがたきのことを忍ぶにあるのみ。忍んで公使パークスの紹介を請い、横浜に在るオリエンタル・バンク[58](東洋銀行)に向って金融を求むるにあるのみ。ここにおいて乎《か》、断然と意を決して最後の策を執《と》ることと為し、余は小松、寺島の二人と相携えて公使パークスを訪い、事情を委曲してその紹介を請えり。諾乎《だくか》、はた不諾乎、この瞬間に於ける余等の心情は、如何に忸怩《じくじ》として躍動せしよ。その当時の事情と相互の関係を知るものは、それ想うてこれを察するを得ん。然れども、案ずるより産むは易く、思い切ったる処置には、思いの外の結果を生ずることなしとせず。公使パークスは、余等の委曲せる事情を聞き、対《こた》えて曰く、「嗚呼、果して然る乎《や》。これ実に容易のことにあらず。想うに仏国は従来の経歴に照し、目下の事情に徴し、禍心を抱蔵することなしと云うべからず。これをして横須賀を押領せしむるがごときことあれば、貴国の危険は誠に測るべからざるものあらん。速やかにこれを支払うに如《し》かず。但だ余は外交官たる職務の上よりして、オリエンタル・バンクを勧諭すること能《あた》わざるも、パークス一個の好意を以て紹介せん。行かれよ。バンクは日本政府の請求に応じて入用の金額を貸出すべし」と、いつに似気《にげ》なき温言もて、イト快くその紹介を承諾したり。蓋《けだ》し英国はかの仏米諸国が幕府に左袒《さたん》するの傾きあるに引きかえ、我が朝廷に対し頗《すこぶ》る好意を表せざりしにあらずといえども、かの頑剛なる公使パークスが、平素の交渉談判の上よりして、やや嫌忌しつつある余輩の請求を快く容《い》れしに至ては、実に意外の感ありしのみならず、深くその好意を徳とせしなり。

〔オリエンタル・バンクからの資金融通〕

ここにおいて余等は横浜に到り、オリエンタル・バンクの支配人ロベルトソン(59)を訪い、パークスの紹介状を示し、委細の事情を告げて五十万円の融通を請いしに、パークスより已《すで》に詳しくこれを通じありたるものと見え、ロベルトソンは直ちに頷《がん》して余等の請求に応じ、これを貸渡したりき。只その利子は一割五分といえる高利にして、今より想えば実に驚くべきほどなり。もっともその当時に於て強て談ずるところあらしめば、多少の低減を為し得たらんも、万一を僥倖《ぎょうこう》せし余等の請求が、意外にも承諾せられしを以て、利子の高低などを問うの暇《いとま》なく、従って高利を高利とも思わざりしなり。ソハともかくも相談既に整い、千辛万苦してなお且つ集むる能わざりし五十万円の巨金は倏忽《しゅっこつ》の間に余等の手に入りしより、神闊《ひろ》く気揚り快喜ほとんど禁ずる能わざるほどなりき。恩に感ずるは難に臨みし時に在り。人を徳とするは急に遭いし際に存す。オリエンタル・バンクが一たび焦眉《しょうび》の急を済《すく》いしより、我が国政府は深くその好意を感じてこれを徳とし、爾来《じらい》相互の関係頗る親密と為り、鉄道の敷設、外債の募集、造幣局《ぞうへいきょく》の創設等、(60)苟《いやしく》もその材料、その技術を外国に仰がざるべからざるものは、大概オリエンタル・バンクの手を経るに至れり。

かくて、余等は勇気振作すること一番、直ちに仏国に逼《せま》りて精細なる計算書を徴せしに、その負債は実に五十万円にあらずして僅かに三十万円内外に過ぎざりき。

〔横須賀造船所・軍艦受取の完了〕

当時、この事に関係せし仏国某会社の支配人某の如きは、我が国政府が調達の策なきに苦みつつあるを知りしもの、一朝忽如《こつじょ》として精細の計算書を徴せらるるに及び、事の意外なるに一驚を喫せしほどなりき。かくて漸《ようや》くその負債を償還して全く横須賀を恢復《かいふく》し、且つ幕府の買入にかかる兵器をも受取りたりき。蓋《けだ》し兵器は小銃と軍服とにして、何《いず》れも直ちに当時戦争の用に供することを得たりしなり。

是《この》時に当り、東久世及び寺島等は、横浜なる神奈川裁判所に在りて、一面には外交の任に当り、一面には地方の政治を掌《つかさど》りつつありしが、横須賀の恢復せられしを以て、兼て暫《しばら》くこれを支配し、後日に至り初めて別に派遣せられたる官吏ありて造船所を監督することとなれり。然《しか》れども、その所長と云い、技師と云い、医者と云い、はたまた簿記を司《つかさど》る人と云い、すべてこれ仏国海軍士官の傭い入れられたるものなるを以て、名義こそ日本政府の恢復するところと為り、その支配するものなりというといえども、その実権に至ては未だこれを収むる能《あた》わず。蓋《けだ》し横須賀造船所は旧幕府の委托に依り、仏国政府がこれを起せしものなるを以て、それかくのごとき勢力を有することもとより已《や》むを得ざるものなきにあらずといえども、我が国政府が已《すで》にこれを恢復せし後に於て、なお数ヶ年の日月間、これがため混雑紛擾相続き、ほとんど絶ゆるときなかりしがごときは、むしろ我が国のために悲しむべき不面目不利益にあらずとせんや。

幕府の残余浮浪の徒、上野の一戦に敗衄《はいじく》して東に逃れ、明治政府の権威日に益々《ますます》盛んなるに及び、米国公使は先の頑剛に似もやらず、事もなげにかの軍艦ストーンヲール号を引渡すに至れり。思うにこれ本国政府の命令に接したるものならん。嗚呼《ああ》、上野の一戦が、内治に、外交に、如何《いか》なる影響を及ぼせしやは以て察するに足らんか。ストーンヲール号は、後改めて吾妻艦と称し、函館征討の用に供せしものなり。

オリエンタル・バンクより借入れたる五十万円は一ヶ年の期限なりしが、翌年に至り、事なくこれを償還するを得たり。ここにおいて、余が東上の目的はここに全くその成効を見るに至れり。

〔「鎮将府」「英人暗殺事件」は略〕

〔編者注〕

大隈は、当時東京を統治していた新政府の機関である鎮将府が必要としていた貨幣鋳造のための機械を、オリエンタル・バンク経由で買い受けた。このことが造幣局設立につながっていったと大隈は回想している。また、長崎においてイギリス人二名の殺人事件がおき、外交問題化したが、大隈は長崎府判事を一時兼任し、外交交渉だけでなく、致遠館の学生なども使って捜査を行い、最終的に解決したと述べている。

このように、多くの懸案を解決した大隈は、日本外交の第一人者と目されていった。

九　財政に関する外交

〔各地外交問題解決への余の尽力〕

横須賀の恢復《かいふく》と云い、軍艦兵器の受取と云い、はたまた英人暗殺事件と云い、何《いず》れもその当時における外交事件の頗《すこぶ》る困難なるものなりき。余のその衝《しょう》に当りてこれが結局を為ししは、只時の出来事に際会して、一部分の関係を有し、一事件の処理を為したるに過ぎず。身は外交官の列に在りたれども、あえて外交の全局に当り、その責に任じてその事を執《と》りしにあらず。特に片々《へんぺん》たる外交問題のため、時に東国の風に櫛《くしけず》り、あるいは西陲《せいすい》の雨に沐《もく》し、始終奔走して外に在りし故を以て、中央政府との関係も自然薄きに至り、外交のことは言うに及ばず、維新の大改革なる活劇の進捗の上についても、前後連続して親炙《しんしゃ》すること能《あた》わず、僅《わず》かにその一局部一事件につきて関知するところあるのみなりき。然るにかの長崎に於ける英人暗殺事件も、二ヶ月に余る吟味《ぎんみ》捜索の極に、その落着を告げしを以て、漸《ようや》く京師《けいし》に還り、ここに初めて中央政府の平常の事務に服することとなりぬ。

〔外交責任者としての小松帯刀の台頭〕

この時に当り余は外交上の問題よりして財政に関係することと為り、これより外交全局の責に任じて事を執るに至れり。これより先、余が英人暗殺事件の取調として長崎に赴き、同地に滞在する時に当り、小松帯刀《こまつたてわき》は抜擢《ばってき》せられて外国官の副知官事と為りぬ。地方の藩士を以て副知官事と為すは誠に異常の例にして、小松の抜擢を嚆矢《こうし》と為す。蓋《けだ》し当時の知官事たり、副知官事たるものは、大藩の諸侯にあらずんば公卿にして、地方の藩士のごときはその部下に趨走《すうそう》するに過ぎざりき。しかし、その実権は部下の藩士の掌中に帰し、諸侯もしくは公卿は、単に形式上にその地位を占めて、体裁を装備するのみなりしも、維新の改革ほとんど成り、世進み物開くるに従い、その不便不利は少しとせず。ことに外交に関する官職威権にして、名実その地を異にすることあれば、煩累《はんるい》紛雑なる交渉事件を処理する上に於て、不便利不都合更に甚《はなは》だしきものあり。二百数十年来積習《せきしゅう》の致すところにて内治の局に任ずるものは、諸侯と云い公卿と云い、謂《いわ》ゆる門閥を以て必要と為すこともなきにあらざれども、独《ひと》り外交に至りては、理情ともに官権の名実その地を異にするを許さず。ここにおいて乎《か》、他の軍務、内務及び会計のごときは、暫《しばら》くその旧に依って革《あらた》むるところなきも、外交に関する官職はその実権とともにこれを地方の藩士に移し、名実一致を計らざるべからざることとなり、さては在来の例習を破り小松を抜擢《ばってき》して副知官事と為せしなり。

小松は余等の先輩にして且つ同僚なりき。風采《ふうさい》堂々として弁舌爽快《そうかい》に、やや学識あり、志気卑《いや》しからず。これに加うるに、薩藩の名門として威望頗《すこぶ》る重く、外国の副知官事として最も適任の人なりき。

〔小松による余の推挙〕

好事魔多く桂蘭摧《くだ》け易《やす》し。不幸なる哉《かな》、天は名士に福せず。小松は副知官事の任を受くる前より二豎《にじゅ》の侵すところと為り、在職未だ幾干《いくばく》の日月ならずして、また起たず。内治に、外交に、往時に、前途に、満腔の雄図を懐きたるまま、空しく無限の血涙を呑《の》んで、奄然《えんぜん》幽冥の途につく。嗚呼《ああ》、また悲しからずや。抑々《そもそも》また国家民人の不幸にあらずや。而《しか》してその後を襲うたるものは誰ぞ。小松は誰を推薦せしぞ。想うにその当時は薩と云い、長と云い、何《いず》れも戦勝の余威に乗じてその権勢は誠に非常なるものあり。従って政府の官吏、地方の職司たるものの中にも、薩長出身の人士を見ること多し。外交の官司のみ豈《あ》に独《ひと》り然《しか》らずとせんや。寺島陶蔵《てらしまとうぞう》(宗則《むねのり》)、町田民部《まちだみんぶ》(久成《ひさなり》)、五代才助《ごだいさいすけ》(友厚《ともあつ》)

は薩藩の人にして外国官判事たり。長藩の井上聞多《いのうえもんた》（馨《かおる》）、土藩の後藤象二郎《ごとうしょうじろう》（元曄《もとあきら》）も同列に在り。これらの人々は、多くは小松の援引にてその地位を占めたる者にして、何《いず》れも余の先輩なりき。小松が二豎の侵すところと為りて再び起ざるを知り、その後任者を推薦する時に当り、これらの人々中より抜擢するは、必ずしも私心に出で情実に牽《ひ》かされたるものと謂《い》うべからず。然るに彼はついにこれらの人々を抜擢せずして、この大隈重信を推薦せんとは、吾《われ》も人も皆予想の外なりき。

余は小松と旧交あるにあらず。維新の前後に僅《わず》か三四回、相会見せしことありしのみ。また他に優れたる外交上の学識技倆《ぎりょう》を有するにあらず。況《いわ》んや熟達したる経験、赫々《かっかく》たる功績をや。もし有りとするも、横浜、江戸の間に於て、横須賀の恢復《かいふく》、軍艦兵器の受取に奔走周旋し、且つ長崎に於ける耶蘇《ヤソ》教問題について談判の局に当りし等、些細《ささい》の経験功績に過ぎざるのみ。只これに過ぎざるのみ。如何《いか》んぞ、ここを以て直に薩長の非常なる権勢を凌《しの》ぎ、先輩の士を軼《ぬ》きて小松の後を襲うに至るの価値ありと為さん。しかも小松はなお他を措《お》きて余を推薦し、当時の政府はその忠実なる意見を容《い》れて、小松の死後直ちに余を外国官の副知官事に任命することとなりぬ。(61) 誰《たれ》か意外の感なからん。今にしてこれを思うに、小松は事に当りて公平を持するものなりしなり。公に処して一片の私心を挟《はさ》まざるものなりしなり。「同郷も何かせん、知縁も何かせん。藩閥も顧みるところにあらず、情実も取るところにあらず。惟《これ》才これ用い、只《た》だこれ任に適す」と。これ小松が公に処し、人を採るの意なり。当時、世人滔々《とうとう》として私に殉《したが》い、利に趨《はし》るの時に際し、かくのごとき名士を見る、誰《たれ》か敬して仰がざるものあらん。時の国家の重局に任じ、枢機を司《つかさど》りしものにして、公平無私の心を持すること小松のごとくにして、以て天下に臨み、以て政務を執りしならば、官民の衝突、未だ今日のごとく甚《はなは》だしきに至らず。且つ世の志士仁人が、最も論難を逞《たくまし》うするかの藩閥情実の弊害はその間に成立たずして、維新の改革、大業の進歩は更に大に見るべきものあり。明治維新の歴史は、一層の光輝を放ちしならん。惜《おし》い哉《かな》、小松は早く没してまたその風を追うものなく、藩閥と云い、情実と云う不祥の言辞は、潔白なる天下人士の口より発せられて、時の政府を攻撃するの已《や》むを得ざるに至りしこと。

余のこれを言うは豈《あ》に小松が推薦の恩を謝せんとの私情に出でたるならんや。誠に公平にして私なきの意志の掩《おお》わんとして掩うべからざるものありしを以てなり。史を読み、昔を憶《おも》い、一念此《ここ》に至る毎に、無限の感慨の懐に往来するに勝《た》えざるなり。

かくて余は突然その任命を受け、その外交上に於ける学識、技倆《ぎりょう》、経験、功績を有せざりしに拘《かか》わらず、直ちにその命を受け、以て全く外交の責に任ずることと為れり。

〔外交問題としての貨幣問題の浮上〕

王政親裁の古《いにしえ》に復し、維新革命の大業僅《わず》かに成るの際、欧米の諸強国は時を利し、強を恃《たの》み、以て交渉関連する事々物々に臨むの傾きあるを以て、外交上のこととしいえば、簡単軽微なる事体も、その交渉談判は頗《すこぶ》る困難煩雑にして、時の当局者を悩ますこと鮮《すく》なしと為さざりき。横須賀恢復《かいふく》のことと云い、軍艦兵器の買入といい、はた英人暗殺事件といい、ともにこれを今日に処せしめば、謂《いわ》ゆる『朝飯前の仕事』に過ぎざるべきも、その当時に在りては幾多《いくた》の時日を費し、幾多の心身を労するも、なお且つ容易にこれを処理する能《あた》わざるほどの問題なりき。時の外交の局に当る者の困難は、以て概見すべし。然《しか》るに余が命を受けて外国官副知官事と為るや、新奇にして且つ困難なる外交問題は余の処断を俟《ま》って眼前に横《よこた》われり。乃《すなわ》ちこれまで一再話頭《いっさいわとう》に上りしかの貨幣引換のことにして、これを細言すれば、一分銀二分銀の品位を落して鋳造したること、及び偽造贋造《ぎぞうがんぞう》の盛んに行わるること等に依て、外国よりしきりに貨幣の引換を請求することこれなり。

〔幕末期の貨幣問題〕

思うに貨幣の良悪は国運の隆汚《りゅうお》に関する少しとせず。遡《さかのぼ》りて旧幕府の情況を見るに、天正慶長《てんしょうけいちょう》の頃に際し、国運隆盛にして武威明韓《みんかん》を震動し、通商貿易は東南洋に雄視して南蛮天竺《なんばんてんじく》の地に及べり。この時に当りて鋳造せし貨幣は、謂《いわ》ゆるかの慶長判にしてその品質はほとんど比び稀り〔ママ〕と称す。その後、治平相継ぎ、四民無事に狃《な》れ、奢侈《しゃし》の風漸《ようや》く起りて、国帑《こくど》窮乏を告げ、新鋳もしくは改鋳の貨幣は日一日劣悪に赴き、また到底するところを知らざるほどなりし。降りて享保《きょうほう》の時に至り、徳川家中興の主を以て称せらるる吉宗《よしむね》が兵馬の権を握りて世に臨むに及び、慨然《がいぜん》起ちて積年の弊政を釐革《りかく》し、百般の制度を改新し、貨幣のごときも改鋳して慶長判と優劣なからしめたり。謂《いわ》ゆる享保判なるもの即ちこれなり。然《しか》れども悪風除却し難く、吉宗の薨《こう》後、忽《たちま》ちに改鋳のこと更に行われ、貨幣の品位益々《ますます》劣悪に赴けり。蓋《けだ》し往時の政府は、今日のごとく政費の不足に随いて新税を課する能《あた》わざりしを以て、かくのごとき場合には、貨幣の改鋳を以て一箇の財源と為し、国帑の窮乏に遇《あ》えば直にこれを実行し、劣悪の貨幣を以て在来の良貨と交換し、その金分の差を以て益金と為すの弊風相継ぎて行われたりき。加之《これにくわうる》に、全国大小幾百の諸藩も、かの尊王攘夷の論盛んに起りて内外騒然たる時に際しては、自ら兵器を整え、軍隊を練りてその封内の防務に任ぜざるべからずといえども、如何《いかん》せん、二百数十年来の太平に狃《な》れ、驕奢《きょうしゃ》に耽《ふけ》り、財帑《ざいど》既に窮乏を告げ、平時の供用すらなお不足に苦しむの時なりしを以て、ついにこれに応ずる能わざりしを。ここにおいて乎《か》、各々《おのおの》藩札を発行し、物産を搉占《かくせん》し、以て一時苟且《こうしょ》の計を為せしのみならず、幕府の已《すで》に末路に際してその威令漸く衰うるに乗じて、貨幣の偽造贋造《ぎぞうがんぞう》を企て、その急を済《すく》うに至りたりき。

〔維新直後の貨幣問題〕

かくて明治の当初に至りたれば、一分銀、二分銀等の品位は益々失落し、一般商人のごときも、幕府の一分銀、二分銀、太政官《だじょうかん》の一分銀、二分銀と、故《こと》さらにその貨幣の鋳造元を称呼して、以て太政官の鋳造にかかる一分銀、二分銀を嫌厭《けんえん》するに至る。特にかの大小諸藩に於て行い来りし貨幣の偽造贋造は、徳川幕府の全く亡びて王政維新なるの時に当りても、なお依然として行われ、ために悪貨は滔々《とうとう》として天下に流布するに至れり。これに加うるに、明治の初年に際し、時の窘急《きんきゅう》を済わんがため、数千万円の不換紙《ふかんし》幣《へい》(62)を発行せしを以て、その価格非常に下落するに至り、幣政の紛乱はここにその極に達せり。かくのごとき幣政の紛乱は、独《ひと》り内地に於ける商業の上に容易ならざる影響を及ぼすのみならず、実に外国との貿易の上に不便不利を与《あた》うることはもとより言を俟《ま》たず。特に我が国人こそ能《よ》く貨幣の真贋《しんがん》を判別し得べけれ、外国商人に至りては、種類多き偽造贋造の貨幣を真貨と判別すること能わずして、往々巨額の損失を蒙《こうむ》ることありしを以て、かの慶応二年〔一八六六〕に締結せし改税約定(63)に拠り、相率いて貨幣の引換を請求し、且つその国の公使領事の手を経て我が国政府に迫り、「日本政府、自ら品位を失落したる貨幣を鋳造するは、取りも直さず外国との条約に悖戻《はいれい》したるものと謂《い》わざるべからず。且つ偽造《ぎぞう》といい、贋造《がんぞう》といい、ともにこれ全国大小の藩侯が公然実行して憚《はば》からざるもの、その国法に背反したる挙措《きょそ》なるは、もとより言うまでもなきことなるに、政府は断然これが処分を施すことを為さず、放縦《ほうしょう》してその跋扈《ばっこ》に任ずるは、豈《あ》に不都合の至極《しごく》ならずや。偽造に対し、贋造に対し、はた品位劣悪の貨幣に対する責任は、日本政府断じてこれを負い、外国商人にして誤てこれを受取ることあらば、必ず相当の貨幣を以てこれを引換えざるべからず。顧《おも》うに、日本政府は先に造幣局《ぞうへいきょく》を設立して正貨の鋳造を約束したるも、今に至りてなお且つこれを怠り、却《かえっ》て劣悪の貨幣を鋳出するは抑々《そもそも》なんぞや」といい、意気激して議論甚《はなは》だ切なり。

〔改税約定第六条〕

案ずるに、慶応二年〔一八六六〕に締結せし改税約定の第六条左のごとし。

日本と外国との条約中に、外国貨幣は、日本貨幣と同種同量の割合を以て通用すべしと取極《とりき》めたる箇条に従い、これまで日本運上所(64)にて、墨士哥《メキシコ》ドルラル(65)を以て運上を納むる時は、一分銀の量目に比較し、ドルラル百枚を一分銀三百十一ヶの割合を以て請取来れり。然《しか》るところ日本政府に於て右仕来《しきたり》を改め、すべて外国の貨幣日本の貨幣と引替る事に障《さわ》りなき様にし、また日本通用の貨幣を不足なき様にし、交易を便利にせんことを欲するに依り、日本金銀吹立所を盛大にせんことを既に決せり。然る上は日本人または外国人より差出すべきすべて外国金銀貨幣並び地金は、日本貨幣に吹替え、その諸雑費を差引、その質の真位を以てそのため定めたる場所に於て引替んとす。この処置を行うため、日本と条約を取結びし各国は、その条約に書載たる貨幣通用に関係せる箇条を改むること緊要なれば、右箇条を改むる様日本政府より申談《もうしだん》じ、承諾の上、日本来丁卯《ていぼう》年十一月中(西洋千八百六十八年第一月一日)よりその処置を取行うべし。

吹替の雑事として取立べき高の割合は、向後、双方の全権協議の上定むべし。

〔貨幣問題の担当となる〕

この時に当り外交の局は横浜に在り。寺島宗則《てらしまむねのり》はその判事としておもにその事務に鞅掌《おうしょう》せり。かかる促責を受けて頗《すこぶ》る困難し、これを中央政府に通じ、以てその処断を迫れり。中央政府はその促責に接して、また頗る困惑するところありき。而《しか》して時の外国官副知官事たる小松帯刀《こまつたてわき》は、この時既に疾《やまい》を獲《え》て病褥《びょうじょく》に在り、親しくその間に立ちて奔走周旋する能わざりき。ここにおいて小松は特に余を推薦してその後を襲《つ》がしめんとし、中央政府もまたその推薦を容《い》れて余を外国官副知官事に任命することと為し、英人暗殺事件の取調を終え長崎より帰るを待ちてこの難局に当らしむことに決し、諸外国の公使領事に向っても、予《あらか》じめこの趣きを通じて、その要求促責に応ずる処断を遷延しつつあり。従って諸外国の公使領事は、日一日、余の帰来の遅きを責めて、貨幣の引換を迫る甚《はなは》だ切なり。ここを以て余の長崎より帰り来るや、直にその官に任ぜられて身を難局に投ずることと為りしなり。

外国官副知官事の職たる、もとこれ一箇の外交官たるに過ぎざるのみ。然《しか》れども当時の外交問題にしておもに幣政に関係するものならしめば、その職に官たる者、必ず思《おもい》を貨幣の上に回《めぐ》らし、慮《おもんぱかり》を財政の点に及ぼさざるべからず。

〔会計官兼任〕

ここを以て余も思慮を幣政のことに致し、深く当時の会計の事情を察するところありしに、その混乱紛雑、蓋《けだ》し言うに忍びざるもの多し。思うに外国商人がしきりに貨幣の引換を請求するは、単に貨幣の濫悪《らんあく》にしてかれこれの貿易上に、不便不利を蒙むること少なからざるに因るのみならず、その濫悪なる貨幣を買収し、これを以て真良の金銀と交換して、その間に巨利を博せんとの野心に出ずるものなきにあらず。ともかくも、貨幣の品位は日一日劣悪に赴き、偽造贋造《ぎぞうがんぞう》の益々《ますます》行われて制止するところなく、特に当時の会計に官司たりしものにして、ややもすれば陰私の行を為して、また幣政の紛乱を顧《かえり》みざるがごときことあるに至っては、その商業貿易の上に、容易ならざる影響を及ぼすのみならず、延《ひ》きて外交の上に困難を与うるもの、もとより少しとせず。ここにおいて余は当時の会計官の不都合を詰《なじ》り、幣政の紛乱かくのごとくにして処断するところなくんば、外交の困難は日に益々その極に赴き、敏腕俊才も施すに由《よし》なくして、ついに如何《いかん》ともすべからざるに至らんことを説き、激議痛論し毫《ごう》も忌避するところなかりき。されば当時の政府も、ためにその経理に一任して久しく放擲《ほうてき》し置くべからざるを知り、ついに余を以て会計の御用係と為し、外国官副知官事より兼ねて会計の事に参与し、以て外交と幣政とを併《あわ》せ処理することと為せり。これぞ余が案外のことよりして、我が国の財政に関与するに至りたる端緒なり。

〔会計責任者由利公正との対抗〕

余の会計官御用係を命ぜらるるや、時の会計官副知官事由利公正《ゆりきみまさ》等と商議協談してその整理を努むべき任務を負いしといえども、顧みてこれを思えば、身は僅《わず》かにその御用係と為りて外交官の地位よりこれを兼ねたるもののみ。未だその全権を握りて意のままにこれ施為《しい》する能《あた》わず。且つその学識に乏しく、経験を有せず、従って容易《たやす》く喙《くちばし》を容《い》れ手を下す能《あた》わざる事情なきにあらず。さればとて、空しく他の論議《ろんぎ》施為《しい》に任せてこれを諉譲《いじょう》し、手を拱《きょう》して傍観し去るべきにあらず。ここを以て余はまず明治初年以来の財政の変遷と事情とを調査し、貨幣の濫悪《らんあく》、紙幣の発行より実際の出納を視察し、延《ひ》きて幣政の将来を考究してその詳細を了《りょう》するに及び、ここに初めて吏員に夥冗《かじょう》あり、経費に濫《らん》浪《ろう》あり、これに加うるに陰私の行為屢次《るじ》にして会計全体の上に種々の不都合あるを発見し、会計官の処置、その宜しきを得ざるもの甚《はなは》だ多きを知り、謂《おも》えらく、「事態已《すで》に此《ここ》に至る。断じてその根本より革《あらた》むるにあらずんば、以て能《よ》くその紛乱を済《すく》うなく、従って外交上の問題を処決するなし」と。ここにおいて当初は単に貨幣の濫悪を非議したりしもの、今は百尺《ひゃくしゃく》の竿頭《かんとう》に一歩を進めて、会計全体の上に向って厳鋭なる論難を加うるに至れり。これよりして議は益々由利の一派と相諧《かな》わざりし。

〔由利の辞任〕

これより先、後藤象二郎《ごとうしょうじろう》、五代才助《ごだいさいすけ》〔友厚《ともあつ》〕等も、会計全体の上について慊焉《けんえん》たらざるところあり、会計官の処置に痛く反対し、中央政府に向ってその革新を迫りしといえども、当時由利は大久保利通《おおくぼとしみち》、木戸孝允《きどたかよし》等の深く信用するところと為り、且つ理財家として頗《すこぶ》る勢威を有せしを以て、多少の反対非議のために、輒《たやす》くその地位を動かすべくもあらず。従って会計の整理を見る甚だ難《かた》かりしなり。この時に当り、唯一の以て輒くその地位を動かし、且つ会計の整理を見るを得べきの事あり。他なし。外交に関係せし事、否《いな》、むしろ困難なる外交問題の素因と為りしこと、乃《すなわ》ちこれなり。

外交上のこととしいえば、簡単軽微なる事体も、その交渉談判は甚だ困難紛雑にして、時の当局者を苦悩せしめしこと已に前に述べたるがごとし。ここを以て当局者も、外交の問題に対しては深く思いを致し、特に重きを置き、ために諸般の内治も往々外交の上より動かされて変化するがごときこと鮮《すくな》しとせず。従って少しく識見あり思慮あるの士は、外交の問題を以て内国の政治を掣肘《せいちゅう》し、革新し、謂《いわ》ゆる外を以て内を制するの政略を執《と》るもの多く、現に外に対する攘夷の精神を発揮して、内に於ける尊王の志気を鼓舞し、ついに能く徳川の幕府を仆《たお》して、維新改革の大業を創成するに至り、且つ外艱《がいかん》の故を以て能《よ》く内地の滅裂を防ぎたりしほどなりき。

されば外国官副知官事たりし余が、痛言激議して以て外交の問題の困難なるを説き、困難の由て来るところを論じ、且つ会計全体の上について一大革新を施し、その基礎を変改するにあらずんば、外交の問題、ついに得て調理するの期なく、日一日とその困難紛乱に陥りて、また収拾すべからざるに至らんことを絶叫して、極端なる反対の鋒《ほう》を会計の上に擬せしに至っては、当時の政府も初めて豁然《かつぜん》として覚り、悚然《しょうぜん》として動き、幣政の一日も苟且《こうしょ》に附すべからざるを知り、まず外交官と会計官とを一致せしむるの必要を感じ、さては余をして兼ねて会計官の御用係たらしめ、ついに進んで会計の基礎に一大変革を加えんとの決心を起すに至れり。時あたかも明治二年〔一八六九〕の一月なりき。由利は反対の気焰益々《ますます》盛んに、事情日に非なるを見て疾《やまい》と称して引籠《ひきこも》り、また出でて事務に鞅掌《おうしょう》せず。越えて翌二月に至り、ついに辞表を提出して会計官副知官事の職を退かんことを乞《こ》えり。由利は資性頗《すこぶ》る剛愎にして容易に人に屈せず、加うるに深く先進の信任を得たるあり。手腕の以て勢威を占めたるあり。而《しか》してなお且つその職を退くの已《や》むを得ざるに至る。時運の然らしむるところと云うといえども、今にしてこれを思えば、また憐《あわれ》むべきなり。

由利已《すで》に去る。その後に任ぜられて副知官事たりしものは即ち余なりき。

〔明治政府の会計責任者となる〕

余は外交上に於けると一般に、会計及び幣政のことについても、熟達したる経験、赫々《かっかく》たる功績を有せざるは、もとより言うまでもなく、その学識に富めるにあらず、その技倆《ぎりょう》を有するにあらず、正《まさ》しく真箇《しんこ》の門外漢たりしなり。しかもなお且つ会計官の御用係と為りて辞退せざりしは、誠に外交と会計との関係上、已むを得ざるものありしに因るなり。今にしてこれを思えば、これすら頗る大胆の挙動なりき。その由利の後を受けて会計官の副知官事たるがごときは、ただに余の欲せざるところなるのみならず、却《かえ》って困却して而して迷惑せしところなりき。

且つ余が会計全体の上に向って厳鋭なる論難を加えたりしゆえんのもの、豈《あ》にあえて自らその地位を占めて経綸《けいりん》を行わんと欲するがごとき野心に出でたるものならんや。只時事の困難にして且つ紛雑なる、これを外交の上より見るも、これを内治の点より察するも、ともに全く幣政紛乱して会計官の処理その宜しきを得ざるに出でたるものなるを以て、特に外を以て内を制し、外交の困難を仮《か》りて内治の改良を謀らんとせしに過ぎざりしのみ。一朝に由利これに堪《た》えずして辞表を提出し、飄乎《ひょうこ》として引退するに及び、その職を以て余に嘱《しょく》し、外交と会計とを兼ね行わしめんとす。むしろ意外の感を為せしところなり。ここを以て余は再三其任命を辞し、他に適当の人を求めてこれを襲《つ》がしめんことを請えり。

適当の人あらざりし乎《か》。適当の人ありとするも、この際に外交と会計との一致を充全ならしめずんばその間杆格衝突《かんかくしょうとつ》してついに能《よ》くその困難を済《すく》うなしと思惟《しい》せし乎。時の政府はその請求を容《い》れず、強いて余を会計副知官事と為し、由利の後に任じて、根本的大革新を為さしめんとせり。

〔貨幣制度改革の実施〕

当時、徳川の幕府全く仆《たお》れ、王政統一に帰せしといえども、各自藩々の念、未だ少しくも去るにおよばず。上は文武の将相《しょうしょう》より、下は僚属の小吏に至るまで、その郷藩の利害に迷惑して、ややもすれば諸般の行政施設に躊躇《ちゅうちょ》すること鮮《すく》なからず。特に全国大小の各藩が行い来りし貨幣の偽造贋造《ぎぞうがんぞう》を禁絶して、幣政の改革を成すが如きは、時の当局者の容易に為す能《あた》わざりしところ、ここにおいて余はむしろ死地に陥りてその整理を謀り、その革新を努むるにあらずんば、以て能《よ》く時艱《じかん》を済《すく》うなきを思い、即ち兼ねて会計官副知官事の任を奉じ、ここに初めて全く責を負うて外交と財政との事務を司掌《ししょう》するに至れり。

事既《すで》に此《ここ》に至る、この上は如何《いか》にして幣政の整理を為すべき乎《か》の一事は余が胸脳を打ちし唯一の問題なり。

人を射るにはまず馬を射よ。悪弊を洗滌《せんじょう》せんには、その根本の革新を為すべきなり。幣政紛乱の由て来るところ、中央政府に於て鋳造する貨幣の品位、日一日劣悪に陥りたるに在り。全国幾多《いくた》の藩侯が盛んに偽造贋造を行うに在り。この源を清め、この根を絶つにあらずんば、焉《いずく》んぞ能《よ》くその悪弊を洗滌し、その紛乱を整理するを得ん。

ここにおいて、余は第一着として、江戸及び大坂において発行しつつある劣貨の鋳造を停止し、金銀座《きんぎんざ》を閉鎖し、極印《ごくいん》を打壊し、且つ貨幣の鋳造に関係ある職員のごときは尽《ことごと》くこれを免黜《めんちゅつ》し、甚だしきは金銀座の官吏を捕えて一時これを拘留し、以て信を立て威を示して貨幣に対する政略の厳格なるを知らしめ、他方には速やかに造幣局《ぞうへいきょく》の建築を落成せしめて正貨の鋳造に着手せんとし、在来の会計官が計画せし種々の建築の工事を停止して、その全力を造幣局の建築に注がしむることと為せり。

これより先、已《すで》に述べたる如く、従来の金銀座に於て発行する貨幣は、とてもその当時の需要に応ずべくもあらざりしより、余等の建言に基づき、鎮将府の英断に依り、香港にある英国の鋳造器械を買入るることとなり、横浜なるオリエンタル・バンク(東洋銀行)の手を経て、これを契約し了《おわ》りしを以て、早晩我が国に到着すべく、造幣局の建築竣《おわ》るを俟《ま》ち、据えて以て正貨の鋳造を為すべきなり。

正貨の鋳造を為すべしとは、ほとんど内外人士のともに唱うるところ、而して外国官の特に請求するところ、只その貨幣は在来の模型に依りてその品位を真良にすれば則ち足る乎《か》。抑々《そもそも》新たに極印を製してその形式を更《あらた》むべき乎。簡短に言えば、果して如何なる貨幣を鋳造すべき乎《や》とはこれ実に一の難問題なり。この難問題を解釈するの前に当り更に心を労すべきは、かの幣政紛乱の一根源たる諸藩の偽造贋造を禁絶してその形影を滅ずることこれなり。顧《おも》うに、当時は幕府已《すで》に仆《たお》れて封建の制漸《ようや》く敗れたりといえども、因襲《いんしゅう》〔ママ〕の漸しき二百数十年、その積勢の余に頼りて、藩侯の威権未だ少しくも減却するところあらず。従って中央政府の命達も往々に遵奉せられざることなきにあらず。この時に際し、断じてその偽造贋造を禁絶せんとす。蓋《けだ》しまた至難至艱の事と謂《い》うべきなり。さればとて、速やかにこれを処断し、以て貨幣に対する政略を一定するにあらずんば、ただに幣政の紛乱を整理する能《あた》わざるのみならず、日本政府を代表して外国との交渉談判を為す能わざるなり。嗚呼《ああ》、それこれを如何《いか》にすべき。

〔貨幣制度をめぐる外国公使との交渉〕

これより先、遷都の問題已に決し、〔明治〕二年三月には陛下再び東に幸《こう》し、東京城に入らせ給《たま》うことと為り、文武百般の職司官衙《かんが》も従ってこれを東京に移すことと為りしを以て、当時の政府はその準備のため、匆忙混雑《そうぼうこんざつ》、云わん方なく、また幣政に関する種々の問題を顧《かえり》みるの暇《いとま》なし。されぱとて、幣政の紛乱を整理して会計の基礎を革新すべきの事は、一日も緩《ゆる》うすべからざるのみならず、遷都なる一大英断のために要する経費も少なからず、従ってこれが補充を為さざるべからざるの必要あるを以て、会計官の多忙混雑も、またほとんど名状の外にして、貨幣に対する政策を一定するがごときは、容易に為し難きのことなりき。而《しか》して横浜に在る諸外国の公使領事、及び我が国の外交官よりは、切《しき》りに余が東上を促がし来りしを以て、余は謂《おも》えらく、「かかる匆忙混雑の中に処して荏苒日《じんぜん》を曠《むな》うせんより、むしろ速やかに東京に出で、然る後に貨幣に対する政策を一定し、充分に整理革新の実を挙《あ》ぐるに如《し》かず」と。ここにおいて、直ちに旅装を整え、車駕《しゃが》の御東幸に先だちて京師《けいし》を発し、東京に入れり。

東京に入るや、直ちに諸外国の公使領事を集め、余が東上の遅延せしゆえんの事由を述べ、且つこれに告げて曰く、「我が国貨幣の品位濫悪《らんあく》に陥りて幣政頗《すこぶ》る紛乱を極め、その弊害は延《ひき》て相互の商業貿易の上に影響を及ぼすもの鮮《すくな》しとせず。我が政府は疾《とく》にこれを憂い、匡済《きょうさい》整理の意なきにあらざりしといえども、時艱世難《じかんせなん》のこれを遮ぎりて迅急《じんきゅう》にこれに着手するの余地を与えず、荏苒日を曠うして今に迨《およ》び、足下《そっか》等の促責を蒙むるに至る、誠に慚愧《ざんき》の念に禁《た》えざるなり。今や余、命を受けて会計の任に当ることとなれり。精励拮据《せいれいきっきょ》してその弊害を除去し、幣政の紛乱を整理すべきは、もとより言うまでもなし。速やかに造幣局《ぞうへいきょく》を設立して正貨の鋳造を為し、以て相互の商業貿易に便にすべきは、余の企画して且つ已に着手するところなり。また永く足下等を煩《わずら》わすごときこと勿《なか》るべし。但し事体頗《すこぶ》る大にして、その施設容易ならざるもの、日を期し、時を刻して能《よ》く成就し得べきのことにあらず。請う幸いにこれを諒せよ」と。諸外国の公使領事は、余が諭告《ゆこく》の旨を頷《がん》ぜざるにあらざるも、我が国情は果して余が言質《げんち》の実行を許すや否《いな》やについて疑惑の念を懐きたるもののごとく、「如何《いか》にして貨幣の濫悪《らんあく》を防ぐ乎《か》」、「如何にして幣政の整理を為す乎」、「如何なる貨幣を鋳造すべき乎」などとの種々の質問を起して容易に首肯《しゅこう》すべくもあらず。談判数回を重ねて漸《ようや》く承服するに至り、六七ヶ月間の困難煩累《はんるい》もここに初めて解除し、財政に関する外交もひとまず局を結びて一段落を告ぐることと為れり。

如何《いか》にして諸藩の偽造《ぎぞう》贋造《がんぞう》を禁絶すべき乎。

如何なる貨幣を鋳造すべき乎。

この二問題は、余がこれよりして解釈し、企画し、ついに成効して財政上に一生面を開きしものなり。

〔「版籍奉還」「封建と憲法」「進歩主義と保守主義の消長」前半略〕

〔編者注〕

大隈と副島種臣は鍋島閑叟に版籍奉還の必要性を説き、薩長土肥の藩主連署による版籍奉還奉請が一八六九(明治二)年一月二〇日に行なわれた。六月には版籍奉還が許可され、藩知事がそれぞれ任命された。

しかし、版籍奉還が実現された一八六九年には、次章にみるように、明治政府内部で進歩主義と保守主義との対立が激化し、進歩主義の代表者として大隈がさかんに攻撃されるようになった。大隈は、その中で、さらなる飛躍をとげていく。

十　進歩主義と保守主義の消長

1　保守主義者たちとの対決

〔大木喬任《おおきたかとう》・副島種臣《そえじまたねおみ》との断絶〕

明治二年〔一八六九〕、保守主義の反動起るに迨《およ》んで、同志朋友の間に於て衝突軋轢《しょうとつあつれき》の形跡を現出するに至りしも、またこの理数に外ならざるなり。余が同藩の親友大木〔喬任〕、副島〔種臣〕の諸氏と政治上の主義に於て相敵視するに至りたるは、実にこの時より始まる。

蓋《けだ》し余は旧物を破壊し百事を改革して久しく懐抱したる壮大の希望を成し遂げんと欲し、即ち『王政維新』の精神を以て盛んに進歩主義を唱道し、急激なる改革論者を以て自ら任ぜり。副島も急激なる進歩主義が滔天《とうてん》の勢いを以て天下に奔流する時に当りては、もとより身をその渦瀾《からん》中に投じて熱心にこれを唱道し、明治元年の官制改正などには与《あずか》りて力ありしに、一旦保守主義の反動勃起して明治二年更に官制改正を挙行せんとするの時には、翻《ひるがえ》ってその反動に連《つ》れ『王政復古』の説を唱えて進歩主義に反抗するに至れり。かくの如きは独《ひと》り副島に止まらざるなり、当時謂《いわ》ゆる慨世憂国《がいせいゆうこく》の士としてともに相提携せし人、かくの如くなりしもの実に少なからざりしなり。これあるいはその志を得ざりしに憤激し、あるいは急激なる進歩主義を執《とり》たるにより、時弊に感慨したるに出でたるものもなきにあらざれど、多くはその勢運一変し、保守的反動の気焔頗《すこぶ》る旺盛なるに従い、旧物を破壊し百事を改革して『王政維新』の実を完《まっと》うする精神志気の中途にして沮喪《そそう》したるに因りたるものを多しとす。

大木と政治上の主義に於て相敵視するに至りたるも、副島と袂《たもと》を別《わか》つに至りたると同じく、彼は保守主義に傾き、我は進歩主義を執り、彼は『王政復古』の説を唱道し、我は『王政維新』の論を主張したるに基かずんばあらず。

その時府県知事の行政施設につきて民部大蔵の両部おもにこれを監督せしといえども、その人の左右進退に至りては内閣専《もっぱ》らこれを司掌《ししょう》し、両部は全くこれに関与すること能《あた》わざりき。

而《しか》して当時の府県知事たりしものは、大概、身心を労して国事に尽瘁《じんすい》し、維新の革命につきては与《あずかり》て力ありたる人々にして、且つその地位と権威との高く且つ強きこともとより今日の比にあらざりしを以て、その監督官たる民部もしくは大蔵の指揮命令といえども、自ら便なりとすればこれを遵奉するも、否《しか》らざればこれを執行せざるのみならず、往々にこれに反対し、以て内閣に争うあり、ややもすればそのために内閣を動かすものすらありたるほどなりし。余はこの事情を見て以為《おもえ》らく、「府県知事たる地方官は、民部もしくは大蔵の監督の下に属する者なり。然《しか》るにその放縦《ほうしょう》反抗今日の如くんば、行政施治の困難は言を待たず。故にその指揮命令を遵奉せずして反抗するの徒あらば、民部もしくは大蔵に於て直ちにこれを罷免更迭《ひめんこうてつ》し、以て行政施設の円満を計らざるべからず。且つそれ、地方官なるものは行務頗《すこぶ》る多端なるを以て、指揮命令の出づるところは予《あらかじ》め一定し、他より随意にこれを左右する能《あた》わざらしむべきなり。然らざれば政緒紛乱その到底するところは必ず国家の累と為り、民人の害と為ること少なからざらん」と。蓋《けだ》し余は自ら直接にその局に当り、ことに民部大蔵の両部に兼官せしを以て、この感想は一層の深きを加えたりき。

然る故を以て余は自らこの弊風を打破せんと欲し、その方途に向って断々乎《だんだんこ》として直《ちょく》往敢行《おうかんこう》あえて避くることを為さざりき。大木は余ともとよりその意見主義に於て天淵《てんえん》相異なるところありしは言うまでもなきことなりといえども、この弊風打破の一事もまた当時東京府知事たりし大木と杆格衝突《かんかくしょうとつ》するに至りし一因ならずとせず。

余の副島及び大木と袂《たもと》を別《わか》ちて相敵視するに至りたるゆえんの素因はかくの如し。而してこの素因は、その他幾多の同志とも衝突軋轢《あつれき》するの已《や》むを得ざるに至りしゆえんのものなり。

〔財政問題をめぐる混乱〕

それ維新革命といい、版籍奉還《はんせきほうかん》と云うが如き政治上の事柄に対しては、ほとんど一人の異議を唱え反抗を為すものなかりしといえども、維新革命の功臣に対して賞典禄《しょうてんろく》(66)を下賜《し》せんとし、版籍奉還の結果として禄の処分を為さんとしたるがごとき、財政上の問題を処理するに当りては意見区々、議論紛々として忽《たちま》ち杆格衝突し、容易に一致を見るべくもあらず。その他文武の大権を朝廷に復還し、内治外交全く中央政府の料理するところと為りしに至り、その経営のために要するところの費用は実に少なからずといえども、当時の国庫は前にも屢々《しばしば》述べたるが如く、痛く窮乏を告げ、別に収入の途なかりしを以て、これに応じて不足なからしめんには、藩々に向って少なからざる賦課を為し、且つ財政の上に断乎たる改革を施さざるべからず。然れども事此《ここ》に至れば、苛察《かさつ》、過酷等の非難しきりに起りてその処断を妨《さまた》ぐるあり。時の財政の局に当るものの困難は実に言筆の外なりしなり。

〔外交問題をめぐる混乱〕

翻《ひるがえ》ってこれを思うに、その時の外交といえば、真の外交にあらずして、なお一私人の訴訟と同じく、外交の局に当るものは、全く訴訟の被告人たるに過ぎざる有様《ありさま》なりき。試みにその例を挙《あ》ぐれば、かの幕府の末路、尊王攘夷の論盛んに上下の唱道するところと為り、天下紛々宛《さな》がら乱麻《らんま》の如くなる時に当り、少壮客気《きゃっき》の士がその風潮に乗ぜられ、妄信狂奔し、往々にして矯激《きょうげき》の挙動に出で、洋人を見れば忽《たちま》ちこれを要撃し、あるいはこれを暗殺するなどの沙汰《さた》少なからず。加うるに若干の諸藩は、従来その藩吏の手にて諸外国と種々の商売を為したりしも、封建武士の習いにて、商売には至て不熟練なりしため、商売上に関する諸種の約束なども甚《はなは》だ不完全にして、その諸藩は始めより期を愆《あやま》り約に違《たが》うの意思なかりしも、藩情の困難なるより、往々にしてこれを愆りこれに違うに至る。かの兵器及び軍艦等を購入せしものにして速やかにその代価を支払わざるがごとき、御雇外国人《おやといがいこくじん》の取扱上または事務上につきて種々苦情を提出して容易ならざる混雑を惹起せしが如き、その最も顕著なる例なりとす。その他貨幣の贋造偽造《がんぞうぎぞう》到るところに行われ、政府もまた自ら粗悪の貨幣を鋳造し、且つ紙幣を濫発《らんぱつ》するのことありしため、外人の苦情しきりに起るなど、およそありとあらゆる事件は、「乱暴なり、過激なり、詐欺なり、盍《な》んぞ速やかにこれを処断せざる」との論難を以て、尽《ことごと》く我が外務の当局者に訴えられたり。蓋《けだ》し当時幕府已《すで》に仆滅《ふめつ》して政権全く朝廷に帰すといえども、百般の政緒なお混淆《こんこう》して、行政司法の区別未だ確立せず。ことに維新の革命という一大事変の後を受け、世情人心なお未だ恟々《きょうきょう》として定まらざるを以て、諸外国人にして寸毫《すんごう》たりともその権利もしくは身体を傷害せらるるが如きことあれば、その性質の私事たると公事たるとを問わず、直接に加害者と談判し、または法衙《ほうが》に訴うるの効なきを知り、必ずこれを我が外務の当局者に訴えてその賠償補復を求め、我が政府は小事にまれ、大事にまれ、且つ私人の事にまれ、国家の公事にまれ、尽くその責を負うの已《や》むを得ざることと為り、その困難紛雑、ほとんど言筆の能《よ》く尽し難きものなりき。

〔内政・外交の両分野における余の努力〕

然るに余は当時外交の局に当り、かの幕府の末路に締結せし不法不利の甚しき条約を改正し、そのために受けし屈辱を洗雪《せんせつ》して、我が帝国の権威を世界に張らんと欲したるも、かくの如き困難紛雑のその前途を遮《さえぎ》りては、とても成就すべしとも思われざりし。ここにおいて余は以為《おもえ》らく、「かくの如くんば到底かの不法不理の甚しき条約を改正して我が帝国の権威を世界に拡張すること能《あた》わざるべし。而《しか》してその困難紛雑を排除せんと欲せば、須《すべか》らくまず内を治むべく、内を治めんと欲せば、財政を整理するに如《し》くはなし。財政已《すで》に整理して国庫漸《ようや》く豊実なるに至らば、百事皆心のままのみ。何を為してか成らざらん。何を行うてか遂げられざらん」と。余が府県知事の跋扈跳梁《ばっこちょうりょう》及び財政の整理に関する感想はかくの如し。故を以て余は外交官となりて専《もっぱ》ら樽俎《そんそ》の間に折衝したるために、深く内治及び財政の上に於て識得するところなかりしといえども、慨然《がいぜん》自ら進んで民部及び大蔵の両部に兼官し、右に府県知事の跋扈跳梁を抑制してこれに鞭撻《べんたつ》を加うるとともに、左に猛断果決を施して財政を整理し、直往敢行《ちょくおうかんこう》毫《ごう》も顧避《こひ》するところなかりき。

かくて余はおもに民部及び大蔵のことに関係し、内治及び財政の整理に向って心力を傾注することと為りしといえども、外交のことは従来の職掌たりしのみならず、当時の外交と云えば、大概、内治もしくは財政に関係せざるものなかりしを以て、いわゆる外交上の問題生じ事変起る毎《ごと》に、必ずその御用係としてこれに関係鞅掌《おうしょう》したり。余が民部及び大蔵に転ぜし後、代て外交の局に当り、その実権を握りしものは、資性沈着にして事務に老練なる寺島宗則なりし。寺島已にその実権を握り、而《しか》して余は僅《わず》かに他よりこれに関与するに過ぎざるもの、往日《おうじつ》とその地位を異にするを以て、その長官たりし時のごとく随意にこれを指揮する能わざるといえども、時の事情と行懸《ゆきがか》りは、全くその関係鞅掌を辞するを許さざりき。

嗚呼《ああ》、外交と云い、内治と云い、はた財政と云い、何《いずれ》もその当時最も難局と称せしものなり。

然《しか》るに余は自己の不敏《ふびん》と微力とを顧みず、大胆にもこの三大難局に当り最重大なる国務を調理せざるべからざるの責任を一身に負うに至れり。如何《いか》んぞ、それ感激自ら禁ずる能《あた》わざるものなからんや。

然るにあたかもこの時、保守主義の反動は益々《ますます》その気焔を増進し、『王政復古』の論は愈々《いよいよ》その勢威を逞《たくまし》うするに至れり。余はもとより堅く進歩の主義を執り、急激なる改革論者を以て自ら任じ、而してかの三大難局に当りたるもの、この情勢を見てまた何の躊躇《ちゅうちょ》するところあるべき。奮然蹶起《ふんぜんけっき》してこれに当り、全身の力を挙げて保守主義の反動に抗し、『王政復古』の論に向って激烈なる戦争を試み、以て急激なる整理改革を断行せんとしたり。

〔築地梁山泊《つきじりょうざんぱく》における新たな同志たちとの出会い〕

それ大業を成さんと欲する者は衆難を避くる能わず、重責を負う者は群議を免《まぬ》がれ難し。余はこれよりして論難攻撃の集点と為り、怒罵怨謗《どばえんぼう》の声裏に没し、一時ほとんど不人望の極に陥り、ただに一脚のみならず、卑劣なる暗撃に遭《お》うて一身を失わんとせしことすら再三ならざりき。然《しか》れども棄《す》つる神あれば助くる仏ありとかや。余はかかる事情よりして、十数年来相提携せし同志と公事上の運動に於て袂《たもと》を別《わか》つの已《や》むを得ざるに至りたるのみならず、却《かえっ》てその攻撃怨罵《えんば》するところと為り、四面楚歌《しめんそか》を聞くの境遇に陥りしといえども、これと同時に一方には崛強《くっきょう》なる同志を得て着々『旧物の破壊、百事の改革』に向って力を尽すことを得たり。これただ余一人の幸福なりしのみならず、実に国家の幸福なりしなり。

その崛強なる同志とは曰く伊藤博文《いとうひろぶみ》なり、曰く井上馨《いのうえかおる》なり、曰く前島密《まえじまひそか》なり、渋沢栄《しぶさわえい》一《いち》なり、山口尚芳《やまぐちますか》なり、五代友厚《ごだいともあつ》なり。これらの人々は、何《いず》れも年少気鋭にして余とその志を同うし、余を援けて、外交、内治及び財政の三大難局に急激なる改革を施さしめたりき。当時余は築地《つきじ》(東京京橋区)に寓居し、伊藤の居と相距《へだた》る遠からず。井上は余の長屋に在り、「居室三尺膝を容るるに足れば可《い》なり」と豪言し、その他の諸氏も大概築地に在り、あるいは余が家に客居《かくきょ》して互いに往来談話し、時に夜を徹して鶏鳴《けいめい》に達するを覚えざりしこともたびたびなりき。而して旧物の破壊と云い、百事の改革というが如き急激なる進歩的施設は、全く余等の企画より出で、且つ一たび破壊の必要を認め、改革の意見を提出するや、如何《いか》なる困難のその施設を遮《さえ》ぎり、如何なる事情のその前途に横《よこた》わるも、必ずこれを打破排除してその成効を見ざれば已《や》まざりし。事情かくの如くなりしを以て、世人は築地を指して進歩的施設の出ずるところと為し、且つ称するに梁山《りょうざん》泊《ぱく》を以てしたるほどなりき。ここを以てあるいは収斂《しゅうれん》の酷吏《こくり》と呼ばれ、あるいは違勅《いちょく》の罪人と称せられ、ついに内閣に於て弾正台《だんじょうだい》(67)の台員及び各府県の地方官と対決するにいたれり。

〔「仁政」をめぐる対抗〕

蓋《けだ》し弾正台は、先にも述べしごとく、保守的反動の結果に出来したるを以て、これを組織するものは主として保守主義を執《と》るの人々なり。これらの人々は、かの支那流の虚文を尚《とうと》び、名を仁政に仮り、あるいは鰥寡孤独《かんかこどく》を救恤《きゅうじゅつ》せんといい、あるいは租税を減ぜんといい、あるいは力役を軽うせんといい、あるいは孝子《こうし》義僕節婦《ぎぼくせっぷ》等を褒賞《ほうしょう》せんといい、曰く、「これ維新の革命を機とし王政の徳沢《とくたく》を四疆《しきょう》に及ぼすの途なり」と。なるほどこれ仁政にてあるべく、また王政の徳沢を四疆に及ぼすにてあるべし。然れども論を立て事を成さんと欲するには、まず須《すべか》らくその果して実行せらるべきや否《いな》やを察せざるべからず。弾正台員等の謂《いわ》ゆる仁政は、その名美にしてその論是《ぜ》なるも、これを施《ほどこ》すには鮮《すく》なからざる経費を要し、収入を減ずることと為るべし。これ果して当時国庫の許すところなる乎《か》。

当時政府の収入はすべてこれを合するも毎年一千万円に充たず、これを今の収入に比すれば実に七八分の一に過ぎざるなり。この数を以て文武百官の俸給より軍事及び土木等諸般の事業に要する経費を支弁し、以て能《よ》く全国の行政施設を完《まっと》うせんことは、とても出来得べきことにあらず。況《いわ》んやその当時は百般の政務僅《わず》かにその緒《ちょ》につきし際なるを以て、ことに多額の経費を要するものありしをや。然《しか》るに如何《いか》んぞ能く鰥寡孤独《かんかこどく》を救恤《きゅうじゅつ》し、租税を減じ、力役を軽うし、且つ孝子義僕節婦《こうしぎぼくせっぷ》を褒賞《ほうしょう》するの余裕あらん。これを要するに、弾正台員等の唱うるところは、名を『仁政』という美称に仮りて、徒《いたず》らに支那流の「太平を文飾」するに過ぎず。到底その実行を見る能わざりしものなり。然れどもとかくに称して『仁政』という。それ一般民人のこれを渇望するはもとより言を俟《ま》たず。加うるに、あたかも維新革命の後に際し、世情なお恟々《きょうきょう》として民人頗《すこぶ》る困弊したるを以て、鰥寡孤独《かんかこどく》の貧を救恤《きゅうじゅつ》し、租税調庸の重きを軽減する、いわゆる『仁政』を欲望するの情ことに深く、ために『仁政』という呼号は到るところに反響し、而《しか》してその呼号する者の勢焔《せいえん》は甚《はなは》だ強盛なるに至れり。ここを以て地方官たる府県知事の中にもこれに附和して『仁政』の施すべきを唱道するもの多く、かの新潟府（新潟は当時府と称し、その地位東京府に次ぐ場所なり）の知事（判事）たりし前原一誠《まえばらいっせい》（前原は後、国事犯を以て令終《れいしゅう》せざりしも、当時は今の陸軍大臣山県有朋《やまがたありとも》よりも高位地に在りし）の如きは、全く民部、大蔵の命を矯《た》めて、専横にも越後《えちご》全国の民人に対してその租税の半ばを減免していわゆる『仁政』を断行せり。また驚くべきにあらずや。

〔南京米《なんきんまい》輸入の挫折と窮民救助の詔勅〕

且つ明治元年〔一八六八〕より二年にかけては、風水の害しきりに至りて米穀実らず、民皆菜色《さいしょく》あり。もしその時に於て、外国と交通することなくして、外国より米穀を輸入する能《あた》わざりしならば、幾百万の生霊を飢餓に亡《うしな》いたること、あたかもかの天保享保《てんぽうきょうほう》の往時に於ける凶歳と一般に餓莩《がひょう》途に横《よこた》わり、悲叫の声遥かに相聞ゆるの惨状に陥りたるべし。此《ここ》に至らざりしはひとえに外交の余沢《よたく》にして深く当時の幸福と為すべきなり。ことにその凶歉《きょうけん》は東北地方に甚しく、その地方の人民は何《いず》れも皆飢餓の苦境に沈淪《ちんりん》したるを以て、速やかにこれを救助せざるべからずといえども、これを救助せんには須《すべか》らく直ちに食してその口腹を飽《あ》かしむる米穀を以てせざるべからず。たとい幾多《いくた》の金銭を給与するも、その地方を通じて凶歉実らざるを以て直ちにこれに代て飢餓を療すべき米穀なければなり。

然るに米穀を給与せんには、その供給を支那の南京米に須《ま》たざるべからずといえども、当時我が国と支那の諸港との間には電信便のなかりしを以て、一刹那《せつな》の間にその意を通じてこれを需求する能《あた》わず。且つその米穀を凶歉地《きょうけんち》に送らんには海路の便を仮《か》らざるべからず。而《しか》してその海路は天寒く、風荒く、氷塊の波に泛《うか》びて船舶の往来を妨ぐるに至る以前に達せざれば、容易に航通するを得ざるに、如何《いかん》せん時漸《ようや》く冬季に際し且つ米穀を輸送するに堪《た》ゆべき汽船なくして、心のままに凶歉地の民人を餓死の惨境より救う能わざるを。已《や》むを得ず外国の汽船を傭い、その航送を托せんとするも、当時外国との通商貿易は甚《はなは》だ微々にして、これを今日に比すれば、僅《わず》かに七分の一乃至《ないし》六分の一に過ぎざるほどなりしを以て、外国汽船の出入も至って少く、俄《にわか》に傭わんとしては傭うこと能わざりき。斯《かか》る事情なりしを以て、余が如何《いか》に熱心狂奔するも、速やかに救助の実を挙ぐ能わず、空しく幾百万の民人をして道途に泣号《きゅうごう》せしむるに至りしは、是非《ぜひ》もなき次第なりしなり。

これより先、恐れ多くも天皇陛下は凶歉の惨状を聞て深く宸襟《しんきん》を悩まさせ給《たま》い、『窮《きゅう》民救助《みんきゅうじょ》』の詔勅《しょうちょく》(68)を下し給いしより、余の施設に慊焉《けんえん》たらざるものは、争うて余を非難して曰く、「陛下の窮民を憫《あわれ》み、惨状を察し給うことかくの如し。その輔弼《ほひつ》の責に任ずるもの、宜《よろ》しく鞠躬尽瘁《きっきゅうじんすい》速やかにこれを救助して以て聖慮《せいりょ》を安んじ宸襟を慰め奉《たてまつ》らざるべからず。然《しか》るに何事ぞ、因循姑息《いんじゅんこそく》、今に至るもなお且つ救助の実を挙《あ》ぐる能わず。陛下の赤子《せきし》をして空しくその命を飢餓に亡《うしな》わしめんとす。これ実に聖詔《せいしょう》を奉体《ほうたい》せざるものなり」と。

〔行政改革の断行〕

却《かえっ》て説く、当時の財政は痛く紊乱《びんらん》し、その収支妄濫《もうらん》にして牽制《けんせい》するところなく、従って国庫益々《ますます》欠乏して日一日とその繁雑を加うる政務の経理に応ずべくもあらず。ことに悪貨の鋳造、紙幣の濫発《らんぱつ》、到るところに行われたるために財政界は愈々《いよいよ》紛擾乱雑を極め、その弊患輒《たやす》く済《すく》うべからざるものあり。ここを以て余の外交官より一転して財政の局に当り、自ら会計の全権を握るを得るに至るや、かの保守主義の反動勃然として起り、世人争うてその渦瀾《からん》中に投ずる時なりしに拘《かか》わらず、断然とこれに反抗して、急激なる改革を財政の上に向て断行し、その悪貨の鋳造を制し、紙幣の濫発を禁じ、以て紛擾乱雑の弊患を匡済《きょうさい》するに至りし事情は、かつて『財政に関する外交』という題目の下に於てほぼこれを述べたれば、ここに喋説《ちょうせつ》せざるべし。独《ひと》り経費を節減して国庫の欠乏を済《すく》わんとせしことに至りては、猛断果決、頗《すこぶ》る当時の世人を驚かすに足るのみならず、今よりしてこれを想えば、自らも多少急激の感なくんばあらず。それは奏任《そうにん》以上の官吏の俸給を半減し、その旅費を減じ、且つ土木営繕費等に向って充分の削減を加えしことこれなり。特に地位の上下を問わず、職務の繁閑《はんかん》に従って官吏の俸給を増減する、即ち今日の謂《いわ》ゆる職給の制を設けしが如きは、益々《ますます》ある一派の怒罵怨望《どばえんぼう》を招くの因由《いんゆ》とぞなりける。

蓋《けだ》し当時の官吏といえば、幕府の後を承け、封建の制度未だ廃滅せられざる時なりしを以て、その地位甚だ尊大にして、俸給と云い、旅費と云い、またこれに副《そ》うて頗《すこぶ》る多く、各省の次官すら今の総理大臣と同額の俸給を受け、勅任官《ちょくにんかん》の旅費の如きは、一日ほとんど百円を要し、これを今日に比すれば五六倍乃至《ないし》七八倍なりき。かかる有様《ありさま》なりしを以て、官吏は益々驕肆放逸《きょうしほういつ》を極め、その到底するところは世風を傷《きず》つけ、民族を害するに至るのみならず、只さえ政費は多額を要して、収入の乏《とぼ》しき国庫をして益々困難を告げしむるの外なかりし。この時に当り、余は進んで財政整理の局に当る、また何の顧慮するところあるべき。平素懐抱したる急激なる進歩主義より割出せし『旧物の破壊、百事の改革』という手段を応用して、快刀一下、直にその旧例を破り、奏任官《そうにんかん》以上の官吏の俸給の如きは実にその半額を削減したり。職給の制に基き俸給令を改正せし一事は特に弾正台員《だんじょうだい》及び神祇官《じんぎかん》等の怒罵怨望をうけぬ。蓋し弾正台員と云い神祇官と云い、はた弁官《べんかん》(今の内閣書記官の地位やや高かりしもの)と云う、これらの官吏は何《いず》れも皆閑職にして、その中にはほとんど何事をも為さずというものすらありしを以て、余が斯《かか》る改正を為したるため、最も直接に且つ最も多くその影響を蒙り、その俸給を削減せられたるものはこれらの官吏なりき。従ってその怒罵怨望更に一層の深きを加えたるも怪しむに足らず。

〔弾正台員たちとの対決〕

然《しか》れども余は断々乎《だんだんこ》として時の内閣に迫り、ついにこれを実行したりしを以て、弾正台の台員等もついにこれを忍ぶ能《あた》わず、かの『窮民救助《きゅうみんきゅうじょ》』の詔勅《しょうちょく》下りたるにも拘《かか》わらず、その局に当りたる余が種々の原因によりて速やかにこれを救助する能わざるを把柄《はへい》とし、ついに違勅《いちょく》の罪を以て余を弾劾し、府県知事もまた同時に余を目して収斂《しゅうれん》の酷吏《こくり》、苛察《かさつ》の奸臣《かんしん》と為して、黜退《ちゅったい》を内閣に逼《せま》るに至れり。

かくて余はほとんど四面楚歌《しめんそか》を聞くの境遇に陥りしといえども、その時余は時の難局として容易に人のつくを欲せざりし財政、内治、外交の三大難局を一身に引受けおりたるを以て、時の内閣も輒《たやす》く余を退くる能わず、余もまた決して引退するの意なく、堅く自ら信ずるところを執りて猛進直行したり。

ここにおいて、時の内閣はついに余と弾正台員とを列席せしめてこれを糾問《きゅうもん》することと為り、是非曲直《ぜひきょくちょく》を対決せしむるに至れり。列席対決と為るや、余はまず『窮民救助』

の詔旨を奉じて救助の実を挙るに尽瘁《じんすい》しつつあること、種々の原因によりて心のままに米穀を兇歉地《きょうけんち》に送る能《あた》わざる事情を詳述し、且つ曰く、「心を苦しめ、力を致す、かくの如くしてなおその実効を奏する能わざるは、かくの如き事情の存するを以てなり。これを決して当局者の罪とは謂《い》うべからず。如何《いかん》ぞ違勅《いちょく》の罪を以て責《せ》むるを得ん。それ詔《しょう》勅《ちょく》の命ずるところは、東北なる凶歉地の民人にして飢餓《きが》に逼《せま》りてまた起つ能《あた》わざるものに米穀を給与してこれを救助すべしというに在るのみ。必ずしもあらゆる窮民を救助すべしと云うにあらず。蓋《けだ》し単に窮民と云えば天下人民の多数は窮民のみ。もしその窮民なる故を以て、且つ『窮民救助』の詔勅下りたるの故を以て、あらゆる窮民を尽《ことごと》く救助せざるべからずといわば、天下の難事はこれより甚《はなはだ》しきものなからん。恐れ多きことながら詔勅の趣旨にして万一にもこれにありとせば、陛下の輔弼《ほひつ》の臣たるものは苦諫廷諍《くかんていそう》して止め奉《たてまつ》らざるべからず。然《しか》らざれば為す能わざるの事を当局者に強いて、その極底するところは天下民人の怨望《えんぼう》を招き、延《ひ》きて聖徳を累《わずら》わすに至らんこと必せり。然れども詔旨《しょうし》の存するところは決してこれにあらずしてかれに在るはもとより言を待たず。而《しか》してかの趣旨に向ては当局者の尽瘁《じんすい》すること委《つぶ》さに此《ここ》に述べたるが如し。なんすれぞ屑々焉《せっせつえん》として難《かた》きを人に責め、ついに違勅の罪を以て弾劾することを為す。知らず、諸子は如何《いか》にしてあらゆる窮民を救助し、且つ如何《いか》にして飽《あ》くことを知らざる地方官の要求に応ぜんとする乎《や》」と。

蔭にてこそ怒罵《どば》もし、怨謗《えんぼう》もし、ついに違勅の罪人なりなどとの弾劾もしつれ、公席に列座して議論を闘わし、是非《ぜひ》を争うに至りては、流石《さすが》の弾正台員もその事情とその道理とに已《や》むなく首肯《しゅこう》して返す辞もなく、その場はそれにて事済みと為り、事々しかりし弾劾沙汰もひとまず局を結ぶことと為れり。

〔地方官たちとの対決〕

弾正台員との対決はかくて局を結びしも、余はその後引続きて地方官たる府県知事の重立ちたる諸氏ともまた内閣に於て対決することと為れり。その地方官の中には、今の枢密顧問官たる海江田信義《かいえだのぶよし》もあり、大蔵大臣たる松方正義《まつかたまさよし》もあり、かの専断横恣《おうし》ついに越後全国の租税の半ばを減免せし新潟府の知事〔判事〕たる前原一誠《まえばらいっせい》もあり。論難応答互いに反覆せしといえども、地方官の言うところはもとこれ実際を離れ、事情を顧《かえり》みざる空言放論にして、余を目して収斂《しゅうれん》の酷吏《こくり》と罵《ののし》り、苛察《かさつ》の奸臣《かんしん》と呼びたるも、その真意より出でたるにはあらず、むしろためにするところありてのことというはあえて失当にあらず。ここを以て余が痛言激論して地方官の所論の非を鳴らし、「もし民部もしくは大蔵の命令を用う能わずとならば、直ちに引決《いんけつ》の処置あれ。必ずしも専断横恣の諸子に頼るの要なし」と撃卓《げきたく》一番して言放つに至り、幾多の地方官もまた抗争する能《あた》わず、空しく手を引きて対決沙汰は此《ここ》に終局するに至れり。

爾後《じご》も彼等一派の余に対する怨望嫉妬《えんぼうしっと》は益々甚《ますますはなはだ》しきを加え、その極《きわ》まるところは大隈の首を斬るにあらざれば天下の事また為すべからずとて激昂する者多く、かの北畠治房《きたばたけはるふさ》(69)の如き、人見寧《ひとみやすし》(70)の如き、丸山作楽《まるやまさくら》(71)の如き、その他筑前及び久留米等藩士の如き、今は已《すで》に故人と為し、あるいは知友となり、現に親しく相交るもありといえども、その当時に在りては水火もただならざる政敵たりし者にて、中には余を暗殺せんとせし人々もありき。

特に余が地方官と対決の末にその所論の非を鳴してこれを挫《くじ》き、その結果としてかの新潟府知事〔判事〕たりし前原一誠は擅《ほしいまま》に租税の半ばを減免せし罪を以てその職を免ぜらるるに至るや、当時前原の下に刀筆《とうひつ》の吏たりしもの、多くは長藩の内乱及び戊辰の戦争等に転戦せし年少気鋭の士、語を換えて言えば軍人上りの官吏にして、頗《すこぶ》る前原に推服したりしを以て、その憤激はもっとも甚しく、余の首を斬らんとて刀を提《ひっさ》げて押懸《おしか》けしもの少なからず。その人々の中には今なお生存するものなきにあらず。

しかし、余等の運動は決して此に止まらず。かの『王政維新』の実を挙《あ》ぐるに於て、最も必要なる封建制度の破壊に向って更に満身の力を注ぎて猛進直行せり。

〔新政府首脳部からの懸念〕

余等はかくの如く急激なる改革を企て、かくの如く内外の反対を受けたりといえども、かの山内容堂《やまうちようどう》と云い、鍋島閑叟《なべしまかんそう》と云い、三条実美《さんじょうさねとみ》と云い、はた木戸と云い、大久保と云うが如き耆《き》老先輩《ろうせんぱい》の当時の廟堂《びょうどう》に立ちし人々は、大概余等の論議を賛成して施設を援《たす》くるところありき。されどもまたその一人もあえて余等を勧励《かんれい》してその急激なる改革を断行せしめんとするものなく、何《いず》れも「我等は君(余を指せるなり)を援《たす》けてその論議を実行せしめんと欲せざるにあらず。然《しか》れども君の論議し、企画するところ、往々急激に過ぎるものなきにあらず。またその論議企画一々皆是《ぜ》なりという能わざるものあり。幸いに少しく自ら警《いまし》むるところあれ」との勧告を為し、ことに三条、岩倉両氏の如きは、余等が一事を企画し、一案を提出する毎に、必ず「またしても」と顰蹙《ひんしゅく》して憂慮する様はその言色《げんしょく》に見えたり。独《ひと》り山内容堂は、「イヤ何デモ面白し。やるたやあるべし」とて、頗る急激なる改革論を喜びたりき。これらの人々は梁山泊《りょうざんぱく》を以て目せられし築地なる余の僑居《きょうきょ》に屢《る》次《じ》来訪してあるいは時事を談じ、あるいは急激を戒《いまし》め、特に大久保《おおくぼ》利通《としみち》の如きは、余を援くる中にも、あまりの急激にはやや反対を表するところありしため、たびたび余の僑居に来りて勧諭《かんゆ》を加えたれども、余等は已に決意するところありしを以て、あえてこれを顧慮するところなかりき。

2　鉄道敷設・電信架設・外債募集をめぐる紛争

〔鉄道敷設・電信架設の必要性〕

かくて余は更に一事を企画して益々《ますます》上下の論難を受くるに至れり。それは他なし。鉄道を敷設し、電信を架設せんとせし事なり。蓋し《けだ》封建の世に在りては、その制度の例習として各藩何れ《いず》もその疆域《きょういき》を守り、相互の往来交通を厳重にするため、故ら《ことさ》にその道路を迂回せしめ、且つ務めてこれを嶮岨《けんそ》の地に導きて開通せしめたるのみならず、山脈の連亘《れんこう》したる島国の常として平地は至て少く、中央に起伏せる山岳巉然《ざんぜん》として南方の海岸に突出せるを以て、道路の迂回険悪特に甚しく《はなはだ》、従って運輸交通の不便実に勝え《た》ざるものあり。今にてこそ鉄道の便、船舶の利、やや備りたるため、三四日間乃至《ないし》一週間を費さずして数百里の外に出で、辺陲《へんすい》より辺陲に達するを得るといえども、その当時に在りては、かかる有様《ありさま》なりしを以て、鯨寄る九州の果より虎伏す北海の端に達するまでには幾十日の日子《にっし》をも要せしほどにて、現に余の郷地なる佐賀に於ても「ここからお江戸は三百里」というて、その往復に六十日余の日子を費やせしなり。

これに加うるに、幕府の末年には、各藩侯伯の京師《けいし》もしくは江戸に上下するあり、あるいは軍隊の往来するあり、将軍の上洛あり、征長の挙の再度まで行わるるあり、特に明治元年〔一八六八〕二年にかけては、奥羽の野、北海の辺に戦乱絶えず、ために駅路の混雑甚しく、因てその沿傍の地方は『助郷《すけごう》』とて人馬を徴発せらるるために痛く疲弊し、東海道の如き、特に往来の頻繁なる駅路にては、駅路の左右十数里に渉りてその影響を蒙り、ために家を倒し、産を破るものも鮮少ならざりき。当時駅路は会計官の司掌《ししょう》するところにて、余はまさに会計の局に当りしを以て、その道路の険悪不便と、沿傍地方の人民の疲弊とを察すること、ことに深く、自ら以為《おもえ》らく、「かかる事情を黙過して匡済《きょうさい》するところなくては、必ず収拾すべからざるの弊患に陥るに至らん。且つ道路の険悪不便なる、かくの如くして修繕するところなくんば、個々分裂したる大小の藩々を統率するに甚だ困難なるものあらん。特に封建の制度を打破して政令を一途に出でしむることは、かく道路の険悪不便にしては到底出来得べきにあらず。単に運輸交通の上より見るも、速やかにその険悪を治め、その不便を去り、四通八達の便を画《はか》るは実は今日の急務なり」と。また以為《おもえ》らく、「四通八達の便を画り、運輸交通の発達を努めんには、鉄道を敷設し、且つこれと同時に電信を架設して全国の気脈を通ずること、実に最急の要務なり。而《しか》してこれただに運輸交通を便にするのみならず、その封建の旧夢を破り、保守主義連、言換れば攘夷家の迷想を開き、天下の耳目《じもく》を新たにして、『王政維新』の事業を大成するに少なからざる利益を与うることならん」と。

〔鉄道敷設の決断〕

ここにおいて余は意を決してこの事業に着手せんと存じ立てり。この時に当り、余の知友の中にて、今内閣総理大臣たる伊藤博文《いとうひろぶみ》は幸いに余の意見に賛同したるを以て、両人相携えてこの事業を完《まっと》うせんとてともに計画するところあり。その計画は、鉄道敷設の起点を東京とし、横浜より折れて東海道を過《よ》ぎり、京都、大坂を経て神戸に達するを幹線と為し、京都より分れて敦賀に至る支線を敷き、この幹線と支線とを以て第一着手の敷設線路と為し、これより漸次してついに全国に及ぼさんと図りしなり。井上馨《いのうえかおる》及び渋沢栄一《しぶさわえいいち》等はこの企画に賛成せざりしにあらざれども、時の情勢に危《あや》ぶむところあり、「君等は今まさに衆難群議の中に陥り、一言一行はほとんど他の指弾《しだん》を受けざるなきの境遇に際会したり。特に保守主義の反動は日一日とその気焔を増進し、保守的の議論益々《ますます》その勢力を逞《たくまし》うせんとするの時にあらずや。この時に当り、天下の耳目ことに保守主義者の耳目を驚かすべき、かかる大事業を企ててこれを成し遂げんとするは、甚《はなは》だ危険の事と言わざるべからず。吾人《ごじん》の恐るるところは、ただにこの大事業が天下多数の反抗を受けて挫折《ざせつ》するに至るのみならず、已《すで》に着手しつつある改革、実行しつつある事業まで、ついにそのために失敗を招くに至らんことに在り。幸いに反省するところあれ」とて、親友間の情誼上より一再《いっさい》ならず忠告を為したりしも、余等の決意は甚だ堅く、「この大事業を成就するにあらざれば以て時艱《じかん》を済《すく》い、且つ封建の旧夢を破り、攘夷の迷想を啓《ひら》きて『王政維新』の事業を大成する能《あた》わず」と思惟《しい》したるを以て、情誼《じょうぎ》を籠《こ》めたる親友の忠告も断乎としてこれを斥《しりぞ》け、曰く、「余等が衆難群議の中に陥りつつあるは、誠に諸子の忠告するところの如し。保守主義の反動は日一日とその気焔を増進しつつあるも、また諸子の忠告するところの如し。余等もこれを知らざるにあらざれども、却《かえっ》てかかる衆難群議を排し、かかる反動の気焔を挫《くじ》かんには、かかる大事業を企成して天下の耳目を新たにするに如《し》くはなし。況《いわ》んや今は速やかに道路の険悪不便を修理して運輸交通の便を開かざれば、民人の疲弊は将《まさ》に測られざるものあらんとするに於てをや。且つそれ諸子はこの大事業は挫折し、幷《あわ》せて已に着手実行中の事業と改革を失敗せしむるに至らんを恐るれども、余等は却てこの事業にして完成を見る能わず、天下多数の反抗を受けて挫折するほどならば、これまで苦心して漸《ようや》くその緒《ちょ》につきし他の事業も改革も、到底その成効を見る能わず、必ず中途にして失敗するに至らんと思うなり。毀誉褒《きよほう》貶《へん》は世評に任すべし。成敗利鈍《せいはいりどん》は天運のままのみ。あえて顧《かえり》みるところにあらず。この大事業の成るか、敗るるか、これを以て余等が已《すで》に着手し実行しつつあるすべての『進歩的事業』『進歩的改革』の成敗を卜《ぼく》せんのみ」と。ついにこれを以て時の廟堂《びょうどう》に立ちし者老先輩《きろうせんぱい》の三条、岩倉、木戸、大久保等の諸氏に説きしに、その中にはかの井上、渋沢等と同じく、時の情勢に危《あや》ぶみて頗《すこぶ》る杞憂《きゆう》するものなきにあらざりしも、余等の熱心なる議論は、ついに内閣の容《い》るるところと為り、ここに鉄道を敷設し、電信を架設するの議を決するに至れり(72)。

〔外債募集とそれに対する反対〕

これにつきて差当りの困難はその敷設に要する資財なきことこれなり。当時の国庫の窮乏は、尋常政務の経費すら不足を告ぐることのみなりしに、かかる大事業を成効するに要する資財は、とても一般の歳入に仰ぐべきにもあらず。然《しか》らば国債(内債)を募集せんか、当時の国情は決してこれを許さず。ここにおいて余等は外債を募集するの已《や》むべからざるを主張せり。外債募集といえば、当時に在て甚《はなは》だ驚き且つ恐るべき事たりしなり。ここを以て、内閣に於てもその可否につきて議論頗《すこぶ》る囂々《ごうごう》たりしといえども、「已に一たび鉄道を敷設し、電信を架設する議を決したる以上は、如何《いか》にもしてその敷設に要する資財を求めざるべからず。国庫窮乏し、国情は内債募集を許さざるも、外債を募集してこれに給すれば毫《ごう》も国家民人の禍患《かかん》と為らざるあり。この方途《ほうと》に依りてかの経費を充《みた》すはもとより不可なきなり。これを躊躇《ちゅうちょ》してその資財を求めずんば、前の決議も何かせん」との論漸《ようや》く多数の容《い》るるところと為り、外債募集の事もまたこれに一決し、鉄道敷設より外債募集まで、すべて事務を裁理する全権を余と伊藤との両人に委任されたり。

この事の世に公にせらるるに至るや、果して反対と攻撃とは囂々然《ごうごうぜん》として湧き起れり。第一に反対を為せしは、政府部内の官吏にして、次に平素政府に反対せる民間の人士これに応じ、ことに保守主義を執れる人々の如きは「攻撃の好材料をこそ得たれ」とて躍《やっ》起《き》して論難するところあり。甚だしきは情なくも「我が神洲の土地を典じて外債を募集す。これこそ真に国を売るの賊臣なり」とて余等を指弾《しだん》するに至れり。かの前に新潟府知事〔判事〕を免ぜられ、この時は陸軍の全権を掌握し、その勢威赫々《かっかく》たりし前原一誠《まえばらいっせい》のごときは、反対論者の首領とも云うべき人にして、最も激烈なる反対を試みたりき。

されば鉄道敷設、外債募集の議、決せしより未だ十二ヶ月を経過せざるに、これに反対する建白書の提出せられしもの早や数百通に達し、特に矯激客気《きょうげききゃっき》の徒に至りては、試験のために東京、横浜の間に架設したる電信線の電柱を傷け電線を切断するなど無益の悪戯《いたずら》は至らざるところなかりし。

〔賛成に転じた黒田《くろだ》清隆《きよたか》〕

談じて此《ここ》に至れば、今の枢密院議長たる黒田清隆の美徳を憶《おも》うなり。黒田は世人も知るごとく剛直忠誠の士なり。誠心実意国家を憂う人なり。それ一たび余等が外債を募集して鉄道を敷設せんとするを見るや、これを以て国を危うするものと為し、余等を目して国を誤るの奸臣賊子《かんしんぞくし》と為し、その忠誠の資性はこれを黙過する能《あた》わず、屡々《しばしば》この大事業の計画を中止せざるべからざるゆえんの理情を建白し、且つ親しく三条、大久保等の諸氏を訪い、涙を揮《ふる》うて速やかに余を退け、以て恟々然《きょうきょうぜん》たる人心の動揺を定めざるべからざるを説きたること、ただに再三ならざりき。まもなく黒田は開拓使《かいたくし》の用務を帯びて洋行を命ぜられしが、その発程《はってい》に臨みても深く顧慮し、「奸臣朝に立ちて事を擅《ほしいまま》にし、世情恟々として定まらざるかくの如き時に当り、国を辞して他邦に赴くは如何《いか》にも心となし」とて、ほとんどその出発を躊躇《ちゅうちょ》せしほどなりしと云う。かくて欧米巡回の途に上りしが、僅《わず》かに一年を出でずして用務を了《おわ》りて帰り、内閣にその巡回の報告を為すことになりしに、その巡回の間に欧米の制度文物を目撃して頗《すこぶ》る識得するところあり、初めて余等の計画に反対を唱えたる非を悟りしと見え、その報告を為すに先だちて特に余に向て曰く、「余は巡回の報告を為す前に当り、まず君に向いて謝せざるべからざることあり。思えば今より僅か一年の前なり。余は不敏《ふびん》にして世界の大勢を知らず、時運の趨向《すうこう》を覚らず、君等の計画にかかる外債を募集して鉄道を敷設することを以て、我が国を危うする者と為し、君等を目して国を誤る奸臣賊子と為し、速やかに黜退《ちゅったい》せんことを、此に列座の三条公を始め諸先輩に迫りたることありき。然《しか》るに用務を帯びて欧米を巡回し、かの地の制度文物を目撃し、到処《いたるところ》の偉人傑士に接して親しくその議論を聴き、初めて文明進歩の由て来るところを知り、従来痛く君等の計画に反対し、矯激《きょうげき》なる攻撃を加えしは、全く余が不敏の致すところなるを覚れり。慙悔《ざんかい》なんぞ禁《た》えん。冀《こいねが》わくはともに相携えて速やかにかの大事業を成効せしむることを努めん。幸いに不敏の罪を許されよ」と。嗚呼《ああ》、一年の前に於ては奸臣と呼び、賊子と呼び、国家の大典を以て黜罰《ちゅつばつ》すべしと論ぜし人にして、その呼んで奸臣賊子と為せし人の面前に於て、しかも閣相の皆列座したる内閣に於て、明らかにその過失なりしを謝し、爾来《じらい》相携えて事に従わんと契《ちぎ》るが如きは、誠心実意以て公事に竭《つ》くし、国家を憂《うれ》うるものにあらざるよりは、安《いず》くんぞ尋常人の能《よ》く得て為すところならんや。想うに私情のために公事を忘れ、小憤のために国家を顧《かえり》みざるもの、天下滔々《とうとう》として皆然り。その間に於て黒田の美徳を見る。古人言えるあり。君子は過《あやまち》を改むるに憚《はば》からずと。黒田はそれ誠の君子の人なるか。余は今に至るもその美徳を念頭に記して忘却する能わざるなり。かくて黒田の賛助を得るに至りしは、四面楚歌《しめんそか》を聞くの境遇に陥れる余等に取りては、誠に少々ならざる幸便なりき。

3 参議への就任

〔余の孤軍奮闘〕

これよりして余等は益々《ますます》その議論を唱道せしを以て、その反対も愈々《いよいよ》激烈に赴き、「今や行政施治の実権は民部、大蔵の両省に占領せられて内閣は只空位を守るのみ。民部、大蔵の専横かくの如くにして制止するところなくんば、その弊患は測られざるものあらん。これを制止するの途は只だ速やかに大隈等を退くるに在るのみ」と、内外相和《あいわ》して日々余等の黜退《ちゅったい》を内閣に迫るに至れり。この時に当り、同志中の一人なる五代友厚《ごだいともあつ》は、先に薩人の攻撃を受けてその郷藩に蟄居《ちっきょ》し、井上馨《いのうえかおる》は造幣監督の任に当りて大阪に出張することと為り、おもに同地に滞在せしを以て、東京には僅《わず》かに余と伊藤博文《いとうひろぶみ》ありしのみ。その他二三の同志なきにあらざりしも、これらの人々は皆その地位なお卑《ひく》く、他の驥尾《きび》に附してその技倆《ぎりょう》を揮《ふる》うに過ぎざりしを以て、紛々囂々《ふんぷんごうごう》として鼎《かなえ》の沸《わ》くが如き衆難群議の中に立ち、これを排除して企つるところを成さんこと、何となく心細き感あるほどなりし。伊藤はこの情勢を見て窃《ひそ》かに以為《おもえ》らく、「同志の勢いは日に益々減ず。

かくの如くんば、ついに能《よ》くその目的を達する期なからん。如《し》かず、暫《しばら》くこの反対の気焔を避け、徐《おもむ》ろに後図《こうと》を為さんには」と。ここにおいて諸般の財政及び銀行等に関する組織制度の取調として米国に赴かんとせり。

これらの取調は、その時にありて誠に必要なりしといえども、この際に於てこの人と遠く離るるは、余が切に遺憾《いかん》とするところなりき。

然《しか》れども、伊藤の一身より察すれば、種々の事情、種々の困難、その上に集りて頗《すこぶ》る忍び難きものあるを以て、余は心ならずもその米国行に同意せり。因て伊藤も去れり。ここにおいて余は真箇《しんこ》に独力孤拳を以て一面には内閣に当り、一面には諸官省と争い、退いては民部、大蔵なる難局の事務を裁理し、進んでは天下の大勢に抗して内外の反抗と戦わざるを得ぬことと為れり。虎穴《こけつ》に入らずんば虎子《こじ》を獲ず。艱難《かんなん》に遇《あ》わずんば大業は成らず。古来然り。余は今かかる境遇に陥る。豈《あ》に更に感奮《かんぷん》一番するところなからんや。縦横奔馳《じゅうおうほんち》、馬触るれば馬を斬り、人触るれば人を斬り、猛進邁往《もうしんまいおう》、以て四面の敵に応接したりき。

されば余に対する反抗攻撃の気焔は、これより更に一層の強きを加えぬ。

〔余の参議登用論の惹起〕

時の顕要の地に立ちし耆老先輩《きろうせんぱい》は以為《おもえ》らく、民部と云い、大蔵と云い、何《いず》れも事務繁雑にしてその経理困難、時人《じじん》の目して以て至艱至難《しかんしなん》の局と為すものなり。その一局の事務を負担するさえ難事というほどなれば、両局の経理に至りては難事の上の難事と云うべし。決して一人の力の能《よ》く耐ゆるところにあらず。然《しか》るにこれを大隈の一身に委《まか》す、甚《はなは》だ無理の沙汰《さた》と云わざるべからず。且つ喬木《きょうぼく》には風多く、難局に当る者には群議を免《まぬ》がれ難し。かかる至艱至難なる両局の経理を以て彼一身に委《ゆだ》ぬればこそ衆難群議は紛々《ふんぷん》としてその上に集まるなれ。特に行政施治の実権は他の占領するところと為り、内閣は只空位を守る腰弱《こしよわ》ものとの世評を受くるに至るも、畢竟《ひっきょう》は内閣にその人なきを以てなり。さればまず大隈の司掌《ししょう》する民部の難局を割きてこれを他に負担せしめ、更に大隈を内閣に入れ(73)、兼ねて大蔵の事務を経理せしめ、内閣をして厳然諸省の上に立ちてその管理の任に当らしむるは目下の急務にして、且つその宜を得たる処置ならんと。ここを以て余を勧誘するところありき。

〔参議就任時に余がつけた条件〕

されば余は直ちに起ちてその勧誘に応ずべき乎《か》、はた断乎《だんこ》としてこれを拒絶すべき乎。

勧誘に応じて民部を他に譲り、内閣に入ることとせば、これまで苦心に苦心を重ねて企図し、着手しつつある種々の事業、種々の改革を半途にして中止せざるべからざることと為るべし。半途にして中止するは、尋常瑣細《じんじょうささい》の事といえどもなお忍びず。況《いわ》んや至艱至難の局を以て目せらるる民部、大蔵両局の事業と改革となるに、これを忍びて中止するは一生の憾事《かんじ》と謂《い》わざるべからず。且つ内閣に入りて諸省を管理すれば、これまで着手しつつある事業と改革とを実行する上に於て、間接には監督を為すを得ざるにあらざれども、その間接の監督は自ら責任を負うてその事務に鞅掌《おうしょう》するの直接なるに如《し》かず。間接の監督、直接の鞅掌、事業や改革の成否につきて関係するところ少しとせず。ことに時の内閣を組織するものは、保守主義を執《と》る人多し。然るに急激なる進歩主義を執る余の如きものその間に介立《かいりつ》し、思うところを言い、言うところを行わんとするは、蓋《けだ》し至難のことと謂《い》わざるべからず。至難と知りつつなおその中に投ずべき乎。有《あり》のままを言えば余は実にその進退挙措《しんたいきょそ》に迷えり。逡巡躊躇《しゅんじゅんちゅうちょ》、断乎《だんこ》として断ずる能わざりしなり。時に三条、岩倉、木戸、大久保等の耆老先輩は切に余が入閣を勧誘して已《や》まず。余もまたこれに背くに忍びず。因てその応答を為すに先だちて若干の条件を提出せり。その条件とは他なし。

まず内閣に充分の権力を収めて諸省を管理し、跋扈跳梁《ばっこちょうりょう》を逞《たくまし》うせしめざること、その一なり。

従来企画しつつある事業、着手しつつある改革は、必ずこれを遂行すべきこと、その二なり。

鉄道の敷設、電信の架設は、爾後《じご》益々《ますます》これを拡張して全国に普及せしむべきこと、その三なり。

種々の事業を企ててこれを成すの便を計らんため、新たに工部省《こうぶしょう》を設くべきこと、その四なり。

輦轂《れんこく》の下に横行して暗殺などを企つる保守頑固の兇漢《きょうかん》少なからず。厳にこれを監制すべきこと、その五なり。

『王政維新』の目的を完成するため、藩を廃して封建の制度を破壊すべきこと、その六なり。

余はこれらの条件(一二三の序を立てて要求したるにはあらず)を提出し、且つ述べて曰く、「今や輿衆《よしゅう》騒然として政府の施設に反対し、甚《はなは》だしきは壮士兇漢輦轂《れんこく》の下に横行して暗殺を企つるに至る。これもとより保守頑固にして世界の大勢、時運の趨向《すうこう》を知らざるの致すところなれども、その反抗の事情を察するに、決して一箇の書生もしくは無頼《ぶらい》の徒がその真意真心より、または徒《いたず》らに事を好むよりして試むるにあらず。深くその本源を察すれば、全く各藩の発意煽動《はついせんどう》に出ずるものの如し。現に、藩々より名《なづ》くるに学生を以て、与《あた》うるに旅費を以てし、少壮客気《きゃっき》の士を京地に上らしめ、而《しか》してその輩は輦轂の下に跋扈跳梁《ばっこちょうりょう》し、妄言横議《もうげんおうぎ》して政府の施設に反抗しつつあるにあらずや。また学生ならざる多少の地位名望ある人々もその藩邸に寓《ぐう》し、藩を根拠として反抗を為しつつあるにあらずや。顧《かえり》みるに、かの幕府の末路に際し、盛んに尊王討幕の論を唱えて幕府を倒さんとするの極は、ややもすれば矯激《きょうげき》の挙に出でしもの、ただに謂《いわ》ゆる浪士のみならず、藩々は実にその主唱にして謂《いわ》ゆる浪士も水戸と云い、熊本と云い、はた薩長といえるが如き、藩に拠りて跳梁跋扈を逞《たくまし》うせしと一般、『王政維新』後の今日に於ても政府の施設に反抗するものも、各々《おのおの》その藩を根拠として妄言横議を逞《たくまし》うしつつあり。甚だしきは薩と云い、長と云い、何《いず》れもその藩として、藩の強を恃《たの》みとして、以て反抗するに至る。更に甚しきを云えば、かくの如き藩々はその藩出身の官吏と窃《ひそか》に相通牒《あいつうちょう》し、以て政府の進路を妨《さまた》ぐることも少しとせず。これにして制止するところなくんば、政府の施設は一もその実行を見る能《あた》わずして、その弊患は測られざるものあらん。これについても望みたきは内閣の権力なり。内閣の権力にして完全ならんか、これを監制してその弊患を未然に拒《ふせ》ぐこと決して難《かた》しとせざるべし。且つなお封建の制度を存して藩を廃するに至らざればこそ、藩を根拠として反抗も出来得るなれ。速やかにこれを廃滅せばこの弊患を受くることなからん。さなくとも、藩を廃して封建の制度を破壊するの一事は、『王政維新』の目的を完成するの上よりして必ずこれを断行せざるべからず。然らざれば、ついに政令を一途に出でしめて我が国を統一するの期なからん。されば、余がここに列挙せし条件を遂行するは、誠に今日の急務なり。幸いに諸公これを遂行するの決意あらば、諸公の勧諭に従い、内閣に入りて事に従わん。もしその決意なしとせば、好意に背くもまた已《や》むを得ざるなり」と。三条、岩倉、木戸、大久保等の耆老先輩《きろうせんぱい》皆頷《がん》せり。ここにおいて、余はその勧誘に応じて時の内閣に入れり。これ実に明治三年〔一八七〇〕のことなりき。

〔参議就任以後における立場の変化〕

当時の内閣は、右大臣三条実美《うだいじんさんじょうさねとみ》、大納言岩倉具視《だいなごんいわくらともみ》、徳大寺実則《とくだいじさねつね》、嵯峨実愛《さがさねなる》(74)及び大久保《おおくぼ》利通《としみち》、木戸孝允《きどたかよし》、副島種臣《そえじまたねおみ》、佐々木高行《ささきたかゆき》、斎藤利行《さいとうとしゆき》(75)等の諸参議を以て組織したれども、その実権を握りて内閣の重きを為せしものは、大久保、木戸の両人なりき。もし進歩主義と保守主義とにて内閣を組織したる人々を別《わか》てば、保守主義を執《と》るもの多数なりき。

かくの如き内閣なるを以て、余等がこれまで内閣の外に在りて種々の改革を要求し、ほとんど脅迫を以てその遂行を促がすこと屢次《るじ》なりしも、多くはこれを拒絶して容《い》るる能《あた》わず。甚《はなは》だしきは已《すで》に要求したる改革、希望したる事業の適是なるを知りつつも、なお強藩の威権を畏《おそ》れ、諱忌《きき》を憚《はばか》りて容易にこれを断行する能わざりしを以て、余等は呼んで優游不断《ゆうゆうふだん》と為し、目《もく》して因循姑息《いんじゅんこそく》と為し、しきりに内閣を難責するところありしに、一朝自からその内閣に入るや、これまでとは攻守全く地位を異にし、一転して内閣の一員として閣外の人々より難責せらるるの身と為れり。

これより先、余は明治元年二年に両度まで内閣に入り、その枢機に与《あずか》りしことありしといえども、時あたかも匆卒《そうそつ》の際にして、且つその内閣に在る日子《にっし》も、僅《わず》かに五六ヶ月に過ぎざりしのみならず、他方には外交と云い、財政と云うがごとき繁雑の事務を負担し、ために絶えず横浜、長崎及び京師《けいし》等の間に出張往来し、中央政府の下に在ることは至て少なかりしを以て、かの常に中央に在りて大政に参与せる大久保、木戸などと相接すること甚だ稀《まれ》なりき。

然《しか》るに今回入閣の時は、維新改革の事業もほぼ形付《かた》き、諸般の制度もやや整りしを以て、吾《われ》も人も用務を帯びて諸方に出張すること少く、大概ともに内閣に集りて国政を議するを得る有様と為り、従って大久保、木戸は勿論《もちろん》、すべての内閣員とも常に相接して議論を上下するを得、これよりして内閣の事情及び諸般の事情を審《つまび》かにすること従来外に在りての想像に比して、更に数層の切実を加えたりき。

4　藩政改革の矛盾

〔版籍奉還後における各藩の状況〕

かくて政府と強藩との間に種々の事情纏綿《てんめん》し、ために政府もその言わんと欲し、為さんと欲すことを躊躇《ちゅうちょ》し、且つ強藩に要せられて心ならずも因循姑息《いんじゅんこそく》なる行政施設を為すの有様《ありさま》にて、ついにかの伊太利《イタリア》と一般に尾大《びだい》不掉《ふとう》の弊患に陥りつつあるを知れり。当時版籍奉還のことは漸《ようや》く一段落を告げたりといえども、従来藩侯たりしものは、大概その藩知事となりて威権は旧の如く、従って封建割拠の風は依然として更《あらた》むるところなく、旧来の弊患は依然として洗除せられざるのみならず、ややもすればその増進を見んとするの情勢なり。然るにこれを矯済《きょうさい》して内治の改良を図るは正に当時の急務たるのみならず、版籍奉還のこと漸く成りたる後と云い、且つは政務緒《ちょ》につき人心やや静かなる時と云い、その矯済改良を図るに於て、実に好時機たりしなり。

ここにおいて、藩政改革の声は大小の諸藩を通して行われ、到るところの藩々は大概その改革に着手し、ために多少の混雑を惹起《ひきおこ》さぬところはなかりし。

〔「書生政府」「武人政府」による急激な藩政改革の進行〕

これより先、已《すで》に述べたるごとく、人才を挙《あ》げ賢能を用うべしとは、当時の輿論《よろん》にして、中央政府はこの輿論の風潮に漂わされたるまま、その吏務《りむ》に老練したると否《いな》とはともかくも、従来その枢要の局に当りし老成人を排斥《はいせき》して、これに代ゆるに少壮有為の書生を以てするか、否《しか》らざれば奥羽の野、北海の辺に転戦して、死生の巷《ちまた》に出入せし勇猛客気《きゃっき》の武人を以てしたるために、到処《いたるところ》の藩々も大概これに倣《なら》い、旧来の吏務に老練したる官吏を目するに俗吏を以てしてこれを排斥し、少壮の書生、勇猛の武人をして、代りてその藩政を経理せしむることと為せり。少壮の書生、勇猛の武人が進歩的の施設を好み、破壊的の経綸を喜ぶは、もとより言うまでもなし。その意に縦《まか》せ、気に乗ずるところは、ややもすれば過激に陥ること少しとせず。かくの如き人にして藩の要地に立ち、その藩政の改革を行わんとす。施設に激越突飛《げきえつとっぴ》の事ありしは怪しむに足らず。特に薩の西郷《さいごう》〔隆盛《たかもり》〕、土の板垣《いたがき》〔退助《たいすけ》〕、後藤《ごとう》〔象二郎《しょうじろう》〕、及び肥の江藤《えとう》〔新平《しんぺい》〕の如き、当時に在りて最も名望あり、最も威権ある人々にして、熱心に藩政の改革を唱道し、計画したるを以て、幾多大小の諸藩は風を望んでこれに倣い、藩々の政府は、二百数十年間、因襲《いんしゅう》し来りし憲法、即ち祖宗《そそう》の法を破壊して門地門閥を排斥し、一種の『書生政府』『武人政府』と変ずるに至り、その『書生政府』『武人政府』は更にその藩政改革に向って少壮勇猛の意気を縦《ほしいまま》にし、激越突飛《げきえつとっぴ》往々にして人の耳目《じもく》を驚かすものありし。かくて門地門閥を廃すると同時に、何《いず》れもその禄を削減することと為し、甚《はなは》だしきは、禄を平均すべしという論すら唱うものあるに至り、これまで家老用人等の門閥にして大禄を食《は》みしものは痛くこれを削減し、小禄を食みし者は甚しく削減する訳に行かず、因て自然にその禄を平均するの傾きあるに至れり。

而《しか》して藩政改革の声、愈々《いよいよ》高まるに従い、兵制改革の論もまた到処《いたるところ》に行われ、兵制改革は藩政改革中に於ても最も重要なるものとなるに至れり。蓋《けだ》し戊辰戦争の前後に在りては、兵式、軍装甚だ雑駁《ざっぱく》にして毫《ごう》も一定するところなく、その不整の状は実に見るに忍びざるものありしが、一旦戦争を経て諸藩何れも兵制につきて発明するところあり、且つ兵制改革の声盛んに行わるるに及び、兵式、軍装ともに改良整頓を見るに至り、ある藩の如きは俄《にわか》に洋風の訓練を経たる武人を傭聘《ようへい》し、甚だしきは欧米の軍人を傭うて訓練を托し、またはその武器を買入るるなどの奇談さえありたるほどなり。然《しか》れどもこれよりして、海軍は英式に、陸軍は仏式に従うことと為り、徴兵規則も新たに頒布せられて、士族平民の別なく徴募せらるることと為り、我が国の兵式は初めて一定するに至れり。

〔各藩財政の逼迫〕

然れども、これらの事由のため、諸藩何れも多額の経費を要せしのみならず『書生政府』『武人政府』の常としてその行政施設至て粗大にして、深く財政の点などに注意するのことなく、いわば不経済のこと多かりしを以て、諸般の経費は比較的に多額を要し、従って財政益々《ますます》疲弊するに至りたり、尋常に察すれば、家老用人等を始めとし門地門閥の禄を削減せしを以て、何れの藩もその財政の都合はよき筈《はず》なれども、門地門閥の禄を削減すると同時に、禄を平均すべしなどという論に基づき、他の小禄者の禄を増加せしものあり。且つ何れの藩も大禄者は至て少く、小禄者は甚だ多きを以て、大禄者の削減額は、小禄者の増加額に比し却《かえっ》て少きと云う有様《ありさま》にて、その藩の一般財政の上より見れば、禄の削減何の効益もなきのみならず、小禄者の禄増加のため、転《うた》た財政の困難を見るに至りたりし。

更に官吏の俸給を見るに、もとは甚だ軽少なりしに、維新改革の後に至り、中央政府に於ては大にこれを増加せしを以て、全国の藩々もこれに倣《なろ》うて大にその俸給を増加したれば、藩制改革に於て多少の官吏を淘汰《とうた》したる結果にて、その員数こそ減少したれど、俸給額に至ては従前に比して却て増加を見る不都合の現象を呈するに至り、ために諸藩は大概歳入を以て歳出を補充する能《あた》わず、痛く窘窮《きんきゅう》したるところも多かりき。

当時の財政は、即今《そっこん》のごとく予算もなければ決算もなく、且つ会計検査院もしくは帝国議会のごとき財政の監督者なきのみならず、謂《いわ》ゆる『書生政治』『武人政治』にて、随分無鉄砲不経済の施設多かりしを以て、藩政改革という小改革は多かれ少なかれ遂行せられたらんも、財政の一事は却って困難を告げ疲弊を来すに至りしなり。当時の書生等はこの有様《ありさま》を見て以為《おもえ》らく、「西洋諸国の富を以て誇るも、もとこれ通商貿易を盛んにしたるに因《よ》るなり。通商貿易は実に富を生ずる大切の機関なり。今や我が国、大は中央政府より小は諸藩に至るまで、その国庫痛く欠乏して財政甚だ困難せり。これを救済して藩を富まし国を富まさんと欲せば、須《すべか》らくかの西洋諸国に倣《なろ》うて通商貿易を盛んにするに如《し》くはなし」と。この論に感動せられてや、数多の藩々中には、偶然に起るべからざる通商貿易をば俄《にわ》かに盛んにせんとして、藩自から商会を起し、以て通商貿易を試みたるものすら少なからざりし。然《しか》るにこれを為さんには、少なからざる資本を要するを以て、自ら通商貿易を試みんと欲せし藩々に於いては、始め贋金《にせがね》を鋳造し、以てその資本に充てんとせしも、その企画はほどなく中央政府の禁止するところと為り、因て更に紙幣を発行してこれに充《あ》つることと為し、その極は往々濫発《らんぱつ》を免《まぬ》がれざりしを以て、政府は更に制限を加うるところありしも、廃藩置県に至るまでは、その命令は充分に行われざりし。その他、藩政府の名を以て、大坂地方の素封家より借債したるもの少なからず。甚《はなは》だしきは外人に向って負債を起したるものすらあり。而《しか》してその負債額も少々にあらざりしが、かくて通商貿易を試みたる結果は何《いず》れも不首尾を来たし、ためにその藩の財政は益々《ますます》困難を極《きわ》むるに至りしなり。

〔藩内における保守主義者たちとの軋轢〕

ソハ暫《しばら》くこれを措《お》き、かかる藩政改革に対しては、謂《いわ》ゆる門地門閥の人及び保守主義、言い換ゆれば封建主義とも称すべき人々は甚だこれを喜ばずして反抗するところあり。ために到処《いたるところ》の藩々に、何れも改革党と保守党との軋轢《あつれき》を見ざるなく、その軋轢の畢竟《ひっきょう》するところは、何れの藩も、大概、改革党は保守党に打勝ちて不充分ながらも藩政改革を為すを得たりしなり。翻《ひるがえ》ってこれを察すれば、これらの人々は中央政府の行政施治に向って頗《すこぶ》る不満不平を懐き、藩政改革の余勢を以て、中央政府に向いその不満不平の気を漏らすところあり。中について薩にしては、かの西郷一派の軍人のごとき、保守主義を執りて移らざる島津《しまづ》久光《ひさみつ》以下の諸士の如き、長にしては、ある一派の軍人及び保守主義を執れる人々のごときは特に不満不平を懐きたる人々なりき。

蓋《けだ》し薩長両藩の軍人は、曩《さき》に伏見鳥羽の戦争より奥羽北海の変乱に関係して、死生の巷《ちまた》に奔走《ほんそう》馳駆《ちく》し、維新革命の大業を成せしを以て、何れも皆以為らく、「斯《かか》る大業を為したれば、その余勢の及ぶところは、諸般の権勢威力は必ず自己に帰するに至らん。否《いな》、業に已《すで》に帰しつつあるなり」と。然《しか》るに大勢の趨《おもむ》くところは、尽《ことごと》くその意の如くならざるものあり。従って中央政府の実権実力は一に薩藩に帰したるにもあらざれば、また一に長藩の握るところと為りたるにもあらず。ことに薩長両藩及び両藩の名士功臣中には、倒幕の実を挙《あ》ぐる時に於てこそほぼ一致の運動を為したれ、愈々《いよいよ》その実を挙げ、維新革命の大業を成したる後に於ては、その性行意見の異なるところは往々にして扞格衝突《かんかくしょうとつ》を来すのみならず、両藩の間に互いに権勢威力を争うこともなきにあらざれば、両藩一致して中央政府の実権威力を専握するがごときは、当時に在りて頗《すこぶ》る困難なる事なりし。

且つ進歩主義と保守主義との争は薩藩もしくは長藩のその藩内に於て行われしのみならず、自ら薩藩と長藩との間にも行われしを以て、薩藩もしくは長藩がその一藩にて権勢威力を専《もっぱ》らにする能《あた》わざりしは勿論《もちろん》、両藩の一致の上にも少なからざる妨障《ぼうしょう》を与えたり。而《しか》してその結果はかの一派の軍人、及び保守主義の人々をして権勢威力その意のままならざらしむるところありしを以て、彼等はついに中央政府に向て不満不平の念を懐抱するに至りしなり。かの土佐藩も維新革命の大業を成したる勲功の上より云えば、実に薩長両藩の次に在り、その権勢威力を獲得すること多く他に譲るべからざるものなるに拘《かか》わらず、その実際に至りては、土藩人士が予期せしほどの実権実力のこれに帰するに至らざりしを以て、また自然に中央政府に向って不満不平の念を懐きたりしなり。

5　薩摩・長州・土佐藩首脳の上京

〔政府に反対する保守主義者たちの動向〕

もしそれこれら諸藩の意衷を問わば、種々にその趣きを異にせざるにあらざるも、その不満不平よりして延《ひ》きて中央政府に反対する一事に於ては、薩、長、土の諸藩期せずして相一致したり。その他大小の諸藩に見るも、その事情、大概大同小異にして、特に維新改革の機運、進歩主義の跋扈《ばっこ》に対する反動、乃《すなわ》ち保守主義の反動に依りて、政府反対の気焔は益々《ますます》激進せるを見る。

この情勢を表面より観察したる人の中には、「かくては維新改革の大業漸《ようや》く成りしといえども、中央政府の権勢四散して、ついに尾大不掉《びだいふとう》の有様《ありさま》に陥るに至らん。もしその間に奸雄《かんゆう》の乗ずることありもせば、かの元弘建武《げんこうけんむ》の往時に於ける足利《あしかが》〔尊氏《たかうじ》〕たるを得るの不幸を見るに至るも測られず」との憂慮を懐きしもの多く、従って種々の建白を為すもの鮮《すく》なからざりき。かの薩藩の横山正太郎《よこやましょうたろう》〔安武《やすたけ》〕(76)は、実に当時の事情に憤慨するところあり、一片の建白書を太政官〔集議院〕に投じ、ついにその門前に於て我と我が腹を割《さ》きて死するに至りしその心事は、誠に憐《あわ》れむべきにあらずや。横山の自刃は、頗《すこぶ》る当時の人心を感動せしむるものありき。人心感動の点より見れば、かの長藩の名士広沢真臣《ひろさわさねおみ》の暗殺せられたるが如きも、またその一要因たりしなり。その暗殺の原因は果して政治上の公憤に在るか、抑々《そもそも》一箇人の私怨に在るかは、今になお明了ならざれども、その資性温厚にして敵を有すること少く、且つ要用の地に在りて吏務《りむ》に練達する彼が如きものにして、兇漢《きょうかん》の毒刃に斃《たお》る、その人心に感動を与《あた》うることの少なからざりしも、もとより偶然にあらざるなり。

〔大久保利通と木戸孝允との間の不協和音〕

これより先、余は独《ひと》り以為《おも》えり、「大久保は極端の保守主義を執《と》れるものにして、木戸はやや余等の執るところに近き進歩主義を執れるものなり」と。然《しか》るに一朝内閣に入り、親しくその人々と接見して議論を上下し、且つ深く当時の形勢を察知すれば、必ずしも余の想像のごとくならざるものあり。大久保も想いしほどに極端なる保守主義者にあらず、むしろ進歩主義者と称するも差し支えなきほどに『改革』『革新』の意想なきにあらざりしも、その藩なる薩藩との関係、なかんずく藩侯なる島津家との関係、及び相提携せし西郷隆盛《さいごうたかもり》との関係等より断然これを決行すること能《あた》わず。特にその郷藩知親の喜ばざる、言換《いいか》ゆれば、郷藩の知親に不利益なることは、決行すべき必要あるを知りつつも常に逡巡《しゅんじゅん》躊躇《ちゅうちょ》するところあり、ついに余等をして一見に極端の保守主義を執れる者と誤想せしむるに至りたるを覚れり。

大久保に対しては、独り余がかく想像せしのみならず、木戸の如きも多少その心事につきて疑うところあり、「彼(大久保を指す)豈《あ》にかの西郷と等しくその藩のために多少陰謀を搆《かま》うるにはあらざるか。薩藩をして幕府に代りて天下に覇たらしめんとの野心を抱蔵するにはあらざるか」と杞憂《きゆう》せしものの如し。

蓋《けだ》し薩藩は維新革命の前後に於て、あるいは始めに公武合体《こうぶがったい》の論を唱えて、ついに尊王討幕の挙に出で、あるいは前に征長の軍に加わりて後に長藩と結托するなど、これを酷評すれば、ほとんど反覆常なき挙動を為したるのみならず、当時大久保は枢要の地に在りながら、諸事に沈黙して、『改革』『革新』の決行に逡巡躊躇するを以て木戸はその心事につきて頗る危疑するところありしなり。これむしろ過慮《かりょ》杞憂と云わんも、木戸の神経質なると、その神経質にて当時の事情を揣摩《しま》せしとより見れば、また無理ならぬ危疑なりしなり。

而《しか》して木戸は更に以為《おもえ》らく、「ともかくも、速やかに藩を廃して封建の制度を仆滅《ふめつ》するにあらざる以上は、権威を中央に集めて政令を一途に出でしむる能わざるのみならず、ややもすれば強藩奸雄《かんゆう》をしてその間に乗じてその野心陰謀を逞《たくま》しうするを得せしむる不幸を見るに至らん」と。折柄《おりがら》、井上馨《いのうえかおる》、伊藤博文《いとうひろぶみ》等の少壮者はこれを擁し、これを援《たす》けて同様の論議を唱道し、まず薩藩を始め諸強藩の跋扈《ばっこ》を制抑することを努め、木戸は自ら改革党の首領たる姿と為れり。されど木戸とても、もと勇断果決の資に富みたる人にあらず、従って薩長両藩間の軋轢《あつれき》に顧慮するところなく、大久保との関係を絶ち、旧藩との関係を離れても、なお且つ諸般の『改革』『革新』を断行するの勇気なく、改革党の首領たる姿ありながら、ややもすれば顧疑躊躇《こぎちゅうちょ》したる言動なきにあらざりしなり。大久保に至りては、先に述べしが如き性行にして、容易にその意気を表面に顕《あら》わすことなく、且つまた容易に決断することなしといえども、ある場合に於ては非常に決断の資に富み、且つ一たび決断すれば千艱万難《せんかんばんなん》を排しても必ずこれを遂行するの資性にして、その意気の猛鋭なるところ、ほとんど能《よ》くこれに当るものあらざりしほどなり。されば大久保もまた木戸の言動に対して頗《すこぶ》る不満の思いを為し、相並んで内閣枢要の地位に立ちつつも、往々にして相和《あいわ》せず、ややもすれば反目の姿ありし。

〔薩摩藩への着目〕

概して当時の形勢を論ずれば、これを内にしては、木戸、大久保の両雄相和せざるあり。これを外にしては、薩長その他の諸強藩、中央政府の施設に対して反抗の意を表しつつあり。且つ薄弱なる人情の常として、人は強につき勢いに趨《はし》るものなるを以て、かの西郷隆盛の如き武勲赫々《ぶくんかっかく》たる豪雄が薩南の一隅に嵎居《ぐうきょ》して、虎視《こし》眈々《たんたん》と中央政府に反抗の気勢を示すや、天下挙《こぞ》って薩藩の挙動に注意し、大小の藩々はその歓心を買わんことを努め、中央及び東北の人士は、その時薩藩の文学未だ開けざるにも拘《かか》わらず、遠くかの地に至りて留学し、甚《はなは》しきはかの庄内藩主〔酒井忠篤《さかいただすみ》(77)〕の如き、藩主自ら薩の地に遊ぶに至れり。かく弱きものは強につき、失意の人は勢いに趨りて、政府に対する反抗の気焔は愈々《いよいよ》旺盛に赴きしを以て、余等が主張する『改革』、言換ゆれば「藩を廃して封建の制度を仆滅《ふめつ》す」の一事は、益々《ますます》その必要を感じ、苟《いやしく》もこれを決行せざれば、国家動乱して尾大不掉《びだいふとう》の弊患に陥り、維新改革の目的もついに貫徹する能わざらんとせり。

〔薩摩・長州・土佐藩首脳上京論の浮上〕

余等はこの改革を決行せんには、かの外交問題を用いてついに維新改革を断行せしと一般、謂《いわ》ゆる外を以て内を制するの手段を用ゆるの外なしと思えり。蓋《けだ》し外交問題は時に取りて至艱至難《しかんしなん》の問題なりしを以て、これを料理するためには国民を一致するの必要あり。而《しか》して国民一般は、対外の気概として、特に我が国民の特殊なる美性として、能く相一致し、また紛々《ふんぷん》として内に争うことを絶つを知ればなり。

何《いず》れにても必要なるものは人なり。人と云えば、当時の内閣に在りては、まず木戸、大久保の両人に指を屈せざるべからざるに、この両人は前に述べたるごとく、種々の関係よりして、その言わんと欲し行わんと欲する上に於て躊躇《ちゅうちょ》逡巡《しゅんじゅん》するのみならず、両人の性行、意見、一致せざるよりして、互いに相忌憚《きたん》掣肘《せいちゅう》するところあり。ためにその必要を認めしところの『改革』『革新』をも断行する能《あた》わざる有様《ありさま》なりし。かくてはとても封建廃滅の目的を達すること難《かた》ければ、この際にかの西郷と云い、板垣《いたがき》〔退助《たいすけ》〕と云い、且つは毛利《もうり》〔元徳《もとのり》〕、島津《しまづ》のごとき、野に在り藩に伏する人々を挙げて中央に集め、以て国務の枢機に参与せしめて相ともに尽瘁《じんすい》せしむるは、誠に急要のことと想われたり。

西郷、板垣のことは且つ舎《お》かん。毛利、島津の両藩侯に至りては、実際はさまで力量なかりしやも知るべからざれども、封建の制度なお依然として存続するの時と云い、且つ強藩の君主として、また維新の功臣として、威権赫々《いけんかっかく》として他を凌《しの》ぎつつあれば、これを野に遺《お》きてその鬱勃《うつぼつ》たる不満不平の念を懐くに任《まか》せば、ただに中央政府の不幸不便なるのみならず、実に政事の施設諸般の改革を為す上につきて、少なからざる妨障《ぼうしょう》を与え、知らず識らず国務を阻害するに至るべきを以て、よし単に儀式に止まるとも、これを中央に召して諮詢《しじゅん》することに決せり。その時までは兵馬の権、未だ朝廷に帰するに至らずして藩々各々兵を養い、中央には全く兵士なきの有様なりしを以て、「かくては甚《はなは》だ心もとなきのみならず、実に王政統一の趣旨に背く次第なれば、まず薩、長、土なる強藩の兵を輦轂《れんこく》の下に集め、以て中央政府の武威兵権を強うせざるべからず」とのことより、ついに岩倉、木戸、大久保の諸公を薩長両藩に派し、親しく毛利、島津及び西郷等を説き、各々その藩兵を率いて上京せしめんとし、木戸、大久保は更に回《めぐ》りて土藩に至り板垣を説くことと為れり。

〔三藩首脳上京に対する余の危惧〕

この事に関しては、余は頗《すこぶ》る危ぶむところありたり。なんとなれば、この事にして一々内閣諸公の思い通りに進行するならば、実に都合よき次第なれども、もしその心算通りに進行せずして、せっかく中央に招き集めて枢機に参与せしめ、相ともに『改革』『革新』を決行せんとするその当人が、却《かえっ》てその率い来りし兵士の力を利用して、自儘《じまま》気儘《きまま》の改革を企つるか、または従来企てつつある封建廃滅、及びその他すべての進歩的施設の方針に変更を試みることあらば、それこそ実に一大事にして、せっかくの企望《きぼう》も水の泡と消ゆる次第と為り、而《しか》して斯《かか》ることは当時に在て必無のこととは思われざりしを以てなり。しかのみならず、これまでは中央の政権は独《ひと》り薩長両藩に帰することなく、土肥及びその他の諸強藩に散在し、ために政治は自ずから公平に行われつつあるに、一朝毛利を召し、島津を招き、且つ西郷、板垣をして各々その藩兵を率いて東上し、以て中央の枢機に参与せしむることと為さば、これまで四散せし政権は忽《たちま》ちこの二三の強藩に専占せられ、ついに政治の公平を失い、一歩を誤れば武断政治に陥るの懼《おそ》れありたればなり。

余は岩倉、木戸、大久保等の諸先輩に向い、この危懼《きぐ》の事情を説きて多少反対するところありしも、右の諸先輩は「然《しか》り、足下《そっか》の言うが如き危懼なきにあらざれども、さればとて今のままに放任すべきにもあらざれば、むしろこの一挙を以て封建の制度を廃滅して中央集権の実を挙げ、以て維新革命の趣旨を完成するを努むべきなり。中央の政権を薩長等二三の強藩の専占に委《まか》するは、断じて黙容せざるべし。もし不幸にして西郷等がその率い来りし兵士の力を利用して、野心非望を逞《たくまし》うするがことあらば、已《や》むなく再び兵戈《へいか》を操りてこれを討滅する覚悟を為すの外なし」とて、思い止まる模様なかりき。

この時に当り、余はなお会計の全権を握りつつありしが、仮りにかかる危懼なしとするも、これを当時の国庫に顧《かえり》みれば、財政痛く困難し、とても三藩の兵を中央に集め養うの余裕なかりしといえども、諸先輩にして万一の時には兵戈にかけ、戦争を開きてもその企望《きぼう》を達せんとの覚悟ある以上は、余といえども深く憂慮するを要せず、如何《いか》なる苦心を為しても、財政を調理せんとの決心を為し、漸《ようや》くその挙に賛成するに至り、岩倉、木戸、大久保は薩長に向って出発せり。

〔三藩首脳上京後の景況〕

嗚呼《ああ》、諸先輩の心算そのままに行わるる乎《か》、はた不幸にして余の危懼せし如くなり行くにはあらざる乎、何にしても進歩主義と保守主義の勝敗消長は、この一事に決すべく、而《しか》してその危機一発は正に間に髪を容《い》れず。かくて西郷等は岩倉等の説くに任せ、その藩兵を率いて東上せり。東上するや、従来西郷等に謳歌《おうか》したるの徒、言換ゆれば中央政府に対して不満不平を懐くの徒は、強につき、勢いに趨《はし》る人情の常として、あるいは西郷等がその率い来りし兵力を利用して中央政府に一大改革を加うるならんと信ぜしよりして、争うてその下に趨走《すうそう》し、口々に従来の当局者が企てつつある種々の改革を是非《ぜひ》し、且つ局に当れる人物を好悪し、果ては人身攻撃を為し、施政の方針を議するよりは、むしろ人物の評論に熱中するに至れり。欺《あざむ》くにその法を以てすれば君子も欺くべし。久しくその局に遠ざかりしものは事情に疎《うと》し。西郷は久しくその郷藩に在りて毫《ごう》も中央の枢機に関与せざりし故に、事情に暗く、人物に疑いあること少なからざりしに、群小はその暗と疑いとに乗じて讒欺《ざんき》こもごも至りしを以て、流石《さすが》の西郷もこれを信じて迷わんとせしもまた無理ならず。

これより先、木戸、大久保等の薩藩に至るや封建廃滅を断行せんとするの意あるを告るに由なく、島津久光《しまづひさみつ》のごときは封建廃滅を望まず、かつて西郷が急激と云わんよりむしろ破壊と称すべき藩政改革を断行せしを以て、その藩兵を率いて東上せんとするや、また封建廃滅と云うが如き急激の挙動に出でんことを憂い、西郷を招きて問うところありしに、西郷は決してかかる意なきを告げ、且つ東上の上は要路に立ち、重局に当るものを交迭黜退《こうてつちゅったい》し、大に中央政府に改革を加うるところあらんことを期して、漸く《ようや》上京することと為りしと聞く。かかる次第なりしを以て、人心頗る《すこぶ》恟々《きょうきょう》として政府に対する反抗の気焔は益々《ますます》激進し、ややもすれば如何《いか》なる椿事《ちんじ》を惹起《ひきおこ》すやも測られざる情勢と為り、封建廃滅は容易に決行すべからざる模様にして、せっかく遺賢を招き、藩兵を集めても何の効果もなく、却て《かえっ》不首尾を来たせしを以て、岩倉、木戸、大久保等の諸先輩も、一時はよほど失望の体ありし。

然《しか》るに、偶然にも勢運一転、明治四年〔一八七一〕七月に至り、『藩を廃して県を置き全く封建の制度を仆滅《ふめつ》す』るの一大改革は、事もなげに決行せられ、数年来勝敗消長を争うて少なからざる混雑を極めし進歩主義と保守主義との紛争も、見事に進歩主義の勝利に帰して、ここに一段落を告ぐるに至りしは、実に我が国の幸運と謂うべきなり。

『進歩主義と保守主義の消長』これにて局を結びしと云うにあらず、現在とても、将来とても、その争い絶ゆるところなきも、封建廃滅の挙にてその一段落を告げたるを幸いここにこの項を結ぶと云爾《しかいう》。

十一　廃藩置県

〔新政府における廃藩置県の意義〕

徳川幕府既に仆滅《ふめつ》に帰し、大政親裁の古《いにしえ》に復せしといえども、号令節制の権威はなお未だ中央政府に集まるに至らず、群雄諸方に割拠して尾大不掉《びだいふとう》の弊患を呈し、ややもすれば第二の幕府を生出せんず〔ママ〕情勢なり。これは実に封建制度の依然として存するの致すところなるを以て、苟《いやしく》もこの弊患を除きて、『王政復古』の実を挙げ、『維新革命』の業を大成せんと欲せば、速やかに封建制度を仆滅して『廃藩置県』の挙を断行せざるべからず。然《しか》らずんばこれまで天下の志士仁人が、あるいは厳酷の刑辟《けいへき》に触れ、あるいは死生の巷《ちまた》に出入するなど幾多の辛酸《しんさん》を嘗《な》め、無限の艱苦《かんく》を経て以て漸《ようや》くその端を啓《ひら》きし『王政維新』の大業も、謂《いわ》ゆる九仞《きゅうじん》の功を一簣《いっき》に欠くの始末と為り、せっかくの奔走尽瘁《ほんそうじんすい》も全く空徒に属するに至らん。

然れども『廃藩置県』は至難の問題なり。かの甚《はなは》だ難《かた》くして而《しか》して僅《わず》かに成りし『幕府仆滅』に次ぐ至難の問題なり。曩《さき》に『幕府仆滅』のためには、如何《いか》に辛酸なる経営を要し、幾多の生霊を亡《うしな》いしやを知らず。これを知るものは必ず『廃藩置県』の容易に為し遂げられざるを想わん。然るに、思いきや、勢運一転かくまで至難の問題も、一兵を用いず、一戈《いっか》に血《ちぬ》らずして事もナゲに為し遂げられんとは。今此《ここ》にその事情を述べん。

〔新政府首脳部への人身攻撃の激化と西郷隆盛の参議就任〕

木戸《きど》〔孝允《たかよし》〕、大久保《おおくぼ》〔利通《としみち》〕及び岩倉《いわくら》〔具視《ともみ》〕等の勧説に依り、西郷《さいごう》〔隆盛《たかもり》〕等が上京することと為りたるは前項にこれを述べたるが如し。蓋《けだ》し彼等の一派が政府の行政施設に向って不満不平を懐くに至りしは、もとその事の是非《ぜひ》に因りたるにあらずして、当局者たるその人の好悪に基きたるものなるより、その政府に反抗する気焔愈々《いよいよ》盛んなるに従い、当局者に対する人身攻撃は益々《ますます》激烈になり、甚だしきは一面識なきものだもこれを攻撃し、あるいはたとい一面識なきにはあらざるも、当局者とし云えば、その人が果して如何なる意見を有し、如何なる言動を為すやも審《つまび》らかにせずして、漫《みだり》にこれを攻撃するの弊に陥り、事理、感情、ともに益々齟齬《そご》反発《はんぱつ》してついに謂《いわ》ゆる政府党〔進歩党〕と西郷党〔保守党〕と朝野に並び立ちて互いに相睨争《あいげいそう》するに至りたるほどなりし。故を以て今俄《にわか》に西郷を内閣に入れ、相ともに錯雑せる国務を経理し、且つ『王政維新』の業を大成する上につきて必要なる改革をなし、革新を断行せんとするも容易にこれを肯《が》んぜず、迫るにその最も嫌悪する人々、乃《すなわ》ち彼等が最も攻撃しつつあるところの人々を黜退《ちゅったい》せば則ち入閣せんとのことを以てせり。攻撃しつつあるところの人々と云えば、余等はもとよりその中のおもなるものにてありしなり。然《しか》れども余等を黜退するは、その実甚《はなは》だ容易のことならず。もしそれ西郷等の意を迎え、強いて余等を黜退せんとすれば、維新以来の政略を一変し、これまで企てつつある封建廃滅の挙は言うに及ばず、その他すべての進歩的施設の方針はことごとく変更せざるべからず。これ決して当時の事理に照して出来得べき事にあらず。ここにおいて乎《か》、西郷の入閣は頗《すこぶ》る困難のことと為りぬ。

時の耆老《きろう》にして枢要の局に当れる三条《さんじょう》〔実美《さねとみ》〕、岩倉、木戸、大久保等の諸公は斯《かか》る事情に際会して大に心脳を悩まし、その間に周旋して専《もっぱ》ら調和を務めければ、流石《さすが》の西郷も我を折りて漸《ようや》く入閣することと為り、此に内閣の大更迭《だいこうてつ》を見るに至れり。実に明治四年〔一八七一〕六月二十五日のことなりき。

〔大蔵省事務担当となった西郷〕

この大更迭とともに、時の参議たりし大久保及び余の両人は出でて大蔵（乃ち財政）の事務を裁理することと為り、内閣は「政の多門に出づるを以て齟齬《そご》錯雑《さくざつ》の弊患多し、一人を推《お》して以て首と為し、相助けて事を行わんに如《し》かず」との議に従い、木戸を推して首と為さんとせしも、固辞《こじ》して応ぜざるより、已《や》むなく木戸、西郷の両人をして並立してその重任に当らしむることと為れり。知らず、これよりして彼招致に応じて上京するの時に当り、島津《しまづ》久光《ひさみつ》の問に対《こた》うるに『封建廃滅』の意なきを以てし、且つ東上したる上は、要路に立ち重局に当る者を更迭黜退して、大に中央政府に改革を加うるところあらんと期したる西郷は如何《いか》なる言動を為すべきにや。

翻《ひるがえ》って当時の事情を察すれば、『王政維新』の後を承《う》けて、未だ多くの歳月を経過せざれば、行政施治頗る困難を極め、内治外交に関する問題の当局者に処理を要すべきものは、日々数十百となく現出し、その十百となき中には、考慮に考慮を費したる上にあらざれば容易に処理する能わざるほどの大問題も少なからず。特に余が直轄に係る大蔵省の如きは、現時のいわゆる内務、農商務、逓信《ていしん》等の事務までも総轄し、言わばほとんど政務の半ばを総《す》ぶるの有様にして、而《しか》してその事務は延《ひ》きて外交に渉ることなきにあらず。故を以てその省に起る問題は毎《つね》に閣議の大問題たるを免《まぬ》がれざりし。且つや、その当時は務めて権力を太政官《だじょうかん》に集めしを以て、諸省にて各々独断専行して差し支えなき瑣細《ささい》の事件までも、大抵は一々これを提出して閣議を求むる風を成し、加うるに、これまで種々の混雑のため停滞せし事務の速やかに処理を要すべきものもまた少なからず。

故にこれが裁断処理の任に当るものの苦慮尽瘁《くりょじんすい》は一方《ひとかた》ならざりしなり。
流石《さすが》の西郷もこれには痛く驚けり。その郷藩に在りて藩政を処理し『藩政改革』を決行せしの易々たりしに比すれば、案外の困難紛雑にして、且つその一裁一断の影響は広く全国に及ぶを思量するに至り、ほとんど茫然《ぼうぜん》として当惑の境に沈めり。

〔人事に干渉する西郷〕

されぱとて西郷も遽《にわ》かにその素志を変ずべきにあらず。ことに政府の施設に対する不満不平の徒、もしくはその間に陰謀野心を逞《たくまし》うせんとする権謀術数の士は、ともに皆西郷に依り、西郷を擁して事を為さんとし、その中には、西郷が深く信用したる者も少なからざりければ、西郷はその身入閣することとなるや、「彼の器《うつわ》用ゆべし。この才愛すべし。彼はこの任に適せん。これは彼職を辱《はずか》しむるなからん。放ちてこれを野に遺《のこ》しての志を成さしめざるは、豈《あ》に遺憾千万の次第ならずや」とて種々の人を種々の官職に推薦せんとし、甚《はなは》だしきは、さほどまで重んぜられざる人をしきりに称揚して、一躍直ちに内閣に入らしめんとさえするに至れり。されば内閣にては肝腎の政治論は却《かえ》って第二議と為り、「吏員を更迭《こうてつ》すべし。新奇の人を用ゆべし」との議は、日々閣議の主要なるものと為れり。

思うに西郷が推薦する人物中には、もとよりその称揚に背かざるものもありしならん。然《しか》れども、概して言えば、その推薦に任せて任挙すべきまでの信用なきもの甚だ少なからざりし。ここを以て、余は直轄に係る大蔵省の下に任挙すべき切なる勧誘を受けしも、二三人士の外は断乎《だんこ》として拒絶したりき。

その中にても、何某(現に健在せるを以てその姓名は言わず)のごときは、西郷もよほど買い被《かぶ》りたると見え、「この人こそは実に明治年間に於ける第一流の人物にして、その才の優に、その智の富たる、今日とてもこれに比すべきものあるべからず。もし大政裁理の重任をこの人に委托することとならば、余等は喜んでその後に随《したご》うて趨走《すうそう》せん」とまで称揚し、これを大蔵省の栄職に任挙せんことを切望したり。この人に関しては独《ひと》り西郷が買い被りたるのみならず、木戸もまたこれを信用したる模様にて、西郷とともに速やかにこれを任挙すべきを慫慂《しょうよう》したり。然れども、余は謂《おも》えらく、世に豪雄と呼ばれ、俊傑《しゅんけつ》と称せらるる不世出《ふせいしゅつ》的の人物は、決して突如として起り、偶然にして生ずるものにあらず。必ずや限りもなく変転する世波《せいは》の渦瀾《からん》中に投じて、幾多の辛酸《しんさん》を嘗《な》め、幾多の経験を積みたるものなるべし。僅《わず》かに一介の士として、まだ世変に処する辛酸を嘗めたることなく、経験を積みたることなき何某が、西郷等の称揚せるごとき大才士、大人物たる能《あた》わざるを知れるを以て、ほとんど絶対的にその切望を拒絶し、その任挙に反対せしかば、流石《さすが》の西郷も痛く憤激して、「さりとは君(余を指す)も自ら才を恃《たの》んで他を凌《しの》ぐものなり」との怨言を吐き、その他の人々も「かくてはあまり狭量の沙汰《さた》ならずや」とて忠告するところありし。

怨言も忠告も余が自信するところを行うに於ては毫《ごう》も顧《かえり》みるところにあらざれども、さればとて、かくまでの切望と慫慂《しょうよう》とを全く拒絶するは、あまりに情なきことと思い、心ならずも余が何某に相当なるべしと信じたる地位を与えたり。然《しか》るに余が鑑識は過《あや》まらず、果して何某の真相は日を経、月を重ぬるに従って益々《ますます》暴露し、西郷、木戸が称揚したるがごとき人物にあらざるは勿論《もちろん》にて、余が相当なるべしと信じて与えたる地位すらも充分に保つ能《あた》わざるほどの小才なること愈々《いよいよ》分明と為れり。此《ここ》に至りては流石《さすが》に西郷は磊落《らいらく》なり。余を見て澹如《たんじょ》として謝して言えり。「偖《さて》も人は見かけに依らぬものなり。余は何某を以て実に当世第一流の大人物と為し、君を目してその才を恃《たの》みて他を凌ぐの狭量者と為せしに、図らざりき、余が鑑識全く相違するかくの如くならんとは。余は実に人を見るの明なきを慙《は》ず。幸いに深く咎《とが》むるなかれ」と。これは何某を任挙してより未だ六ヶ月を経ざる後の事なりき。

西郷の人を薦《すす》むる、大概かくのごとしといわば酷評なるやも知れざれど、彼はその当時政府に対する不満不平の徒に擁せられ、不満不平の徒は彼が入閣したるを機とし、頼りて以て在来の官吏を黜退《ちゅったい》し、己《おのれ》自らその位地に代らんとの慾望よりあるいは彼に阿諛《あゆ》し、あるいは彼に要請するところありしを以て、もとより在朝の人には識るとなく識らざるとなく皆嫌忌して、心窃《ひそ》かにその更迭黜退《こうてつちゅったい》を期したる西郷なれば、これを拒絶するに忍びざるはもとより言うまでもなく、却《かえっ》て如何《いか》にもしてその一味の人を任挙せんとの意念熾《さか》んなりしを以て、一味の人としいえば世にいわゆる『贔負目《ひいきめ》』とやらにて、器《うつわ》その器に非ず、人その人に非るものも、かの眼眸《がんぼう》には何となく豪雄と見え、俊傑《しゅんけつ》と写り、畢竟《ひっきょう》するところは彼をして自ら「人を識るの明なきを慙ず」と懺悔《ざんげ》するに至らしめしも、誠に是非《ぜひ》もなき事なり。

〔西郷への不満〕

さはいえど、余等は此に至りて頗《すこぶ》る西郷を疑えり。彼はよし維新の元勲として、威権《いけん》赫々《かっかく》と世人の瞻仰《せんぎょう》を受くるに至り、余等もまた尊敬しつつありといえども、その政治上の能力は果して充分なりや否やという点につきては頗《すこぶ》るこれを疑えり。不幸にもその疑念は一転して失望と為れり。失望は更に一転して苦心と変じたり。苦心とは他にあらず、「このままにて押し行かば、封建の制度を廃滅して維新の改革を大成せんこととても覚《おぼ》束《つか》なし。されば如何にしてこれを済《すく》うべき乎《か》」と云うことこれなり。この苦心は独《ひと》り余のみならず、後藤象二郎《ごとうしょうじろう》、井上馨《いのうえかおる》、江藤新平《えとうしんぺい》等もともに与《とも》にするところなるを以て、相ともに協議を凝《こ》らせしに、「今日に処するの策はまず政府の組織を一変し、無限なる内閣の権力を殺《そ》ぎてこれを諸省に分散し、而《しか》して国務の重要なるものはすべて諸省の地位顕要なる者の多数、即ち今日の謂《いわ》ゆる閣議の多数にて議定裁理することと為すにあり」との論は、何《いず》れも異議なきところなりき。

この時に当り、木戸孝允《きどたかよし》も政府の事情紛々《ふんぷん》として日に非なるを見て大に憂慮するところあり、以為《おもえ》らく、「この有様《ありさま》にては維新の改革を大成すべき廃藩置県はさて措《お》き、一般の政治すら適当に施行する能《あた》わざるべし」と。ままよ、万事を西郷に打ち任せてその心のままに国務を料理せしむることと為さんか、一身のためにいえば面倒もなく、心配もなく、都合よきの限りなれども、国家民人の上より見れば、頗《すこぶ》る危険の沙汰《さた》と云わざるべからず。さればとて、この際、断然西郷を退けて再びこれを野に放置し、その不満不平を懐くに任せば、更に一層の危険なしとせず。なんとなれば彼は朝に立ちても、野に処《お》りても、維新の元勲としてその威権赫々《いけんかっかく》たるのみならず、余多の外援、特に「ために死せんことを願う」軍人の瞻仰《せんぎょう》を有すればなり。吁《ああ》それ如何《いか》にせば可《か》ならん乎。

斯《かか》る場合に当りては老成者はとかく遠慮がちなり。因循姑息《いんじゅんこそく》と呼ばるるまでに遠慮がちなり。木戸、大久保等の老成なる、徒《いたず》らに前後を危憂してほとんど決するところなく、余等をしてその優游不断《ゆうゆうふだん》を憤慨するの情に耐えざらしむるほどなりき。

当時、余や少壮、客気《きゃっき》の蓊勃《おうぼつ》たるものありしを以て、空しく危憂に沈みて躊躇逡巡《ちゅうちょしゅんじゅん》するに忍びず、迫りて曰く、「この際のこと、只一刀両断にて了《おわ》すべきのみ。万事を挙げて西郷に委托する乎《か》、否《しか》らざれば断然西郷を退けて国務の裁理を余等同志の手に領すべきのみ。多少の危険を憂懼《ゆうく》して因循姑息ついに断ずる能わず、徒らに曠日弥久《こうじつびきゅう》するは、決してこの際に処するゆえんの途にあらず。且つそれ今日枢要の局に当るものは千古その比に稀《ま》れなる『維新改革』の大業を完成するの大任を負うものなるに、これしきの危険に憂懼して躊躇逡巡するほどにては、如何にしてこの大任を完うし得べき。その行末こそ思いやらるるなれ」と。然《しか》れども、木戸、大久保等はなお且つ容易に断ずること能わざりき。

この僅々《きんきん》たる時期（即ち明治四年〔一八七一〕の六月より七月に渉りたる一ヶ月ばかり）は、実に容易ならぬ禍機《かき》の伏するところにして、一歩を誤らば、轟然爆裂《ごうぜんばくれつ》し、銃丸飛び、剣戟閃《けんげきひらめ》き、肉躍り血舞うの惨状を呈するに至るやも測られざるの情勢なりし。

〔山県有朋・井上馨と西郷との対決〕

この時に当り、職を陸軍に奉ぜし山県有朋《やまがたありとも》は、やや余等とその志を同うし、この情勢を見て「事情已《すで》に此《ここ》に至る。この上は西郷が果して飽《あ》くまでも自儘気儘《じままきまま》の振舞を為す積《つも》りなるか、それともその意を枉《ま》げて自己を擁する不満不平の徒を排斥《はいせき》し、余等とともに諸般の改革を決行せんと欲するかを慥《たし》かめ、然る後何《いず》れとも処決するの外なからん。その意を枉げて余等とともにすと云わばそれまでのことなり。万一にも、厭《あ》くまで自儘気儘の振舞を為すつもりとあらば、已《や》むなく再び干戈《かんか》を執りて起ち、一撃の下に彼を微塵《みじん》と為すべきのみ。一時は硝煙弾雨《しょうえんだんう》天地を掩《おお》い、民人をして塗炭《とたん》の苦に陥らしむるごときことありとも、それは永遠の安康福利《あんこうふくり》を保つために是非《ぜひ》もなき次第なり。何《いず》れにしてもまず直ちに西郷に迫りてその意の存するところを質《ただ》さん」との議を発し、井上馨もまたこれを賛し、「とやかくと危憂して種々の議論に日を曠《むなし》うせんより、むしろ直ちに進んで西郷と相衝突し、以て決するところあるべきのみ。西郷とても、もと国家民人を憂うるの志篤《あつ》きものなれば、是も非もなく余等の議論を排斥してその意見を通さんとするが如きことはなかるべし。不幸にしてかくのごとくなりとせば、断々乎《だんだんこ》として実力を用いて彼を屈服せしめんのみ。またなんぞ必ずしも危憂を要せん」と揚言せり。然れども西郷が招きに応じて、上京せし意気込と当時の形勢とに徴すれば、直ちに西郷に迫りてその意の存するところを質《ただ》し、且つ進んでその意を枉げしめ、ともに与《とも》に諸般の改革を決行するに至らしめんこと、実に至艱至難《しかんしなん》の業なり。さればとて、そのままに打捨て置くも結局は硝煙弾雨の活劇を演ずるに至らずんば已《や》まざるべき危険の情勢にして、云わば進むも退くも、一度は危険を冒し、惨境に陥らざるを得ざるの事態なりしを以て、かかればむしろ「当って砕ける」手段を執り、進んで西郷と衝突するこそ却《かえっ》て捷径《しょうけい》ならんとのことに決し、この旨を木戸、大久保の先輩耆老《せんぱいきろう》にも図りしに、これらの人々も「もはや他に詮術もなければその途に出ずるの外なし」とて、同意を表せしを以て、山県、井上の両人は直ちに西郷を訪《おとな》い、その訪意を告げて最後の決答を聞かんことを迫れり。流石《さすが》に彼は忠実の人なり。「自己の意見を貫徹せんとするの故を以て、誤りて国務を沮害《そがい》し、世情を擾乱《じょうらん》せしむるが如き不幸ありもせば、それは余が本意にあらず。蓋《けだ》し余が政府に対して不満不平の念を懐くに至りしも、その一主因は政府の腰が弱過ぎると云うにあれば、苟《いやしく》もその政府にして充分に決意するところあり、真に廃藩置県の大事を断行し、諸般の事物に対する改革々新を実施するの意あらば、余はただに異議を唱えざるのみならず、万一にも異議を唱うる藩々ありもせば、却って衆に率先し、干戈を動かしてもこれを鎮圧することを努めんのみ」と、いとも洒落《しゃらく》にその心事を吐露《とろ》せしより、今は山県、井上の両人もあまりの案外に暫《しば》し茫然《ぼうぜん》たる許《ばか》りなりしとぞ。

〔西郷の同意を得て実現した廃藩置県〕

西郷がかかる案外の決答を為したるため、これまで数ヶ月間、結んで解けざりし紛議と、恟々《きょうきょう》として定まらざりし人心とは、俄然《がぜん》として氷釈し、吾《われ》も人も危険の思いを為せし形勢も、忽如《こつじょ》の間に一変して平穏静謐《へいおんせいひつ》また深く顧慮するを要せざるに至れり。この事に関しては木戸、大久保の先輩耆老《せんぱいきろう》も与《あずか》りて力なきにあらずといえども、その西郷をして「封建制度を廃滅せず」との素志を一変して廃藩置県の挙に同意するに至らしめしは、ひとえに山県、井上両人の功労によると謂《い》わざるべからず。

何《いず》れにしても、事已《すで》に此《ここ》に至りたる以上は速断果決し、あたかも迅雷《じんらい》耳を掩《おお》うに暇《いとま》なきがごとくならざるべからず。然《しか》らざれば、西郷に依り西郷を擁しつつある不満不平の徒、もしくは貔貅《ひきゅう》の士、その間に投じて縦論横議、西郷をして更にその意を一転せしめ、且つ何時《いつ》に如何《いか》なる変乱を起すやも知るべからざるものありしを以て、余等同志は僅々《きんきん》三四名（普《あまね》く吏員に知らしむれば、権に阿《おもね》り勢いに趨《はし》るもの、これを西郷に阿附《あふ》する不満不平の徒に漏らすの恐れあり）にて僅々両三日中にこれを決行せんことを期し、藩々に下すべき種々の命令の如きも、尋常一般の手続に依らず、ほとんど数夜を徹してこれを制定し、ここに明治四年（一八七一）七月十四日（十四日は休暇なりしにも拘《かか》わらず）を以て廃藩置県の大号令を布告し、知藩事に対しては同日を以て「免其職《そのしょくをめんず》」との辞令を与え、三百年間因襲し来りし封建の制度も全く廃滅を告ぐるに至れり。この大号令の出ずるや、余等三四名を除くの外は官民何《いず》れも非常に驚愕し、その驚愕のため反抗の勇気も没却せられたるほどなりしと云う。

〔「廃藩置県後の改革」前半略〕

〔編者注〕

廃藩置県後、大臣・納言・参議など十名を数えた太政官正院構成員は、その権限の強化をめざして、五名に整理され、大隈は参議に再任してその一人となり、政府の施策全般にかかわっていく。当時、内政上の課題は、兵制統一、藩制から府県制への転換にかかわる布政使設置などであった。

他方、外交上の最大課題は条約改正であった。次章において、大隈は条約改正を目的として欧米諸国に遣外使節を送ることを提案したと回想している。

十二　遣外使節と留守政府

1　欧米使節派遣と留守政府との約定

〔余による欧米使節派遣の提案〕

翻《ひるがえ》って外政を見るに、前にも述べたる如く条約改正の期は近く明年に迫り、一たびこの機を失すれば、永く我が国権と国利との屈辱を雪《そそ》ぐ能《あた》わざらんとするの場合に際会せり。条約改正の事業は当時に於て最困最難なる大問題なりしが如く、この時に於ても最困最難なる大問題にして、これを完成するには敏腕豪胆なる大政治家を待たざるべからず。否《いな》、その当時に於て敏腕豪胆なる大政治家の為すべき大事業は、条約改正を舎《お》きて他にこれあらざりし。かかる大事業を完成するに当り、まず起りし問題はその改正の談判は、我が東京に於て為すべき乎《か》、はた遠き外国に於て為すべき乎とのことにして、当局者もこれには頗《すこぶ》る迷いたり。蓋《けだ》し欧米の諸外国人は、我が日本を以て半開《はんかい》の国と為してこれを軽侮し、特に幕府の末葉や維新の当初の如きは、我が国が牆内《しょうない》の闘争紛乱《げきそうふんらん》のため、深く他を顧慮するの暇《いとま》なきに乗じて自から利するところあらんとし、頗る暴慢無礼《ぼうまんぶれい》の言動を為せしのみならず、往々にして条約外の挙措《きょそ》すら為せしほどなるを以て、今ここにその公使等を捉《とら》え、我が東京に於て改正の談判を試みるも、その成効甚《はなは》だ覚束《おぼつか》なきことはもとより言うまでもなきところ、さればとて使節を外国に派してその談判を為さしめんも、また決して容易のことにあらず。且つ必ずしも成効の望みあるにあらず。時の当局者がその為すところに迷いて苦慮するところありしは、決して偶然にあらざるなり。

この時に当り余は以為《おもえ》らく、「我が東京に於て改正の談判を為すは、もとより効なかるべし。使節を諸外国に派し、かの地に於て談判を試みんには如《し》かず。されど、これもとより完全の成効を期すべからず。なんとなればかの欧米諸国は、未だ我が日本あるを知らざるほどなればなり。たまたまこれを知るものあるも、僅《わず》かに半開の国としてこれを知り、未だ国情民俗を審《つまび》らかにせざるほどなればなり。故に今日の急務はまず使節をかの地に派遣し、かの地の人をして我が日本を知らしめ、我が日本の国情民俗を審らかにせしむるを努むるに在り。これ実に条約改正の大事業を完成する方途なり。否《いな》、捷径《しょうけい》なり」と。

余はこの議を主張し、幸いにして容《い》れられなば自ら進んで使節の任に当らんことを請いしに、閣僚とてもさしたる異存なく、一応は余が発議に決せり。

〔遣外使節団の規模拡大〕

然るに余の発議は、その後頓《とん》で内閣の一大問題と為り、始めは単に二三の人士を余に従えて派遣せんとの議に過ぎざりしもの、今は一転して一百に近き多数の人員を外国視察隊として派遣することと為れり。蓋《けだ》し内政の事は軍事にせよ、財政にせよ、はた地方制度にせよ、苟《いやしく》も至高至尊の君主権を以てこれに臨めば、その処理裁断甚だ難《かた》からず。特に時運の変遷ほとんど千載《せんざい》の一時とも云うべき時に当り、上に聖明の君主を戴きて国務経綸《けいりん》の責に任ずるもの、苟《いやしく》も多少手腕の敏なると、胆力の豪なるとあらば、何を為しても成らざることとあらん。惟《ただ》外交条約に至りては、かつて一たび我が膝を屈したるもの、改正するには自他の合意を得ざるべからざることと為りおるを以て、如何《いか》に敏腕豪胆なる政治家も心のままにこれを処断する訳には行かず、空しく脾肉《ひにく》を撫《ぶ》して憤慨するの外はなし。さればなるべく速やかに使節を派遣して諸外国に説て、条約改正に合意せしむるは当時の急務なるのみならず、何を為しても成らざるなき内政すら、薩長の軋轢《あつれき》、官吏の衝突のため、その処理裁断の困難を極めて諸般の改革、改新の阻格《そかく》せらるる弊患を刈除《がいじょ》するは、出来るだけその人々を外国に派遣し、謂《いわ》ゆる「鬼の留守に洗濯」と云う調子にて、その間に充分なる改革、整理を断行するにありしを以て、ともかくもなるべく速やかに、且つ出来るだけ多数の人を派遣すべしとて、さては一百に近き多人数を派遣するに至りしなり。
薩長軋轢《さっちょうあつれき》の事情は今ここに繰返すまでもなし。個々の官吏につきてこれを見れば、その久しく因襲し来りし封建的性習を帯ぶる者と、当時新たに輸入せられし学術に依りて養成せられたる進歩的思想を有する者との間に、容易ならざる衝突を惹起《ひきおこ》し、その衝突は延《ひ》きて政務処断の上に影響を及ぼし、混雑紛擾の窮まりなきより、「かくてはとても詮方なければ、出来るだけ多くこれを外国に派遣することと為すべし。これ一方には諸外国をして我が日本あるを知らしむると同時に、他方には性習思想の衝突を拒《ふせ》ぎ、且つ和《やわ》らぐゆえんの途なり」とのことより、始は単に条約改正のことのみを以て惟一《ゆいいつ》の目的と為せし使節派遣も、今は内政と外交とに関する幾多《いくた》の目的を以て決行せらるることと為りたり。

〔編者注〕
原本は、本箇所まで「廃藩置県後の改革」、以下、ここから「使節派遣中の政事」となる。

〔遣外使節の出発〕

我が政府が欧米諸国に向って使節を派遣するの議を決せしは、明治四年〔一八七一〕十月の事なり。その使節は翌十一月十日を以て東京を発し、巡遊の途に上りぬ。

時の外務卿たりし岩倉具視《いわくらともみ》その大使たり。参議木戸孝允《きどたかよし》、大蔵卿大久保利通《おおくぼとしみち》、工部大輔伊藤博文《いとうひろぶみ》、外務少輔山口尚芳《やまぐちますか》の四氏これが副と為り、これに従属する理事官あり、書記官あり。何《いず》れも皆各省より撰抜《せんばつ》したるものにして、その一行の数、実に半百を越えたり。それ一国の政府と云えば、もとより堂々たるものにして幾多の俊才を網羅すといえども、その内閣及び諸省の要路に立ち、重局に当るものは甚《はなは》だ多からず。然《しか》るにその中より半百に越ゆるの多数を抜きてこれを外に派す。時の政府に取りてはむしろ一驚慌《きょうこう》を与うるものと謂《い》わざるべからず。ことに当時三条実美《さんじょうさねとみ》と相並んで幼沖《ようちゅう》の天子を擁護し、往時の謂《いわ》ゆる摂政の地位に在るともいうべき岩倉は大使となり、またその当時に於て実に内閣の大立物、政治の原動者として、一般より重望を嘱《しょく》せられたる木戸、大久保の両人は、副使となりて一朝忽然《こつぜん》国を出で、外に使するに至りては、その後を承けて政務処断の責を負うもの、安《いず》くんぞ多少懐に顧慮するところなきを得んや。況《いわ》んやその当時大改革、大変動の後を承け、人心未だ全く定まるに至らずして世情なお紛々《ふんぷん》たる際なるに於てをや。

〔留守政府の一員となる〕

翻《ひるがえっ》て内を顧みるに、留りて内閣を組織せしものは、三条、西郷《さいごう》〔隆盛《たかもり》〕、板垣《いたがき》〔退助《たいすけ》〕及び余の四人なりき。その中にも三条は、従来の地位と声望とに因りて内閣の首班たるものにして、その実際は徒《た》だ員にその列に加われるもののみ。西郷、板垣は維新の前後よりしてその名声頗《すこぶ》る赫々《かっかく》たりといえども、これまで多くはその藩に蟄伏《ちっぷく》して毫《ごう》も中央の政治に預らず、そのこれに預かりたるは廃藩置県の後にして、しかもなお僅々《きんきん》三四ヶ月間に過ぎざるを以て、内閣及び各省間の事情は言うまでもなく、一般中央の政治を執行するに於ても、未だ能《よ》く通暁するに迨《およ》ばざりし。これ不敏《ふびん》を以て辞せず、予の内閣員として内外の衝に当り、その実権を握り、実務を執《と》るの已《や》むを得ざりしゆえんなり。

蓋《けだ》し使節派遣の事は、もと余の発議にかかり、余は自ら進んで使節の任に当らんことを望み、且つ時の内閣の大立物、政治の原動者として重望を嘱せらるる木戸、大久保の如きは、留りて内政の整理に尽瘁《じんすい》することそ宜《よろ》しからんと思いしに、世は意外の点に結果を見るものにて、留まるべしと思いし木戸、大久保は留らずして外に出で、往かんと思いし余は往く能《あた》わずして内に留り、内外の衝《しょう》に当りてその実権実務を掌握するの大任を負わざるべからざるに至りしこそ是非《ぜひ》なけれ。かくて使節は出発することとなり、内には徒《た》だ員に加われる三条と、まだ中央政府の事情に通暁《つうぎょう》せざる西郷、板垣とを首班とし、閣僚として国務を処理することと為りたるにつきては、その間に何時如何《いついか》なる紛議を生じ、葛藤《かっとう》を惹起《ひきおこ》すやも測るべからず。その場合に於て、謂《いわ》ゆる当時の元勲耆老《げんくんきろう》の多くは、幾万千里の海山相隔つるを以て、ともに計議してこれを処理するに由なく、その畢竟《ひっきょう》するところは、国家民人の禍福栄辱に容易ならざる関係を及ぼす弊患を現出するやも知るべからず。

〔明治政府に対する不満と政府内部での西郷に対する警戒〕

見よ、廃藩置県は已《すで》に断行せられて王政維新の実はやや挙りしといえども、中央政府に対する不満不平の徒は、なお各地に充満して間がな隙《すき》がな喰ってかからんとし、加うるに廃藩置県の一挙のため、その官職を失い、生計の途を奪われしものは、その失望と憤怨の余、争うて不満不平の徒に投じ、如何にもして中央政府を打破し、以てその情念を慰めんとせり。蓋《けだ》し廃藩置県のためその官職を失いしものは、なるべくこれを府県の官吏に登庸し、以て生計の途を与えんことを努めざるにあらずといえども、府県の職司はもと定限あり、従って廃藩置県前の官吏（官吏と云わんよりむしろ徒食《としょく》の徒と云わんか）を捉《とら》え来りて、尽《ことごと》くこれを配充するに足らざりしなり。

而《しか》してこれらの不満不平の徒は、何《いず》れに向って附集するやと云うに、これまで西郷がその藩に負嵎《ふぐう》して自らその徒の首領たるごとき姿ありしため、内閣に入りても決してその相背かざると思い、且つこれに依りてその野心慾望を逞《たくまし》うせんと欲し、争うてその下に阿附趨走《あふすうそう》したりき。西郷も已に一たび内閣に入り、中央の政務を処理すべき大任に当りたるからは、もとより誠心実意その職のために尽瘁《じんすい》し、毫《ごう》も偏私《へんし》を容《い》るるの意はなかるべきも、結びし悪因縁は容易に断つに由なく、特に彼の稟性《ひんせい》正直なるを以て不満不平の徒の便巧《べんこう》なる言動には欺《あざむ》かれ易く、搗《か》てて加えて政治上の経験に乏しく、錯綜《さくそう》せる政務を裁理する能力は有りや無しや疑わしきほどの限りなりしを以て、その一旦かの徒に擁せらるるや、如何なる無分別の変動を惹起して上下を紛擾せしむるやも測られざりき。余の微力なる、這般《しゃはん》の事情を思うて頗《すこぶ》るその進退に惑えり。

〔遣外使節と留守政府との約束〕

されどもまた思えり。ともかくも余は留守の大任に当らざるべからずとせば、かかる不測の変を未然に拒《ふせ》ぐの策を講じ置かざるべからずと。ここにおいて余は外に使する岩倉以下の使節と、内に留まる三条以下の閣員とに対し、一の約束を為し置かんことを申出でたり。これを反言すれば、余は留まりて内外の衝《しょう》に当り、その実権実務を掌握する一旦不幸にして不測の紛擾変動《ふんじょうへんどう》に処する上につきて、一の条件をあらかじめ定め置かんことを要求せり。その条件とは他なし。一旦不幸にして不測の紛擾変動を惹起《ひきおこ》し、その処理裁断、余等の手に余るがごときことありもせば、たとえ多少の時日を荏苒《じんぜん》するの憂あるも、必ず派遣中なる使節と往復討議の上にてこれを裁断すべく、一時の感情事変に制せられ、内に留る三四人の間にて急忽《きゅうこつ》にこれを処決し去るが如きことなからんとの一事これなり。この一事はかの征韓論沸騰の際に於て、適切に最もその効力を顕したり。されど斯《かか》る条件を定め置くということは如何《いか》に見てもあまり面白きことにあらず。特に内閣の体面上より言えば、頗《すこぶ》る不都合の沙汰《さた》なりしに相違なし。ここを以てかの板垣の如きは、「さすれば使節の派遣は、余等内閣員の施設を制縛し、派遣せられたる使節は、言わず語らずの間に、余等内閣員の言動を監督することと為るべし。さりとは奇怪至極《きかいしごく》のことならずや」とて、大に反対を試むるところありし。しかし当時の事情と余の境遇とは、余儀なくも、斯《かか》る約束を為し、条件を定め置かざれば、孤拳独力能《よ》く不測の紛擾を制するに足らずして、ついに大変大患を醸《かも》すに至るやも測られざりしなり。且つ使節と云うも、もと我が重臣のみ。我が内政外交の利便を計らんがために派遣せられたるもののみ。一朝不測の変起りたるに際し、これと往復討議し、内外相応じてその処断を為すと云うにつきては、誰とてさしたる異論を唱え得べき訳もなく、余の要求は使節と閣員の容《い》るるところと為りたり。

〔「使節派遣中の政事」一部略〕

〔編者注〕

遣外使節派遣後の留守政府は、財政の統一・緊縮、司法権の確立、徴兵制の実施、学制実施、人身売買禁止、僧侶の肉食妻帯解禁、太陽暦の採用などの文明開化政策を推進した。他方、神道国教化政策の一環として、伊勢神宮を宮中に移すという遷座論が主張されたが、大隈は強硬に反対したと述べている。このように文明開化政策を推進した留守政府であったが、その内部は一枚岩ではなく、さまざまな軋轢を抱えていた。大隈は、留守政府内部の軋轢を解消するために努力した状況をここで回想している。

2　島津久光の説得

〔遣外使節大久保利通・伊藤博文の一時帰国〕

これより先、岩倉大使の一行は、まず米国に赴き、華盛頓《ワシントン》の米国政府を訪《おとな》い、その来意を告げしに、時の大統領グラントは、大使の一行は条約締結の全権を委任せられ来りしや否《いな》やを問い、その全権委任の状を有せざるを聞き、親切にもその予議に止まらんよりは、むしろ直に改正を決了するに若《し》かざる旨を忠告せしかば、単に条約改正に対する我が意思を告げ、且つ傍《かたわら》にその地の文物典章《ぶんぶつてんしょう》を視察し、以て条約改正の地歩を成さんとの目的を懐きて渡航せし大使の一行も、痛く感動するところありしと見え、直に条約改正に対する全権の委任を請求することに決し、大久保、伊藤の両副使は、遽《にわ》かに華盛頓《ワシントン》より帰朝したり。ここにおいて廟堂愕然《びょうどうがくぜん》として議論頗《すこぶ》る紛々《ふんぷん》たりしも、要するに内閣は前議を執《と》りて動くところなく、且つ「使節派遣の目的は、簡単に言えば礼聘諮諏《れいへいしじゅん》と、かの土の風物視察に止《とど》まるにあらずや。この目的を以て派遣せられたる使節なれば、宜《よろ》しくその目的に向って行動すべし。またなんぞ他の指示に因りて遅疑《ちぎ》することを要せん。よし米国の指示に従い、米国との条約改正を完成するを得るも、欧洲諸国との条約改正は如何《いかん》。とてもこれを決行する能《あた》わざるは言うまでもなきことならずや。さればこそまず礼聘諮諏の傍に文物典章《ぶんぶつてんしょう》を視察し、以て条約改正の地歩を成さんとて、少なからざる国帑《こくど》を抛《なげう》ち、一百に近き多数の使臣を派遣したるにあらずや」とて、その帰朝を非難したり。

蓋《けだ》し大久保と云い、伊藤と云えば、当時身に強大なる熱望を有せしのみならず、大使たる岩倉を始めとし、木戸その他の俊豪と協議の上帰り来りて要求せしことなれば、その所論の勢力は転《うた》た強大を加えしといえども、留守中なる我が政府にては、外交の当局者たる副島《そえじま》〔種臣《たねおみ》〕、寺島《てらしま》〔宗則《むねのり》〕を始め、内閣員ほとんど挙《こぞ》ってこれに反対せしより、流石《さすが》の両人もその意を達するに由なく、心ならずも再び米国に渡航するの已《や》むを得ざるに至れり。その間およそ五六ヶ月、岩倉、木戸等は空しく華盛頓府にその月日を送り、大久保、伊藤の両人は帰朝の要領を得ずしてまた空しく米府に還りしこと、米政府に対しても、欧洲諸国に対しても、誠に不面目の事にして、且つ使節の第一着の失敗なりとす。

〔島津久光の不満に対する大久保の懸念〕

翻《ひるがえ》って我が内地の事情を察するに、かの薩藩の島津《しまづ》久光《ひさみつ》はもとより廃藩置県の大改革に反対を表せしほどなるを以て、その事に連係し、もしくはその結果に因て決行せらるる改革、破壊に対しては、大小の区別なく挙《あ》げて反対したりき。いとどさえこれらの改革破壊は、種々の事情のために、その決行に困難を感ずること多かりしに、況《ま》して天下一般の人士より重望を嘱《しょく》せらるる島津久光が、その因由《いんゆ》は如何《いか》なるにせよ、断えず慊焉《けんえん》の情を懐きてこれに反対するに至りては、その決行上更に困難を加えたりし。条約改正に対する全権委任要求のため帰り来りし大久保は、この事を聞きて大に憂慮し、以為《おもえ》らく、「使節の任を帯びて欧米諸国を巡遊するも、その大目的は速やかに内治外交を整理して、国家民人の安寧《あんねい》を保全し、幸福を増進せんとするにあるのみ。然るに内国に鬩争《げきそう》あることかくのごとくなれば、如何《いか》んぞそれ安心して外に使し、以てその使命を全《まっと》うするを得ん。ことに我が郷藩の旧主にして、中央政府の施設に対し慊焉《けんえん》の情を懐き、反対を表するかくの如しと聞きては、猶更《なおさら》心もとなき次第なり。如何にもしてこれを和《やわ》らげ、また内顧を要せざることと為さざる以上は、再び出でて大使の一行に加わるるに忍びず」といえり。恐れ多くも陛下は幼冲《ようちゅう》ながら、この事を聞こし召して深く聖慮を労し給い、この年（明治五年〔一八七二〕）の夏、西国御巡幸あらせられしを幸いに、竜駕《りょうが》を薩の地に枉《ま》げ、親しく久光を諭《さと》さんとの御意《ぎょい》を決し給えり。蓋《けだ》し久光の不満不平はもとより事物そのものに対するといえども、言換れば改革破壊に対して慊焉たらざるより発するものなりといえども、またその一主因と見るべきは、西郷隆盛に対して慊焉たらざるところありしことこれなり。西郷はかつて岩倉、木戸、大久保等の招致に応じて上京するに当り、久光が念を押しての問に対し、決して廃藩の意なきを答え、且つ東上の上は要路に立ち重局に当るものを黜《しりぞ》け、大に中央政府を改革せんことを期したるに、一旦東上して時の内閣に列し、内外の政務を整理する重責を負うに及んで、情勢に制せられて先の誓言と予期とは全く雲散霧消《うんさんむしょう》せしのみか、時の閣僚とともに進んで廃藩を断行し、且つこれに伴える大小幾多《いくた》の改革を断行して顧慮するところなかりしにより、久光は大に憤激《ふんげき》し、「西郷こそ前言を食《は》みて吾《われ》を売りたるものなれ」とて深くこれを銜《ふく》み、延《ひ》きて諸般の改革破壊に反対を為すこと多かりしなり。

久光が人に対する不満不平と云えば、独《ひと》り西郷に止《とど》まらず、大久保もまたその「お気に入らざる」中の一人なれども、その程度より云えば、西郷に対する不満不平は、大久保に対する不満不平に比すれば更にその甚《はなは》だしかりしなり。かかる事情なるを以て、大久保はその間に立ちて大に周旋するところあり、「久光がこれまで不満不平の念を懐きて中央政府の施設に反対するも、畢竟《ひっきょう》は中央の事情に通ぜざるの致すところなれば、西国御巡幸の折、駕《が》を薩の地に抂げさせ給うを幸い、拉《らっ》して東上すべし」とのことに決し、且つ西郷を以て御巡幸の供奉員《ぐぶいん》と為し、かの地に到りて久光に見《まみ》え、互いにその胸臆《きょうおく》を吐露《とろ》して年来両人の間、及び中央政府と久光との間に横《よこた》われる雲霧《うんむ》を排除せんことを努むることと為りたり。此《ここ》に於て大久保も初めて安堵の思いを為し、漸《ようや》く再び欧米巡遊の途に上りぬ。

〔島津久光と西郷隆盛〕

まもなく陛下は西国に御巡幸あらせられ、その御召艦《おめしかん》は薩の前海に着し、鹿児島分営に入御《にゅうぎょ》し給えば、久光は恭《うやうや》しく奉迎して分営に伺候《しこう》し、当時の事務、要路の人物、及び政府の失政に関してその意見を言上するところあり。且つ徳大寺《とくだいじ》宮内卿を経由して時務に関する建言書を捧呈せり。かくて陛下は御還幸《ごかんこう》あらせられしも、久光は当時少恙《しょうよう》ありしを以て暫《しばら》く出京御猶予を乞《こ》い、越えて翌年(明治六年〔一八七三〕)四月に至り、勝《かつ》〔海《かい》舟《しゅう》〕、西四辻《にしよつつじ》〔公業《きんなり》〕(79)の両勅使《ちょくし》に誘われ京に出でたり。此《ここ》に憫《あわ》れむべきは西郷の境遇なりけり。彼はもと忠誠の士にしてその資性また磊落《らいらく》にして人に接するに毫《ごう》も胸壁を設けず、且つ皇室に対して忠実を致すと同時に、その旧藩主の島津家に対して報効を計るの念を忘れず、従って久光の問に答えて廃藩の意なきを告げ、且つ要路に立ち重局に当るものを退けて大に中央政府を改革せんと期せしこと、今は尽《ことごと》くその前言予期に反したるは全く当時の情勢已《や》むを得ざるに出でたるところにして、決して久光の想像したるごとくに、久光を売り、もしくは島津家に背《そむ》かんとの意に出でたるものにあらざるなり。故に西郷もかかる言動のために久光の激怒を招きおるべしと思惟《しい》せざりしのみならず、たといその怒を招き居るとも、親しく往きてこれに見えて互いにその胸臆《きょうおく》を吐露《とろ》せば、必ず釈然として解くるに至るべしと思惟し、ほとんど心に介するところなかりき。然《しか》るに久光の憤怒は決してかく軽軟なるものにあらず。種々の讒誣《ざんぶ》も先深くその心肝《しんかん》に銘《めい》ぜられ、容易にこれを慰解《いかい》すべくもあらず、西郷も一旦陛下に供奉《ぐぶ》して鹿児島に到り、久光と相見るに及びて、初めて事の此に至れるを知り、且つ久光が「西郷こそ前言を食《は》みて我を売りたるものなれ。忠と云い、考と云うは、その処《お》るところの遠邇《えんじ》に依りて異なるなく、事《つか》うるところの大小に依りて差あるなし。故に古哲《こてつ》は言えり、忠臣は孝子の門に出ずと。西郷已《すで》にその主家に対して不忠を為すに忍ぶ。なんぞ皇室に対して忠誠を効《いた》すのことあらんや」と極言し、自己を非難すると聞て痛く失望落胆し、その極は処世の難《かた》きを厭《いと》うて、人事を抛《なげう》ちて深く隠遁《いんとん》し、閑游《かんゆう》自ら慰め、また世と相接せざらんとの意を決するに至り、余等に向ってもその悲しむべき意衷を漏らし、悄然として歎声を放ちしことは、ただに一再《いっさい》に止《とど》まらざりし。

蓋《けだ》し彼はもと行政施治の才に富みたるものにあらず。切にこれを言えば、政治は彼の長所にあらず。只時の情勢に逼《せま》られ、僚友先輩の勧誘に会い、已《や》むを得ずして時の内閣に投じ、難局に当りて政務を処理することと為りしものなれば、只さえやや冷淡たるの情なきにあらざりしに、一朝図らずも旧主の激怒に触れ、その慰解《いかい》すべからざるを知りて痛く失望落胆するに及び、冠を掛け世を捨つるの念を起すに至り、余等切にこれを慰《い》諭《ゆ》するも、彼は容易にその苦悩を癒却《ゆきゃく》する能《あた》わざりし。これ実に西郷が忠誠の念に富めるの致すところにして、西郷の西郷たるゆえんなり。世人の多くは西郷を目して英傑と称し、豪雄と称すれど、余は不幸にして未だその英傑と称し豪雄と称するゆえんを知るに及ばず。然《しか》れども只彼がその主家に対し、皇室に対し、忠誠を尽すの念に富めるの一事、否《いな》、一旦誤りて旧主の激怒に触れ、その慰解《いかい》すべからざるを知りて、ついに人事を抛《なげう》ち、世を遁《のが》れんとの意を決するまでの失望落胆を為すに至りしは、全く忠誠の念に富めるの致すところなりしは、これ謂《いわ》ゆる西郷の西郷たるゆえんとして称揚し、且つこれを憫《あわ》れまずんばあらず。只それ彼をしてかく失望落胆に陥らしめたる一事、乃《すなわ》ち久光の激怒に触れたる一事は、彼が将来に於ける運命の上に容易ならざる関係を及ぼせしものなりと想うなり。

〔島津久光の説得にあたることになった余〕

さて久光は已《すで》に上京せしを以て、三条首相を始め中央政府の枢機を握れる人々は、親しく内外の事情を久光に説き、以てその誤信迷想を啓《ひら》き、従ってその不満不平の念を散ぜしめんと欲せしも、これを説かしむるには何人を以てすべきや至りて頗《すこぶ》る迷惑したり。(80)蓋《けだ》し薩藩出身の人も多く、長藩出身の人もまた少なからざれども、これらの人々は同藩の関係、藩と藩の関係、もしくはその他の事情に制せられてこれを説くの人たるに適せず。もし強いてかかる関係もなく、事情もなきものを求めば、余を措《お》きて他にこれなかりしを以て、三条、勝等の諸氏は余をして久光を説かしめんとし、西郷も深くこれに同意してともに余に勧誘するところありし。余は西郷その他の人々に比すれば、久光との関係甚だ疎遠なりしはもとより言を待たざれども、その久光に嫌厭《けんえん》せらるる上より云えば、西郷に比してむしろ優るあるも劣るところほどなりし。蓋し余は急激なる改革党の一人、否《いな》、むしろ過激なる破壊党の一人として、ありとあらゆる旧物を破壊し、百事の改革を企てしより、封建の余習未だ脱せずして毎事に保守を尚《とうと》ぶ久光の如きは、痛くこれを喜ばざりしのみならず、延《ひ》きて余を内閣より退くべしとの意見すら有せしと聞けり。

されば久光に説きてその誤信迷想を氷釈せしめんこと、余に取りても頗る困難なることとなりしといえども、勝(勝は久光に重ぜられたりき)の如きは余を久光に会晤《かいご》せしむることにつきて大に周旋するところあり。その周旋の結果として久光も余と会見して互いに胸臆《きょうおく》を吐露《とろ》せんとのことを諾したりと聞しにより、余もまた意を決して久光を説くことと為れり。

既に久光を説くに意を決したけれども、自ら久光の邸につきて説くべしとのことなりしを以て、余は怫然《ふつぜん》としてこれを謝絶し、「久光、強藩の君主たりし人にして、且つ当時の英俊にてもあるべし。然れども余は陛下の親任を辱《かたじけの》うして乏を国務大臣に受く。

自ら士に下るは必ずしも厭《いと》うところに非ざれども、妄《みだり》に膝を屈して旧藩主を迎うるが如きことは陛下の親任の栄職を辱《はずか》しむるのみならず、必ず他の軽侮を招くに至らん。重信不敏《ふびん》なりといえども、如何《いか》んぞ能《よ》くこれを為すに忍びん。且つそれ、久光真に愛君憂民の念あり、果して中央政府の施為に危虞《きぐ》の念を懐くならば、自ら進んで当路《とうろ》の宰臣《さいしん》を訪い、その事情を聞糺《ききただ》して忠告すべきは忠告し、矯正すべきは矯正するこそ貴臣たるものの本分にして、且つ宰臣に対する礼にあらずや。勝君已《すで》に久光を説きて余との会晤《かいご》を諾《だく》せしむ。盍《なん》すれぞ更に一歩を進めて久光に説くに自ら余を訪《おとな》うのことを以てせざる」といいければ、勝等は余がこの抗言を聞き、「君の言うところ、もとより理なりといえども、痛く君を嫌厭《けんえん》する久光を説て漸《ようや》く会晤するを諾せしめしも已《すで》に容易の事にあらず。然《しか》るに君にして斯《かか》ることを主張して枉《ま》ぐるところなくんば、余等がせっかくの周旋も全く徒爾《とじ》に帰するに至らん。願くは一歩を枉げて久光をその邸に訪い、以て徐《おもむ》ろに説くところあれ」とて、且つ慰め、且つ勧むるところありしも、余は固く前言を執《と》りて動かざりしにより、ついに勝等も強ゆる能《あた》わず「然らば三条公の邸に於て、公と君と久光の三人相会し、卓をともにして協談するこそ可ならん」との折衷説《せっちゅうせつ》を出せしにより、余も漸くこれを頷《がん》し、日を刻して会見することと為れり。

〔島津久光との対面〕

余の久光に於ける、互いにその姓名を相聞《きこゆ》といえども、その時に至るまで未だ一回だも会晤したることあらず。従って今回の会晤を以て初対面と為すのみならず、その久光より痛く嫌厭せられしを以て、これを説きてその誤信迷想を啓《ひら》き、以てその不満不平の念を散ぜしむるを得るや否《いな》やは当事者たる余の自らも頗《すこぶ》る覚束《おぼつか》なき思いを為したりし。然るに一旦三条邸に会合して互いにその胸臆《きょうおく》を吐露《とろ》するに及び、余が予想の全くその実際に反するを見たりき。

流石《さすが》に彼(久光)は大藩の君主なり、英俊の聞え高かりしだけに、風采言動も尋常の君主と同視すべからざるものあり。彼は頑旧移すべからざるの人にもあらざれば、また剛愎屈すべからざるの人にもあらず。善《よ》く辞令に嫻《なら》い、兼ねて学問に富み、胸度の快闊《かいかつ》、心術の洒落、他の碌庸《ろくよう》の徒と甚《はなは》だしくその撰を異にし、天晴《あっぱれ》当時の名君、一世の英俊として毫《ごう》も恥ずるところなきが如くなりし。余は相見てまず寒暖を叙し、初対面の辞を述べ、それより徐ろに中央政府の事情を語り、内外の形勢を説き、且つ曰く、「今日の事、内は百般の政治を整理統一して大政親裁の実を挙《あ》げ、外は条約改正の大業を速成して我が国を世界万国と対立せしむるに在り。これを為さんには、まず封建の制度を仆滅《ふめつ》して藩を廃し県を置き、且つこれまで因襲し来りし門地、門閥の制を破壊し、賢を挙げ才を用い、以て中央集権の実を完《まっと》うするにあるなり。蕞爾《さいじ》たる小天地に齷齪《あくせく》して封建の弊習を脱する能《あた》わず、門地門閥の旧夢を喜びて天下万民とともに鵬翼万里《ほうよくばんり》の雄飛を試むる能わざるは、今日の盛運を佐《たす》くるの途にあらず。これ故に中央政府の断々乎《だんだんこ》として旧物の破壊を企て、百事の改良を為さんとするは、唯内外の形勢に制せられ、大政親裁、万国対立の実を完うせんと欲するに出ずるのみ。寸毫《すんごう》の他志あるに非ず」と。説くことおよそ五六時間、内外の勢い、大小の事、叮嚀反覆《ていねいはんぷく》ほとんど遺《のこ》すところなかりしに、久光もその大体に於ては、さしたる反対の議論を唱うるなく、快よく余が解説に首肯《しゅこう》せしを以て、余はただに案外の好結果として満足せしのみならず、僅々《きんきん》一夕の談話よりして、当世の名君、一世の英俊として深くこれを尊敬するの情を起したりき。

〔島津久光の不満継続〕

斯《かか》る案外の好結果を獲たるにつきては、西郷は言うまでもなく、三条、勝を始めとしその他当路《とうろ》の人々も深くこれを喜びたりし。但しこの喜びと満足とは永く続くべき乎《か》。語を換えて言えば、久光は一時余の解説に服してさしたる反対を唱えざりしが如くなるも、それは果して真心真意に誤信迷想の全く氷釈せしに因る乎。また切に言えば、久光は再び中央政府の施為に対して不満不平を唱うることはあらざる乎。吁《ああ》誠にこれありしなり。蓋《けだ》し久光は余が叮嚀反覆なる解説に依り、頗《すこぶ》るその誤信迷想を覚らざりしにあらず。さればとて、全く中央政府に対する不満不平の念を消滅するには非ず。特に西郷に対する激怒深怨に至りてはほとんど毫《ごう》も減少するところなかりし。顧《おも》うに彼は陛下西狩《せいしゅ》の折に天顔《てんがん》に咫尺《しせき》して時事の非なるを奏上し、且つ中央政府の要路に立ち重局に当る人物の良否進退につきても言上するところありしを以て、今俄《にわ》かにその前言を翻《ひるが》えして、当路の人々とともに国務を計議するに忍びざるの事情なしとせず。況《いわ》んやかの誤信迷想はその真心真意よりして氷釈したりといいがたきものあるに於てをや。

ここにおいて、西郷は益々《ますます》苦悩煩悶《くのうはんもん》し、猶更《なおさら》隠退の意を増長するに至れり。この時に当り、かかる妨障《ぼうしょう》あるに拘《かか》わらず、大小の改革は着々その歩を進めその歩を進め、従って百般の行政、次第に親裁の下に統一せられつつあるも、その歩を進めてその統一に近づくに従い、これに対する反動の気焰はまた従って増進したりき。その反動の因りて起るゆえんを求むれば、人に依りて異なり、事に依りて同じからずといえども、要するに当路の人物につき慊焉《けんえん》たらざるところありて、その施為に対して不満不平の情に禁《た》えざるところより、これを黜退《しりぞけ》んと欲するもの、または取りて代らんとの野心、即ち権力の争に基きたるもの、それにあらざればまた誠心誠意に当路者の施為《しい》を理義に背《そむ》き、道徳に反したる不正専横の挙措《きょそ》と為し、そのままに放任すればついに容易ならざる禍患《かかん》を醸《かも》すに至るべしとの杞憂《きゆう》、即ち愛国憂民の至情に出でたるものにして、この二つのものは政府の内外に在りて相依り相応じ、当路の人物及びその施為《しい》を攻撃せしより、気焰の頗《すこぶ》る熾《さか》んなるものありしなり。故に已《すで》に誤信迷想を幾分か覚りたる久光も斯る事情を見て再び疑惑の念を起したらん。それのみならず、政府の内外に於ける不満不平の徒は久光の上京を好機とし、つきてその事情を訴うるもの少なからざりしより、久光は益々《ますます》疑惑の念を増し、以為《おもえ》らく、「唯《ただ》民間の議論のみを聞きて中央政府の施為に反対を試みるは、あるいは片言を聞たるよりして生じたる誤信迷想と称せらるるも、已《や》むを得ざるといえども、政府部内に於てもかくの如きの攻撃反動あるを観れば、あながち当路の人物、及び施為を不正専横と為すの必ずしもこれを誣《し》いたるものと謂《い》うべからず」と。これも実に無理の言にあらざるなり。

〔明治政府に対する西郷自身の不満〕

この事に関しては独《ひと》り久光が再び疑惑の念を起し、慊焉《けんえん》の情を増せしのみならず、かの西郷も久光とややその感を同《おなじ》うしたり。蓋《けだ》し彼(西郷)は当時内閣員の一人として、他の閣僚とともに衆難群議を排して旧物を破壊し、百事の改革を断行しつつあるも、彼はもと要路に立ち重局に当るものを退けて、大に中央政府を改革せんことを期せしのみならず、実に藩を廃するの意すらなきほどなりしを以て、他の閣僚とともに企画し断行しつつある破壊改革に対しても、必ず衷心より満足を表してありとはいいがたし。酷言すれば、当時の大勢に制せられて、心ならずもこれを企画し、これを断行しつつありし有様《ありさま》なり。ここを以て疑惑の念、慊焉の情は、常にその胸脳に鬱在《うつざい》し、ややもすれば発して一場の混雑を惹起《ひきおこ》さんとすることもなしとせず。従って久光が再び疑惑の念を起し、慊焉の情を増すに当りても、これを慰解《いかい》せんとする意なきは勿論《もちろん》、却《かえっ》て無理ならぬこととして、自らもまた不満不平を訴えるほどなり。その上、当時内閣の権力も形式と名義との上に於ては相応に強くして、適当に閣員の上に分配せられ居るが如くなれど、その実際に立ち入りて見れば、権力の多分はある一部に帰し、その他はほとんど虚位を擁するに過ぎざりしを以て、彼はむしろその虚位を擁する一人なりしを以て、その不満不平は一層甚《はなはだ》しきものありき。

3　留守政府首脳と大蔵省との対立

〔財政整理を進める大蔵省への不満〕

当時最も重きを置かれ、従ってその権力最も大なりしものは大蔵省にてありき。当時の大蔵省は只財政の事務を統轄するのみならず、今の農商務省、司法省、及び内務省の管理する事務のごときも大概これを管轄し、ほとんど一国政務の七八分を総理せりと云うも不可ならぬほどなりし。されば喬木《きょうぼく》の風、皓月《こうげつ》の雲は必ず免《まぬ》がれ難し。已《すで》に一国政務の七八分を総理する責任の重きが如くに、その権力の大なるもまた言を待たず。ここを以て嫉妬《しっと》は此《ここ》に集り、怨望《えんぼう》も此に集り、従って論難攻撃もまた多く此に集る。かの旧物の破壊、百事の改革に対して起りたる反動のごとき、多くはこれ大蔵省に向って集注せしと云うも決して過当にあらざるなり。

これより先、内閣に於ては、裁判事務を地方行政より分離して独立せしむること、及び新たに学制を定めて普通教育を施行することの必要を認め、これを決行せんとしたるも、これらのことは単にその制式を発表したるのみにて実行を見るべくもあらず。必ずや少なからざる経費を支出してその効果を収めざるべからず。然《しか》るに時の財政を掌《つかさど》る井上《いのうえ》〔馨《かおる》〕等はその決行に反対して曰《い》く、「裁判の独立、学制の新定、理論上に於てはもとより異議の容るべきなし。実際の上に於てもまたその必要を認めずとはいわず。但し目下国庫痛く欠乏してその決行に伴うべき経費の支出に応ずべくもあらず。姑《しばら》くこれを猶予して財政整理の時を待つに如《し》かず」と。財政の当局者より国庫欠乏の故を以てその決行に反対す。その反対は一般人士の反対に比すれば特に強大なる勢力を有するものなり。

然れども内閣は毫《ごう》もこれらの非難反対に顧慮するところなく、断々乎《だんだんこ》としてその所信を決行したり。知らず、時の国庫はかくまで痛く欠乏せし乎《か》。語を換て言えば、時の財政は果して井上等の揚言するごとくに裁判の独立、学制の新定を決行するに必要なる経費をも支出する能《あた》わざるまでに困難を感ぜし乎。これは必ずしも然らざるべし。然れどもその比《ころ》は謂《いわ》ゆる『維新の改革』に莫大の経費を抛《なげう》ちたる後を承け、また封建廃滅の後を承け、その藩々の負債は内債、外債の区別なく尽《ことごと》くこれを中央政府に引受けたることなれば、現に国庫は頗《すこぶ》る欠乏し、財政痛く困難を告げつつありしなり。

〔米価下落による財政窮迫の拡大〕

ことにその時の租税はおもに土地より収むるものにして、即ち米穀なりき。これより先、藩を廃せざるまでは、各藩々に於て米穀の輸送を掌《つかさど》り、あるいはその為替を振出すなど、純然たる米穀問屋の働きを為し来りしに、一朝封建の制度を廃滅するに及び、米穀問屋たる働きも自ら消滅し、而《しか》してこれに代るべき輸送為替の機関は未だ成立するに至らず。然るに廃藩の後は行政諸般の権を親裁の下に集めたるを以て、租税も尽く中央政府に於て収入することと為り、その両三年は米穀頻《しきり》に登りたるを以て、中央政府に於ては勿論《もちろん》(租税として収入したるもの)、その他の各所に於ても米穀頗る滞積し、随意にこれを輸送売却するを得ず、従って米穀の価格痛く下落し、俄《にわか》にその到底するところを知らず。中央政府に於て諸般の行政に充つべき経費を獲んには、収め来りし米穀を売却して金銭に換ざるべからざるも、かくのごとくこれを売却するの容易ならざるのみならず、その価格痛く下落しつつあるを以て、予算を立つることの困難は言うまでもなく、その売却よりして生ずる収入も存外に多からざりしなり。故に財政の局に当りしものは、如何《いか》にもしてその下落を済《すく》い、兼ねて財政を整理せんとせしも、輸送、為替の機関未だ成立せざると、米穀の連年豊実せしとは、駆りに駆りて米価を下落せしめ、財政当局者の苦心をしてほとんど水泡に帰せしめたりき。

〔余は板ばさみとなる〕

されば井上等が国庫の欠乏を理由として裁判の独立、学制の新定に反対を唱えしも強《あなが》ち妄議《ぼうぎ》放論《ほうろん》として排斥《はいせき》すべきにあらず。必ずまず財政の整理を為し、専《もっぱ》ら行政の整理を努めざるべからざる事情のありしなり。然《しか》れども斯《かか》る事情よりして内閣と大蔵省と相反目し、大蔵省は内閣を以て権威を弄《ろう》して無法なる抑制を加うるものと為し、内閣はまた大蔵省を目して専横に過ぐるものを為し、互いに論難攻撃するに至れり。当時余は参議として三条《さんじょう》〔実美《さねとみ》〕、西郷《さいごう》〔隆盛《たかもり》〕、板垣《いたがき》〔退助《たいすけ》〕等の諸人とともに内閣に列したれども、その実際は内閣と大蔵省との間に立ちて常にその反目を和《やわ》らげ、紛争を調停し、以て円滑に政務を進捗せしむべき地位に立ちたりき。これを以て内閣に立たる西郷、板垣は大蔵省の専横を論難して余を責《せ》むるところあり。大蔵省の事務を統理する井上等もまた内閣の抑制を攻撃して余を要するところあり。余に迫りて曰く、「余人《よじん》は責むるも詮《せん》なし。君にしてその間に立つ。而《しか》してなお且つこれを矯済《きょうさい》する能《あた》わざるはなんぞや」と。

余は両者の間に立ちて慰解《いかい》するところあり、互いにその不満不平を忍容し、時の内閣をして破裂瓦解の不幸を見るに至らざらしめんと努めつつありし折しも、灯明台建立、及び電線創設の竣工を検視すべき用務を帯びて大坂、神戸及び長崎等に出張することと為れり。その時日は僅《わず》か一ヶ月に過ぎざれども、その間にも内閣と大蔵省との反目俄に激進して容易ならざる衝突紛争を惹起《ひきおこ》すがごときことはなきや否《いな》やの憂《うれ》いは一日も懐を去る能《あた》わず。故に上途に先だち、深く井上等を警《いまし》め、且つ西郷及び板垣に注意するところありしも、全くその効なかりしと見えて、余が長崎に到着したる頃は、已《すで》に内閣と大蔵省との間に衝突を始め、紛争を惹起し、もしこれを調停抑制するなくんば、内閣は日ならずして大破裂を来し、ついに収拾すべからざるの情勢に陥らんとせり。ここにおいて三条、井上及び山県等は先後《せんご》に余の帰京を促がし、神戸に還りし頃は、速やかに帰り来りて調停するところあれとの警報、幾たびとなく余の耳朶《じだ》を打ちぬ。この衝突紛争を惹起《ひきおこ》すに至りたるは、もとより一朝一夕の故にあらざれば、また単に裁判の独立、及び学制の新定につきての論争に基づきたるものにもあらず。必ず多年積鬱《せきうつ》せる不満不平のあまりに出でたるものなり。即ち旧物の破壊、百事の改革に対する上下内外の不満不平は、当時最も重き責任を負い、最も大なる権勢を有せる大蔵省に向って集注し、大蔵省は裁判の独立、学制の新定は勿論《もちろん》、その他諸般の事物に対しても、往々に不正の手段を用い、専横の処置を施すものと認められ、その極はついにかかる不幸を見るに至りしなり。かの井上等が二十年後の今日に於ても『旧悪訐発《きゅうあくけつはつ》』という打撃を受くる不幸も、その因由《いんゆ》を求めば種々なるべしといえども、這般《しゃはん》の事のごときも、またその一因たらずとせず。

〔事態打開のための参議増員〕

かくて帰京を促がすの警報連《つら》なりしを以て、余はなお用務のありしに拘《かか》わらず、匆急《そうきゅう》に東上の途につきしに、山県は余の帰京を迎えてまず横浜に出でおりたりき。それは明治五年〔一八七二〕の冬にして、年は僅《わず》かに旬余を余して暮れなんとする頃なるを以て、諸官省は大概その執務を休む定例なりしも、その衝突闘争《しょうとつげきそう》の益々《ますます》激烈に赴きしより、要路に立たるものはこれがために奔走周旋《ほんそうしゅうせん》し、定例の休日にも安然としてその家に静臥するを得ず。山県の如きも、その処置を憂《うれ》うるのあまり、自ら横浜に出でて余の帰京を迎えたり。余の東京に帰るや、山県等と計議するところありて西郷、板垣を宥《なだ》め、且つ井上等を諭《さと》し、各々《おのおの》その歩を譲らしめ、以てその衝突闘争を調停するところあらんとし、且つ以為《おもえ》らく、「内閣直接に施政の責任を執《と》らずしてこれを各省に分担せしめ、内閣は僅かに三五人を以てこれを組織するがごときも、またこれら衝突闘争の一因たらずんばあらず。然《しか》らば則ちその組織を改正して各省の長官(即ち卿)を内閣に入れ、その行懸《ゆきがか》りもしくは意地に任して極端の紛争を為す様のことなからしめ、謂《いわ》ゆる談笑の間に互い譲歩して事を弁ぜしむるもまた当時の急務なり」と。

各省施政の責任を分担せしめ、内閣これを統率するの制度は、使節派遣の時に創定せしところなるに、その未だ帰朝せざるに先だちて改正するが如きは、余等の本意にあらざれども、また已《や》むべからざるの事情ありしを以て、ついに断然これを改正することと為し、十二月より一月に渉る定例の休暇中にこれを更定したり。この改正にて新たに内閣に入りたるものは、副島種臣《そえじまたねおみ》、後藤象二郎《ごとうしょうじろう》、大木喬任《おおきたかとう》、江藤新平《えとうしんぺい》の諸氏なり。ここにおいて内閣と大蔵省、及び諸省と大蔵省との間に起れる衝突闘争は、僅かに調停するを得たりき。然れどもこれ只一時の調停にして、その瞬時を弥縫《びほう》するに過ぎざりしのみ。多年鬱積《うっせき》したる不満不平はまた忽《たちま》ち経費支出の問題に仮托して激発し、この度の論難攻撃は大蔵省と云わんよりむしろ井上の一身に集注し、苟《いやしく》もその弊患の由て来るところを洗除せざる限りは全くこれを調停すべくもあらざりし。

〔井上馨大蔵大輔への非難集中〕

最前余等が内閣の組織を改正し、各省の長官をして参議の任を兼ねて内閣に列せしむることと為すや、副島、後藤、大木、江藤の諸氏は、ために内閣員たることを得たりといえども、独《ひと》り井上のみは当時最も多くの政務を分担し、且つ最大なる権威を保有せしに拘《かか》わらず、その長官(乃ち卿《きょう》)たらざるの故を以て、他の諸氏と同じく内閣に列するを得ざりし。蓋《けだ》しその時大蔵の長官たりし者は大久保にして、井上はその大輔《たゆう》(乃ち次官)に過ぎざりしといえども、大久保は使命を帯びて海外に使いせしを以て、暫《しばら》く代りてその事務を統摂《とうせつ》したるなり。暫く事務統摂にて形式上に長官の地位を占めざるを以て、参議の任を兼ねて内閣に列するを容《ゆる》されず。而《しか》してその施設に対する論難攻撃は尽《ことごと》くこれをその一身に受けざるを得ざりしなり。而して余は従来の関係と、当時の情勢とにより、井上の代表者たり、後見人たるがごとき地位に立ちしを以て、その重要の事務は大概余を経由して内閣の問題と為り、その問題はまた多く余に依りて解明せられ、維持せられたりき。然《しか》る故を以て井上の一身に集注せし世の論難攻撃は、ややその鋒《ほう》を転じて余の身上にも落ち来りぬ。

余は已《すで》に井上の代表者たり、後見人たる地位に立つの因縁あるのみならず、また彼はその官を利して種々の商業を営むが如き不正姦悪《かんあく》の挙措《きょそ》なきを知りしを以て、しきりに井上等のために弁護するに拘わらず、先入主と為るの習いとて西郷、板垣及びその他の諸氏も容易にその疑いを解くに至らず。特に江藤の司掌《ししょう》せる司法省のごときは、その職務の常として、警吏、探偵の偵察するところなきにあらざりしを以て、井上等に対する疑惑は愈々《いよいよ》深く、論難攻撃益々《ますます》強大なりしなり。

〔井上による米穀海外輸出の提起〕

顧《おも》うに、諸般の事物は大概廃藩置県の大改革に前後して革新せられしといえども、独《ひと》り租税に至りては、なお米納の制を更《あらた》めず。而して諸般の政務に要する経費は、すべて金銭を以て支弁せざるべからざるが故に、その支弁の衝《しょう》に当れる大蔵省に於ては、まずことごとくその米穀を売却して金銭に代えてこれに充てざるべからず。然るに年々収納する米穀はほとんど一千万石の多きに達するのみならず、封建の往時にては藩々各々《おのおの》その収支の任に当り、自ら貯蓄輸送の労を執《と》りしを以て、米穀の諸方に滞積するの憂《うれ》いなく、従って需給ともに能《よ》く時の宜《よろしき》に適したりといえども、藩を廃してよりは収税のこと一に中央政府の手に帰し、而して輸送為替等の機関未だ新たに成立せざりしを以て、米穀ややもすれば諸方に滞積して需給の宜《よろしき》を制する能《あた》わず、ために米価痛く下落し、猝《にわか》に到底するところを知る能わざるに至りしこと、前にこれを述べたるが如し。

もしこれを放任して顧《かえり》みざるならば、中央政府は一千万石に近き米穀を収納するに拘《かか》わらず、これを売却して以て儲け得る金銭は甚《はなは》だ少額にして、到底諸般の経費を補充するに足らざるべし。ここにおいて井上は以為《おもえ》らく、「我が国土に産する米穀は、三千余万の口腹を養うてなお且つあまりあり。その剰余を海外に輸出して他国の不足を補わば、ただに我が内地の農業を奨励して米穀の産出を盛大ならしむるに足るのみならず、また以て痛く下落せる米価を回復し、延《ひ》きて国庫を充実せしむるに足らん。これ一挙両得の策なり」と。ついに深くはその損得を計ることなく、在留の外人に托して濠洲《ごうしゅう》及びその他の地方に米穀を輸出することと為したり。これもとより不当の処置にあらず、且つ井上が自から利せんとして故《ことさ》らに投機の業を為したるものにもあらずといえども、時の人々はこれを以て井上が外人と結托して私利を営み姦計《かんけい》を回《めぐ》らすものと誤認して、痛く論難攻撃を加えたり。然れども爾来《じらい》年々若干の米穀を輸出し、豊熟したる年には、百万石に余る多額を輸出するの端は、全くこの時に於て啓《ひら》きたるものにして、井上の企画は、たとえ当時に於ては充分の成効を見ざりしにせよ、決して徒労のことにあらざりしなり。

〔大蔵省と司法・文部などの諸省との対立〕

斯《かか》る事情なりしを以て、余は弁を尽して井上の施為《しい》を擁護したりしも、井上はなお満足せず、窃《ひそ》かに余を怨んで曰く、「かの大隈は財政上に於ける余の代表者もしくは後見人として内閣に立ち、因て内閣に重きを為すものにあらずや。然るになおその閣僚の嫉《しっ》妬《と》もしくは迂《う》闊《かつ》よりして生ずる論難攻撃を排除して、大蔵省の施為を自由安全ならしむる能《あた》わざるを見れば、彼は豈《あ》に魯直《ろちょく》にして経綸の才乏しき西郷、板垣の徒の迷わすところとなるには非ざるや」と。然《しか》れども余は毫《ごう》も頓着することなかりし。この時に当り会計年度及び予算の制式は未だ今日のごとく厳格ならざりしといえども、また全くその制度を存ぜざりしにあらざるを以て、その次年度の予算を編成するに際し司法、文部等の諸省は裁判の独立、学制の新定、及びその他の事務起業に関する費目を編入してその支出を要求したり。

然るに井上等は、依然財政困難を以てこれを拒絶し、もしくはこれを削減して容易にその要求に応ぜざりき。これ必ずしも非理不法として排斥《はいせき》すべきにあらずといえども、その時に於て一日を緩《ゆる》うすべからざる裁判の独立、学制の新定に要する経費を拒絶して支出せざりしがごときは、また正当の処置にあらず。且つ財政の困難もさることながら、当局者の措画《そかく》如何《いかん》に依りては、斯《かか》る急務に要すべき経費を支出し能わざるほどにもあらず。ことに他省の要求に会えば、支出するの余地なきがごとき計算を示しつつ、自管の必要に際しては猶予なく支出して毫《ごう》も困難を感ぜざるがごときこと多きに至りては、ほとんど乱暴放肆《らんぼうほうし》の極にして、司法、文部の当局者たる江藤、大木、及びその他の閣僚が痛くこれを論難攻撃したるも決して失当の処置と謂《い》うべからざるなり。

〔井上の辞任と余の大蔵省事務総裁就任〕

余は大蔵の長官たる大久保の帰朝も僅《わず》かに一二ヶ月に迫り、その他一行の帰朝も五六ヶ月を出でざるの時に際し、閣僚互いに相鬩《せめ》ぎてついに内閣の破裂を来たすの甚《はなは》だ不面目なるを思い、心力を尽してこれを調停せんとし、心ならずも内閣の官制を改正して各省の長官を内閣に入れ、談笑の間に事を弁ぜしめんとしたるも、事は志と違い、その変革も全く一時の弥縫策《びほうさく》に過ぎずして、まもなく再び内閣と大蔵省、及び諸省と大蔵省との衝突軋轢《しょうとつあつれき》を見るに至り、而《しか》して大蔵省の為すところは非理不法のこと少なからざりしを以て、余は親《みずか》ら予算を編成し、裁判の独立、学制の新定、及びその他一日も緩《ゆる》うすべからざる急務に要する経費は、ことごとくこれを支出し得るの余裕あるを示し、直ちに内閣より命を大蔵省に発してこれを支出せしむることと為せり。

流石《さすが》の井上も此《ここ》に至りて長嘆《ちょうたん》して曰く、「大隈にして余を蹂躙《じゅうりん》するなおかくのごとくなれば、留まりてその職責に任ずるも詮《せん》なし。むしろ決然としてその冠を掛くるに如《し》かず」と。且つ余を訪い、語るに辞表を提出するの已《や》むべからざるを以てせり。余も一旦の事よりして、数年来相提携せし同主義の交友と袂《たもと》を別《わか》つの情に忍びずといえども、私情の以て公事を枉《ま》ぐべからざるを思い、ついに断乎《だんこ》としてこれに答えて曰く、「また已むを得ざるのみ」と。かくて井上は去れり。而してその長官たる大久保は未だ帰り来らず。ここを以て余は仮りに大蔵総裁と為りてその事務を処断するの任に当り、身を以て論難攻撃の焼点たる財政の難局に投ずることと為りぬ。

〔予算公布の確立〕

但しこの衝突変動よりして一の喜ぶべき事を生じぬ。それは他に非ず、予算を公布することこれなり。予算を公布するのことは、必ず早晩出で来るべき現象なりといえども、経費支出の問題に関して起りたる衝突変動は、速やかにこれを公布するの必要を生じ、井上等まずその辞職に際して国庫収支の過不足を公にし、余はこれに代りてその誤計謬《ごけいびゅう》算《さん》を正せる歳出入表を発表し、ここに初めて予算公布の端を啓《ひら》きしは、誠に我が国財政上の一大慶事と謂うべきなり。

十三　征韓論政変

〔編者注〕

「征韓論」前半略。留守政府内部で外交を担ったのは外務卿副島種臣であった。副島は、外交全般にわたって強硬姿勢をとるとともに、清国などを中心に外交交渉を行い、台湾や朝鮮に日本が介入しても、清国は介入しないという感触を得た。このことが、征韓論や台湾出兵につながっていくことになったと大隈は回想している。

他方、遣外使節団は、訪問先各国で歓迎を受けたが、木戸孝允と大久保利通、また、木戸と伊藤博文などの間で感情的対立がおきていたと大隈は述べている。大隈は、これらの諸問題に直面することになった。

1　遣外使節団の留守政府に対する不満

〔木戸・大久保早期帰朝論の浮上〕

事情かくのごとくなりしを以て、留りて内政裁理の任に当れる閣僚も、冷然これを雲《うん》煙過眼《えんかがん》に附し去る能《あた》わず。且つ内には、内閣と大蔵省と及び諸省と大蔵省との衝突よりして井上《いのうえ》〔馨《かおる》〕渋沢《しぶさわ》〔栄一《えいいち》〕両人の辞職を見るに至りたるのみならず、台湾の亡状に対する処分と云い、韓土の無礼に対する問罪と云うがごとき大問題踵《かさ》ね至りて閣議紛々、ややもすれば大破裂を来たさんとするの形勢なりしを以て、使節を促がして速やかに帰朝せしめ、以て内外に於ける不和《ふわ》闘争《げきそう》を調停し、且つ台韓に対する処分問題を決行せんとの議を決するに至れり。

然《しか》れども使節礼聘《れいへい》のことは、予《あらかじ》め交親諸国に通知し置けるを以て、その通知を為したる諸国は大小となくこれを巡訪せしめざるべからす。使節の間に生じたる訌争《こうそう》、もしくは内国に起りたる紛擾の故を以て、中途よりこれを召喚するときは、ただに交親国に対する無礼たるのみならず、実に我が国の不面目なり。但幸いにその使節は已《すで》に予期せし諸大国を巡了し、剰《あま》すところ僅《わず》かに三四国に過ぎざれば、必ずしも一行相携伴するを要せず。因てまず木戸《きど》〔孝允《たかよし》〕、大久保《おおくぼ》〔利通《としみち》〕両人を召還して、その間に起れる不和を調停し、且つともに台韓その他の諸問題を処決し、一方には岩倉《いわくら》〔具視《ともみ》〕をして伊藤《いとう》〔博文《ひろぶみ》〕、山口《やまぐち》〔尚芳《ますか》〕等の副使を率いて速やかに巡余の諸国を回訪せしむることと為す。これ両全の策なりとのことにより、直ちにその議を決して使節の一行に報じ、木戸、大久保両人の帰朝を促がせり。

〔早期帰朝した大久保利通の失意〕

然るに木戸はもと大久保と相協《あ》わざるのみならず、海外巡遊の途に上りしより、転《うた》たその悪感情を激成せしこと已《すで》に前に述べたるがごときを以て、その一行に先だちてともに帰途につくを欲せず、言を左右に托して同伴を謝絶せるを以て、大久保は已《や》むを得ず単身にて一行に別れて帰朝の途に上り、我が国に帰着せしは、明治六年〔一八七三〕の六七月頃にして、一行の帰朝に先だつこと、僅《わず》かに二三ヶ月に過ぎざりしといえども、閣僚はこれを待つこと甚《はなは》だ切なりしを以て、大にその帰朝を喜び、ともに内外の事務を処理せんとせり。特に余は井上の辞職の後を承けて仮りに大蔵総裁となり、当時、至艱《しかん》至難《なん》の局と目《もく》せられし財政の局に当り、参議として大政に参与するの旁《かたわ》らにその整理に尽《じん》瘁《すい》しつつありしも、財政はもと大久保の管理に属し、大久保は海外巡遊中もなお大蔵長官〔卿〕の職を帯びたれば、井上はその次官として事務を摂せしに過ぎず、余も已むを得ずその辞職の後を承け、而も四面攻撃の衝《しょう》に当りて頗《すこぶ》る困難を感じし際なるを以て、大久保の帰朝に接するや、直ちにその地位を去り、十数ヶ月間の久しき、欧米諸国を巡遊して親しくその文物制度の完美を観察し、且つ到処《いたるところ》の貴顕紳士と会談して深く発明するところありたる大久保の新思想、新智識をその天稟《てんぴん》の敏腕を仮りて財政の整理、地方制度の均一、及びその他の政務の上に発揮せしめんと欲したり。

蓋《けだ》し余等はこれを以て大久保の自ら期せしところならんと想像したるのみならず、これよりして我が内治外交の面目を更新すべしと思惟《しい》したるなり。然《しか》るに事実は全くこれに反したり。遠慮なく言えば、大久保はその巡遊中に、木戸と不和にして単身帰朝するの已むを得ざるに至りしより、怏々《おうおう》として楽まざるのみならず、一旦帰朝して内国の事情を察するに及んで、井上の辞職、閣僚の反目は言うまでもなく、彼(大久保)と西郷の関係、彼と旧藩主との関係など、ほとんどこれを口にすべからざるものあるを知り、痛く落胆失望して輒《たやす》く政務を執《と》るを欲せず、慨然天を仰て長大息《ちょうたいそく》して曰く、「嗚呼《ああ》かくのごとくんば、吾《われ》また何をか為さん」と。大久保はかくのごとき悲境に沈めり。ここを以て閣僚がともに内外の問題を処理せんとし、且つ余が大蔵総裁の地位を退きてこれを譲らんとするや、彼は当時の境遇と公私の関係とを告白して、俄《にわか》にその処理に与る能《あた》わざるを陳疏《ちんそ》し、大蔵省の事務のごときも、依然と余の整理に委托せんことを請えり。

彼はもと沈毅《ちんき》寡言《かげん》にして、輒くその意の存するところを語らず、また輒く他を是非《ぜひ》褒《ほう》貶《へん》することを為さざるものなれば、如何《いか》んぞ容易にその身の境遇と公私の関係とを告白するがごときことあらん。その素性に徴すれば決してこれなかるべきなり。これなかるべくしてこの事あるは惟《ただ》これを以てその如何《いか》に落胆失望の極に沈みしかを知るべきなり。それ大久保は現に大蔵長官の職を帯びるものなるに、余なおその総裁の地位に止《とど》まりて、依然と財政整理の責に任ずるは、形式の上に於ても、実際の上に於ても、決して穏当なりと為さず。然《しか》れども大久保の悲境と苦衷とを察すれば、強いてその委托を拒絶するに忍びざるものありしを以て、余は依然としてその事務を仮摂《かせつ》することに決せり。ここにおいて新たに帰朝せし大久保も、暫《しばら》くは何も為すところなかりしのみならず、ついに京地に在るを厭《いと》い、飄然《ひょうぜん》として旅行の途に上り、以てその煩累《はんるい》を避くるに至れり。

〔遣外使節団と留守政府との対立と余の責任〕

されば内閣に於ても、直ちに内外諸般の問題を処決する能《あた》わず、茫然《ぼうぜん》相見て空しくその日を送るに過ぎざりき。ここを以て、また相議して使節の帰朝を促がすことと為し、その旨を通ずる再三に及び、使節もまたそのほどを急ぎて巡余の小国を回訪し、〔明治〕六年〔一八七三〕九月に至りて漸《ようや》く帰朝したり。

これより先余等は以為《おもえ》らく、使節互いにその巡遊の途に相鬩《せめ》ぎ、且つ互いにその事情を審《つまびら》かにせざるよりして、閣僚と使節との間に多少の衝突を見るに至りしといえども、これは只一時の現象ならんのみ。特に閣僚と使節と、ともにこれかつて相携えて国事に奔走し、喜憂を同うしたるものなり。一旦意見の扞格《かんかく》、感情の衝突よりして互いに反目するの不幸を招きたるも、再び一座の中に会見してその胸襟《きょうきん》を開き国家の大事を計議するに至らば、猜疑《さいぎ》嫉妬《しっと》よりして生じたる不和、中傷、離間よりして来りたる悪感情のごときは、必ず釈然として氷解し、謂《いわ》ゆる談笑の間に内外の問題を処決するを得んと。さればこそ使節を促がして速やかに帰朝せしめんとし、これを待つことほとんど一日千秋のごとく、その帰朝するに及んでや、大に喜んでこれを迎え、相ともに款話談笑《かんわだんしょう》して以て国家の大事を弁ぜんとしたるなり。

然るに余等の想像は全く事実と相反し、その衝突闘争《しょうとつとうそう》は却て《かえって》益々《ますます》激進し、ついに内閣の大破裂を見るに至りたり。大廈《たいか》の将《まさ》に倒れんとするや、一木の能《よ》く支うるところにあらず。欧米派遣の使節が巡遊の途に上るに先だち、余は閣僚と使節とに約するに、「苟《いやしく》も重大事変のその間に起り、その結果にて閣僚の変動を来し、国家の大患を招くべきことあらば、閣僚相互の間に於てこれを速断することを為さず、必ず使節の帰朝を待つか、然らざればこれと往復計議して、然る後に処決すべし」とのことを以したり。已《すで》にこの約を結びおきたり。ここにおいて余は他の閣僚とともにその行政施治に対する責任を負うと同時に、更にこの約に対する徳義上の責任を負わざるべからず。語を切にして言えば、使節派遣の間に、円《まろ》やかに薩長の権衡《けんこう》を保ち、閣僚の一致を計りて互いに反《はん》目闘争《もくげきそう》することなからしめ、使節をして内顧の憂《うれ》いなく、徐《おもむ》ろに欧米諸国を巡遊せしむべき徳義上の責任は実に懸《かか》りて余の双肩に在りしなり。然《しか》るに不幸にして、閣僚は内に鬩《せめ》ぎ、使節は外に争い、而《しか》してその使節と閣僚とまた相隔《へだ》てて反目す。余の微力なる、これを未然に拒《ふせ》ぐ能《あた》わずして、使節の帰朝に先だち、且つ使節と往復計議するに及ばずして、ついに井上等の辞し去るに至りしは、誠に余の恥辱とするところ、只その徳義上の責任は使節の帰朝に依りて漸《ようや》く免《まぬ》がるることを得たり。然る故を以て、使節の帰朝は余が一身の上には少なからざる幸福を与えたるがごときも、大体の上より察すれば、全く余等の予想と相反し、転《うた》た衝突《しょうとつ》闘争の度を増し、ついに内閣大破裂を招くに至りたり。

〔遣外使節団員たちの留守政府への不満〕

顧みれば使節一行の数およそ七八十人。これに加うるに、幕府の末、維新の初、留学の名を以て海外に派遣せられしものもまた少なからず。これらの人々も相前後して帰朝し、政府の紛擾《ふんじょう》と、人心の変化とに乗じて、各々《おのおの》その志を伸べんとす。その中にはあるいは真に時勢を慨し、国情を憂うるところよりして、その矯済《きょうさい》を努めんとせしものあらん。あるいは新たに欧米の文物典章《ぶんぶつてんしょう》の完美を視察してこれを我が国に扶植《ふしょく》するの必要を感じ、切に急激なる改革論を唱えたるものもあらん。然れどもその多くは僅々《きんきん》の歳月間に欧米諸国を巡遊してその文物の完美と実力の富強とに眩目心酔《げんもくしんすい》し、直ちに採りて以てこれを我が国に扶殖し、我が国を一躍してかの欧米諸国と肩を並ぶるに至らしめんとの皮相的企望《きぼう》を懐くものか、然らざれば政府の紛擾と人心の変化とを機として、自己の地位を進めんとの野心に駆られて狂奔するものにてありし。かの自由と云い、民権と云える言辞、議論はこの時よりして漸く世に唱道せらるるに至りぬ。

これを要するに使節及び留学生の帰朝は、「その巡遊、留学の間に於て識得したる新智識、新思想を廃藩置県後に於ける諸般の改革に応用し、内は旧来の弊政を革新して王政維新の目的を完《まっと》うし、外は速やかに屈辱せる条約を改正して万国対立の実果を挙ぐるに至らしめん」との自他の企望を充たす能わざりしのみならず、却《かえっ》て益々《ますます》政府の紛擾を増進し、人心の変動を激成するに至れり。

更にこれを内国の事情に見れば、使節派遣の間に於て政府の施設に対して不満不平の念を懐くの徒少なからず。ことに僅々たる閣僚内に鬩《せめ》ぎて、ついに井上等の辞去を見るに迨《およ》んでは、上下ともにその内情につきて疑惑するところあり。疑心一たび生じて暗鬼《あんき》百出、即ち沙中の偶語《ぐうご》となり、道途の物議と為り、論難となり、攻撃となり、反抗の気焔はここに欝勃《うつぼつ》として起りし際に、あたかも使節及び留学生の新たに帰朝するあり。それには前にも述べたるごとく、種々の意思より出でたる議論を唱えて各々その志を伸べんとせしより、不満不平の徒は忽《たちま》ち相和《あいわ》し、相同してその鬱屈《うっくつ》したる意念を漏らさんとし、更に一層の紛擾変動を招き、内閣破裂の危機はほとんど一髪《いっぱつ》の間に迫りぬ。

〔明治政府の上にかかる暗雲〕

されば相互の間に於ける反目のため、ともに怏々《おうおう》として楽まざりし木戸、大久保、及び使節一行中の重なる人々は帰り来り、まず内閣の事情の発途の当時と痛く異りて、日一日とその一致を損じつつあるに驚き、且つその帰朝は図らずも上下紛擾の度を増し、内閣破裂の危機を速《まね》くの端と為りたるを見、何《いず》れも失望落胆の極に沈みたりき。それ人は一たび失望落胆の極に沈めば、またその信ずるところを執り、断々乎《だんだんこ》としてこれを遂行するの意念と勇気とを亡《うしな》い、甚《はなは》だしきは世を厭《いと》い人事を抛《なげう》ち、以て空しく深山幽壑《しんざんゆうがく》の間に憂死するに至る。これ涙脆《もろ》き人情の常として往々免《まぬ》がる能《あた》わざるところなり。果して木戸は沈黙せり。大久保も沈黙せり。その他の重なる人々もまた沈黙せり。あえて蹶《けっ》然《ぜん》として起ち、一刀両断にその紛擾を裁理し、且つ一ヶ年半余の間に識得したる新智識、新思想を諸般の事物に応用して内治外交の革新を計らんとするものなく、只二三慨憂の士が遑々焉《こうこうえん》としてその間に奔走し、以てその弥縫調和《びほうちょうわ》を務むるに過ぎず。黯雲《あんうん》は惨憺《さんたん》として内閣の上に凝《こ》り、陰霧《いんむ》鬱然《うつぜん》としてその四辺を蔽《おお》えり。それ雨降りて地固り、雷轟《とどろ》きて雲晴る。この政界の黯雲と陰霧とは、必ず大風暴れ、迅雷吼《じんらいほ》え、人の耳目を驚かすものあるにあらざれば、ついにその霽散《せいさん》を見る能わざるの情勢と為れり。嗚呼《ああ》、その大風、迅雷は何《いず》れのところより起らん乎。否何《いないず》れのところより起りし乎《か》。人心の最も動くところこそ即ち風雷《ふうらい》の由りて起るところなれ。かの二百数十年間太平を貪《むさぼ》りて結びし長夢が『外交』なる大呼号に破られ、ついに幕府の仆滅《ふめつ》、王政の維新を導きたるがごとく、この時に於ても征韓、討台という『外交』問題は黯雲陰霧を破る風雷飆発《ひょうはつ》の導火線とぞ為りにける。

〔「征韓論」一部略〕

〔編者注〕

ここで、大隈は、古代から豊臣秀吉の朝鮮出兵をへて、明治初年の木戸孝允らによる征韓論の提唱にいたる、日本の対朝鮮政策について歴史的に回想している。そして、副島らの提唱した征韓論の当時の政治情勢下における意義をさらに指摘している。

2　留守政府における征韓論提起の政治的意味

〔外務卿副島種臣《そえじまたねおみ》による征韓論の提唱〕

これより先、我が政府は前に述べたるが如く、台湾の蛮民が我が漂流民を虐殺したる暴状を責め、韓国の官吏が妄漫の言動を為して我が使節に無礼を加えたる罪を問わんと、まず台湾及び韓国は果して清国の領属なるや否《いな》や、語を換えて言えば、清国は台湾蛮民の亡状、韓国の無礼に対してその責を負うや否やを質《ただ》したりしに、北京政府は「その責任を負担せず」とのことを明答せしを以て、その使節の任を帯びし副島〔種臣〕は直ちに帰朝してまず対韓問題の忽諸《こっしょ》に附《ふ》すべからざるを説き、充分なる権力を有する使節を韓国に派してその無礼を責め、且つ旧交を修めんとする上に於て、最後の談判を試みんことを主張せり。これ実に明治六年〔一八七三〕のことにして、かの有名なる征韓論の勃興《ぼっこう》せし端緒なりとす。

征韓論と云えば、世人は西郷《さいごう》〔隆盛《たかもり》〕を以てその主唱者と為し、原動者と為すもの少なからざれども、果して然るや否やは、今になお茫漠として疑雲《ぎうん》の裏に在り。但征韓論の由来と経過とは、これまで述べたるごとく、韓国が倨傲無礼《きょごうぶれい》にして我に敵意を表したるよりして、我が国民は往古に於ける日韓の関係を想起して感慨自ら禁ずる能《あた》わず、ついに干戈《かんか》を以てこれを制裁せんと欲するに至り、加うるに王政維新のために激揚したる人心を外に向け、その間に大変革の善後を策するの要ありしを以て、かの木戸《きど》孝允《たかよし》まず明治の初年に於て征韓の已《や》むべからざるを唱え、内国の事情のためこれを果たす能わずして一旦中止に帰せしも、爾来《じらい》韓国の倨傲無礼は滋々《しし》その甚《はなは》だしきを加え、ために権力重大なる使節を派して最後の談判を試みんとの議を起すに至りしなり。この議を起せしものはもとより一二人に止まらずといえども、主として唱えたるものは副島種臣なり。蓋《けだ》し副島は、当時外務卿として外交の難局に当り、且つ親しく清国に使いして清韓の関係を質せしにより、韓国との修交折衝に関する責任はその身上に帰し、韓の官吏が暴慢無礼に接して痛痒《つうよう》を感ずる最も大なりしを以て、これに対する外交上の最後の手段として権力重大なる使節を派し、かの地位卑しく職権また微弱なる東莱府《とうらいふ》伯《はく》(81)等と交渉談判することを為さずして、直ちに韓廷に向い、最後の談判を為さんと欲し、主としてこの議を唱えしより、余人は争い起ちてこれに和したるもののごとし。

〔征韓論の歴史的文脈〕

それは且つこれを舍《お》き、我よりして権力重大なる使節を派し、直ちに韓廷に向って最後の談判を試むるならば、韓廷はこれに対して如何《いか》に応対すべき乎《や》といえば、彼は必ず遠くは神功皇后《じんぐうこうごう》の征服、近くは豊太閤《ほうたいこう》の討伐を回顧し、憐《あわ》れにも懐に怨恨の情を介《はさ》み、且つ豊太閤が空しく雄図を抱きて長逝するや、その後を承くるもの、その明朝《みんちょう》征服の素志を貫徹するを努めず、却《かえっ》てその善後策として韓の歓心を求むる方針を執り、優柔寛仮《ゆうじゅうかんか》を以てこれを待ちしより、倨傲尊大《きょごうそんだい》の念を増長し、我が国を与《くみ》し易しと為したる韓国の君民なれば、直に我が要求を峻拒《しゅんきょ》して無礼を我が使節に加えるに至らんのみ。事此《ここ》に至らば、我が政府は咄嗟《とっさ》に干戈《かんか》を動かしてこれを制裁するの外なし。況《いわ》んや最後の談判を試む最後の使節は恐れ多くも我が天皇陛下の御名御璽《ぎょめいぎょじ》を特署したる国書を捧持するものなるべきに、韓官のこれに向って無礼を加うることあれば、いかで忍容をなすべきぞ。

〔国際問題の見地からみた征韓論〕

然れども干戈を動かすは、国内に於ても危険なる大事と為す。これを外国に加えんとするに於ては、更にその危険多きを見る。韓の地たる、国貧に民弱く、畢竟《ひっきょう》我が敵にあらざるはもとより言を待たざれども、疆域《きょういき》相接して交通常に絶えざる清国の夙《つと》に父国としてこれに臨むあり。覇心蓊勃《はしんおうぼつ》として呑噬《どんぜい》の慾果てしなき露国の久しく涎《ぜん》を垂れて南下せんとするあり。我が国より一たび干戈を動かして韓の地に臨むに於ては、清露《しんろ》の両国は、起て我と相争うに至らん。清起ち、露起たば、英も動かん、仏も動かん、独米もまた動かん。即ち韓国という東洋危機の導火線は、我が一打撃に触れて爆然激発し、その余焔は欧亜の天地に炎々として外交上に収拾すべからざる一大事変を現出せんも、未だ測り知るべからず。この点につきては副島も頗《すこぶ》る意を注ぎしものの如し。而《しか》してなお主としてかくのごとき論を唱うは豈《あ》にその故なからんや。

李仙得《りせんとく》(82)〔ルジャンドル〕の画策、デロン(83)の陰援は更に言うを煩わさず。副島が親しく清国に使いして清韓の関係を質《ただ》し、「韓国はその内治外交全く自主自治に任ずるを以て、清国政府はその無礼亡状に対して責任を負わず」との明荅《めいとう》を得て、その明荅は口頭のみに止りて公文書ならざるも、清国は決してこの前言を食《は》むことなかるべしとの自信は、韓廷に対して最後の談判を為すべき問罪使を発せんとの決心を容易ならしめしに相違なからん。

且つ聞く、当時我が国に駐剳《ちゅうさつ》せし露国公使ビツオフ(84)は、本国政府の意を承けたるにや、はた独自の意見に出でたるにやは、今になお知るに由なきも、その時はたとえ我が国より事を韓国に構うとも、露国はこれに対して寸毫《すんごう》も干渉を為し妨害を加うることなきを明言したりと。これもとより外交上正当の手続に依りてその意を通じたるにあらざれど、ビツオフは日韓事あるの時に際し、露国は厳正に局外中立を守りて日本国に不利なる言動を為さざるべきを慥《たし》かに明言したりしなり。これもまた副島に取りて一大後援となりしならん。故に副島はこれらの事由に刺撃せられ、猛断して韓に臨まんとの議を発するに至りしなり。

〔征韓論と征台論の差異〕

翻《ひるがえ》ってこれを思う。台湾事件と対韓問題はほとんどその時を同《おなじ》うして起り、否《いな》台湾事件はむしろ対韓問題に先だちて起りたり。その処分上より言えば、台湾事件を先にして而《しか》して対韓問題に及ぼすを順序と為すが如し。歩を譲りてこの順序を踏まずとするも、その処分論はともに先後《せんご》なくして起るべきなり。現に副島の大使として清国に派遣せらるるや、右には台湾事件を提《ひっさ》げ、左には対韓問題を携《たずさ》え、清国政府を要してその罪責の所在を糾問《きゅうもん》したり。然《しか》るに意外の答弁を獲て我が国に帰来するや、台湾事件はほとんど措《おい》て顧《かえり》みざるがごとく、一意に対韓問題の忽諸《こっしょ》に附すべからざるを説き、我が廟堂有司《びょうどうゆうし》も、また只対韓問題に熱中し、ここに征韓論の勃興《ぼっこう》を見るに至りしは、これ果して何の因由《いんゆ》なるぞ。一言以てこれを蔽《おお》えば、日韓の関係と日台の関係とは痛く異なるところあり、従ってその間に生ぜし事変に対する我が国民の感情もまた著しく異なるところあるを以てなり。これを詳《つまび》らかに言えば韓の我に於ける、中古以前は全く臣属して朝貢聘問《ちょうこうへいもん》の礼を欠かず、それ以後は交通時に断続して、ややもすれば葛藤《かっとう》を惹起《ひきおこ》すことなきにあらざるも、なお旧交依然として存続し、ともかくも表面上には実際に皆臣属国を以てこれを見たり。台湾に至りては即ち然らず。その往古は勿論《もちろん》、五年、十年の前に於てすら邈《ばく》として互いに相識らず、依ってその間に関係なるものあるなく、且つこれに対して恩怨もしくは好悪の感情を有することなかりき。

然る故を以て台湾の蛮民が我が漂流民を虐殺したる亡状と、韓国の君民が我が使節に加えたるの無礼とは、たとえその程度はさしたる差異なきにせよ、否《いな》、かの亡状はこの無礼に勝るものあるにせよ、これを憤怨する我が国民の感情は、台湾よりもむしろ激甚なりとす。なんとなれば、彼は頑冥暴恣《がんめいぼうし》移すべからざるの蛮民にして、遥遠《ようえん》相識らざるの漂流民を虐殺してその財帑《ざいど》を奪いたるに過ぎざれば、無念ながらも野蛮の常としてやこれを寛恕《かんじょ》し、以て自ら慰め他を慰むべしといえども、これは二千有余年の久しき、我に臣属したるものにして、一朝我が外交の当局者がその操縦駕御《そうじゅうがぎょ》の道を誤りしより、忽《たちま》ち倨傲暴慢《きょごうぼうまん》に我を目して優柔為すなきものと為して無礼を我が使節に加え、あまつさえ清国を恃《たの》みて我に敵意を表せんとするに至る。義憤の念に富みたる我が国民が、往古の関係を観して斯《かか》る現状に照らしなば、もとより慷慨悲憤《こうがいひふん》の念は自ら禁ずる能《あた》わざるものあるべし。これぞ副島及びその他廟堂の有司が台湾の亡状事件が韓国の無礼問題に先だちて起りたるに拘《かか》わらず、彼を措《お》きてまずこれを処分せんとしたるゆえんなるべし。ここにおいて先に台湾事件を処分せんとするの時に当り、その顧問として傭聘《ようへい》せし李仙得《りせんとく》も、今は対韓問題のために周旋することと為りぬ。

〔征韓論勃発の真意〕

転じて我が内閣の事情を見るに、『欧米派遣の使節帰朝』の題目の下に於て(85)、詳しく既に述べたる如く、閣僚の反目、及び閣僚と使節との衝突よりして百事錯綜《ひゃくじさくそう》、紛々《ふんぷん》として俄《にわか》に収拾すべからず。黯雲陰霧《あんうんいんむ》の内閣の上及び四辺を蔽《おお》える現象を呈し、この雲霧は風雷の人の耳目を驚かすにあらずして霽散《せいさん》をみるべくも非ず、内閣は早晩に大風迅雷《だいふうじんらい》の大変動を見ざるべからざる危機に迫りたる折柄《おりがら》にも、『征韓』という外交問題のこれが導火線と為りたれば忽《たちま》ち爆発して一大活劇を演ずるに至りぬ。これは果して国家の幸福なりし乎《か》、民人の不幸なりし乎、今且つ評論せずといえども、その謂《いわ》ゆる征韓論なるものは果して誠心誠意に韓を征せんと欲するよりして出でたるもの乎《か》。更に切言すれば謂ゆる征韓論を唱えし人々は、果してその真意は純一に韓の倨傲無礼《きょごうぶれい》を憤《いきどお》り、これを征服して以て我が威厳を伸べんとするに在し乎。これ余が此《ここ》に論窮《ろんきゅう》せんと欲するところなり。

余は他を傷け人の美を没せんとするを好まざるなり。本論題の劈頭《へきとう》に已《すで》に弁じ置きしごとく、(86)余はその当時に親しく関与し見聞せし事実を自ら信ずるがままに露白して忌避《きひ》するところなからんとす。もしこれを以て揣摩《しま》と為すものは揣摩と為さんのみ、酷評と為すものは酷評と為さんのみ。自ら信ずるところに従て美を美とし、悪を悪とし、その口角沫《こうかくあわ》を飛ばし案を叩きて激昂したる外形的快論の深底には、他の陰密的意志の存在せし事実を発《ひら》きてこれを明らかにせんとす。ここにおいて他より是非《ぜひ》の論評あるも余が毫《ごう》も頓着するところにあらず。ここにおいて征韓論を唱えし人々の真意を論窮するかの疑問を解かんに、余は必ずしも然《しか》らずとの一言を以て答うるの外なきを憾《うら》む。嗚呼《ああ》、誠にこれを憾む。蓋《けだ》し彼等(征韓論を唱えし人々)は情を説き、理を論じ、以て征韓の已《や》むべからざるを唱道せしといえども、酷《こく》にこれを評すれば只だ表面に現われたる壮快の論なるのみ。深くその心裏《しんり》を穿《うが》てば別に各人各個なる陰密的意志のその真底に鬱勃《うつぼつ》たるを見る。即ち彼等は『征韓論』、否《いな》実に『征韓』という一大事変を仮りて、各々《おのおの》その陰密的意志を行《や》らんと欲せしのみ。さりとて余は彼等の心裏に純一の陰密的意志の存するのみにて、毫《ごう》も誠意誠心より出でたる『征韓』の志望なかりしと謂《い》うにはあらず。深く韓の倨傲無礼を憤り、機会もあらばこれを征服して我が威厳を伸べんとの念は、上下官民を通じてありしなり。時の廟堂《びょうどう》に立ちて世の瞻仰《せんぎょう》を受け、国家の大政に参与して、親しく日韓の関係を見聞せし彼等にして、もとよりこれに至誠の念なしと謂《い》わんや。もとよりこれなかりしにはあらざるも、彼等が辞色激厲《げきれい》に、ついに掛冠《かいかん》を賭して征韓の已《や》むべからざるを論争せしところの主因は、むしろ此《ここ》に在らずして彼に在り。

然《しか》らば征韓論の主唱者たり張本人たりし江藤《えとう》〔新平《しんぺい》〕の心事は如何《いかん》、後藤《ごとう》〔象二郎《しょうじろう》〕の真意は如何、板垣《いたがき》〔退助《たいすけ》〕、副島《そえじま》〔種臣《たねおみ》〕の意衷は如何、西郷《さいごう》〔隆盛《たかもり》〕の底意は如何。請う遠慮なくこれを説かん。

〔江藤新平の心事〕

江藤の心事を一言にしてこれを蔽《おお》えば、事を外に構えて以て薩長の権力を打破し、藩閥的政府を以て国民的政府と為さんと欲するに在りしなり。これ実に彼が年来の素志なりしに、韓廷が屢々《しばしば》我が要求を峻拒《しゅんきょ》してついに無礼を加うを見、副島の齎《もた》らし帰りたる清国政府の応答を聞くや、彼は此《ここ》にその意を果たすべき好機失うべからずと為し、熱心に征韓論を唱道したり。彼はただに自らこれを唱道したるのみならず、その真意の存するところを余に諗《つ》げてその論に賛同せんことを勧めたりき。然れども余はその方策の不可なるを弁じ、且つ征韓の一挙よりして却《かえっ》て薩長の権力を増長するに至るやも知るべからざるを説き、反《かえ》りてその議論を中止せんことを勧告したり。彼はなお言う、薩人は朴直《ちょく》にして淡白なり。故にその為すところも大概磊々落々《らいらいらくらく》として公正を失わず。これに反して長人は怜悧《れいり》にして陰険の風あり。故にその言行は時に狡獪《こうかい》に陥り、あるいは繊巧《せんこう》に失し、ややもすれば曖昧模稜《あいまいもりょう》にして捕捉すべからざるもの少なからず。思うに朴直淡白の士は事をともにすべし。怜悧陰険の徒は往々に人を傷く。天下の政治を賊するものは必ず長人ならん。これをして廟堂《びょうどう》の上に飛揚跋扈《ひようばっこ》して権勢を逞《たくまし》うせしむるは、たまたま以て国家の深憂を醸《かも》す事由なるのみ。むしろ事を外に構え、薩を援《たす》きて長の権力を打破するに如《し》かずと。後藤もまたその意見を同《おなじ》うし、相ともに余を勧説するところありき。然れども余は断々乎《だんだんこ》としてこれを拒絶し、且つ薩を援きて長の権力を挫《くじ》かんとし、幸いにこれを打破するを得るも、薩はこれがために益々《ますます》その権力を増長し、江藤等が執《と》りて以てその主要の目的と為せる『藩閥政府の打破、国民的政府の樹立』はついにこれを完成する能《あた》わず、僅《わず》かに薩長政府を移して薩閥政府と為すに過ぎず、而《しか》して薩閥政府よりして生ずる憂患は、更に甚《はなは》だしきを加うるに至るやも測り知るべからざるを説き、反覆《はんぷく》叮嚀《ていねい》にその意を翻《ひるが》えさしめんとしたり。

かくて江藤と余とは互いにその是非利害《ぜひりがい》を勧告し、前議を翻《ひるが》えさしめんとしたること幾回なるやを知らざるも、また互いにその所信を固執して相応ぜず、ついに政治上に於て、幾多《いくた》の年月間相提携し来りし袂《たもと》を分ちて、反対の地位に立つの已むべからざるに至り、江藤はこれより冠を掛け郷国に帰り、その満腔の不平に駆られ、且つ不満不平の徒に擁せられて、むしろその本性と謂《い》うべき実務家立法家より、一変して武人と為り、将《しょう》帥《すい》と為り、剣を執りて軍を率い、以てその素志を全うせんとし、而《しか》して一敗地に塗《まみ》れてついに自ら定めたる新律綱領《しんりつこうりょう》によりて刑せられ、人をして我が国の商鞅《しょうおう》と呼ばしむる悲運の末路を見るに至りしは、惜《おし》みてもなお惜むべきの至りなり。

想い起す。征韓論の容《い》れられずして内閣大破裂の不幸を来し、その主唱者が憤然と冠を掛けて国に帰らんとする前夜のことなりき。江藤はなお余を勧めてその論に賛同せしめんとして来り訪《おとな》い、余は却《かえっ》てその意を翻《ひるが》えさしめんとして、強いてこれを留めて勧告するところあり。互いに反覆弁難、ついに深夜に至り、枕褥《ちんじょく》相並べてともに余が僑居《きょうきょ》に一夜を明かしたることあり。これぞ余が政治上に於て江藤と相提携したる最終にして、而《しか》して相敵視するの始めなりりし。爾来《じらい》は再び相見るの縁なくして、ついに幽明《ゆうめい》相隔《へだ》つるに至れり。当時の事情を説くに当りて豈《あ》に愴然《そうぜん》と今昔の感なからんや。

〔後藤象二郎の心事〕

後藤の意衷も江藤の心事と甚だ相異なるところなかりしが如し。彼はその時余に語て曰く、「薩長が上に飛揚《ひよう》し、一般の国民その権力を分つ能《あた》わざるは、かの維新改革を大成するに於て、両藩が最もその力を致したるの余恵なるべきも、民間の勢力の至て薄弱にしてその跋扈《ばっこ》を制抑する能わざるも、またその一大原因と謂《い》わざるべからず。然《しか》らば今日の急務はまず民間の勢力を養成して強大ならしむるに在り。而してこれを養成するの術は、一般国民をして富実ならしむるに在り。その富実ならしむる策は商賈貿易《しょうこぼうえき》を舎《お》きて他にこれなきなり」と。

且つ曰く、「ここを以て、余は野に下りて身を商人に変じ、盛んに商賈貿易を営みて実力を養い、延《ひ》きて一般国民の富実を計り、民間の勢力を養成し、下よりして薩長の権力を殺《そ》ぎ、以て藩閥政府を打破して国民的政府を樹立せんと欲す。しかし余はもと理財に暗《くら》し。足下久《そっか》しく廟堂《びょうどう》に坐して会計の局に当り、理財の術に通ず。幸いに余とともにその事に従い、余をしてその志を成すを得せしめば、惟《ただ》に余を利するのみならず、誠に国家の幸福なり。想うに、余等の主唱する征韓論は将《まさ》に廟議の斥《しりぞ》くるところとならんとし、而して藩閥打破の目的また将に空しからんとす。忽然豹変《こつぜんひょうへん》して身を商業界に投じ、他の方途よりしてその目的を達せんもまた可ならずや。冀《こいねがわ》くは賛助するところあれ」と。

余は直ちにこれを拒絶して曰く、「嗚呼《ああ》、果して然る乎《や》。これ適《まさ》に以て足下を誤るに足らんのみ。それ商賈貿易を盛んにして国力の発達を計ること、もとより必要ならざるにあらず。然れども足下は自ら身を商業界に投じてその事に従わんとし、且つこれを以て藩閥打破の方策と為さんとす。誠にその難《かた》きを見る。且つ余は一介の窮措大《きゅうそだい》のみ。世の謂《いわ》ゆる士族なるのみ。もとより理財の術に長じ、商業の策に通ぜん様はなし。しかもともに野に下りて盛んにこれを営まんとするも、如今《じょこん》伝て以て規戒《きかい》と為せる『士族の商売』とて忽《たちま》ち大失敗を招き、ついに詮術なきに至るべし。思うに薩長の権力を殺《そ》ぎて国民的政府を樹立し、且つ商賈《しょうこ》貿易を盛んにして国力の発達を計るゆえんの道を求めば、他にその方策なからんや。志を得ざる不満のあまり、整に身を経験なき商業界に投じ、以て万一の僥倖《ぎょうこう》を期することあらば、後日必ず及ばざるの悔あらん。幸いに自ら熟慮してその意を翻《ひるが》えさば、これぞ即ち足下一人の利益に止《とど》まらざらん」と。且つ拒《こば》み、且つ勧告するところありしも、彼はついにこれを容《い》れずして、江藤、板垣、副島及び西郷とともに冠を掛けて辞去するに至りたり。彼はその後、身を商業界に投じて、かの一時有名なりし蓬萊社《ほうらいしゃ》(87)を創立して盛んに商賈貿易を営みたり。その結果のごときは、世人の已《すで》に知るところなれば、今ここにこれを述ぶるの要はなかるべし。

〔板垣退助の心事〕

板垣の真意は親しくこれを聞くに及ばず、従ってその詳細を知るに由なきも、彼もまた権力の偏在を憤慨してこれを矯正せんとし、これを矯正せんがために征韓の挙を断行せんと欲したるは疑うべくもあらず。且つ彼はもと武人なり。これを以て彼は二百数十年間連続せし徳川幕府の大平に狃《な》れたると、且つ維新の風雲に際会して少壮客気《きゃっき》の徒が図らずも顕位高俸を獲て年来渇望せし放肆《ほうし》淫逸《いんいつ》を逞《たくまし》うしたるとよりして、痛く頽敗《たいはい》したる士気を矯正振起せんとの念を懐き、これを矯正振起せんには、事を外国に構うるに如《し》くはなく、事を外国と構うるは、韓国こそ誠に適当のところなれと信じ、而《しか》してあたかもその機会到来せしより、即ち熱心に征韓の急務を論ずるに至りしこともまた疑うべからず。然《しか》れどもその本意とするところを問わば、此《ここ》に在らずしてむしろ彼に在りしと答うるも、蓋《けだ》し甚《はなは》だしき失当にあらざらんか。

副島の意志に至りては、前二項とこの項とに述ぶるところに依りて、覚る人は覚らんのみ。また此《ここ》に繰返すの要なし。

〔西郷隆盛の心事〕

然らば西郷の心事は如何。

世には西郷を以て征韓論の主唱者と為し、原動者と為すもの多し。然れどもそれは必ずしも然らず。対韓問題の忽諸《こっしょ》に附すべからざるを最初に唱え出したるは、時の外務卿副島種臣《そえじまたねおみ》にして、西郷その他の諸人はこれに和したるに過ぎざること、已に前に述べたるが如し。世人の多くは西郷と征韓論との関係を誤想すると同時に、征韓論を唱《とな》うに至りたる西郷の心事をも誤解したるを見る。西郷の心事は手短かに言えば、世人の多く想像するごとく、その当初よりして韓の倨傲無礼《きょごうぶれい》を憤《いきどお》り、一意にこれを征服して我が国威を伸べんと欲したるにあらざるなり。彼は勧められて朝に立ちしも、諸事心と違うてその予期の志望を達する能《あた》わず、前には旧君のその言動を激怒して痛くこれを難責するあり、後には群小不満の徒の内閣の施為《しい》を攻撃してこれを擁するあり、進まんと欲して進むべからず、退かんと欲して退くべからず、しかもまた依然としてその地位に立つは更に心苦しきあり。流石《さすが》の西郷もほとんど失望落胆の極に沈み、全く人事を抛《なげう》ちて世を遁《のが》れんとの意を決するに至りしが、図らずも対韓問題の勃興《ぼっこう》するあり。使節を韓廷に派して最後の談判を為さんとの議出でしを以て、彼は千繞万囲《せんじょうばんい》の重囲中に一条の血路を開き得たる思いを為し、身を失望落胆の中より躍《おど》らし、出でてその苦悶を遣《や》るはこれを措《お》きて他にその途なしと為し、さてこそ熱心に問罪使を発せんことを主張し、且つ自らその任に当らんことを切望したるなり。彼が旧君の怒に触れ、且つ諸事意の如くならざるよりして痛く失望落胆し、ついに世を厭《いと》うて人事を抛《なげう》ち、山林の間に遁《のが》れて風月の楽にその苦悶を遣《や》らんとまでの意を決するに至りたる事情は、またここに喋説《ちょうせつ》を要せず。但しかくまで悲境に沈み、その恩顧ある黒田の情誼深き勧めに依りて暫《しばら》く北海道に隠遁《いんとん》せんとの意すら動くに至りたれば、むしろ対韓問題を以て悲境の一血路と為し、最後の談判を為すべき最後の使節と為りて韓廷の殺害するところとなるも、これぞ自己の苦悶を遣るべき最後の光明にして、且つ旧君に対し、国家に対して忠死する途なりと想い、強いてその使節たらんことを要望し、而《しか》してその容《い》れられざるや、一蹶《いっけつ》ついにその末路を江藤と同じくするに至れり。説きて此《ここ》に至れば、西郷の心事を誤解したる世人の多くも、彼が憐《あわ》れむべき一種の強き私情に駆られて、ついに世の謂《いわ》ゆる征韓論を唱うるに至りたるを覚らん。

〔留守政府における征韓論提唱の政治的意味〕

これを要するに当時の征韓論は純一に韓の倨傲無礼を憤り、これを征服して我が威厳を伸べんと欲するより出たる議論にはあらずして、他の陰密的意志がその因由《いんゆ》と為りてこれを激発せしめたるなり。かの江藤と云い、後藤と云い、板垣及び副島と云い、はた西郷と云い、主としてその議論を唱道せし人々は、あるいは一種の私情に駆られ、あるいは陰密的志望を抱蔵し、偶爾《ぐうじ》に起り来りたる対韓問題を仮りてこれを行り遂《やと》げんと欲するより、『征韓』という好題目を掲げ来りて壮言激論し、以てその決行を促がしたるなり。かくて征韓論は上下の一大問題たるに至れり。然《しか》れどもその征韓論なるものは、その名の示すごとく必ずしも韓を征服せんとの論を指したるにあらず。称して征韓論と云うといえども、その実は只使節を派して韓廷の無礼を責《せ》め、これを勧誘して以て旧交を修続せんとの議を唱えたるに過ぎざるのみ。現に板垣及び副島は閣僚列席の前に於て、「余等の議論はもと諸君と異なり、干戈《かんか》以て韓に臨まんとするは決して本意にあらず。只まず使節を派して勧諭反覆以てその旧交を暖めんと欲するのみ」と公言し、西郷も身に一兵を従えずして韓に入り、自ら問罪修交の任に当らん、もし不幸にして殺害せらるるが如きことあらば、その時に初めて征韓の師を起すべしと主張せしほどなり。然《しか》れども使節を派して最後の談判を試みるは即ち韓と事を構え、干戈の間に相見ゆる端を啓《ひら》くものなり。事を構え干戈を交ゆるは、実に一国の大事、特に清露《しんろ》の決してこれを黙過せざるべきに於てをや。ここにおいて是非《ぜひ》の論、利害の議、紛々《ふんぷん》として廟堂の上に沸き、閣論ついに征韓論者の議に一決せんとするに当り、欧米に派遣せられたる使節の一行は程《てい》を急ぎて新たに帰朝したれば、ここに再び廟議の沸騰を見るに至れり。

3　征韓論政変へ

〔木戸・岩倉・大久保らによる内治優先論の提唱〕

木戸は明治の初年に於て逸早《いちはや》く征韓論を唱えたるもの、その新たに帰来して廟議の沸騰するを見るや、必ず征韓論者に加担すべきが如くに想わるれど、事実は全くこれに反したりき。蓋《けだ》し彼はもと平和党に属すべき人なるのみならず、その欧米諸国を周游するや、深く文物典章《ぶんぶつてんしょう》の完美に驚嘆し、且つ親しくポーランド覆滅の跡を覧《み》て今昔の感に堪《た》えず、速やかに彼の長を採りて我の短を補い、まず内を治めて而《しか》して外に及ぼすの急務なるを感じ、即ち前論を舍《お》て、未だその時に到らずとのことを以て、当時の征韓論に反対を表したり。岩倉、大久保等に至りては、当時特に内治を主とし平和を尚《とうと》べるもの、それ新たに帰朝して閣論の将《まさ》に征韓に一決せんとするを見るや、直ちに口を斉《ひと》しうしてこれに反対し、以てこれを翻《ひるが》えさんとしたり。

異常の時には異常の事も起るなり。明治の初年に於て、逸早《いちはや》くも征韓の論を唱えし木戸が、僅《わず》か五六ヶ年の後に於て豹変して非征韓論者と為りたるは更に言わず。かの少壮の時より私交上に、政治上に、相親み相携えてその情誼膠漆《じょうぎこうしつ》もただならず、いわゆる「切っても切れぬ間柄」なりし大久保と西郷とが、征韓論勃興《ぼっこう》の当時よりして、俄《にわか》に袂《たもと》を別ちて相閲《せめ》ぎ、その所執の互いに相容《い》れずして弁難攻撃、ついにその間に埋むべからざる一大溝渠《こうきょ》を築き、沈毅《ちんき》緘黙《かんもく》なる大久保をして、「余等両人の間にかくまでの支吾《しご》を生ぜし以上は、両人刺違えて死する外なし」との長大息《ちょうたいそく》を漏すに至りしがごとき、また彼の性行を異にし、主義を異にするよりして、その意見議論の往々に衝突扞格《しょうとつかんかく》し、ともに岩倉の副使として欧米巡遊の途に上りしより、転《うた》たその悪感情を激成して、闘争《げきそう》のあまり、相別れて帰朝せし木戸と大久保とが、征韓論沸騰の際よりして忽《たちま》ち相一致してこれに反対し、征韓論者が三条首相を強要して征韓の勅裁《ちょくさい》を請わんとせしに拘《かか》わらず、堅く相提携して全くこれを打破せしは、誠に異常の事にして、表面よりこれを察すれば、奇怪至極の現象と謂《い》わざるべからず。

〔副島種臣の技量への疑念〕

且つ木戸及び大久保等が断々乎《だんだんこ》として征韓論に反対したるゆえんは、ただに前叙《ぜんじょ》の事由のみに止まらざるなり。彼等は征韓論者が口に対韓問題の忽諸《こっしょ》に附すべからざるを唱うれど、その深き心底には一種の私情、もしくは陰密の意志を抱蔵し、而《しか》してその私情もしくは意志を行《や》らんために故《ことさ》らに事を韓に構えんとするを知れり。また欧米諸国を巡遊して到処《いたるところ》の貴顕紳士を接見せし中にも、最も多く外交官と接見したるを以て、謂《いわ》ゆる外交なるものの権謀術数を用うる少なからざるを見、従って内治に比してその措《そ》画《かく》よりして生ずる危険の頗《すこぶ》る大なるを知れり。彼を知り、此を知るが上に、更に外交上に於ける副島の技倆《ぎりょう》を疑えり。蓋《けだ》し以為《おもえ》らく、「副島はもと方正謹直の君子人のみ。彼権謀を用い、術数を要する外交の局に当りて錯綜《さくそう》せる当時の外交事務を整理し、以て我が国権国威の屈辱を伸雪《しんせつ》せんとするがごときは、彼の長ずるところにあらず」と。これを以て、彼等は副島が率先して対韓問題の忽諸に附《ふ》し去るべからざるを唱道し、速やかに使節を派して最後の談判を為さんと主張するを見るや、それ果して副島の真心真意に出でたるものなるやを疑えり。直接に言えば副島の方正謹直なる、知らず知らず諸外国公使の籠絡《ろうらく》するところと為り、その野心の煽動に乗せられて、熱心に斯《かか》る議論を主張するにはあらざるやを疑えり。疑心一たび生ずれば暗鬼百出《あんきひゃくしゅつ》す。副島が内に識見奇抜なる李仙得《りせんとく》の協賛を得、外に権勢強大なる米露両国公使の親交を保ち、意気揚々としてその間に趨走《すうそう》するは、彼等の眼孔に心裏《しんり》の疑惑を増す一種の魔雲《まうん》として見られしなり。

〔内治優先論の政治的意味〕

ここを以て彼等は断々乎として征韓の議を排斥《はいせき》して曰く、「幕府倒れて大政親裁の古《いにしえ》に復し、匪徒《ひと》全く順に帰して諸般の政務ほぼ緒《ちょ》につきたるが如くなれども、時まさに廃藩置県の大改革を距《へだた》る遠からず、その大改革の後を承け、王政維新の実を完《まっと》うするに必要なる改革革新の決行すべきものはなお鮮《すくな》しとせず。この時に当り小憤を忍ぶ能《あた》わずして俄《にわか》に事を外に構え、干戈《かんか》を動かすことあらば、ただにその改革革新を決行する能わざるのみならず、清露《しんろ》の諸国また必ずこれを黙過する能《あた》わずして、勃然崛起《ぼつぜんくっき》して我と相争わんとし、外交上に収拾すべからざる一大事変を現出するやも測り知るべからず、これ豈《あ》に寒心《かんしん》すべきにあらずや。余等は使命を奉じて欧米諸国を巡遊し、その国情と民力とを熟察するに、唯々愕然《がくぜん》としてその完実と豊富とに驚嘆するの外なし。苟《いやしく》も我が国にしてその間に伍し、以て屈辱されたる我が国権と国威とを発揚せんと欲せば、須《すべか》らくまず内治を整頓して民心の安堵と国力の発達とを計るべし。余等も決して韓廷の倨傲無礼《きょごうぶれい》を憤《いきどお》らざるにはあらず、また決して対韓問題を忽諸《こっしょ》に附《ふ》し去らんと欲するにもあらず。然《しか》れども物に大小軽重あり。事に前後緩急あり。これを顧《かえり》みずして軽挙妄進し、只その憤怨を遣《や》らんことを努むならば、必ず深憂後患の済《すく》うべからざるもの踵《つ》ぎ至らん。それ内治の整頓は大なり重なり、対韓問題は小なり軽なり。その大を措《お》きてその小を理《おさ》め、その重を顧みずしてその軽を正うせんと欲す。これ前後緩急を弁ぜずして徒《いたず》らに軽挙妄進するもののみ、これ余等が遽《にわ》かにあえて賛同を表する能わざるところなり。もしそれ無礼亡状を加えられたる故を以て、内治の整頓は且つ舍《お》きてもなおその罪を問わざるべからずと言わば、台湾事件こそ第一着手の外交問題たるべし。台湾事件の対韓問題に於ける、その大小軽重より言えば、必ずしも同日の談にあらずといえども、その先後と直接の利害より見れば、未だ猝《にわ》かにこれを軒輊《けんち》すべからず。否《いな》、むしろ台湾事件を以てその先にして、而《しか》して直接の害を受くることまた大なるものと謂《い》わざるべからず。然るにこれを措《お》きてまず彼を問わんと欲す。これ豈に前後を誤り、順序を失うものにあらずや。これなお可なり。かの韓廷は幾たびか我が要求を斥《しりぞ》け、ついに無礼を我が使節に加うるに至りたるほどなれば、今更に最後の談判を為すべき最後の使節に接して俄《にわ》かにその倨《きょ》傲尊大《ごうそんだい》の念を挫《くじ》き、以て唯々として我が要求に応ずべくもあらず。勢いの激するところ、必ず我が使節を残害し、有りしに勝る無礼の言動を為すに至るべし。その結果として干《かん》戈《か》を動かすの已《や》むべからざるに至るは、ともかくもとして、事の此《ここ》に至るべきを予知しながら、維新の元勲として世人の瞻仰《せんぎょう》を受けつつあり、且つ将来なおその手腕を要すること少なからざるべき西郷をその使節と為して、故《ことさ》らにかの頑冥児の毒手に仆《たお》れしむるがごときは、情に於て忍びざるのみならず、誠に我が国の不幸なりとす。これを要するに、内治の整頓は本なり。対韓問題は末なり。本立ちて末理《おさ》まる。その大にして重きものを治めば、小にして軽きものは、破竹の刃を迎えて自ら解くるがごとくならんのみ。前後その序を追い、緩急時の宜《よろしき》を制す、以て大事を成すべく、以て偉勲を奏すべし。対韓問題の如き、豈に必ずしも一日の急を争うものならんや。まず内を治めて以て民心の安堵と国力の発達とを計り、然る後、徐《おもむ》ろにこれに及ぼすも未だ決して遅しと為さざるなり」と。

〔強行されようとした征韓論〕

彼等はここを以て征韓論者と抗争し、如何《いか》にもしてこれを調停せんとせしも、只さえ固く執りて動かざる征韓論者は、内に豪壮の挙を喜ぶ軍人の踴躍《ゆうやく》してこれを援《たす》くるあり、外に諸外国公使のあるいは東洋経綸策を説き、あるいは我が国が事を韓に構うるも局外中立を守りて、これに干渉することなかるべきと明言して、暗にその決行を唆《そその》かすありしを以て、益々《ますます》その所論を固執し、ついに三条首相を強要して征韓の勅裁《ちょくさい》を請わんとするに至りたりき。

征韓論の由来は、これまで説き来りたるところに依りて已《すで》に世人の了知するところと為りたるべし。然《しか》れども征韓論を主唱せし人々の心事は、今日に於てすらなお世人多数の了知するところと為らざるか、もしくは誤解するところと為り居れるほどなれば、その当時に於ては更に世人の了解するところと為らざりしなり。否《いな》、全天下を挙《こぞ》って僅々《きんきん》数人の外は、征韓論者の心事を了解したるものはなきなり。これを以て世人多くは征韓論者が、「韓廷の無礼を責め、これを懲《こ》らして以て屈辱したる我が国権を伸べ、汚損したる我が国威を張らん」との論を主張するを聞くや、その論の只一箇の口実、表面の理由に止まるを知らずして、靡然《びぜん》としてこれに賛同し、その反対者をば直ちに目して以て姑息《こそく》と為し、怯憶《きょうおく》と為し、相率いてこれを攻撃するに至れり。壮快の論は人心を動かし易く、平穏の議は世に容《い》れられ難し。曰く無礼を責《せ》めてこれを懲らさん、曰く屈辱せる国権を伸べん、曰く汚損せる国威を張らんと。これらの言辞は、ヨシ一箇の口実、表面の理由なるにもせよ、誠に壮快なる議論にして、苟《いやしく》もその議論を唱《とな》うに至りたる深底の心事を達観する能《あた》わざる者は、皆喜んでこれに賛同するに至るなり。征韓論がその当時に朝野の一大問題と為り、これを非とせし者は大概姑息怯憶を以て目せられたるも、これがためなり。しかしその征韓論なるものは、直ちに韓を征せんと云うにあらざりしも、その議論は針小棒大の譬《たと》えの如く、まず主唱者の吻頭《ふんとう》を離れ、内閣の外に聞え、延《ひ》きて諸方に伝播するに及んでは益々その真を失い、愈々《いよいよ》その声を大にし、ついに『征韓論』という名目を以て呼称するに至り、世間多数の人士はこれを壮快としてその名目の下に趨《はし》り、ここに忽《たちま》ち朝野を驚動する一大議論とは為りたり。

征韓論の気焔、かくのごとくなるに於ては、三条首相も今はこれを抑止せん術を知らず、引かるるがままに歩一歩その論に近づき、ついに心ならずもこれに同意を表して征韓勅裁《ちょくさい》を請わんとするに至れり。

〔非征韓論者たちの反撃と征韓論の挫折〕

ここにおいて非征韓論者も断乎《だんこ》として決するところなかるべからず。征韓の論にして単純に使節を派遣してその無礼を責め、これを勧諭して以てその旧交を修むるに止《とど》まらしめば、岩倉以下の非征韓論者も強てこれに抗争することはなく、従って内閣大破裂の不幸を来たすなくして、その結局を見るに至りしならんも、彼等は前にも述べたるごとく西郷以下征韓論者の心事を洞察し、且つその称する使節派遣は即ち干戈《かんか》を動かす端を啓《ひら》くものなるを知りたるを以て、痛くその論に反対したり。されば三条首相が征韓論の気焔に要せられて、ついに征韓の勅裁《ちょくさい》を請わんとするに至りたるを見るや、遺憾ながらもその冠を掛けて責任を免《まぬ》がるる外なしと決心し、相携《たずさ》えて辞表を三条首相に呈してその執奏を請えり。余もまた辞表提出者の一人なりき。

然《しか》るに、その夜深更に、三条は遽《にわ》かに病を発してほとんど人事を弁ぜず。岩倉もまた已《すで》に辞表を呈し、且つ病と称して出でざりしより、廟議ついに決せず。恐れ多くも天皇陛下親《みずか》ら岩倉の邸に幸《こう》し、慰諭して三条に代り事を視せしむることと為し給《たま》い、ここに御前会議を催し、ついに勅裁に依りて征韓の議を罷《や》むることと為りしにより、西郷以下の征韓論者は憤然冠を掛けて野に下り、爾来《じらい》は各方に嵎居《ぐうきょ》して中央政府を睥睨《へいげい》し、ために人心は恟々《きょうきょう》として、天下の風雲は旦夕《たんせき》を測られざるの現象を呈せり。

〔征韓論政変の歴史的意義〕

維新大変革後の人心漸《ようや》く安堵《あんど》の緒《ちょ》につき、且つ欧米派遣の使節、新たに帰朝して、その巡遊の間に識得《しきとく》発明したる新智識新思想を諸般の事物上に応用して着々改良を施し、以て能《よ》く維新改革の鴻業《こうぎょう》を大成すべき時に当り、かくの如き紛争を見る、誠に国家の不幸にして無限の憾事《かんじ》たりといえども、これよりして我が国の政治上に一大変化を来たすに至れり。

およそ世相を一事一物の上より見れば、利は利たり、害は害たりといえども、国家百年の大計上より察すれば、利は必ずしも利たらず、害は必ずしも害たらず。如何《いか》なる不幸が如何なる幸福の事由と為るにや、かつて悲しむべき出来事も他日は喜ぶべき原因と為るにやは、未だ遽《にわ》かに測り知るべからざるものなり。征韓論の紛争より生じたる内閣の大破裂は、当時に於てはもとより国家の不幸として悲しむべき出来事なりといえども、これよりして民間の勢力増進し、倏忽《しゅくこつ》に民撰議院の設立論を見るに至り、因て専制抑圧者の頭悩を刺撃すること少なからざるが如き、且つ我が国の威武《いぶ》を寰宇《かんう》に輝かして万国対立の実を挙げんと欲するは、もとこれ王政維新の大目的にして、早晩に貫徹せざるべからざる事とはいえど、当時の征韓論は苟《いやしく》も機会の乗ずべきあらば、直ちにこれを執《と》らえて以て我が国威国力を外に向って拡伸すべしとの紀念と為りたるを想えば、約してこれを言えば、その破裂は我が国の政治上に最も喜ぶべき変化を来たすの因由《いんゆ》と為りたるなり。これを想えば必ずしも不幸の事なりとして悲しむを須《もち》いざるべし。

今や立憲の政制已《すで》に成りて代議政治の実漸《ようや》く挙り、韓国の独立を扶翼《ふよく》せんとして清国と干戈《かんか》を交え、まさに連戦連勝し、我が威武は已に満清四百余州を圧して遠く欧米を驚かす。当時の征韓論者は皆必ず愉然《ゆぜん》としてその襟懐《きんかい》を慰《い》すべし。地下に知るあらば、江藤、西郷の諸士もまた初めて瞑目《めいもく》すべきなり。

Ⅱ　東京専門学校開校前後まで

第Ⅱ部には、大隈重信の回顧談をまとめた松枝保二編『大隈侯昔日譚』(報知新聞社出版部、一九二二年)から、大隈の自叙伝にかかわる記述を採用・収録した。

一九二一年(大正一〇)七月三一日、報知新聞社は『報知新聞』の夕刊紙上で「大隈侯昔日譚」の連載を開始した。連載開始の案内文によれば、郵便報知新聞社の時期、同社が連載・公刊した『大隈伯昔日譚』(本書第Ⅰ部の底本)が「征韓論の破裂」をもって中絶したため、それ以後の「極めて最近に至る迄」を連載する予定となっている。しかし、連載は一〇月一一日の第六四回をもって中断され、一三日から連載名はそのまま、「番外」として大隈のもとで活動した矢野文雄の談話を掲載するかたちで連載を継続している。大隈の病気が重篤となり、主治医に接客を差し止められて、取材不可能となったからである。

大隈はこの年八月末、体調不良となり、九月下旬、来客と面会できるまでに一旦は回復したものの、すぐに病状が悪化して重態となり、翌一九二二年一月一〇日、数え年八五歳(満八三歳)で死去した。政界で活躍する諸名士が躍り出て、「生きたる好個の「日本憲政秘史」」(『報知新聞』一九二一年七月三〇日)となるはずの企画は幻となり、「愈々《いよいよ》其佳境に入らん」(同一〇月一三日夕刊)とするところで「大隈侯昔日譚」は途絶のやむなきに至った。こうして、大隈の回顧談はついに未完のままに終わったのである。

大隈が世を去って二か月後の一九二二年三月、連載をまとめ、大隈の回顧談に「補」として矢野文雄の談話をあわせた『大隈侯昔日譚』が、連載の筆録者松枝の編によって刊行された。これを素材とする本書第Ⅱ部の対象時期も、四〇代半ばまでの約八年間に関する大隈の回想にとどまらざるを得ない。本書では、これを、「一　台湾出兵と西南戦争」から、「二　開化政策の推進と明治十四年の政変」を経て、「三　東京専門学校と立憲改進党の創設」に至る時期の自叙伝として構成した。時間の流れ自体は本書第Ⅰ部に連続しているが、回顧時は第Ⅰ部から二七年後の大隈の最晩年であり、回顧の対象となっているのは約四〇年前の時期である。

表現様式も、第Ⅰ部と第Ⅱ部では大きく異なっている。文章体で記述された第Ⅰ部の『伯昔日譚』とは異なって、第Ⅱ部の『侯昔日譚』は大隈の語り口を生かした談話体を採用している。これは、筆録・編集にあたった松枝が、「侯の面目を躍如たらしめん」と考えたからである。松枝は、大隈の場合、手元にノートも参考書も一切おかず、その語るところはこんこんとして泉のように口をついて湧き出ると書いている。

松枝は、大隈は自分の過去のこととなると、追懐して公表することを余り好まなかったと書いている。「自叙伝」とか「回顧録」を作ることは大嫌いだったというのである。したがって、『大隈侯昔日譚』は松枝が大隈の「頭脳《あたま》から、引き出し、誘い出し、搾《しぼ》り取って編んだるもの」とも言える(以上、松枝「序に代えて」)。ただし、大隈は、松枝が書いた原稿に目を通し、校閲を加えていたらしい。

一　台湾出兵と西南戦争

1　征韓論破裂の後——禍《わざわい》転じて福《さいわい》となる

明治六年〔一八七三〕から七年にかけては、実に我が国家に取って容易ならざる事態であり且つ不幸なる時であった。独《ひと》り国家として不幸なりしのみならず、我輩個人に取っても実に不幸なる時であった。即ち国家に取って得難き幾多《いくた》の人材が没したが、これ等《ら》は皆我輩に取っては、先輩であり、友人であり、且つ後輩もあったんである。しかもそれが普通自然の定命《じょうみょう》に依って没したるに非ずして、不祥なる事変に依ってである。佐賀の乱では江藤新平《えとうしんぺい》を筆頭に島義勇《しまよしたけ》兄弟(88)——これは実に得易《えやす》からざる英傑であった——我輩の門下同様の山中一郎《やまなかいちろう》(89)、香月経五郎《かつきけいごろう》(90)を始めとして一挙に二十余名を失ったんである。その中《うち》には我輩の親類の者もあるし、義務としても友情としてもその跡始末をつけてやらねばならぬ等《など》のこともあって、我輩個人としても頗《すこぶ》る不幸多事であったのみならず、国家の不幸も実に大であった。ことに江藤はまたと得難き人材であった。あの事変については江藤も悪かったろう。しかしこれを失ったる国家は更に甚大《じんだい》なる損害であり、不幸であった。

想うに当時なお封建の世を距《さ》ること遠からず、薩長の勢力は実に大なるもので、常に両々相拮抗《りょうりょう》していたが、その間《かん》に微弱なりといえども土肥《どひ》が介在して、薩長の勢力をある度合まで抑制し、且つ緩和し来ったので、漸《よう》く勢力平衡を見ていたんであるが、六年の征韓論の破裂、七年の佐賀の乱等《とう》に依って、土肥の勢力が全然朝廷から退《の》いてしまった。無論薩長に於ても征韓論で西郷〔隆盛《さいごう　たかもり》〕以下多少は野《や》に下ったが、土肥に於ても土佐の板垣退助《いたがきたいすけ》、後藤象二郎《ごとうしょうじろう》、佐賀の江藤新平、副島種臣《そえじまたねおみ》と云うような人材がことごとく野《や》に下り、江藤新平は七年の乱で没してしまったんで、一番に打撃を受けたのは土肥であった。ことに佐賀の乱に依って佐賀は最も大なる打撃を蒙《こうむ》ったんである。ここに於てか勢力の平衡はその権衡《けんこう》を失い、勢力の中心は一部に偏在してこれが今なお国家に禍している有様で、国家の不利益これより大なるは無い。

しかしながら事の利害と云うものは、ことごとく一事一物に利と害とが膠着《こうちゃく》するものではない。利であるものが転じて害となることもあるし、禍転じて福となることもある。ことに国家興隆の際は、禍を転じて国の進運を図るの道に資することが肝要である。この力が失われたる時は、その国は既に亡国である。

征韓論に依って、幾多《いくた》の豪傑人材が冠を挂《か》けて野《や》に下りたるは国の禍《わざわい》であったには違いないが、これ等《ら》の連中は野に下るや転じて『民選議院設立建白書』〔ママ〕を出し、板垣、江藤、後藤、副島等《ら》は天下に向って民選議院の要を叫んだが、輿論《よろん》は頗《すこぶ》るそれに共鳴反響してその声は全国に向って拡がった。この現象は一つには六年の征韓論が民論勃興の因をなしたるに依るが、当時征韓論に依って胸に燃ゆる不平の焰を抑えて野に下ったる五人の内、西郷は悠々故山《ゆうゆうこざん》に起臥《きが》したるも、板垣、江藤、後藤、副島等は、民論の容《い》れられざるは一に薩長藩閥の専横《せんおう》に在りとなし、ここに当時の政治組織に対して大なる不満を感じたんである。即ち強藩の勢力が政権を壟断《ろうだん》するの弊に堪《た》え得ず、王政維新の大精神に基《もとづ》いて、真に民衆の意思を基礎としたる理想的の代議政体を樹立しなければならぬと痛感したがためである。

これが即ち後年国会開設期成運動となり、憲法発布となり、帝国議会開設の導火線となったのであるが、今にして想えば実に禍転じて福《さいわい》となりたるものである。しかしこれはかくの如き英傑人材の出《い》ずるに於て初めて成るべきもので、これ等の人々が小不平を出《いだ》さずして、大不平を燃ゆるが如き信念とともに吐露《とろ》したことが、誠に国家の幸福となったんである。しかし江藤はついにこれを見ずして翌七年悲惨なる最後を遂げた。爾来《じらい》幾変転《いくへんてん》、今や洵《まこと》に時艱《ときかん》にして英雄を想うの感を深うせざるを得ないんである。

2　国会開設運動の導火線——征韓論破裂後の大勢

西郷、江藤の最期は悲しむべきものであったが、征韓論破裂後の大勢が偶然にも民選議院設立の運動に転じたのは、誠に禍転じて福となるものであった。その熱烈なる運動の結果は、ついに八年〔一八七五〕の勅書となり、元老院大審院の設立となり、これに依って立法司法の分界が明らかになり、全く行政と混同しないような端《たん》を開いた。その詔書の中にも『朕《ちん》今誓文ノ意ヲ拡充シ、ココニ元老院ヲ設ケ以テ立法ノ源《みなもと》ヲ広メ、大審院ヲ置キ以テ審判ノ権ヲ鞏《かた》クシ、マタ地方長官ヲ召集シ、以テ民情ヲ通ジ、公益ヲ図リ、漸次《ぜんじ》ニ国家立憲ノ政体ヲ立テ、汝衆庶《なんじしゅうしょ》ト倶《とも》ニソノ慶《けい》ニ頼《よ》ラント欲ス、汝衆庶ハアルイハ旧《きゅう》ニ泥《なず》ミ故《こ》ニ慣《な》ルルコト莫《な》ク』云々《うんぬん》とある。元老院は後《のち》には官吏の隠居所になったようであるが、その初めは、将来の議会の基礎となるべきものとして、実に主《おも》きをなした。即ち有栖川宮《ありすがわのみや》〔熾仁親王《たるひとしんのう》〕が議長となられ、河野敏鎌《こうのとがま》、柳原前光《やなぎはらさきみつ》、陸奥宗光《むつむねみつ》、後藤象二郎《ごとうしょうじろう》等《ら》と云うような当時の社会に重んぜられし人々が入ったんである。

民選議院設立の運動は次第に全国に拡がり、明治十一年の頃から『民選議院』と云う称呼《しょうこ》を『国会』と云うようになって益々《ますます》熾《し》烈《れつ》を加えて、『国会期成同盟会』と云うようになった。この運動がかくも猛烈になるまでの径路《けいろ》についても、頗《すこぶ》る興味ある挿話《エピソード》もあるんである。

西郷が朝を退《しりぞ》いて、郷里鹿児島に帰臥《きが》するや、人心は漸次《ぜんじ》不安に赴いた。その輩下の猪《いのしし》武者に擁せられて愈々《いよいよ》旗を挙《あげ》ると云う頃、色々な浮説《ふせつ》流言が起って天下の人心頗《すこぶ》る恟々《きょうきょう》たるものがあった。即ち当時元老院副議長(幹事)をしていた紀州の陸奥宗光と、土佐の林有造《はやしゆうぞう》(91)その他が西郷の旗挙げに相応じて兵を起すと云う流言が伝わったんである。板垣や後藤もこれに加わると云う風説も立《た》った。云うまでもなく、板垣の如きは政治家であると同時に、かつては兵を率いて東北の野《や》に武名《ぶめい》を挙げたる名代《なうて》の武将である。これ等《ら》が一度《たび》兵を率いて起《た》った時、どうなることかと人心は恟々としたんである。なんでもこれ等《ら》は捕えられて禁獄の身となり、なにか先帝(明治天皇)の特赦で出て来たと思うんである。

何《いず》れにするも、かくの如き流言が所在《しょざい》に起ったと云うものは、如何《いか》に当時の人心が不安定であったかを思うに足るものがある。人心の不安定とは為政者たる時の政府に対する不満足、即ち薩長藩閥の専恣《せんし》暴横《ぼうおう》に対する不平であった。当時封建潰滅後幾何《いくばく》もなく人心不統一にして、ついに西南の乱等《とう》も起った。これは薩長藩閥の余弊であるとなし、須《すべか》らく万機《ばんき》公論に決すとの維新の宏謨《こうぼ》(92)に基《もとづ》いて、国民の意思を代表したる議会を開設して人心を帰一《きいつ》しなければならぬこととなったんである。十年の乱も鎮《しず》まり、十一年には大久保が思わぬ不幸に斃《たお》れ、十二年頃から国会開設運動は益々熾烈《ますますしれつ》を加え、ついに十四年に至って、二十三年を期して国会を召集するとの大詔《たいしょう》の渙発《かんぱつ》となり、ついで憲法の制定、議会の開設を見るに至ったんである。我輩の持論である封建が我が憲法を生んだと云うのは即ちこれである。封建そのものが直接に憲法を生んだのではないが、封建の余弊が残って互いに相分裂し相拮抗したことが、かくも憲法の誕生を速めたんである。

而《しか》して我輩熟《つらつ》ら考うるにダ、今日の我が国情は個々の形に於ては相異《ことな》るといえども、その内外の情勢あたかも当時のそれに彷彿《ほうふつ》たるものがある。しかも一向《いっこう》に民論は起らざるのみか、綱紀頽《すた》れ治道の本源大いに乱れて、憲政の実毫《じつごう》も挙がらず、地下諸豪の霊果してこれを如何に見るであろう。我輩目のあたり、今日の我が国情を目睹《もくと》して転《うた》た痛嘆《つうたん》に堪《た》えず、地下の友人に対して無量の感慨禁じ得ざると同時に、独《ひと》り長《なが》らえて恥多きを感ぜざるを得ないんである。

3　征台の師と木戸の挂冠《けいかん》——征韓論より征台論へ

征韓論の破裂で外交のことは一段落を告げたかと云うと、必ずしも然《しか》らずで、事件は次から次へと相連関するもので、歴史的に云えば循環とでも云うんであろう。いわゆる一難去って一難来《きた》るで、征韓論より起れる六年〔一八七三〕の内閣大動揺でひとまず朝鮮のことは後回しとなったかと思うと、七年にまたまた征台論と云うものが持ち上って議論紛々《ふんぷん》再び内閣が動揺し始めた。

当時の内閣は三条《さんじょう》〔実美《さねとみ》〕（太政大臣）、岩倉《いわくら》〔具視《ともみ》〕（右大臣）、木戸《きど》〔孝允《たかよし》〕、大久保《おおくぼ》〔利《とし》通《みち》〕、我輩と大木《おおき》〔喬任《たかとう》〕、伊藤《いとう》〔博文《ひろぶみ》〕等であったが、三条公は病気で、実権は岩倉公に移っていた。しかも西郷は既に退《しりぞ》いて郷里鹿児島に隠れたので、その中心人物はなんとしても木戸と大久保とであった。その木戸は征台論には反対であった。内閣の中心人物たる木戸が不満なんだから事は頗《すこぶ》る面倒になったんである。しかし当時の情勢上、日本の国家として征台のことは騎虎《きこ》の勢い止む能《あた》わざることで、専《もっぱ》らその局に当ったのは我輩であった。木戸は勢い不満ならざるを得ない。其処《そこ》でこの事からして、多年相親しかりし木戸と我輩との間《あいだ》に、ここにはしなくも疎隔《そかく》の端《たん》を発したんである。

征台の目的は達せられたが、抑々《そもそも》事の起りは我が琉球人（八重山人）と、なんでも備中倉敷辺《へん》の漁師の難破船が台湾に漂流したのを、台湾人が殺害したり財貨を奪ったりしたのにある。其処《そこ》で征台の論が起ってまず支那《しな》政府に交渉したが、生蕃《せいばん》(93)の地は化外《けがい》の地であるから支那政府は責任をもたぬとのことである。依って日本は直《ただ》ちに台湾に兵を送った。すると列国が支那の領土へ兵を送ったと云うのでかれこれ異議を申立てたが、支那は責任を取らぬと云うから致方《いたしかた》は無い。日本は直接行動に出たので、ついに蕃人《ばんじん》も降服した。その間《かん》北京で柳原公使が支那当局といわゆる北京談判を開始したが、支那は種々《いろいろ》遁辞《とんじ》を構《かま》えて一向に埒《らち》が明かぬ。北京の英国公使トマス・ウェード等《ら》も仲に入った。ついに大久保が出かけて行って、トウトウ抑えつけて、支那は日本の征台を義挙なりと認むることとなり、被害の日本人に対して撫恤金《ぶじゅつ》——支那は償金と云う名を非常に恐れた——を出させ、危険の場所には灯明台《とうみょうだい》を作《つく》らす等《とう》のことをも定め、将来かくの如きことは再びなさぬとの言質《げんち》もとったが、この役で日本の費すところは七百八十万円、物質上の得失は償われなかった感はあるも、その日本にとって最も大なる隠れたる利益は、従来日本と支那とは琉球の領属について絶えず争っていたんであるが、これに依って明らかにその領属が自然と解決したんである。それのみならず、各外国は、我が兵力の有効なるを認めたる結果として、英仏二国は幕末の外人迫害以来横浜に駐在せしめたる兵を撤(94)したに因り、後来《こうらい》の明治外交の上に非常の利益を受けた。これは間接的ではあるが、日本にとっては大なる利益であった。

しかし一方それがために、また大なる不幸をも見た。それは内閣の首班たり中心人物たる木戸が征台の事に不満なりしよりついに退《しりぞ》いて、大久保がその首班となった。朝を退いたる木戸は郷里長州の草廬《そうろ》に起臥《きが》してしまった(七年四月)(95)。元来木戸と大久保とは常に相和《あいわ》せなかったのであるが、かつては維新の大業に献替《けんたい》したる国家の元勲《げんくん》にして、今内閣の中心人物たる人々が互いに朝野の間《あいだ》に散在して、反目日に益々《ますます》長ずるに至ったんである。これがまた転じて世にいわゆる大阪会議となり、八年の勅書(元老院大審院設立)煥発《かんぱつ》の基《もとい》ともなった。思えば禍福《かふく》はあざなえる縄の如しである。

4 台湾征討と海運業――我が国海運業の濫觴《らんしょう》

征韓論が破裂すると、征台の事が起り、一方には佐賀の乱を始めとして最後の西南の乱で、いわゆる内憂外患が相次いでこもごも至ったが、これがまた偶然にも我が国の航海業の発達を生むに至ったんである。話しは少し後戻《あと》りするようだが、我が国の航海業の濫觴を説くには勢い台湾征討の事と密接なる関係を有するので、重複の嫌《きら》いはあるが、ちょっとここで重《かさね》て台湾征討の側面の事から説き及ぼそう。

征台論の起りについては既に述べたが、愈々《いよいよ》台湾に出兵と云うので、専《もっぱ》ら我輩がその局に当り、台湾事務局長官と云う大変な名前で、当時、我輩は大蔵卿をしていたので、台湾事務局を大蔵省の中においたが、トウトウ我輩自ら長崎まで出かけて行った。軍人連中も大分《だいぶ》伴《つ》れて来た。

兵を出すまでは我輩の責任だが、今日から考えると実に滑稽に思われるが、サァ兵を出そうと云うのに船が一艘もないと云う始末だ。三千五、六百の兵を送り、これに兵器弾薬馬匹《ばひつ》を送らなければならぬので、その頃としては大変なんである。ところが船が無いんだろう。其処《そこ》で色々苦心して、英米の船を借りると云うことにした。

ところが愈々決ったと思うと、英米から、台湾は支那《しな》の領地だ、これに兵を出すは不都合だと云うので、英大使ハリー・パークス、米大使ジョージ・ビムガムを以て、英米は中立だと云う口実で、船長に命じて船を出すことを中途で止《と》めた。サァ大変、愈々絶体絶命と云う場合で、トウトウ我輩独断で、その頃太平洋通いをしていた米国の飛脚船等《とう》五、六隻を買うことにした。当時我輩は大蔵卿として財政権を持っていたので、専断で政府の金を恣《ほしいまま》にし、これを支出したと云うので、非常な弾劾を被《こうむ》った。危く進退伺いを出さなければならぬところだが、既に乗船の仕度《したく》整うたる、間髪《かんはつ》を容《い》れざる場合であるから、下手《へた》に中止しようものなら軍隊内に不平内乱が起りそうな形勢である。第一西郷《さいごう》〔従道《つぐみち》〕が一向肯《いっこううなず》きはしない。平生《へいぜい》でも此方《こっち》はあまり人望の無い方で、其処へこの始末だから、攻撃の火の手は益々高まったが、形勢かくの如しで我輩は断じてこれを肯《き》かず、この際果断決行に如《し》かずとなした。其処で大久保が態々《わざわざ》太政官から長崎に我輩差止めにやって来たが、我輩は極力この際果断の必要なるを説いて、トウトウ大久保が一番に同意してくれたので、大に力を得た。外務卿は寺島《てらしま》(宗則《むねのり》)であったが、温厚な上に、外国から色々叩かれるので、外務省は腰が弱かったが、陸軍は同意(当時陸軍は山県《やまがた》〔有《あり》朋《とも》〕で、海軍は川村《かわむら》〔純義《すみよし》〕であったが、海軍の実質は無いも同様であった。次第に外国の抗議も弾劾の声も低くもなり、愈々《いよいよ》江藤の乱平定したる七年〔一八七四〕四月、征討司令官には陸軍西郷従道（台湾都督《ととく》）、谷干城《たにたてき》（参軍《さんぐん》）、海軍は赤松則良《あかまつのりよし》（参軍）で乗り出したんであるが、偶然にもこの外国船を買って運送に用いたことが、我が国航海業の始まりとなり、その局に衝《あた》ったのが岩崎弥太郎《いわさきやたろう》で、これが今日の郵船会社(96)の基礎をなしたんである。

その時あまりに支那《しな》の傲慢なる態度には、我が国では非常に憤怒《ふんど》して、流石《さすが》温厚な大《おお》山《やま》〔巌《いわお》〕さえも怒ると云う有様《ありさま》で、福建《ふっけん》を占領するは易々《いい》たるもの、須《すべか》らく一挙にその首脳を突いて北京城下の盟《ちかい》をなさしむべし、それには兵四個師団（その頃は鎮台《ちんだい》と云う）を出兵せばよしと云うので、小銃五万挺弾薬その他《た》兵器を英国に注文したところ、大久保は思慮ある男なので、台湾だけで止《や》むるが日清両国の利益だと、自ら北京に進出して李《り》鴻章《こうしょう》と会見して案外早く埒《らち》が明いた。

この台湾出征には日本軍はなるべく戦わずして蕃人《ばんじん》を降服せしめるつもりであったが、蕃社《ばんしゃ》の一部に反抗したものがあって日本軍を狙撃したので、砲火を交《まじ》ゆるに至ったが、これがいわゆる石門《せきもん》(97)の戦である。その時の人で今生き残っているのは、樺山《かばやま》〔資紀《すけのり》〕大将、川村元帥、奥《おく》〔保鞏《やすかた》〕元帥等《とう》である。支那の軍隊も支那総督の命を受けて警衛に来ていたが、日本軍が近づくと怖れて遠くへ逃げる。それかと思うと金さえやれば支那の軍隊がドンドン日本軍の輸送に当ってくれる。規律も訓練も無い。これで日本軍は彼等《かれら》を見くびっていた。しかも多くは福建から来ていたので、支那にして無礼を働けば直《ただ》ちに起って福建を討つべし、なんの造作《ぞうさ》も無いと云うことになったのであるが、今云う通り大久保の働きで、大事に至らずして済んだ。

これで小銃その他《た》の兵器は沢山《たくさん》不用になったので、陸軍でこれを蓄《たくわ》える金もあまると云う始末で、これで今の参謀本部の基礎を造ったんである。これが七年から八年へかけてである。

これが実は偶然にも後《のち》、西南の役《えき》にも役に立った。これ無かりせば西南の役は今少し長びいたかも知れぬし、また征台の時に用意した船が輸送には役に立つし、益々《ますます》海運業の発達に資した訳である。

海軍はこれまでは有名無実で藩々の小さい船があったに過ぎなかったが、ここに初めて軍艦三隻――一隻はマァ戦闘艦、二隻は巡洋艦と云うようなもの――をアームストロング会社に注文したんである。

〔「ゼネラル、リセンドル」略〕

5 僚友の不和と大阪会議――木戸、大久保の確執

同じく維新の元勲《げんくん》であり、且つ互いに同僚旧友でありながら、豪傑連中があまりに反目するので、これを深く憂《うれ》いたる人々が、これ等《ら》の連中を一堂に会して意思の疎通《そつう》を図ったらよかろうと企《くわだ》てられたのが、世にいわゆる「大阪会議」である。これは実に井上《いのうえ》(馨《かおる》)の企てで、井上は比較的調和的な男でなかなか機敏であったから、夙《はや》くもこの情勢を察して、自分が肝煎《きもい》りとなってこの会合を催《もよお》したんである。木戸、大久保、板垣、伊藤と云うような、不平家連中ども取り交《ま》ぜて大阪に集まった。その結果、木戸、板垣は内閣に入り、後藤は元老院に入って、八年(一八七五)の勅書の基《もとい》となったが、爾来《じらい》依然として、問題に逢《あ》う毎《ごと》に相衝突し、半歳《はんさい》ならずしてまた破壊を見るに至った。

木戸と大久保とはやはり衝突したが、両者の不和は大きく云えば薩長の不和である。征台論の時は大久保は黙して何事《なにごと》も云わなかった――内心は反対であったかも知れぬが、西郷その他《た》薩摩の関係上露骨にこれを云い得なかったんである――木戸は外遊して帰ったこととて、具《つぶ》さに欧州の文化を視察しているので、外に向って兵を起すは軍人の我儘《わがまま》を助長するのみである、まず第一に教育、産業等《とう》の国内の改革を先にせなければならぬ

と、頗《すこぶ》る新しい真面目《まじめ》な改造論者であったんである。

　無論木戸の議論は極めて妥当な議論である。しかし一方外交上の勢いはどうかと云うと、朝鮮の問題が王政復古後直《ごただ》ちに起ったんである。それは朝鮮が日本の明治新政府と云うものを絶対に認めず、やはり今まで通り将軍を通じて宗対馬守《そうつしまのかみ》〔重正《しげまさ》〕との交渉でなければ同意せぬと云うのである。それで征韓論の勃発となったのであるが、これと相前後して台湾との問題が起ったんである。（註、征韓論及び征台の始末については『大隈伯昔日譚』の巻末に詳述しあれば、ここには概略のみに止めておく(98)）。国家として好んで兵を起すことは不可《ふか》であるが、暴に応ぜざれば自ずから弱《じゃく》を示すこととなり、この場合どうしても放擲《ほうてき》する訳にも行かぬこととなった。

　要するに薩摩人は勢い強《づよ》いことには同意するが、木戸はこれを薩摩人の野心なりとして、議論よりはむしろ感情上相和《あいわ》せなかったんである。王政維新後の新政治の上に於て、かくの如く功臣互いに相和せざるはあまり妙《みょう》ではないが、その妙ならざるところにまた頗る妙なところもあった。不和と云うことは互いに勢力を相牽制することとなった。その間《かん》に介在して土肥《どひ》の勢力が今少し強かったなら、これが調和に良かったのであるが、ついに微弱となってしまったんである。

　一方薩摩には西郷が嵎《ぐう》に拠る虎の如くに蟠踞《ばんきょ》し、天下不平の徒がこれに集《あつま》った。これ等《ら》の徒は当時直《じき》輸入されたる西洋文明に満足せず、時事日に非なりとして、大いに慷慨《こうがい》悲歌《ひか》していたので、人心恟々《きょうきょう》として何時《いつ》かは内乱が起るであろうとの流言は日に日に盛んとなった。その頃は今日のような手緩《てぬる》いのとは違って、不平家は直《す》ぐに暗殺をやる、乱を起すと云う、頗《すこぶ》る過激派であったんである。佐賀の江藤新平の乱となり、長州では前原一誠《まえばらいっせい》の乱〔一八七六年〕、大楽源太郎《だいらくげんたろう》(99)の乱〔一八六九〜一八七〇年〕、肥後の神風連《じんぷうれん》の乱〔一八七六年〕となり、秋月《あきづき》の乱〔一八七六年〕となり、最後が鹿児島の乱の勃発で、五、六年間ほとんど寧歳《ねいさい》無しであった。その間《あいだ》には各所に小動乱が起り、多少性質は違うが、百姓一揆が各所に蜂起し、小なるものは数《かぞ》うるに遑《いとま》なく、その大なるもののみでも前後十八回に及んだ。これは、要するに封建廃滅と云う急激なる社会の変革に対する各種の誤解もあり、また地租改正の結果が増税をするのだと云う誤解も起り、士族の不平、百姓の不満等《とう》が混淆《こんこう》して、それに多少の煽動も加わって、かくの如き情勢に立ち至ったんである。

6　西南の役とその社会的影響——武力的革命の不成功

さなくとも人心不安の裡《うち》に彷徨《ほうこう》していたのが、西南の乱に依って益々《ますます》その度《ど》を加え、社会は俄《にわか》に騒然とした。西南の大乱は誠に国家のために一大不幸であったことは申すまでも無い。維新の元勲《げんくん》であり先帝の重臣であった西郷が乱を起す、その事既に国家の不幸である。されば当時先帝に於かせられても、宸襟《しんきん》を悩まさせらるること一方《ひとかた》ならず、躬《みずか》ら京都に御駐輦《ちゅうれん》遊ばされ、島津《しまづ》公(久光《ひさみつ》)を以て密《ひそ》かに西郷を説《と》かしめ給うた位であるが、輩下の者に擁せられて騎虎《きこ》の勢い止むに止まれぬ西郷は、ついに勝てば官軍負《ま》くれば賊の名をとって、城山《しろやま》の露と消えたのは返す返すも遺憾《いかん》の極みであった。

しかしこの西郷の乱が社会に与えた教訓は、また頗る大なるものであった。当時の社会の不安誤解が一切解けて朝廷の力振うに至りしはもとより、もはや武力的革命は成功しないと云うことがこれで解《わか》った。武力的の乱が成功すれば、その危険はスペイン南米の革命(100)の如しである。さしもに西郷の武力を以てしても、これはついに失敗に帰したんである。

また当時までは封建廃滅に対する種々《しゅじゅ》の疑惑もあったが、これも一掃されてしまった。また徴兵制度に対する疑いは実に大なるもので、武士ならざれば百姓や町人がなんの役に立つものかと云う有様であったが、薩摩隼人《はやと》と腕に覚えの勇者達を西郷が引き伴《つ》れても、ついに百姓や町人の徴兵と戦って負けてしまった。ここに国民皆兵の事実は明確に証明されて、我が国将来の軍隊組織の上に好個《こうこ》の教訓を与えたんである。

また一方には武力や暗殺や、その他《た》の陰険なる手段に依っては真の改革は出来ないと云うので、なるべくこれを避けて、言論著作に拠ろうと云う風潮が旺《さか》んになった。新聞その他《た》の出版が旺んになる。演説が盛んになって来た。政治上の争いもこれに由らなければならぬと云うので、直《ただ》ちに民選議院設立の運動も、国会開設期成同盟会と云う名になって、盛んに言論に依って全国に呼号《こごう》した。演説の稽古が流行する。新聞紙は政論一点張りで、小説等《など》も政治小説一点張りと云う有様《ありさま》で、政論ならでは夜も日も明けぬと云う風になったんである。

またこの乱に依って比較的頑固な保守的な思想が一掃されて、封建廃滅に対する誤解も失《な》くなったようである。唯《ただ》惜しむらくは、西郷が自ら胸に蔵《ぞう》した鬱勃《うつぼつ》たる不平が勃発して、ついに城山《しろやま》の露と消えたことであったが、国の起る時は必ず大なる禍乱と犠牲とが来《きた》るものなることは歴史の示すところで、これも国家の改良進歩に資する一段階としての犠牲であったと思われるんである。

しかし一方財政状態は非常に紊乱《びんらん》を来した。戦後の疲弊は大小の差こそあれ、何時《いつ》でも何処《どこ》でも同じである。西南の役にしきりと不換紙幣を乱発して物価は騰貴《とうき》し、異常の困難を来した。

かくの如くにして西郷はついに逝《ゆ》けり。しかも偶然にもこれと相前後して、同じく維新の元勲《げんくん》であり、国家の柱石《ちゅうせき》であった木戸は、ついに京都の客舎に逝《ゆ》いた。先帝の供奉《ぐぶ》をして京都に行っていたんであるが、西南の乱未《いま》だ治まらず、熊本城は敵の重囲の裡《うち》に在りて、天下の人心恟々《きょうきょう》として未だその結末を見ずしてそのまま京都の客舎に逝いたのは、嘸千歳《さぞせんざい》の恨事《こんじ》であったと思うんである。我輩はその時ちょっと見舞うたが、木戸はなお国家の前途に対して細々《こまごま》と注意した。伊藤はその輩下の関係にあるのだが、その前から少し誤解もあって木戸には疎隔《そかく》していたようである。木戸は我輩の方に色々と後《こう》事《じ》を託し注意もしたんである。

7　木戸逝き大久保斃る――須臾《しゅゆ》の間に三勲逝く

西郷城山に倒れ、木戸は京都の客舎で逝いた。其処《そこ》で最も自由奔放の活動が出来るようになったのは、後《あと》に残った大久保である。当時大久保が我輩と伊藤とに懺悔して曰《い》うには、『君達は嘸自分を保守頑固な男だと思うたであろう。しかしこれは一方《いっぽう》島津公と西郷とに制せられて動くことが出来なかったのである。然《しか》るに今や既に西郷亡《な》し。島津公とてそう何時までも我々をもとの家来同様に取扱う訳には行くまい。今後は自分も思い切って国家のために尽すの意を決した。これからは君等と同じ進歩主義となり、相ともに進もうと思う。今後十年間御互いが奮闘努力したならば、必ず偉大なる効果を収《おさ》め得《う》ると信ずる』との堅き決心を示した。大久保のこの決心は直ちに現われて、地方自治制(101)の施行《しこう》と云うことになった。

一方には西南役後の財政紊乱《びんらん》で、不換紙幣の濫発、物価騰貴《とうき》の極に達したのを、我輩等《ら》と協力してこれが整理に着手したが、当時大久保が内務卿、我輩が大蔵卿、伊藤が工部卿であった。即ち民間の通貨を吸収して今で云う通貨の大収縮を行った。また二千万円の起業《きぎょう》公債を起して、港湾疎水《そすい》、鉄道の建設延長、北海道の炭山――その今なお残れる主《おも》なるものには夕張炭山、猪苗代湖の疎水等《とう》がある――開鑿《かいさく》等着々その緒《ちょ》についていたのに、これも一種の誤解から加賀の壮士連《れん》に殺された。大久保が我輩等に告白した如く、その保守的態度には種々《しゅじゅ》の事情があったのに由るが、せっかくこれから大いに進んで手腕《しゅわん》を揮《ふる》おうと云う際に、些細な誤解から壮士の刃に斃《たお》れたるは、誠に惜しみてもあまりあるが、国家の不幸も実に甚大《じんだい》で、須臾《しゅゆ》の間《あいだ》に木戸、西郷、大久保と維新の三勲相次いで逝《ゆ》きしは、明治政府の基礎に大動揺を来《きた》したんである。

大久保が紀尾井坂《きおいざか》に島田一郎《しまだいちろう》(102)等の刃《やいば》に斃れたのは、実に明治十一年(一八七八)五月十四日であったが、その斬奸状《ざんかんじょう》には大隈や伊藤等《ら》も同類だと書いてあった。我輩もスンデのことにやられるところであったんである。ちょうどその年の八月下旬に先帝が北陸地方に御巡幸に相成った。この時我輩は先帝に扈従《こじゅう》して北陸方面に行ったが、大久保が暗殺されてから僅かに三ヶ月余である。主《おも》なる者は処刑されたが、未《ま》だ残党が沢山《たくさん》加賀辺《へん》にいるから頗《すこぶ》る危険だと非常に物騒《ぶっそう》がって、沢山の護衛巡査を着けるやらなにかで大騒ぎをしたようじゃ。加賀の壮士と云うのはその頃有名であった盈進社《えいしんしゃ》(103)と云う政治結社で、我輩を非常に悪《にく》んで狙っていたんである。その時井上も一緒に先帝の御供《おとも》をして行ったんであるが、井上も当時刺客に狙われていた方であった。また岩倉公もその株で、公は一度斬られて助かった位だが、その三人が揃《そろ》うて先帝の御供で行ったんじゃから大騒ぎじゃ。なんでもその時警視庁から勝《すぐ》れたものだと云うのを我々の護衛に付けた。その時我輩等の護衛に来たのが、当時は警部であったが、後年内務大臣になった大浦兼武《おおうらかねたけ》、大阪府知事になった高崎親章《たかさきちかあき》であった。往時茫々《ぼうぼう》思えば多少の感無き能《あた》わずである。

金沢で我輩は井上に向って『一つ盈進社に遊びに行って連中を驚かしてやろう』と云ったら、岩倉なんかは『危ないからよせよせ』としきりに止《と》めたが、我輩が無理やりに井上を引っぱって、トウトウ二人で盈進社へ乗り込んで、壮士連中と大いに談論風発《だんろんふうはつ》した。『昔は我輩も頑固党の攘夷家で、壮士の仲間であったんじゃ、井上も斬られもしたが斬ったこともあるんだ……』と、膝つき合せて語り合ったら、御互いに淡白な連中だから、誤解は釈然として氷解し、その後《ご》我輩も大いに盈進社の事業を援《たす》けるようになったんである。

なんにしてもその頃の壮士と云えば、端《はし》た金《がね》を貰って演説会に野次を飛ばす位が上の端《はし》の、この頃のいわゆる壮士とは違って、命の要《い》らぬ決死の士ばかりであったから、物騒ではあったが、実に偉いものであった。この盈進社の壮士と我輩との間《あいだ》には、未《ま》だ面白い話があるが、それは次に話そう。

8　刺客ローマンス――斬奸状の筆者と語る

世の中に命の要《い》らぬ奴ほど恐ろしい者は無いが、またこれ位強いものも無い。その頃のいわゆる壮士と云うのはその方で、ことに大久保をヤッた連中等《など》は、多くは二十一、二の青年で、十何歳と云う少年もいた。その態度は実に堂々たるもので、決死の覚悟だから少しも臆するところは無い。なんでも第一隊第二隊第三隊と云うように組を作って、第一隊がやり損《そん》じたら次が出ると云う風にしてあった。捕えられた連中に連累者《れんるいしゃ》を白状さすために、随分ヒドい拷問等をしたと云うことであったが、これ等の青年はビクともせず、一人《ひとり》として口を開かなかったと云うことである。後《のち》に外務省の門前で我輩に爆弾を投げつけた来島《くるしま》〔恒喜《つねき》〕(104)ら等もなかなか立派な態度であったが、この頃はこういう命の要らぬ連中はおらぬ。命よりは、逃げる方を先にしている。先年の我輩になんだか玩具《おもちゃ》のような爆弾を投げた者なんかは、ソッと投げておいて逃腰《にげごし》でいるんだからなんにもならぬ。命が惜しくて逃げる方が速いようでは、刺客もチト怪しいもんである。

ちょうど八年ほど前に我輩は金沢へ行った事がある。その時なんでも我輩は同類だと云う大久保への斬奸状を書いた陸《くが》〔義猶《よしなお》〕と云う爺さんに会ったんである。斬奸状を書いた当時は、やはり一青年で県庁の役人であったと云うが、実に堂々たる名論文を書いた。終身懲役であったが、大赦《たいしゃ》かなにかで出て来て、前田家の編纂《へんさん》係をしていたので、有志の人々が我輩を前田《まえだ》〔利為《としなり》〕侯の立派な別荘に招ずると云うのを、我輩はそんなお殿様の別荘かなんかに行って、窮屈な思いをするのは大嫌いだから、なんとか云う我輩の旅館で一杯飲みながら、打ち解《と》けて大いに昔を語った訳である。このお爺さんはなんでも三、四年前亡くなったと云うことである。世の中は面白いもので、永井《ながい》〔柳太郎《りゅうたろう》〕の親父(105)等《など》もその組《くみ》で長い間《あいだ》監獄に入っていたと云うことじゃ、ハハハハ。

〔「刺客ローマンス」後半、「木戸――大久保――西郷」「王政復古後の経済的変革」「経済的変革と新陳代謝」「明治初年の風俗世態」「灯明台から化学工業の発達」「伊勢参宮の珍喜劇」「土木流行と其弊風」「開墾栽培の大失敗」「財政統一難と予算の濫觴」は略〕

二　開化政策の推進と明治十四年の政変

1　税制整理と最初の地租改正――その困難は想像以外

明治政府の重大困難は、内政に外交に頗《すこぶ》る多々あったが、なかんずく、外交問題は最も重きを置かれたので、明治初年に於ては外交官に頗る人材が集まった。また変革の時何時《いつ》でも苦しむのは財政問題で、随って財政部にも多くの人材が集まったが、肝腎《かんじん》の金が無いと云う始末で、紙幣(太政官札、民部省札等)をしきりに発行して、財政状態は次第に混乱する。忽《たちま》ちにして起った問題は税制の整理で、第一の困難は各藩の租税がそれぞれ思い思いで、偏重偏軽が甚《はなは》だしい。これを整理均一することは大困難で、減ぜらるる者は何人《だれ》でも歓《よろこ》ぶが、増《ま》さるる方は歓ばないのは当然である。ことに第一番に横《よこた》わった大難関は、地租改正と云う大問題である。ところが未だかつて日本全国の土地を総合して丈量《じょうりょう》したことが無い。田畑《でんぱた》、宅地、市街宅地、郡村宅地、山林、原野あるいは官有地私有地と、種々《しゅじゅ》なる地目に分けて、正確な丈量をした図面帳面と云うものが無いのである。しかも地租改正と云うことが如何《いか》に重大なる問題であったかと云うことは、多少は雷同《らいどう》やら牽強付会《けんきょうふかい》があるとしても、これが当時各所に起った一揆の、最も主《おも》なる原因となったことでも思いやられる。

これは単に大蔵省だけではいけないと云うので、大蔵内務両省の支配とし、最初から地方官等をも集めて諮詢《しじゅん》し、一番最初の租税局長(付記、正式に云えば租税頭《そぜいのかみ》)には陸奥《むつ》(宗光《むねみつ》)がなり、大久保が外遊から帰って来てからは、自ら地租改正局総裁となり——便宜上地租改正局を独立させた——大久保の死後は我輩が代って出た。旧来の税よりよほど減ずるつもりであったが、ドウも予期の如く行《ゆ》かなかった。それでも大分《だいぶ》減ずる様にはなった。それまで雑税一千余種もあったんであるから大変である。これを皆免税した。大英断であったが、金額はそれほどでもなかった。

地租改正が如何に困難だと云っても、国内の事であるからなんでも無い訳だが、実際上何十万と云う筆数《ふでかず》になり、甲乙の県で不同があったり高低があったりするのを、全国一律に平均するの大困難は、誠に想像するにあまりあることであった。不平百出で、政府部内でさえも反対が起ると云う有様《ありさま》となり、木戸の如き、最初は改正論者であったが、中途から反対論者となると云う訳で、内部からさえ我々のなすことに不平が起ると云う状態になったが、この困難の中《うち》に在って、米価の高低の差の甚しいのをも均一して、六年〔一八七三〕から、かれこれ十年以内までに、ドウにかこうにか成し遂げたんである。国費も官費も人民の費用も大分使ったが、山林、原野、荒蕪地、河、湖水、官有地、民有地、御料地、郡村宅地、市街宅地、田畑等《とう》、全国の地目分《ちもくわけ》の図面が出来、台帳と称《とな》うる原簿も出来た。これは大業後《ご》の修正で、その後多少の修正はあったことであろうが、今日では地租は国家歳入の主なものでは無い。しかし国民の生活の基礎たる土地のことであるから、全然不正確では安全でないことは明白であるから、とにかく、復古後のこの大業を近々《きんきん》十年あまりで成し遂げたるは、蓋《けだ》し尋常事《じんじょうじ》ではなかったんである。

大蔵省の官吏のみならず、地方官吏、郡村の官公吏または特に御用係りを命ずる等、随分多数の人を使い、ことに速やかにしようと云うので、一層沢山《たくさん》の人を使《つこ》うたが、その多くはやはり大蔵省の仕事に属するものであった。しかし大久保は少時《しばらく》すると不慮《ふりょ》の災《わざわい》に遭《あ》ったので、主《おも》に我輩がその局に当ったが、これまた一方《ひとかた》ならざる大難事であった。

しかもその間《かん》最初から大蔵省に在って一番長くこれに関係し、一方ならざる努力をなした功労者は松方《まつかた》〔正義《まさよし》〕である。松方は陸奥がほど無く租税局長を罷《や》めると、その後《あと》を襲《おそ》うて租税局長にもなった。松方の功蹟は実に没すべからざるものがあったんである。

続いて諸種の進歩発展があって、今なお進歩しつつあって止《とど》まらぬが、要するに日本の進歩の動機は外交の開かれたることである。ところがこれについで一番苦しむのは、何時《いつ》の時代にでも財政である。ことに国防費等《など》は大困難で、国防費を最少限度に見積っても、これに応ずる金が足らぬと云う有様《ありさま》で、軍人達は頗《すこぶ》る不満足、大切な教育等をも後回しにして陸海軍が先取りする、文部省等は意の如く財政の分配に与《あずか》り得《え》ぬと云う状態となり、何時の頃よりか文部大臣を伴食《ばんしょく》大臣とさえ云うに至ったんである。

それはとにかくとして、当時我が国が外交開かれて諸外国の圧迫を受けてより、非常に開発進歩したことは事実である。漸次《ぜんじ》政治、経済より、文学ことに純文芸、劇と云うものが近来外国の思想の刺激影響を受けることは夥《おびただ》しい。かくの如く明治維新の際に於ては、諸種の有形的施設が行われたので、今や時代は五十有余年を過《す》ぐ、画龍点睛《がりょうてんせい》と云うべき、精神的思想的建設を成し遂ぐべき、第二の維新に逢着《ほうちゃく》しておりはしないかと思われるんである。

〔「演劇、能楽一夕話」「音楽、美術門外話」「我国最初の製糸工場」「明治維新と宗教上の変革」「学術の進歩と教育の普及」「人才登用と各藩の門閥」「豪傑揃ひの築地梁山泊」「藩閥の合縦連衡と人物分布」「法制統一と官僚政治」「藩閥勢力の漸次衰退」「監部設置と浪人探偵」は略〕

2 海軍と警視庁改革の失敗──憲兵造り損《そこ》ねの由来

明治政府は専《もっぱ》ら三条、岩倉、木戸、大久保がその局に当っていたが、その中心人物は木戸、大久保であった。一方元老院が出来てからは、元老院は政治上頗《すこぶ》る高い勢力をもったもので、議長には有栖川宮《ありすがわのみや》が入《い》らせられた。有栖川宮は非常に進歩的な方であった。陸奥宗光《むつむねみつ》も入った。

しかし西郷の乱後、木戸、大久保逝《ゆ》き、自然伊藤、井上と、我輩、黒田《くろだ》〔清隆《きよたか》〕がその衝《しょう》に当ることとなった。一方人心の帰嚮《きこう》から察すれば、西郷の乱の失敗で薩摩の勢力は失墜すべきであるが、なかなかドウして、薩摩の勢力は依然たるものであった。これを陸軍について見るも、如何《いか》に山県の才力を以てしても、薩摩と結ばなければドウもいかぬ。そこで西郷〔従道〕・大山の助けが要《い》り、黒田の勢力と云うものもまた甚《はなは》だ大なるものがあったんである。

それでもややもすれば薩長の間《あいだ》が衝突するので、この両者の軋轢《あつれき》を調和する緩衝地帯として、松方と云う温厚な人を持って来た。これは山県の考えか、または伊藤か井上の考えか分らぬが、伊藤と云う男は淡白で、あまりこんな小さいことには注意しない方であるが、とにかく松方は薩長の間に重んぜられたんである。

かくの如く西郷の乱後、木戸、大久保の中心人物は逝きたるも、依然薩長の勢力は振うた。その間《かん》に介在して、多少進歩的改革を行ったのは我輩である。別に我輩がドウしたと云う事も無いんであるが、木戸、大久保の没後は、我輩が一番の先輩であったから、自然そう云う役廻りになったんである。これに随った者は伊藤、井上であった。

モウこうなれば誰《だ》れに憚《はばか》る(106)ところも無い、ドンドン改革の斧《おの》を揮《ふる》えと云う訳で、まず第一に海軍の改革と、警視庁の改革とを志《こころざ》した。云うまでもなく、海軍も薩摩の勢力であるし、警視庁も全然薩摩の警視庁であった。そこで我輩その衝《しょう》に当って、大いに改革しようと云う訳で、伊藤、井上もこれに同意し、早速《さっそく》薩摩の矛先を向けて、海軍からは川村〔純義〕を退かしむべしとまで極論した。これには岩倉も三条も有栖川宮も賛成せられ、西郷、大山等《など》もあえて反対もしなかった。しかし何時《いつ》の間《ま》にか薩長一部の軍人達が相結んで、この改革はあまりに急激に過《す》ぐと云う手厳しい反対的逆襲を始めた。伊藤と井上とは頗る窮境に陥った。別に勇気が無くなった訳でもあるまいが、進退が甚《はなは》だしく苦しくなったんである。我輩一人で猪突《ちょとつ》することもならず、これはちょっと忍んで他の方面からこれをなすがよかろうと、一時屈するに至った。

そこで転じて矛先を警視庁に向けた。警視庁なんかは不必要だから一層叩き潰してしまえと云う、思い切った大改革である。これには皆賛成してくれたので、その改革をやらすために、まず大山を入れて総監にした。大山はその時中将位であったと思う。今日から云えば一警視庁のことでなんでも無いようなことであるが、なかなかドウして、当時警視庁と云えば一敵国であった。それまでは薩摩の川路利良《かわじとしよし》が警視総監――今警視庁前に銅像がある――で、戊辰の役等《とう》に戦争をやった西郷(隆盛)の乾児《こぶん》等が皆入っているんである。尋常の手段では承知すまいから、それ等《ら》の持って行《ゆ》き場所として憲兵を造ることとし、これ等の戦功者や功労者は、引っこ抜いて皆憲兵[107]にすることにした。

一方警視庁は内務省所管ではあるが、ほとんど独立したる一城郭の如き観を呈していたのを、直接人民に当る地方行政機関として、東京府知事の監督下に移してしまおうと、大分《だいぶ》いい具合に行きかかったが、あまり喧《やかま》しくなって来たので、大山までが少し寛《ゆるや》かにしてくれと云い出した。お上《かみ》で一旦決定したことを中止する訳にはいかぬと、此方《こっち》で頑張ったら、今度は向うで、それなら薩摩人だけはすべて辞すると、同盟罷工《どうめいひこう》で脅威《きょうい》して来た。なにぶんその時の薩人の勢力と云えば大したもんだから、トウトウ此方が負けて、伊藤、井上、我輩の失敗と云うことに帰した。これが確か明治十二年〔一八七九〕頃だったと思う。その時こう云う経緯《いきさつ》から初めて憲兵と云うものを造ったが、かかる始末で警視庁は旧態依然で、十分の改革も出来ず、憲兵だけは造り損《そこね》になってしまったんである。

3　会計検査院と三田派の秀才――矢野と小泉、中上川《なかみがわ》等

かくの如く、海軍の廓清《かくせい》、警視庁の改革は失敗におわったんであるが、この間《かん》一方、会計状態は頗《すこぶ》る散漫に流れて、冗費《じょうひ》が多かった。海軍に於てことに甚《はなは》だしく、警視庁また然《しか》りであった。そこでこれを匡正《きょうせい》すべく、新たに会計検査院を設けた。当時の検査院は、今日の検査院よりは法律上に於ても少し権力があった。違法の出入《しゅつにゅう》に対しては、検査院で裁判を開くと云う権力があったんである。

小野梓《おのあずさ》はその時入ったので、梓に命じて条例文を起草させた。それまでは大蔵省の中《うち》に検査局はあったが、これを独立させて大きくし、単に大蔵省のみならず、各省の出入を検査することにした。小野は当時の自由民権家であったが、大喜びで腕をさすって起草に着手した。

これに先だって、三田の福沢〔諭吉《ゆきち》〕君とも親しく交わり、その門人連とも接近するようになり、その門下生を我輩に頼まれたので、この際矢野文雄《やのふみお》、中上川彦次郎《ひこじろう》、小泉信吉《こいずみのぶきち》を始めとし、漸次《ぜんじ》に慶應義塾出の秀才が十幾人《いくにん》入ったんである。その内《うち》の一番年少が犬養《いぬかい》〔毅《つよし》〕、尾崎《おざき》〔行雄《ゆきお》〕であった。

小泉、中上川と云う二人は、福沢門下の最も俊才であった。小泉は少し酒でも飲むと愉快な人だが、どちらからと云うと学者肌で、学問には忠実で、学力は中上川より勝《すぐ》れ

ていたようである。中上川は福沢の甥で、何《いず》れかと云えば才幹《さいかん》な方で、井上が三井にも入れて三井の改革をもやらせたが、不幸にして早世《そうせい》した。福沢門下では経営の才では図抜《ずぬ》けていた。我輩大分《だいぶ》人を知っているが、前後《ぜんご》を通じてこの二人が一番勝《すぐ》れていたようである。慶應の優等生で、福沢も最もこの二人を愛していたようで、英国に留学させ、帰ってから我輩のところへ委《ゆだ》ぬるからと云うので、役人になったんで、後《のち》中上川は外務省にも入って、書記官位《ぐらい》にもなったんである。小泉は租税局に入った。後正金《しょうきん》銀行(108)の副頭取にもなり、また大分永《なが》らく慶應義塾の教頭をしておったと記憶する。この両人は犬養、尾崎ほど英雄的でないから話しもこの両人ほど面白くもない。尾崎、犬養もその頃役人になったが、やはりその時から大分手こずらせていた。

これ等《ら》の福沢門下の秀才中《ちゅう》、唯一人《ただひとり》役人にならなかったのは藤田茂吉《ふじたもきち》であった。藤田は新聞を行《やっ》ていたから、それをやらせたらいいと云うことで、そのまま報知新聞《ほうちしんぶん》(109)にいた。

大いに俊秀を集めて改革に着手したが、漸々《だんだん》にやればよかったものを、我輩あまりに急激に過ぎたから、さなくとも平日《へいじつ》敵の多い我輩、益々《ますます》敵が多くなって、十二、三年〔一八七九、一八八〇〕頃からソロソロ薩長連合で我輩に衝《あた》って来るようになった。こうなれば我等は国民の力、即ち議会に拠るの外無しとして、福沢に相談すると、福沢も大いに同意して力を入れてくれた。

大体福沢にも初めに大分役人になるように勧めたが、福沢はドウしても、己《お》れは何処《どこ》までも筆《ふで》の口《くち》の人で行く、それでお前達の後援をしよう、即ち新聞を起して、お前達の機関にする——これが、後に時事新報《じじしんぽう》(110)の創設となる——『憲法政治を起すなら己れも力を添える』と云う風で役人にはならなかったが、こんな風に意気相投じて、色々集会等《とう》もしていたこととて、我輩の失敗がはしなくも、福沢及び慶應義塾にも少からざる迷惑をかけた、と云うのが現《あら》われて、北海道開拓使官有物払下問題の勃発である。

これは我輩の思慮の足らぬところからでもあるが、一つには時勢が急変したので、あたかも山巓《さんてん》より石を転《ころ》ばすが如くに、天下の人心自ずから我れに向えり、藩閥も軍人も眼中に無し、と過信したのが我輩の大いなる誤りであった。伊藤、井上はもともと長州の出であるから、我輩と行動をともにして頗《すこぶ》る立場が苦しくなる。其処《そこ》で後《のち》に至ってソロソロ躊躇《ちゅうちょ》し始めた、逡巡《しゅんじゅん》し始めた。ついには伊藤、井上も我輩と離れると云う不幸に陥《おちい》った。これ即ち明治十四年の我輩の失脚で、少しくその間《かん》の消息について語ろうと思うが、それにはまず北海道開拓使官有物払下げの問題を語らねばならぬ順序となるんである。

4　明治十四年の政変

(1)　開拓使事件の紛擾

明治政府が出来てから、表面は人才登用と云う呼び声であったが、その実は依然として藩閥相***縁《いんえん》する、不公明なる政治であった。これに不満で反抗する民論がゾロゾロ持ち上って来て、国会期成同盟会等《など》と云うものになり、民心非常に勃興して、全国からドンドン帝都に押し寄せて来る、民間に私立学校も起ると云う風潮となり、慶應義塾は盛んになる、神田辺《へん》の私立学校が起る端緒ともなったんである。(11)

一方我輩の不人望《ふじんぼう》も益々《ますます》増して来たが、それと同時に我輩の勢力も割合に増大して来た。前にも云う如く、福沢とも懇意になって、慶應門下の俊秀《しゅんしゅう》雲の如くに集って来たんである。福沢と我輩と知り合いになったのは、別に動機は無い。誠に偶然であった。初めは何方《どちら》も食わず嫌いで嫌忌《けんき》した。我輩の方では、旧幕府の学者にして我輩の門に来ない者は無いのに、福沢の奴だけは来ない、怪《け》しからぬ奴だ、傲慢な奴だと思うていた。福沢もああ云う先生だから、大隈の奴生意気千万だと思うていた。何方も何方でちょっと流儀違い同士だから、何方からも近寄ると云う事は無く喰わず嫌いでいたが、確か明治七年〔一八七四〕頃だと思う、なんでもあるところで、別に意味のある企てでは無かったが、議論家や学者の会合があって、一夕今《いっせき》で云う懇談会を催したことがあった。案内を受けて行ってみると、その席に福沢も出ていた。逢って話してみると面白い。向うでもちょっと変ってると思っただろう。忽《たちま》ちにして百年の知己《ちき》の如くに懇意になったんである。

その頃は伊藤も井上も我輩等《ら》と同様の改革意見をもって、眼中薩長無しと云っていた。ことに伊藤は、長州中では学問もある方だし、淡白な性格で、あまり陰険でもなく、真個《ほんと》に我々と力を協《あわ》せて、国のために尽そうと云うので、ソロソロ人材を集めかかったから、我輩が橋渡しで、伊藤、井上も福沢と懇意となり(112)、井上の部下には大分慶應出の人が行った。

一方人心は益々一転再転して、薩長藩閥の政治に不満を抱いて、国会請願の運動となって、火の手は全国に揚《あ》がったが、政府には一向にこれに応ずるの準備が無い。そこで我輩等《ら》は、一日も速《はや》くこれをやらなければならぬ、即ちこの際速《すみ》やかに国会の開設を断行しなければならぬと云うことに一致主張した(113)んであるが、しかし当時薩長の力は頗《すこぶ》る強大にして、我々の力のみを以てしては、容易に動かす訳には行かなかったのであるが、時代は我々に多少の力を与えてくれたし、新聞は出来て来たし、国会開設、代議制施行《しこう》の声は盛んに揚がって来た。人心がこうなると、封建の惰力《だりょく》かなにかで少しでも偏頗《へんぱ》があると、物平《ものたいら》かならざれば即ち鳴るで、忽ちにして不平の声となるんである。その一時《いちじ》に現われたものが——即ち北海道開拓使官有物払下問題である。

この北海道開拓使の問題と云うのはこうである。最初明治四年に北海道開拓使を置くや、薩摩の黒田がその長官となり、翌五年から十四年に至る十箇年と限って、開拓費に要する紙幣発行権を与えた。普通ならばその期限が来たらモウ十年と云うところだが、ドウも大多数が黒田を中心の薩摩の勢力偏重に不満を抱いているものだから、イッソ開拓使を廃してしまおうと云うことになり、政府部内は勿論、外部の輿論《よろん》も益々《ますます》盛んになった。そこで開拓使は廃せられて、その後《ご》幾変遷《いくへんせん》を経《へ》て、今日の道庁となったので、これにも多少の政略は結び付いているが、それはとにかく、開拓使廃止の声が盛んになった真最中《まっさいちゅう》に起ったのが、官有物払下問題である。

それは、愈々《いよいよ》開拓使廃止に廟議《びょうぎ》が決せんとの気勢となるや、黒田は開拓使の官有物一切を、極めて廉《やす》く同じ薩摩人の五代才助《ごだいさいすけ》〔友厚《ともあつ》〕その他《た》に払下げんとしたのである。黒田の方では、五代はその名の如く天下の才子《さいし》である、充分に経営能力ありと見たのでもあろうが、それでは世間は許さぬ。十年間辛苦経営したものを、同じ薩摩人に格安で払い下げるとは、天下の公器を私《わたくし》するものなり、薩摩人が相談ずくで専横《せんおう》にも官有物を私するものなりと喧《やかま》しいことになって来た。

（2）一夜の裡《うち》に追放さる

当時紙幣は極度に下落してもいたし、官有物はあるいは世間想像したほど大なる財産では[114]無かったかも知れぬ。今日の南満《なんまん》鉄道、大連《だいれん》取引所、阿片《あへん》事件等《とう》の問題になっている金額に比すれば、あるいは小さいかも知れぬが、黒田の不幸、ドウもこれを打消す弁解の理由が極めて薄弱であった。

輿論の火の手は揚《あ》がって天下は騒然、容易ならざる形勢となり、各地で演説会が起り、ついに有名なる新富座《しんとみざ》の演説会となったんであるが、この時は日頃我輩を仇敵《かたき》の如くにしていた板垣、後藤もくれば、当時政府の御用新聞たりし東京日日新聞《とうきょうにちにちしんぶん》にいて、御用の筆を振っていた福地《ふくち》源一郎《げんいちろう》まで出て来た。

ところがこれがいわゆる贔屓《ひいき》の引き倒しで、迷惑千万なのは我輩一人《ひとり》と云うことになった。それはこうである。火の手は盛んに燃え揚ったが、それを扇動して火を付けたのは大隈だと云うことになったは未《ま》だいい。この頃で云えば革命とでも云うか、その頃の言葉で、我輩が反乱を企てたと云う訳で、我輩トウトウ謀反人になってしまった。しかもこの大隈の謀反の裏には福沢諭吉が参謀となり、軍用金は三井、三菱が出しているとまで政府側では云い出した(記者付記、この[115]間の経緯《けいい》は詳しく「福翁自伝」中《ちゅう》にもあり)。ことに当時我輩は主義宣伝のために、本願寺を手先に使い、本願寺を中心にして、朝野《ちょうや》新聞に成島《なるしま》柳北《りゅうほく》がいて、その筆で全国六、七十万の門徒に宣伝をしていたから、この天下騒然の状を呈していたので、己《おの》れ火をつけたのは大隈だ、大隈は太《ふと》い奴だ、横着な野郎だと、表面具体的な材料は無い訳で、今にして思えば、芝居の筋は頗《すこぶ》る喜劇に類する位《くらい》だが、みんなでトウトウ反逆者にしてしまった。

我輩も微力乍《なが》らも維新以来国事に尽して来たんである。その当時は未《ま》だ老人ではない、四十位の働き盛り、しかも参議中の首席であったのであるが、ついにこう云う始末で反乱者として首切られた。危くすると命もとられるところであったが、明治大帝の御仁徳に依って命だけは僅かに保《たも》ち得たが、ついに政府から追放されてしまったんである。

ちょうど明治十四年〔一八八一〕の十月十一日である。七十幾《いく》日間、先帝の供奉《ぐぶ》で、東北から北海道を巡《めぐ》って帰って来ると、その間《かん》に政府では種々《いろいろ》方略を回《めぐ》らしたものとみえるが、還《かえ》った日の即夜内閣会議を開いて、我輩を追放することを決し、なんでも夜中の一時頃であったと思う、参議の伊藤と西郷(従道)とが、我輩のところへ遣《や》って来て、唯《ただ》単純な言葉で『容易ならざることだから』とだけで、ドウか辞表を出してくれと云う。此方《こっち》は多くを聞かずとも、その間の消息は大概分っている。『ヨシ明日我輩が内閣に出る。辞表は陛下に拝謁《はいえつ》してから出《だ》す』と云ったら、これには両人ちょっと当惑したらしいが、直《す》ぐにこれを止《と》める訳にも行かぬ。しかし、流石《さすが》にそれはいかぬと止めはしなかったが、我輩が宮中に行った時は、モウ門衛《もんえい》が厳重に遮《さえぎ》って入れさせぬ。有栖川宮《ありすがわのみや》、北《きた》白川宮《しらかわのみや》〔能久親王《よしひさしんのう》〕とは御巡幸中同行でもあったが、有栖川宮様に行けば、やはりここにも門衛を置いて固く門を鎖《とざ》し、我輩の入《い》るを拒絶すると云う始末。昨日まで供奉申し上げた陛下にも、御同行申し上げた宮様にも、今日は固《かた》めの門衛から拒絶されて御会いすることすら出来ないと云う、急転して体《てい》のいい罪人扱いとなってしまったんである。御免の辞令は司法卿の山田《やまだ》（顕義《あきよし》）が友人として持って来て渡してくれた。

それからと云うものは、我輩に対する圧迫は非常なものであったが、その手はついに旧藩主に伸びた。旧藩主が大隈を援《たす》けはしないかと、これに圧迫を加え、または謀反人を助けては等《など》と旧藩主を脅かしたが、旧藩主（過日物故した〔鍋島《なべしま》〕直大《なおひろ》侯）は、あれでなかなかビクともしない偉いところがあった。『大隈は私の家には大切な男である。閑叟《かんそう》〔鍋島直正《なおまさ》〕公の遺言だから……』と云う訳で一向に受付けぬ。我輩も大分《だいぶ》困窮したが、すべて大規模に行《ゆ》くからなかなか金がかかる。ところが旧藩主はこう云う有様《ありさま》で、なにも云わずに我輩を援けて下さった。その金だけでも実に少からざるものであったんである。報知新聞も早稲田大学も改進党も、この旧藩主の援けがあったために苦しい内《うち》にもよほど幸《さいわ》いであったんである。

三　東京専門学校と立憲改進党の創設

1　十四年失脚の副産物――残るは早大と報知社

こう云う有様《ありさま》で我輩はトウトウ政府から追放されてしまった。これが世に謂《い》うところの明治十四年〔一八八一〕の政変、いわゆる我輩の失脚である。そこで野《や》に放たれた我輩熟々《つらつら》考えた。これは一つどうしてもこれに応ずるの力を養わなければならぬ。それには民間の大なる力と結び付かなければいけぬと云う訳で、随って益々《ますます》三田派と提携し、あるいは洋行戻りの俊秀《しゅんしゅう》に眼を着けた。その連中が一部は教員となり、一部は政治的の運動を始めた。教員と云うのはなんであるか。即ちこれは一つ気長く将来に亘《わた》って考えなければならぬと、学校を起す気になったので、当時の東京専門学校、今の早稲田大学を創《はじ》めた。その時の新知識たる高田《たかた》〔早苗《さなえ》〕(116)、天野《あまの》〔為之《ためゆき》〕(117)、坪内《つぼうち》〔逍遙《しょうよう》〕(118)、市島《いちしま》〔謙吉《けんきち》〕(119)と云う連中は、未《ま》だ大学にいたんであるが、小野梓《おのあずさ》が周旋《しゅうせん》で伴《つ》れて来た。

また一方政治運動の方はと云えば、なんと云っても新聞が非常な根拠であったから、その頃の新聞社員は政治家で、政治家即ち新聞記者であった。だから、その頃の新聞記者はたびたび牢に入れられたもので、箕浦《みのうら》(勝人《かつんど》)君の如き温厚の君子も、牢に入っているんである。そして新聞は政論一点張りで、政治小説は流行する、演説が流行すると云うことになった。その頃そう云う団体では馬場《ばば》辰猪《たつい》、小野梓等《ら》の共存同衆《きょうぞんどうしゅう》(120)と云うのがあった。共存同衆とはこの頃《ごろ》で云う倶楽部と云う意味でもあろう。なんでも京橋辺《へん》に事務所かなにか梁山泊《りょうざんぱく》式なものがあった。なんでも聞くところに依ると、その家は今では城南荘(121)と云う豪傑連中の巣となっていると云うが、これもなんらかの因縁であろう。これも今は倶楽部となっているが、三田派の交詢社《こうじゅんしゃ》(122)と云うものがあって、盛んに演説の稽古をした。また議政会《ぎせいかい》(123)と云うものがあって、これは矢野文雄が牛耳《ぎゅうじ》を執《と》っていた。その下には藤田、犬養、尾崎と云うような秀才がいた。嚶鳴社《おうめいしゃ》(124)の牛耳は沼間守一《ぬまもりかず》で、島田三郎《しまださぶろう》君も仲間で有力なものであった。大岡《おおおか》(育造《いくぞう》)君もその頃はこの嚶鳴社中《ちゅう》の一青年であった。なんでも島田君が大岡君を伴れて来て、これは長州人だけれども、将来有望な年少才子だからと云うような紹介であったと思う。かような分子の勢いが集合されたところへ、西郷の乱以後の急転した時勢が展開されたから、機運よく勢いよく、ついに政党を生み出す萌芽となるに至ったんである。

この意味に於て、世間は我輩を目《もく》して失敗せりと云うかも知れぬが、この十四年の政変が動機となって政党の現わるるに至ったことは、これまた禍《わざわい》転じて福《さいわい》となったるものである。

話しは前後するが、一つ学校を起そうと云うことになった時に、一方には新聞の勢力をも造らねばならぬと云う訳になり、[125]東京と大阪とに新聞をもった。また一方には大いに経済力をも蓄《たくわ》えて資本を造るべく銀行を起す、将来文明の発達には石炭が必要であると云うので、福岡に炭礦を始めた[126]が、どれもこれも皆失敗した。半《なか》ば負債もあるが、全然圧迫でやられたんである。この石炭の方には専《もっぱ》ら朝吹英二《あさぶきえいじ》が当った。貝島太助《かいじまたすけ》なんかその頃工夫頭《こうふがしら》かなにかであったんである。

色々の事業の内で一番に潰れて敗北したのは大阪の新聞[127]であった。これは加藤政之助《かとうまさのすけ》君が将として行《い》ったのであるが、忽《たちま》ちにして敗北した。東京はその前からあった報知新聞を、矢野文雄君と藤田茂吉君にやらした。幾多《いくた》の困難に遭遇《そうぐう》した。あらゆる迫害と闘った揚句《あげく》が、成功と云うまでには行《ゆ》かぬが、僅かにその艱難《かんなん》の記念《かたみ》として残った遺物《いぶつ》が、この早稲田大学と報知新聞とである。その他《た》は形を変えて大学出版[128]部と日清印刷[129]となったのみで、他《た》の物は一切メチャメチャに失敗した。

なんでも知識を弘《ひろ》めるには、紙と本だ。翻訳等《など》もして本屋を始めようとなると、小野梓が『己《お》れにやらせ』と云う。『お前はいけない、出来っこない』と云うと、『人は見かけによらぬものだよ、已《お》れだって経営の才はある』と頑張るから、やらせてみると、小野はなかなか学力のあった方だから、その頭を標準に自分の好きな書物ばかり注文して、それが大学卒業でも読めないもので、何人《なんぴと》も顧《かえり》みぬと云う有様《ありさま》で大失敗。仕方がないから報知新聞の事業経営で経験ある藤田が才子だからと手伝わしてみたがモウ拾収出来ない。それはなんでも神田神保町辺《じんぼうちょうへん》で、小野の号をとって東洋館《とうようかん》(130)と云った。

ところが当時小野の従弟《いとこ》とか云う器用な小僧がおった。これがやらしてくれと云うから、やらしてみるとドウして立派にやり上げた。これが今の冨山房《ふざんぼう》(131)で、その小僧は今の冨山房主人坂本嘉治馬《さかもとかじま》君であったんである。

2　今昔の早稲田の森

(1)　茗荷《みょうが》畑に照る月は

こうして当時野《や》に下った我輩は種々《いろいろ》とやってみたが、大概は皆失敗で今日残っているのは、この学校(早稲田大学)と、報知新聞とである。

三田の慶應義塾は既に幾多《いくた》の人材を出した。福沢との関係で、大分《だいぶ》若手の秀才連が我輩のところへも来たんである。我輩つくづく人材教養の必要を感じた。ことに当時なお藩閥の力強くして、人材登用、言路洞開《げんろどうかい》とは名目のみで、いわゆる野に遺賢《いけん》多しで、幾《いく》多《た》の人材が可惜《あたら》一生を不遇に終ると云う有様《ありさま》。どうしても有力なる私学を起さなければならぬと云うことは予《かね》てから考えていたのである。

それが十四年〔一八八一〕の政変で、我輩の生活に一大変化が起ったので、マァこれが学校の設立を早める動機にもなって、我輩と一緒に政府を退《しりぞ》いた若手の書記官連中で、矢野文雄君一派の犬養、尾崎と云う連中は、新たに手に入れた報知新聞に立籠《たてこも》り、藤田、箕浦等《ら》と一緒になって、矢野君が兄分《あにぶん》で論陣を敷いた。誠に壮観であったんである。

一方学校の方は会計検査院にいて、我輩とともに退いた小野梓を筆頭に、その一派の大学組が専《もっぱ》らこれに当ったんである。

一体この早稲田と云うところはナ、その当時全く山の手の一村落、ズットこの辺田圃《へんたんぼ》で、よく世間で『早稲田《わせだ》田圃』だの『茗荷《みょうが》畑』だなどと云うだろう。それがモウこの頃では田圃も失《な》くなれば、こんな立派な街になって、ウチの側《そば》も電車が通るようになって、ウチの中《なか》丸見えである。此方《こっち》は開放的でナ、そんなこと一切構《かま》わんのだが、近所が困ると云うし、一つ塀でもと云うから、ちょっと塀でも造ろうと思うている。

この早稲田と云う土地は、昔封建時代には大名の別荘などが稀《まれ》に在ったところで、我輩のこの邸《やしき》は高松の殿様松平讃岐守《まつだいらさぬきのかみ》の屋敷で、唯《ただ》の一軒家であったんである。松平頼寿《よりなが》(132)(伯爵早大校友)なんか、なんでもここで生れたんだろう。今学校の在るところは、井《い》伊掃部頭《いかもんのかみ》(133)の別荘地で、井伊と松平の両家は親戚の間柄《あいだがら》で、細い田舎道を挟《はさ》んで、往来していたんである。今ちょうどウチと学校とを見たようにナ……。

封建が廃滅となって、一時開墾が流行した際に、掃部頭の旧領地は開墾されて、山東《さんとう》一郎《いちろう》〔直《なお》砥《と》〕(134)並びに林《はやし》伯《ただす》〔董〕(135)の実兄で、初めて我が国に西洋の医術を開いた松本順《まつもとじゅん》、この両人《ふたり》が病院と学校を創《はじ》めたことがあるんである。不幸にもその学校は目的を達する能《あた》わずして、またも元の荒野《あれの》となっていたのを、我輩が買い取った。しかし未《ま》だ常住のところとはせず、我輩は雉子橋《きじばし》(136)の邸に住んでいたんである。

（2）　早稲田と向島《むこうじま》と本郷

これは早稲田の田圃の話しだが、これと一つは海に沿うた隅田川、向島の片畔《かたほと》りに、今は故人になった小野梓《おのあずさ》――梓のことは後《のち》に話そう――がおった。

小野は我輩が政府にいる時分、将来望みある篤学《とくがく》の人と信じて抜擢《ばってき》して会計検査院に入れた。その頃、未だ大学にいる、高田〔早苗〕、天野〔為之〕、坪内〔逍遙〕、山田〔喜之《きの》助《すけ》〕、市島〔謙吉〕、砂川《すながわ》〔雄峻《かつたか》〕、岡山《おかやま》〔兼吉《けんきち》〕、山田《やまだ》〔一郎《いちろう》〕などと云う学生連と交わりを結んで、大分《だいぶ》気脈《きみゃく》を通じておった。隅田川を渡ると云う意味で、鷗《おう》と云う字を洒落て「鷗渡会《おうとかい》」(137)と云っていたんであるが、これ等《ら》の若い連中が、向島の小野のところへ集っては、大いに政論を闘わし、あるいは研究をもしていたんである。

それが例の明治十四年〔一八八一〕の政変で、その年の十月の末頃で、急に境遇上の大変化、時勢も急転する。我輩は表面上閑散になる。前にも話したように、こりゃ一つ気《き》長《なが》に人材を養わねばいけぬと考える。これ等《ら》の学生連中も、翌年即ち明治十五年の七月には大学を出たが、官吏となることを好まず、将来教育に志《こころざし》があって、その方面に尽したいと云うので、その年にこの学校が社会に生れ出《で》たんである。

早稲田と隅田川、それに本郷の森――その源《もと》には三田の風《かぜ》もある――この三角同盟が成立って、掃部頭の遺物で松本順や山東の学校の廃跡《はいせき》へこの学校の敷地を選定したんで、これが我輩をして雉子橋の塵埃《じんあい》の裡《うち》を脱《ぬ》け出《い》でて、この早稲田の田圃《たんぼ》に匍《は》い出《で》た始まりである。

思えばモウかれこれ四十年、その当初のことを顧《かえり》みると、誠に今昔《こんじゃく》の感に堪《た》えぬ。最初は政治科、法科、文科、それから商科、理工科[138]――工科は最初設けたが直《す》ぐに止《や》めたことがある――高等師範部、これに高等学院も出来る。中学、実業学校、工手《こうしゅ》学校もある。[139]それは別として大学だけでもこの位《くらい》学生を抱擁しているところは無い。世界一だと独逸《ドイツ》人がこの間《あいだ》も感心して行《い》った。お世辞《せじ》ばかりでも無いんである。日本に遊ぶ外人は必ず一度はこの学校を訪問する。支那《しな》人でこの学校の卒業生も数え切れぬほどある。皆故国へ帰っては相当な働きをしている。就学の出来ぬ事情ある人々のためには、校外生の制度(140)もあり、この種のもののうちでは一番成功したものである。しかし未《ま》だ未だ形《かたち》は備《そなわ》ったようなものの、なお進んで内容の充実に多大の力を致《いた》さなければならぬ。来年はちょうど四十年の記念である。これを機として、なんとか考えなければならぬと思うているんである。

（3）　伊藤博文の懺悔演説

しかしその最初の時のことを考えてみると、全然嘘のような、夢のような真個《ほんと》とも思えぬような話しがある。

まず我輩が学校を造ると云うことに、世間ではよほど不思議に考えたらしい。ソリャ無理も無いかも知れぬ。当時の我輩の政治上の立場が立場であったから、ことに我輩も学校も片田舎の田圃の中に引込んでしまった。政府部内では我輩は謀反人になっているんである。だから大隈は学校を造って、西郷の私学校《しがっこう》のように輩下を養成するんである、油断がならぬとなったんである。

ことに小野始めその他《た》政治関係の人々が大分《だいぶ》学校にも関係したためにも、世間では政治上の目的のために学校を設けたと誤解したんである。それがために最初は生徒が来《こ》ぬのに閉口した。官辺《かんぺん》の圧迫は加わる。父兄をまで脅迫して入学を拒ませる。あるいは教員を妨げる。今日ではほとんど想像の出来ぬような不思議なことがあったんである。

後年大分《だいぶ》学校が盛んになって、伊藤(博文)が、『大隈さん私は全く誤解しておりました。済まなかった。こうなって漸《ようや》く分りました』と云うから、『ソウカ、ソンなら今までの誤解料に少し金を出しなさい』と此方《こっち》はズルイから早速《さっそく》寄付を仰せ付けたら、『ウム、ウム』と云って、頭を掻き掻き出《だ》したんである。『未《ま》だ未だ金だけではいけぬから、ウチ(学校のこと)で一つ演説してその訳を云いなさい』と云うと、伊藤と云う男は正直な男で、学校でトウトウ演説した。これは『伊藤の懺悔演説』(141)と云ってナ、チャンとその演説の書き物は、今にウチにあるんである。

惜しいことに小野は早く死んだが、その間《かん》の高田君、天野君、市島君等《ら》の苦心は並大抵ではない。随分悲惨な珍談も沢山《たくさん》ある。ことに文科があれまでに発達するには、坪内君の力また実に偉大なるものがあるんである。これ等《ら》の人々が月給の易《やす》いのにも甘《あま》んじて、官辺の誘惑をも断乎《だんこ》として斥《しりぞ》け、あらゆる艱難《かんなん》と闘い、献身的努力と、火の出《で》るような熱心とで、奮闘努力した賜物《たまもの》である。ついに先年皇室から御下賜金も下《さが》(142)るし、今の陛下〔大正天皇〕が東宮の御時《おんとき》(143)に学校にも御出で下すったんである。

当年学校と我輩の家《うち》、それは、我輩の小作人の藁屋《わらや》一つのみで、道幅は僅かに一間半、馬車も通ぜぬ寂寥《せきりょう》たる一寒村、蛍、摘草《つみくさ》の名所として下町から来るお嬢さん達の姿は、この辺《へん》の人には珍らしくて、まるで都人《みやこびと》を見るの感じがしたんである。早稲田という名は、当時は東京の人すら注意を惹かなかったが、今は世界中の人が訪ねて来る。米国から野球選手が来ても、必ず我輩のところへも来るんである。我輩はあまり過去のことはかれこれと云わぬ方である。しかし静かに四十年の昔をふり返って、当時の早稲田を偲《しの》ぶと、我輩も一個平凡なる人間である。誠に感慨に堪《た》えぬものがある。

あの校庭の銅像を建てた時にも我輩は云うたんである。墓だとか銅像だとか云うもの(144)は永遠のものではない、永遠の生命は別にある、だから我輩は墓とか銅像なんかはドウでもいい、しかし一門一家である校友諸君の温《あたたか》い情《じょう》に依って、あれが建てられるとなると、其処《そこ》に我輩の精神は結び付くんである、我輩は骨を銅像の下《した》には埋《うず》めぬが、しかし精神はあの銅像の上の空に留まる覚悟であると云ったんである。世の中が大分険《けわ》しくなって来た。早稲田学園の学徒たるもの、この際大いに発奮努力して、建学の精神たる学問の独立のために、勉強せられんことを望んで止《や》まんのである。

3　小野梓《おのあずさ》と山田一郎

(1)　初めて小野梓を知る

小野梓と云う名は、この頃の書生共《ども》(早稲田の学生を指す)はモウ知らぬかも知れぬが、我輩の最も大切な友人の一人《ひとり》であり、学校に取っても永世忘るべからざる一人《いちにん》である。

年齢から云えば我輩の後輩であったが、勇気勃々たる青年で、欧米の新知識を有し、我輩の如きも、学問の上に於ては梓の教えを受けたことも尠《すくな》かったんである。

当時の政治の局に当っておった人と云えば、皆旧思想の持主で、しかもその企《くわだ》つるところはことごとく新知識を要する事業のみであった。小野はこの間《かん》に在って、我々に実《じつ》に偉大なる力を与えてくれたんである。

ソウ、我輩が小野を初めて相識《あいし》ったのは、梓の義兄《ぎけい》に小野義真《おのぎしん》と云うのがあって、大蔵省に勤めて我輩の配下におった。当時の大蔵省と云えば、今の大蔵省とはちょっと流儀が違っておって、内務、逓信、大蔵の三省が合併されていたんである。

その時分に義真が云うには、『私の義弟《ぎてい》に小野梓と云う者がありまして、今英国に留学しております、年は若いがなかなか使える者と思います、帰朝《きちょう》して来たら一度逢ってみて下さい』と云うことであった。それからまもなく梓が帰朝して来たから、早速《さっそく》逢ってみると、義兄《あに》の肥満にして豪放なるに反して、体格も小さく、肉も痩せて、むしろ豪傑肌の人間とは、よほど外見が違っているが、何処《どこ》かに争われぬ傑出したところが面貌《かお》に現われている。

当時の官省は、旧思想の人物を以て充《み》たされていたから、新知識を有する者は、いわゆる『洋行戻《ようこうもど》り』で大歓迎、早速我輩の部下に任用したが、果して学問の造詣《ぞうけい》深く、経《けい》綸《りん》の才略あり、種々《いろいろ》の方面に我輩の参謀となり、秘書となって補佐してくれた。もし何《なに》事《ごと》か為す場合には、我輩一策を建《た》つれば、直《ただ》ちにこれに骨を接《つ》ぎ足し肉を付け、チャント形《かたち》を整《ととの》えて提供し、その案は往々《おうおう》我輩の考うる以上のものがあったんである。

学問才略はあったが、一面また慨世《がいせい》の志士と云うところもあって、常に我輩に向って、日本の藩閥政治、武断政治は永く我が国を隆盛ならしむる道では無い、宜《よろ》しくこれ等《ら》の権力を打破して、分離せる国権を統一するには、欧州文明諸国の如く憲法政治を布《し》くより他《ほか》に道はないと、たびたびその意見を洩らしていたんである。我輩もこれと同様な意見をもっていたんで、まずその手段の一として、前《さき》にも述べたように会計検査院を造って、これに大なる権力を与えて、政治機関運転の原動力たる会計の検査を厳重にすれば、これに依って従来乱用せられつつある国権を制し、国帑《こくど》の乱費を防ぎ得《う》るからと、これを実行して、梓が今日で云う会計検査官となって、その蘊蓄《うんちく》せる知識、ことに財政上に於ける意見を吐露《とろ》する機会を得《え》たんである。

然《しか》るにその後幾何《のちいくばく》ならずして、十四年〔一八八一〕の政変となり、我輩は同志とともに袖を列《つら》ねて、政府を退《しりぞ》いたのである。ソコで野《や》に下った我輩は、ひとまず政治の方面、それは当時藩閥の武力専横《せんおう》に依って壟断《ろうだん》されて国家の一大危機を胚胎《はいたい》するの虞《おそれ》あり、旁々《かたがた》梓との黙契《もっけい》もあり、ドウしても民間に一大政党を組織してこれに対抗し、第二維新と実現しようと、即ち改進党の組織に力を用《もち》うることとなったんである。

（2） 改進党と早稲田大学

この時我輩の帷幕《いばく》には、小野を初めとして、やや少し先輩である矢野文雄君、その下には犬養、尾崎と云うような少壮気鋭な青年ばかり。矢野君が三十歳位で、尾崎君の如きはなお未《いま》だ二十歳位、犬養君がその三つ四つ上かナ。小野はなかなか奇才があって、臨機の策もあった。そうして謹直《きんちょく》な男でもあった。当時改進党も梓の力で大分《だいぶ》円満に発達した。河野敏鎌《こうのとがま》の如き、初めは我輩に反対の行動を採っていたが、この時から同じ傘《さん》下《か》に交《まじ》わりを結ぶようになり、島田三郎君の如きも同様であったんである。

また一方では前にも話した如く、小野が中心となって、我輩等《ら》と学校を設立することとなり、政治法律の新知識を有し、自由独立の精神に富むところの第二の国民を作るためにと云うので出来たのが、云うまでもなく今の早稲田大学、当時の東京専門学校である。この企てをする前に、小野が例の高田、天野と云うような、帝国大学在学中の向島組を連れて来て、『年少なる書生ではあるが、将来必ず事を為すの人物であるから』と云うような紹介であった。その後《のち》これ等《ら》の連中と結び付いて、ついに今日の早稲田大学の端緒を見るに至ったんである。

神田の東洋館書店の失敗談は前に話したが、とにかく、それが今日の冨山房となり早稲田大学出版部となったんだから、これまた失敗の成功で、形は変っているが、小野の精神はやはりここに存していると思うんである。また銀行の話しは、これは壬午《じんご》銀行と云ってやはり小野が創《はじ》め、炭礦事業も小野の手だが、これ等は皆失敗した。残るは報知新聞と早稲田大学だけで、しかも小野は天寿を籍《か》さず、将来為すあるの士にして、不幸夭折《ようせつ》してしまった。人材少《すくな》きの時代とて、我輩は大切な友人として、且つ学校の恩人として、両腕を取られたよりも悲しく思ったんである。

しかし梓の残した精神は千古不滅である。憲政上に、教育上に、彼《か》れが残した余風は必ずや永遠に伝えらるるであろうと信ずる。この梓の精神、血を受けたるこの学校の出身者は、この学校の創立者であり恩人であり、且つ社会の先覚者たりし梓の素志《そし》を継いで、その花と実とを完《まっと》うせしめねばいかぬと思うんである。

この連中にはなかなか変った偉丈夫《いじょうぶ》がおった。今生きている人々は別として、岡山兼吉《おかやまけんきち》、これもなかなか偉物《えらもの》であったが、不幸早く死んだ。山田喜之助、奇骨稜々《きこつりょうりょう》たる奇士《きし》で、奠南《てんなん》と呼んでいたが、数年前没した。砂川雄峻は今でも大阪で古い弁護士で、なかなか有力家である。その中《うち》でも山田一郎は一番変っていたようである。

（3）　天下の奇士山田一郎

我輩が山田一郎を初めて知ったのは、ソウ、明治十四年〔一八八一〕頃だナ、小野の紹介で、大学生であった連中が大勢我輩のところへ来たその一人である。一種の奇傑《きけつ》と云う方で、古武士的の面影があった。風采《ふうさい》は頗《すこぶ》る揚《あが》らない方であったが、なかなかドウして人物は得易《えやす》からざるものであった。

その頃は封建時代を去《さ》ること遠からず、大学生等《ら》の気風も封建時代の磊落《らいらく》粗暴の風を存して、今日の如きハイカラ者流はあまり見受けられなかった。山田はその中《うち》での蛮殻《ばんから》組《ぐみ》の筆頭であったんである。

概して云うと豪傑は学問が出来ぬ。よし学才があっても勉強しない傾きがあるものだが、山田は封建的豪傑であって、それでなかなか勉強もしたようじゃ。特に衆に擢《ぬき》んでて勉強したと云うで無くとも、慥《たし》かに豪傑にして学才を兼ね有《ゆう》しておった。随分酒も好んだ。酔えば愈々《いよいよ》豪気旺《さか》んで、益々《ますます》天性を現わす。乱暴はしないが酒を楽しむ。長夜《ちょうや》の飲《いん》をもなす。酒間筆《しゅかん》を執れば千篇立《たち》どころに成るで、ちょっと李白《りはく》と云うところがあった。一所に地方など旅行すると上機嫌で、宿屋にでもつくと必ず長夜の飲を張る。

それでも大学にいる時分、早稲田に教鞭《きょうべん》を執った時代は、義務と責任の感念があったので、あまり飲まなかった。よし飲んでも、長夜の飲をやるとか、その他《たふ》不検束《けんそく》な行蔵《こうぞう》はあまりやらなかった。トコロが一たび責任の無い自由な立場になると、その豪放な性質は、忽《たちま》ち意の嚮《むか》うところ、傍若無人《ぼうじゃくぶじん》に発して大いに談じ大いに飲み、而《しか》して筆を執る。奇《き》と云えば奇だが、ちょっと他人《ひと》と違うところがあった。

早稲田へ来て学校に教鞭を執ったのは前後四年間、この間《あいだ》は非常な勤勉であった。赤《せき》貧《ひん》洗うが如しだが、決して他《た》に依頼しない。またそれを苦にもしない。学校創立の際など、随分困難な境遇に立ったが、あえて意に介せずよほどの力を尽した。どんな困難にも屈せざる男であった。改進党組織の時には随分力を尽したが、爾来頗《じらいすこぶ》る政治的には不遇の境遇に立ちながら、濫《みだ》りに主義方針を改めず、苦節を守って直接間接に、立憲主義進歩主義のために尽したんである。

晩年に至って奇癖《きへき》は愈々偏して来たようである。飄々乎《ひょうひょうこ》として諸処方々《しょしょほうぼう》を遍歴して、しかも常に文筆と離れない。しかも何処《どこ》においても日本中の新聞雑誌に執筆する。それが今の李白一斗酒詩百篇の流儀で、一日中に何篇でも立どころに成るんである。愛川《あいせん》と号したが、この故を以て『天下の記者』と異名《あだな》した位である。なんでもこの『天下の記者』と云うのは犬養君が命名《なづけ》たと云うことである。

かくの如き奇傑《きけつ》は、近来は頗る得難《えがた》いが、惜しむべし四十六歳(明治三十八年五月)で、世を去った。最後まで古武士的気質を保《たも》っていたので、あたかも欧州中世紀のナイト的な一面と、十九世紀末の英国風の政治家紳士と云う両方面を併《あわ》せ有していた。放浪二十年、その末路《まつろ》を思うて、仰いで早稲田の森に照る月を眺むる時、我輩は云い知れぬ感慨を禁ずることが出来ないんである。

4　土肥《どひ》の勢力と十四年の政変

(1)　後藤象二郎の困窮

ここでちょっと、木戸、大久保を失ってより、この頃までの、内閣の顔触《かおぶれ》を見ると、三条公は太政大臣で、右大臣は岩倉公、有栖川宮が左大臣で、その下に参議があったが、その首席は我輩であった。その他《た》参議の顔触れは、大木喬任《おおきたかとう》、山県有朋、川村純義、伊藤博文、井上馨、山田顕義、西郷従道、寺島宗則、黒田清隆で、専任の各省卿には榎本《えのもと》武揚《たけあき》と云うような人もいたし、大山巌、田中不二麿《たなかふじまろ》、松方正義、佐野常民《さのつねたみ》、山尾庸三等《やまおようぞうなど》があった。その間多少の変化異動のあったことは無論のことである。

伊藤と我輩との建議で、十四年〔一八八一〕の四月に、新たに農商務省を設け、河野敏鎌をその長官に任じたが、計らずもこれが非常な面倒を醸《かも》した。河野は非常に進歩的な男であったが、長州人に気に入らず、ことに品川弥二郎《しながわやじろう》が頗《すこぶ》る喜ばぬ。薩摩人にも喜ばれぬ。ついにいわゆる十四年の政変には我輩とともに政府を去った。

この頃はモウ民論は非常に喧《やかま》しくもあるし、如何《いか》なる保守的な人でもこのままではいかぬと、改革の必要なるは承知していたが、さてその具体的な意見となると、それぞれ区々《まちまち》で、よほどの間隔《かんかく》があった。同じ薩摩でも西郷(従道)は兄と違って、なかなか融通が利《き》いたが、川村は考えが古くて頑固であった。山県も保守的であった。

この間《かん》に在って、土佐の勢力が増せばよかったのであるが、土佐の勢力は頗る衰微した。後藤も自分一個の財政上から甚《はなは》だしく困難した。借金で外国人からも内国人からも訴えられると云う始末で、後藤に不似合な大規模な石炭坑(145)なんかに手を出したから、益々《ますます》傷を大きくした。窮迫もはや免《まぬが》るるに途《みち》無く、放って置けば、借金のために切腹でもしなければならぬ仕誼《しぎ》となった。あれやこれやで、土佐の一勢力である後藤、板垣は政治上社会上頗る勢力を失うて来た。

然らば土佐自国内《じこくない》ではどうかと云うに、これも容堂《ようどう》〔山内豊信《やまうちとよしげ》〕公没後は、佐々木高行《ささきたかゆき》、土方久元《ひじかたひさもと》、谷干城等《など》と云う、土佐に方《お》ける温和派とも云うべきものが、板垣、後藤を目して破壊党だと云う訳で嫌忌《けんき》排斥《はいせき》した。かくの如くで、板垣、後藤の勢力は内外ともに振わなくなったが、僅かに国会期成同盟会の運動で、板垣の勢力は復活して来た。

ちょうどその時、福沢は後藤と友人であったから、どうかしてこの窮境を救うてやろうと云うので我輩のところへやって来て、『このまま放って置けば後藤は死ぬる。これを救うには三菱に奮発してもらわんといかぬ。三菱の〔岩崎《いわさき》〕弥之助《やのすけ》は後藤の娘の婿である、それにはドウしてもお前の力で動かしてもらわねばならぬ』と云う。元来我輩は後藤とはそれほど親密と云うでは無し、ことに政治上の意見は多少違ってもいたが、訴えられてみると、我輩の気性として黙ってもいられぬ。そこでたびたび〔岩崎〕弥太郎に談判したが、三菱は後藤とも板垣とも大衝突をしていたし、それまでに後藤等《ら》が大分《だいぶ》運動費やらなにやらでセビっていたとみえて、弥太郎一向に受付けぬのみか、大いに怒って親類交際もせぬと云う。弥之助も現在義父の窮迫を見るに忍びず、たびたび兄を説得したが、弥太郎それでも承知せぬ。弥之助も兄の性質を知っているから、そうたびたびも迫られない。そこで我輩がその仲介に立って『今そんな理屈を云うナ、そんなことは後回しにしてとにかく金を出せ、出さなければ後藤は死ぬるゾ』と云うと、弥太郎渋々《しぶしぶ》少し出すから、そんなことではいかぬ、モット、ウンと出せと我輩大いに力《りき》んでみせた。

（2）　唯一の我輩また失敗

それでも弥太郎、かれこれ云うから、後藤のもっていた高島の礦山を三菱で百万円に買ってやれと云う訳で、我輩と福沢とで極力説得に努め、トウトウ三菱に出《だ》さすことにして、これで後藤の負債を銷却《しょうきゃく》して整理をつけ、二、三十万の生活費としての余裕をも残して、これは三菱で保管すると云うことにしたが、福沢と云う男は実に感心な男で、この後藤を救済するまでの熱心と云うものは大したもので、なんでもその時我輩ちょっと旅行をせねばならぬ用向きがあって新橋停車場に行《ゆ》くと、福沢が愴惶《そうこう》としてやって来て、『イヤ後藤の負債は百万円では足らぬ、モウ二十万円ほど入用《いりよう》だと云うから、是非モウ一度心配してくれ』と云う。しかしこう云う調子で行《ゆ》くと後藤の借金はどの位《くらい》あるか分らぬ。弥太郎も大立腹《おおりっぷく》のところだし、始末に負えぬから、マァどうにかいい加減のところで始末をつけたんである。

この福沢の熱心な救済策に依って、一敗地《いっぱいち》に塗《まみ》れていた後藤は、漸《ようや》く救われて蘇生したんである。しかし政治上には、俄《にわ》かに飛び出すと云うことは困難であったが、それでも漸次《ぜんじ》復活して来た。他日《たじつ》大同団結の結盟《けつめい》となって、全国に大活動をなし得たるも、全くこの時この苦境から救われたるが基《もとい》をなしたんである。(146) その後《ご》朝鮮に大いに為すあらんとして、なんでも朝鮮の顧問かなんかになるつもりで、乾児《こぶん》を十四、五人連れて朝鮮に行《ゆ》きかかったが、福沢と伊藤とが狼狽《ろうばい》して差止めたこともある。

ともかくも、かくの如く土佐の勢力が失墜してからと云うものは、勢力のバランスが失われて、薩長以外の勢力は極めて薄弱となり、薩長以外では僅かに我輩のみと云うことになったが、これも微弱で仕方《しかた》が無い。唯《ただ》そこへ伊藤、井上が力を添えてくれたので聊《いささ》か重きをなし、また板垣も我輩の議論に同情してくれたので、征韓論破裂後、明治八年〔一八七五〕の勅書となり、木戸、大久保、西郷の没したる後《のち》、当時で云えば、政権を獲《う》る者として、いわゆる第二流ではあるが、我輩等《ら》が現われるようになったんである。

しかし内閣の顔触れを見ると、ドウも活動家は少い。この時に当ってやや社会の急激な人心に投じて、多少でも改革し得《う》るの力のあったのは、我輩等が存していたことであったんである。然るにこれも内《うち》に於て、ついに前章述べたるが如くにして、我輩と伊藤、井上との不和となり、トウトウこの事は蹉跌《さてつ》した。この事変は我輩個人から云うも失敗であり、憲政上から云うも、政府不統一で、かくの如き失敗を演じた。しかし失敗は失敗に違いないが、これから人心は益々作振《ますますさくしん》して、民間の大運動が起るに至ったことは、一面から云えば失敗の生んだる成功であったかも知れぬ。

十四年の政変で、我輩とともに政府におった人々が一緒に去った。河野《こうの》(敏鎌《とがま》)、前島《まえじま》(密《ひそか》)や、判検事ではあったが、政治趣味の厚かった北畠《きたばたけ》(治房《はるふさ》)、春木《はるき》(義彰《よしあき》)等《など》で、相当の若手の書記官連では最も勝《すぐ》れたる者で、小野(梓)、矢野(文雄)、島田(三郎)、犬養(毅《つよし》)、尾崎(行雄)を始めとして、その他《た》の小さな役人達は、随分多数に上《のぼ》ったんである。

〔「野に下ったる青年論客」「先収会社と三井物産」「民間の新人と新文化運動」「井上――黒田――伊藤」は略〕

Ⅲ　過去を顧みて——追懐談・追懐文

第Ⅲ部には、大隈重信の談話・演説・論説のなかから、過去を振り返ったものを選んで収録した。

大隈は一三歳の時、父を亡くし、以後、母三井子《みいこ》のもとで育てられた。「一　我輩は慈母によりて勤王家となる」は、母から受けた感化の大きさを追懐したものである。最初、「余は母より如何なる感化を受けたるか」と題して雑誌『実業之日本』第一一巻第一八号(一九〇八年)に掲載され、江森泰吉編『大隈伯百話』(実業之日本社、一九〇九年)は、これを「母より受けたる感化」と改題して収録した。さらに、菊池暁汀編『青年訓話』(丸山舎書籍部、一九一一年)は、改題のうえ、若干表現をあらためて掲載した(本書底本)。母から強い感化を受けたことについて、大隈は本書第Ⅰ部の「二」でも言及している。

第Ⅰ部・第Ⅱ部でみたように、二〇代、大隈は佐賀藩にあって幕末の政局と対峙し、三〇代に新政府に入って頭角をあらわし、その後、政府中枢で日本の近代化を推進した。しかし、四三歳の時、「明治十四年の政変」で政府から追放され、以後、在野活動に主軸をおく。しかし、この時期についてのまとまった回顧談はない。そこで、自叙伝的な要素を含む、大隈の外交・政治・教育という主要な三側面についての回顧文を選んだ。

一八八八年(明治二一)、大隈は外務大臣となって条約改正にあたった。この時を回顧したものが、「二　余は如何に百難を排して条約改正の難局に当りたる乎」で、『実業之日本』第一一巻第二一号(一九〇八年)に掲載された。ただし、大隈の主眼は回顧そのものにはなく、勇気を唱道するための実例として自身の体験を引き合いに出している。

外相大隈は玄洋社社員の来島恒喜に襲撃されて右足を切断した。これに関する回顧が、「三　爆弾当時の追懐」である。最初、『冒険世界』第二巻第一号(一九〇九年)に掲載され、これが立石駒吉編『大隈伯社会観』(文成社、一九一〇年)に収録された。その後、『青年訓話』(前出)、野中正編『青年の為に』(東亜堂、一九一九年)、福田滋次郎編『大隈侯爵　縦談横語』(日本書院、一九一八年)、同書を改題した『働け働け飽迄働け』(日本書院、一九二一年)にも収録された(本書底本)。

大隈は立憲政治をもとめ、政党の首領として藩閥政府に対抗した。「四　〔立憲政治の歩みと内閣更迭〕」では、明治維新当初にさかのぼりつつ、日露戦後の第二次西園寺内閣の時期までの立憲政治を回顧している。底本は『経世論』正編(冨山房、一九一二年)に収録された「憲法実施以後に於ける内閣更迭史論」である。記憶をもとに語ったものを筆録したためか、時期や事実関係などに少なからず錯誤があるが、大隈による状況認識の基調を示すものとして、そのまま採用した。

一方、大隈を創立者とする東京専門学校は、その後、早稲田大学として成長・発展し、一九〇七年、大隈が総長に就任した。「五　〔早稲田大学創立三十五年紀念式典演説〕」は、一九一七年(大正六)の演説で、『早稲田学報』第二八五号(一九一八年)に掲載された。大隈は、創立以来の同校の歩みを振り返りつつ、当面する課題に言及している。

一　我輩は慈母《じぼ》によりて勤王家となる

我輩はかくの如き家庭に育てり

我輩の父は長崎の砲台長をつとめていたが、我輩の十三歳の時に死んだ。爾来《じらい》我輩は母〔三井子《みいこ》〕一人の手に依って育てられたが、十五、六歳から頗《すこぶ》る乱暴者であった。長ずるに従ってだんだん交際が広くなって来て、宛然餓鬼《えんぜんがき》大将の発達した様な傾向があった。友人が盛んに遊びに来るので、我輩の宅は今の倶楽部の如きものであったが、元来は大層人を愛し客を好まれたから我輩の友人が尋ねて来るのを非常に喜んで、手料理を拵《こしら》え、あるいは団子を造り、あるいは牡丹餅《ぼたもち》または柏餅などを拵えて御馳走してくれた。かく母が客を愛して出来るだけの御馳走したと云うことは、我輩にも多少の感化を与えたものと見えて、客は我輩も甚《はなは》だ好きである。母はまた慈善と云うことは大好きで、なんでも貧困な者を救うことが一種の道楽の様であった。酷《ひど》く窮している者があると聞けば、態々《わざわざ》出懸けて往って助けてやると云う風であった。老いてから後は、種々の小布を集めて自分から袋を造り、なお腰元二人にも造らせたが、なんでも簞笥《たんす》の引出に一杯ほどもあった。その袋へ品物を入れて、貧困者に与えるのがよほど愉快であった様だ。それから神仏を大層信仰されて、老後は東京市内の神社仏閣へ毎日参詣せられて、僧侶や神官には友達が多くなって、寄付なども思い切ってやられたこともある。時々その尻拭《ぬぐ》いをやらせられた様な訳である。

母の感化を受く

母は昔から勤王の志《こころざし》が厚くて、毎朝早く起きて盥嗽《かんそう》するや否や、遥《はるか》に皇居の方を仰《あお》いで天子様の御聖寿を祈られた。如何《いか》なる訳で勤王の志が厚かったかと云うに、書物が好きなのでその書物から来たのである。然《しか》らばドウ云う書物を愛読されたかと云うに、太平記や楠公記《なんこうき》などが重なものであった。我輩が幼少の時には母から毎日忠臣の話を聴かされたものだ。我輩が長じて勤王の大義を唱え維新の大業を翼賛《よくさん》する様になったのは、母の感化もあったかと思う。

我輩の母も勤王家

また母は珍らしい度量《どりょう》の寛大な人であった。人の過ちを責めず人の罪を咎《とが》めないと云う類で、我輩なども叱られたことはほとんど無い様である。我輩が維新前から勤王のために奔走して随分運動費を使ったが、その支出に対しては母は極めて寛大であった。勤王のためなら家財もなにかあらんと云う様な塩梅《あんばい》であった。それからまた喜怒哀楽を顔色に現わされたことはない。維新革命とともに我輩も西郷《さいごう》〔隆盛《たかもり》〕、木戸《きど》〔孝允《たかよし》〕、大久保《おおくぼ》〔利通《としみち》〕諸氏とともに参議になって、云わば天下を取った様なものだ。その時にも母は心の内では喜ばれたろうと思うが、表へはあまり現われなかった。それと同じく、明治二十二年〔一八八九〕条約改正で兇徒の爆烈弾を浴びた時もさほどに悲まれなかった。マァ楽天家の数であったに相違ない。我輩もあまり人を叱ったり責めたりしない方で、そして楽天家である。

二　余は如何《いか》に百難を排して条約改正の難局に当りたる乎《か》

勇気は如何にして生ずる乎

勇気は必要に迫られて起るものである。すべて人間は余儀なくされると猛然として勇気発生するもので、かの窮鼠却《きゅうそかえっ》て猫を噛《か》むと云うのが則ちそれである。動物などは雄《おす》よりも雌《めす》はすべて柔《やさ》しきものであるが、乳虎《にゅうこ》の勇と云うことがある。それは虎の雌が乳を呑ませる子を持っていると、その子に早く血〔ママ〕を与えたいと云うところから、非常なる勇気を出して人間にも喰ってかかれば、生物を捕えることに汲々《きゅうきゅう》とする。これは則ち必要上から起る勇気の一例である。

勇気は裏面に知力あるを要す

真の勇気は知が伴《ともな》わなくてはならぬ。孔子も知仁勇と唱えて勇気に知力の必要なることを説かれ、またプラトーの如きも勇を以て道徳の一ツに数えておる。古人の句に義を見て為さざるは勇無きなりとか、あるいは人皆是非善悪の心あり、善を見て為す能《あた》わず、不善を知て改むる能わざるは、これ勇無きなりとあるが、勇気は人間処世上極めて大切である。而《しこう》してその勇気は不正不義の蛮勇《ばんゆう》ではいかぬ。なんでも知が伴《ともな》うところの真正の勇気でなくてはならぬ。

真の大勇はむしろ逆境に現わる

勇気は必要上から起るものであるから、順境の時にも逆境の時にも現わるるものであるが、真の大勇は順境よりもむしろ逆境の時に発現するものである。非常なる困難に遭遇したる場合に不屈不撓《ふくつふとう》の精神起るのが則ちそれである。戦争ならば戦捷《せんしょう》の場合よりも敗軍の時に大勇現わるるものである。兵法に敗軍を纏《まと》めて巧《たく》みに退却するは最も困難としてあるのは、能《よ》くこの辺の消息を現わしているのである。かのナポレオンがモスコーで大敗して日耳曼《ゼルマン》に逃げた時に、ネー将軍(147)が敗軍を能く纏めて敵にあくまでも抵抗し、以てナポレオンを逃がしたるが如きは、則ち真の大勇と謂うべしだ。其処《そこ》で我輩は勇気に対しても境遇論を持ち出すもので、境遇これを然《しか》らしむると云うのは最も適当であるかと思う。しかしその逆境に対して勇気の起らぬ様な意気地《いくじ》無しではもとより問題にならぬ。

我輩と勇気の試験

我輩は未だ真の大勇気を発するまでの境遇に遭わないから、勇気の程度も実は試験してみない。非常なる大困難に遭遇したら、限りある身の力も試めしみて初めてエライかエラクないか分ると思うが、なにぶんその機会に遭わないから、如何なる場合に最も勇気を発揮したかと問われても答えることが出来ぬ。しかし条約改正の事の如きは、まず勇気を出したと云えば、それは則ち必要に迫られて、列国を対手《あいて》に大に強硬の態度を示さざるを得ざる場合に陥《おち》いったからであろう。

我輩は何故《なぜ》に決然条約改正の難局に当りたるか

我輩は明治二十一年〔一八八八〕より二十二年に亘《わた》りて外務大臣の椅子に着きて条約改正の衝《しょう》に当りたるは、憲法政治の実施前《ぜん》になんとかして不利益不対等なる外国との条約を改正して、一方には官僚政治の弊をも一掃したいと云う希望で、伊藤《いとう》〔博文《ひろぶみ》〕公と種々相談の末その局に当ることになったのである。

(148)条約改正は明治五年に木戸《きど》〔孝允《たかよし》〕、(149)大久保《おおくぼ》〔利通《としみち》〕両公が洋行されたる(150)時から胚胎《はいたい》しているので、その後寺島《てらしま》〔宗則《むねのり》〕伯が試みて成らず、副島《そえじま》〔種臣《たねおみ》〕伯が試みて失敗し、井上《いのうえ》

〔馨《かおる》〕侯は明治十五年と十九年と両度局に当りて失敗したので、実に国家に取りては大事件大問題である。井上時代には欧化主義が熾《さか》んであったためにその弊を受けたが、しかしその時代を考うれば多少一部の真理を認めねばならぬ。則ちその時代には欧米の歓心《かんしん》を買って条約改正を行うと云う必要があったからである。またその反動として国粋保存主義が起ったが、これもまた一部の真理を認めねばならぬ。我輩は極端なる右両説には反対であるが、しかしある部分だけはその時代を考えて多少必要を認めるのである。

如何《いか》にして連合談判の圧迫を打破りたるか

井上外相時代の条約改正談判の筆記を読んでみると肝癪《かんしゃく》で堪《たま》らないことがある。しかしこれは畢竟《ひっきょう》連合談判であるから、各国は連合して我が国に圧迫を加えるのである。従来の如く列国の使臣と一堂に会して談判しては、到底改正の目的を達することが出来ない。兵法に敵の力を割《さ》いてその一方に向い我が精力を集注《しゅうちゅう》して戦うのは得策であると云うことから考えて、其処《そこ》で連合談判を破ってまず国別談判にすることを主張した。

国別談判と云うことについては英国が主として大に反対した。独仏またこれについで反対した。けれども我輩は従来の条約は各国別々に締結したものである、故に改正するのに別々に談判するのは当然である、況《いわ》んや各自互いにその事情を異《こと》にしているから、その国と我が国と随意に改正するのは我が権能であると主張して一歩も譲らない。かく強硬に出ているとついに米国まずこれに同意してくれた。ついで露西亜《ロシア》も同意した。(152) その間に我輩は墨西哥《メキシコ》と対等条約を締結した。(153) すると列国皆最恵国条款を主張して、ある一国に与うる権利利益は自国にも与えよと迫って来た。

如何にして大不利益の解釈を打破りたるか

其処で我輩は最恵国条款の不利益なる解釈を破るのはこの時だと確信して、否最恵国条款は条件付きである、決して無条件ではない、権利を与うるにはその代りに何か収得《しゅうとく》しなくてはならぬ、無条件で権利などを与うると云うが如き不条理はあるべき筈がない、もし墨西哥に与えたる権利を得んと欲せば墨西哥と同等の条約に改正せなくてはならぬと主張して、断然彼等の要求を拒絶した。この時激しく争うために最恵国条款の不利益なる解釈を初めて改むることが出来たのである。

列国の反対は如何に強硬なりしか

列国は日本の非文明を唱えて条約改正に反対した。しきりに彼等は内地を開放せよと迫るから、それなら我が日本の法律に服従せよと言うと、日本の法律は不完全である、好《よ》し法文《ほうぶん》だけが改良されても裁判官その人に乏しいから危険であると云って、裁判官の欠点を指摘したる実例などを種々持出して来た。なんと言っても日本の法律に服従することを承知しない。去《さ》りとて我が領土内に治外法権が依然行わるるに於ては国辱《こくじょく》であるから、如何《どう》してもこれを打ち破らなくてはならぬ。明治二十一、二年の頃であるから我が国文明の程度も今日よりは遥《はるか》に劣っているゆえ、困難であることは言うまでもない。我輩の改正案は井上案よりも一層進歩したもので、時代から考うればまずある期間を限ってある程度まで進むるより仕方《しかた》がないと考え、外人が我が法律に従えば内地を開放して雑居を許し、同時に土地の所有権を与える、それから裁判もそれほど心配するなら、大審院だけに若干の外人を雇入るると云うことにした。その代り税権を恢復《かいふく》することをも条件としておいた。けれどもそれさえ英国の如きは反対して承諾しない。

余は沸騰せる反対脅迫に対して如何《いか》に決心したるか

右の改正談判中内地に反対論が起って、(154)中止の建白が熾《さか》んに出て来る。しかし賛成論者もあって改正断行の建白も出て来る。海内《かいだい》沸騰して八釜《やかま》しいこと実に未曾有《みぞう》である。内閣はもとより一致していたが、それでさえ少し疑懼《ぎく》の念を抱いた人もあった位《くらい》だ。(155)けれども我輩はその時代に於て内外の形勢上、右の改正案で進むより外に途《みち》なしと信じたから、如何に反対があるとも国家のために深く是《ぜ》なりと信じたる以上は、如何なる脅迫を受くるも勇進するより外なく、いわゆる必要に迫られて勇気が出たのである。ところ(156)が爆裂弾のために中止するを得ざるに至ったのである。

三　爆弾当時の追懐

爆弾は屁の如し

元来我輩は楽天主義の人間であるから、一身上の利害得失について過《す》ぎた昔《むか》しの事などに少しも頓着《とんちゃく》(157)しない。すべて過去の事は霹靂一声大雨《へきれきいっせいだいう》の過去《すぎさ》った様に考えているので、我輩の遭難当時の事などはほとんど忘れておった。

然《しか》るに今君が来て、我輩が爆裂弾のお見舞に逢った当時の有様《ありさま》を語れと促《うなが》されると、まさかに忘れ切った訳でもない。いや今からその様に耄碌《もうろく》しては困るから、古い記憶を絞出《しぼりだ》して語ろう。

もっとも我輩は、爆裂弾位で青くなる様な腰抜けじゃない。爆裂弾位は屁とも思っておらぬ。

チョン髷《まげ》と散髪《さんぱつ》の衝突

我輩が遭難した当時、日本の天地は諸種の制度文物の激変時代で、チョン髷は散切髪《ざんぎりがみ》となり、羽織袴は洋服となり、日本刀はサーベルと早変りすると云う有様、常に旧思想と新思想とが、なにか機会があると直《す》ぐ衝突する。実に殺伐極まる気風は、日本の天地に漲《みなぎ》っておる時であった。

その中でも大問題というのは、条約改正問題であった。古い時の条約は文明の潮流とともにほとんどなんらの効《こう》がなくなったので、ここに対等の条約が必要となり、それにはまず文明国の実地を見なければ話しにならぬというので、条約国を歴訪しその国の主権者に謁《えっ》して、いわゆる文明国の意向を問い、併《あわ》せて各国の文明事情を視察したのである。

各国を歴訪してみると、日本と欧米の文物には非常に相異がある。彼の進歩は長足《ちょうそく》の勢いでどしどし駆《か》けるのに、我が国を顧《かえり》みれば時にあるいは保守退嬰《たいえい》の傾向である。そこで、コンナ間抜《まぬ》けた事では仕様《しよう》があるものかというので、種々《いろいろ》の点に大改革をやった。更に条約改正もしなければならぬ。けれどももとより大問題なるだけに、時の内閣諸公等は躊躇《ちゅうちょ》逡巡《しゅんじゅん》の状《ありさま》であったから、自ら率先して海外へ航《こう》し、専《もっぱ》らその衝《しょう》に当らんと決心したので、その意味の政見を以て、しばしば内閣に於て閣議に花を咲かした。それが時の者どもの疑いを起さしめたのである。

蛮勇《ばんゆう》でもエライ

さて、いよいよ廃藩置県を断行して、国民に一驚《いっきょう》を喰《くら》わした挙句《あげく》に、更に条約改正という大問題までも、相当の解決を告げなければ止まぬという気勢《きせい》になったから、チョン髷《まげ》的国民の頭には、定《さだ》めし霹靂《へきれき》でも落ちた様にビックリしただろう。事ここに至れば、路傍の風説紛々《ふんぷん》として、枝葉《えだは》から枝葉を生じ、馬鹿な奴は逆上して、日本の国家はドンナ風になるのであろうかと、ここに後先《あとさき》も見ず狂人《きょうじん》的の行動をするものが出来たのである。

我輩は常に気狂《きちがい》位《くら》い怖《こ》わいものはないと思う。気狂は読んで字の如く、常識が欠けて徒《いたずら》に逆《のぼ》せ上《あが》り、問題の性質もなにもお構《かま》いなしに、勝手に馬鹿な真似をするから、いささか弱らざるを得ないのだ。況《いわ》んや日本国民は少《すこ》しく神経過敏の傾向があるから、どうも狂気《きょうき》の人が多くて困る。

といって、我輩は我輩に爆裂弾を放りつけたものを、決して狂気の人間で、憎い奴とは寸毫《すんごう》も思わない。却《かえ》って今の軟弱な青年、パン問題の解決に窮し、メソメソ女のために泣いて、華厳の滝へ飛び込む弱虫(158)よりは、よっぽどエライ者と思うておる。苟《いやしく》も外務大臣なりし我輩に、爆裂弾を喰わして、当時の輿論《よろん》を覆《くつがえ》さんとするその勇気は、蛮勇でもなんでも我輩はその勇気に感服するのである。

大勇気ある来島恒喜《くるしまつねき》

そこで我輩が爆裂弾を喰《く》った当時の光景はドンナ風であったかと云うに、より実際に凄然《せいぜん》たるものであった。君等は爆裂弾の味は知るまいが、喰わした奴は実に壮快だと感じたであろう。

我輩が爆裂弾に会う順序はこうだ。我輩は内閣に於て盛んに条約改正問題を討議し、大《だい》なる抱負と腹案《ふくあん》とを持《じ》して、意気揚々馬車を駆《か》って外務省に赴かんとし、まさに門内に入《い》らんとする一刹那《せつな》、かの時遅く、この時早く、轟然《ごうぜん》たる響《ひびき》とともに、馬車は半《なか》ば空に飛び、主人公の我輩は、地上に人事不省《じんじふせい》の姿となって横《よこた》わった。

『大臣がやられた』

というや、省の内外は大騒ぎとなり、大混雑を極めんとする時、爆裂弾を投げた来島恒喜は、(159)我輩の卒倒したのを見て、首尾よく目的を達したと思い、悠然《ゆうぜん》として割腹《かっぷく》してしまったのである。

ブランデーでは痛みは去らぬ

ところが我輩は暗殺者の見込通りに、そう容易《たやす》くは往生しない。とにかく爆裂弾のお見舞いを頂戴したのだから、一時《いちじ》は気絶したが、直《す》ぐ気が付いた。けれども何処《どこ》をやられたかどうも解らない。唯《た》だ脳の具合が激《はげし》くボンヤリしているから、サテハ頭をやられたなと思い、ソッと頭に手を当ててみると、依然《いぜん》として存在している。その中《うち》に北川《きたがわ》という外務省の小使――今は邸《やしき》にいるが――その者に扶《たす》けられて、省の玄関を上ろうとしたが、一方の足が少しも利《き》かない。利かない筈だ。この時すでに微塵《みじん》に砕けていたのである。けれどまさか乞食やなにかの様に、玄関にゴロリと寝る訳には行かないで、とうとう一本足で室《へや》に辿《たど》り着き、すぐ寝台《ねだい》の上に横臥《おうが》してみると、一方の足がヅンヅン痛みを感じて来て、どうもその痛い事は堪《たま》らぬ。其処《そこ》でブランデーを飲んで、少しでもその痛みを減《へら》そうとしたが、ブランデー位では屁の役にも立たない。

そうこうしている中に、橋本《はしもと》〔綱常《つなつね》〕と佐藤《さとう》〔進《すすむ》〕の両博士《はかせ》(160)が宙《ちゅう》を飛んで駆け付けて来て診断すると、一刻も猶予は出来ないというので、外務省で直《ただ》ちに足一本切られてしまった。爆裂弾を浴びた上に、また切られるとは全く割に合った話ではない。

足がなくとも三寸の舌がある

けれど暗殺者如何《いか》に勇猛といえども、我輩の三寸不爛《さんずんふらん》の舌頭《ぜっとう》を奪う事は出来なかった。中央政府に均《ひと》しき、我輩の脳の中枢が破壊せられざる限りは、足の一本や二本位《ぐら》いは、あっても無くても大した事はない。

唯《ただ》にこの際感じたのは、実に人の運命と云うものは一瞬間《しゅんかん》に定《さだ》まるという事である。一体人間でも国家でも、二十年も三十年もなんらの波瀾《はらん》なく、平々凡々として年のみ取るのは、甚《はなは》だ面白くない。蓋《けだ》し老成と云う事は、一国一社会をして、その元気を沮喪《そそう》せしむる大害物《だいがいぶつ》であるから、老成しかかった途端《とたん》に、時折《ときおり》爆裂弾の音ぐらいさせて、まさに眠らんとする国民を驚かすもよい。

況《いわ》んや現今の青年は、人の褌《ふんどし》で相撲を取ろうと云う弱虫ばかりだから、爆裂弾の音を聴いただけでも気絶するだろう。なにしろ若い者はコセコセせず、天下を丸呑みにするほどの元気が無ければ駄目じゃ。

男子はなんでもかんでも大元気《だいげんき》でやれ。

四 〔立憲政治の歩みと内閣更迭〕

1 〔太政官の成立〕

およそ物の起る、その起るの日に起るにあらず、必ずその因て来るべきところあり。我が立憲政治の如きも、これが由来を討《たず》ぬれば、かの幕末多難の秋《とき》、世界の大勢に迫られて、愈々《いよいよ》その門戸を開放し、以て列国と対立せんとする一大機運に際会したる時、既にその端を発しているのである。維新の当時に於けるかの御誓文は勿論、その他多くの新官制に現われたる精神を見ても、立憲的思想に萌芽せることは明白でないか。

蓋《けだ》し維新の改革は、天下の公議を基《もと》として決せられたものであるが、しかしその名はともあれ、その実に於ては、幕府の倒るるとともに、薩長等の如き天下の大勢を制するに最も有力なりし諸藩が、自然に代って権力の中心となったのだ。この時に於ける薩長等の勢力は、他藩のそれに比し、実に優大なるものであったが、しかしかくの如きもその原因を討ぬれば、すべてこれ帝室の稜威《りょうい》に由ることである。万世一系《ばんせいいっけい》の我が帝室を翼《よく》戴《たい》し、その命令を奉じて、万国と相対峙《あいたいじ》せんとするの精神が維新の大業を成熟するに至ったのであるから、薩長如何《いか》に優勢なりといえども、独《ひと》り政権を壟断《ろうだん》することは出来ぬ。そこで各藩は従来の地方的感情を打棄て、相互に和衷協同《わちゅうきょうどう》して、以て国難に当ろうということになった。かくの如くにして出来たものが太政官だ。

太政官はこれを七局に分ち、総裁の下[161]に議定《ぎじょう》、参与を置き、廟議《びょうぎ》に当らしむるとともに、また別に徴士《ちょうし》、貢士《こうし》を設け、議事に与《あずか》ることを得《え》しめた。しかしその数は実に多く、公卿《くぎょう》、大名は勿論、藩々よりの志士というものを網羅したから実に雑然たるものであった。而《しこう》して彼等は皆境遇、性格の相異《ことな》れるもので、それぞれその地方を代表するという有様《ありさま》なのであった。彼等は旧藩主にあらざればこれに属する旧藩臣だ。旧主も旧臣も今や同一の権力を掌握して同一の地位を占むるという、誠に封建の時代に比《くら》ぶれば驚くべき変化を遂げたのである。それが互いに相譲って外交の難局に当る。その精神なるものが、種々なる困難――感情や意見の相違あるにも係《かかわ》らず、相互に忍び合ってついに廃藩置県の如き大英断を行わしむるに至ったのである。

2 〔太政官における藩閥政治の確立〕

当時の内閣は明治元年〔一八六八〕二月の太政官制[162]に由ってその基礎を置かれたもので、

その閣員の数も随分多かったが、その後官制の改正によって漸次《ぜんじ》その数を減じたとはいえ、まずこれが三年半ばかり継続して、ついに今日の内閣と大差なきに至ったのだ。

しかしこの数の多少に関せず、その権力の中心は何時《いつ》も薩長の上にあった。長州の木戸《きど》〔孝允《たかよし》〕公、薩摩の大久保《おおくぼ》〔利通《としみち》〕公、これは兵力を以てその地位を贏《か》ち得た人ではない。武臣にあらずして文臣だ。当時この両人の外、戦に依って勢力を得た人は沢山ある。西郷《さいごう》〔隆盛《たかもり》〕、黒田《くろだ》〔清隆《きよたか》〕、山県《やまがた》〔有朋《ありとも》〕、あるいは大村《おおむら》〔益次郎《ますじろう》〕、その他薩長の勇者等は伏見鳥羽の戦より転じて奥羽の戦争にも従事したのであるから、維新となりて後は、その戦勝の余威力《よいりょく》を藉《か》って政府の上下に跳梁《ちょうりょう》し、頗《すこぶ》る専横《せんおう》の振舞があった。然《しか》るに木戸、大久保二公の偉大なる、身は文臣なるに拘《かかわ》らず、この武人が戦勝の勢いを以て得々《とくとく》たる間に在て、能《よ》く武人の跋扈《ばっこ》を制し、以て軍国政治の通弊を表わさなかった。

勿論この二人の性格には大いなる相違がある。木戸公はリベラル、大久保公はコンサーヴァテブ。大久保公は寡黙重厚な人であったが、木戸公は才断《さいだん》にして弁舌も巧《たく》み、その学問も大久保公より多少長じていた。随って両公の間には時々意見の相違もあったことであろうが、両公は国家を思うてあまり衝突などはしなかった。互いに忍び合ったのである。大久保公が木戸公に比べて保守的で、一見頑固なところのあったのは、一つは境遇のためであろう。ことに公の旧藩主の如きは頗る極端な保守的な頑固な人であった。

西郷翁は元来英雄であったか英雄でなかったか、政事家であったか純粋な軍人であったか、ちょっと判断が付かぬような漠然たる人物であった。とにかく大きいところがあったに相違ない。しかしながら武人と文人との間に在て、能く両者の調和者となったのは、木戸、大久保両公のみで、この両公が政治の中心に立って互いに調和したことは、実にこの明治新政府の天佑《てんゆう》だ。これ即ち維新の大改革を遂行し得たる一原因であろう。大久保公等は巧みに西郷等の武断派を制していた。

しかし当時この両公に対して不平を抱いた人々もまた少からず、大久保公はとうとう誤解されて不幸なる最期《さいご》を見るに至ったのであるが、そのこれを殺したものも、棺を蓋《おお》うて後嘸《さ》ぞ後悔したであろう。大久保公は重厚な人であって、しかも意思の堅剛な人であったが、一時世の誤解を招いたので、この誤解に囚《とら》えられたまま殺さるるに至った。つまり誤解それが公を殺したんだ。ついで木戸公は病んで薨《こう》ぜられた(163)。そこで内閣の中心は何処《どこ》に推移したかというに、当然武人に帰せんとしたのである。武人の勢力はなかなか大なるもので、大久保公等は巧みにこれを制御し抑圧していたが、薩摩の海軍、長州の陸軍と今日非常に云い囃《はや》しているものの、当時にあっては実に勢い強く、それが基《もとい》をなして今日まで伝わって来ているのである。

随って両公の没後は文治派と武断派とは両々《りょうりょう》相対し暗々裡《あんあんり》に幾多《いくた》の消長《しょうちょう》があって、

その調和は非常に困難なる事業の一となった。その時に当って、かの岩倉具視《いわくらともみ》公があるによってこの両者を制御し、また薩長の間をも巧みに調和された。岩倉公はよほど才幹の勝《すぐ》れた聡明な人であった。三条《さんじょう》〔実美《さねとみ》〕公等とともに文武両派の調和に任じ、ために明治政府の行政事務が、何《ど》れだけ迅速に進行し得たか知れぬ。

然《しか》るに公が明治十六年に斯界《しかい》を去られてよりは、これに代わりしものは従来部下に属していたものばかりで、大抵同一の権力を以て同一の地位におるもの、そこでその間に衝突があってもこれを能《よ》く調和すべき棟梁《とうりょう》がなくなった。そこで自ずから混雑が起った。伊藤《いとう》〔博文《ひろぶみ》〕、井上《いのうえ》〔馨《かおる》〕等がこれに代って文治派を代表して台政《だいせい》を執《と》るということになったが、その間に両派の軋轢《あつれき》は益々甚《ますますはなはだ》しからんとするに至った。しかのみならず軍人の勢力が更に少しずつ増して来た。

西南の戦争は、たとい一国の内乱といえども、薩摩の健児《けんじ》を相手にした大戦争、これを鎮定するに九ヶ月の日子《にっし》を要した。なかなかの大戦役だ。況《いわ》んや日清の戦役によって一層軍人の勢力を増長するようになった。かくの如くして軍人の勢力を増すべき機会が多くなった。しかのみならず一方には憲法を発布しついに勅語が下り、国会の開設が接近するとともに、それに対する反動的の思想もまた次第に勢力を得、随って武人が政治上有勢なる地位を確保せんとする兆候は、益々著《いちじる》しく仄見《ほのみ》えて来た。

しかし一方の武断派といえども、一度西郷翁が最後を遂げてからは薩の武人は凋落《ちょうらく》したので、武断派の中心は自ずから長州の一方に帰してしもうた。薩摩にはもとより文治派に属すべきものが少ない。武断派が跋扈《ばっこ》していたが、西南の戦役によって一大打撃を受け、且つ文治派の巨頭大久保去って、また公に並ぶべき偉人なし。かくの如き場合に至っては、もはや時の勢力を支配すべき権威がなくなった。薩摩は文武両派とも萎微《いび》するに至ったが、それが今日の如き長州人の跋扈を馴致《じゅんち》するようになった原因である。

今日海軍は薩の出身者によって維持されているような有様《ありさま》であるが、しかも実際の勢力に至っては果《はた》して如何。これに反し、長州では、故伊藤公が木戸公の文治派を継承し、山県公が武断派を代表したわけで、これ等両人が次第に爾後《じご》の政治舞台を操縦して大いに活躍することになって来たので、これは内閣の更迭史《こうてつし》を見ると、毎《つね》に明白に現われ出でている。

しかしここに内閣の更迭史を論究するに当り、何人も遺忘《いぼう》すべからざることがある。それはなんであるかというと、かの維新大改革の時に当りて国論を一定し、世界の文明を採《と》って大いに国家の発展を期せんとするの精神が漸次《ぜんじ》に衰微したることだ。かの長州一手になる文武両派が私《わたくし》に政権の争奪に力《つと》め、維新当時の国民的精神たる公議輿論《よろん》の政治、即ち立憲政治を完全に円満に実現せんとすることがほとんど等閑《とうかん》に付せらるるに至った。而《しこう》してこの両派が永く歴史的に相争った形跡が今なおわが政界に存在して、内閣の更迭毎《こうてつごと》に必ず大なる影響を与えている。

今日いわゆる立憲と非立憲というものの端緒はかくの如くにして啓《ひら》かれ、かくの如くにしてその歴史は発達したのである。憲法実施後の内閣更迭史を論ずるには、まず前提として、これ等の事実を十分に了解していることが必要である。

3 〔第一次伊藤内閣と超然主義〕

現行の内閣官制は、明治十八年〔一八八五〕伊藤公が勅命によって制定したものである。その時廃止した太政官官制は、太政大臣、左右大臣及び参議から成っていたが、この参議なるものはそれぞれ各省の長官を兼ねていたもので、今の国務大臣に相当する。爾来《じらい》、行政組織に多少の改正は行われたが、その根本は当時の内閣官制で、これはほとんどそのままである。

而してその最初の内閣総理大臣となったものは、即ち伊藤公で、[164] その閣員の顔触の中には、黒田、山県などという保守的思想で固められた武人がいた。これらの人々はほとんど皆憲法を喜ばなかった。彼等は、憲法によって民権を拡張しこれを強めることはなんとしても避けようとしたが、大勢はもはや止むを得ない。民間に於ける立憲的運動の次第に旺盛となるや、彼等は一代の識者を西洋に派遣し、列国の憲法を比較研究して、これこそ日本に制定して安全だと思うものを作らせた。しかし彼等は、なおかくの如くして愈々《いよいよ》憲法を実施する暁《あかつき》には、ほとんど国家の組織を根本より打破し、政機の活動を全然阻絶《そぜつ》するに至るまいかと惧《おそ》れた。国民の勢力が実際代表者によって国家の政治運用の上に表わるるということは、寔《まこと》に国家にとって由々しき大事であると過信するに至ったのである。武断保守の人々はよほどの覚悟を極《き》めたらしい。

我輩等は、欧州先進国の発展はその立憲政治に基因する、国民の輿論《よろん》を基礎とする政治にあらざれば到底、将来永く国家の発展して列国と対立するの困難なるゆえんを熾《さか》んに唱道《しょうどう》したのであるが、彼等は、もしこの憲法にして愈々実施せらるれば、君民相争うて、恒《つね》に腥風血雨《せいふうけつう》の惨劇を演ずるばかりであろうと、欧州先進国の貽《のこ》した立憲史の暗黒面にのみ着眼したるがため、常にその悪い方に覚悟を固めていたらしい。立憲政治は文明国共通の政治であるとすれば、もはやかくの如き内閣には列するの資格なし、もしこれが実現する暁には、自己の生命がない、これぞ「奉公の最後」であるという観念をもっていたが、かくの如き改革の時代には何時《いつ》もそういうものがある。

この時に当って閣僚大官の間に種々なる議論が交換された。その結果、いわゆる超然主義なるものが生れ来ったのである。それはこういうのだ。曰く「たとい議会が開けても、内閣は元来大権の発動によって組織さるるものである。故に一旦内閣に席を占めたる以上は、陛下の御信任ある限り、その椅子に倚《よ》って国政を見るべきものである。内閣は政党政派の以外に超然として一国の政治を料理すればよい」と。蓋《けだ》し政党政派というものは、それほど恐るべき者ではない。然《しか》るに自ら誤解して、内閣と政党とは没交渉であるべしというような、かような意見を産み出したのだ。これは保守派の政治家があまりに議会というものを怖れたので、これを慰撫《いぶ》せんとする伊藤公の一時の政略に出でたことであるまいか。一時の政略として超然主義なるものを編み出したものと思う。これは第一次伊藤内閣の末路の有様《ありさま》を見ると明白に暁《わ》かる。

しかしかくの如きは牽強付会《けんきょうふかい》の議論である。勿論、憲法そのものの法律的解釈よりいえば、内閣の有すべき責任は、陛下に対するものであって、決して国民に対するものではない。即ち内閣は憲法上唯《た》だ陛下に対して責任を負うので、議会に対しては政治上もしくは徳義上の責任を負うに過ぎない。しかりといえども、内閣にして議会に対する政治上もしくは徳義上の責任を果さざる以上、陛下に対する憲法上の責任を完《まっと》うすることは出来ぬのだ。仮《たと》えばまず議会が予算に対して協賛を与えぬとなれば、その時には議会を解散して輿論《よろん》の裁断に問うことにする。しかも輿論が依然として予算に反対したら何《ど》うなるか。国務の遂行ができぬから陛下に対する責任が果せぬこととなるのだ。かくの如く明白なる事実を無視しながら、なお且つ超然主義などということを主張したのは、一派の保守党を慰撫するがためであったと思う。

しかし今日に於てなおかくの如きことを云々《うんぬん》する者あらば、そは時勢を知らざるにあらずんば、ある者に媚《こ》びんとするのである。

4〔第一次山県内閣による政党勢力との妥協〕

そこで、憲法は愈々《いよいよ》明治二十二年〔一八八九〕二月の紀元節[165]に発布式を挙げられたが、憲法実施後第一次の内閣は、即ち山県内閣[166]である。山県公はいわば一介の武弁《ぶべん》にすぎない。ところが、今や内閣の首班として初めて国民の輿論を代表する議会[167]に臨《のぞ》んだ。この時は戦々兢々《せんせんきょうきょう》として議会に臨んだ。超然主義を振り翳《かざ》して臨んだ。その時は真に今日とは違って議会を軽蔑しなかったばかりではなく、むしろこれを怖れた。よほどの怖れを抱いて臨んだ。維新以来四方に武名を挙げた勇者も、なかなかどうして三百の議員――国民の代表者を怖れざるを得なかった。なるべく議員の感情を害《そこな》うまいとして、真に誠意を以て完全に憲法を行わんとするの意思があった。有効にこれを行わんとすることを以て衷心《ちゅうしん》の希望としていた。

ところが、議会は非常な勢いを以て財政の上に大攻撃を試みた。当時の国費は今日とは事違って僅かに九千余百万円内外である。その中より全予算額の一割即ち九百余万円を削減すべしという修正案を提出した。内閣は周章狼狽《しゅうしょうろうばい》してその為すところを知らずという有様《ありさま》である。そこで内閣は議会を解散せんとの決意もあったろうが、老練なる山県首相は、議会開設早々、最初の帝国議会を解散することは、国家のために不祥である、これ憲法史上喜ぶべきことにあらず、むしろどうかして無事に局を結ぼうと思うたので、よほど忍んで国民の輿論《よろん》に譲歩するとともに、議会も多少折れて、九百万円の減額を六百万円に止めた。そこで第一期の帝国議会は無事に閉会した。山県公はこの時一代の知力を尽し、至誠を以て第一期の議会を閉会せしめたが、これは慥《たし》かに山県公の大成功というべきである。

然るに山県内閣はまもなく総辞職をなした。全体からいえば、これは不思議なことである。山県内閣は議会に対しても鋒鋩《ほうぼう》を蔵《ぞう》してなるべく調和した。そして既に議会と妥協し得たのであるから、更に退くべき理由はなかった。然《しか》るに退いた。それはなんのためであったろうか。蓋《けだ》しあるいはその隠れたるところになんらかの権略はあったかも知れぬが、立憲的には出処《しゅっしょ》の宜敷《よろしき》を得たるものとは云えない。そこで卑怯だというものもあったが、とにかく立憲政治の本《もと》を開いて将来の方針を示すという名義で勇退せられたのである。従来の専制政治時代には、いわゆる民は知らしむべからず依らしむべし、ということを以て為政《いせい》の根本義と心得ていたのが、さて憲法実施となれば、到底これは出来ない。一国政治の糧道たる予算の如き、これを議会に公表してその協賛を経るということになったので、第一期の帝国議会に臨むからには、よほどの覚悟があった。山県公はこれを調和的に遂行した。しかしその退職の時機を誤ったところを見ると聊《いささ》か龍頭蛇《りゅうとうだ》尾《び》の感がある。

5 〔第一次松方内閣による選挙大干渉〕

山県内閣の後を承《う》けて成立したのは松方内閣だ。[168] 松方《まつかた》〔正義《まさよし》〕侯は文治武断両派の中間に立って、常にややもすれば衝突する薩長両派の調和者たる位置を占めていたので、この時も、山県、伊藤、井上等より切《しき》りと勧められたのだが、最初は固辞して受けなかった。ところが、松方という人はよほど温良な人であるから、再三勧誘せらるるに及んでついに固辞し得なかった。到頭《とうとう》その御鉢《おはち》を引受けたが、それには条件があった。それは松方が首相となれば、その他の者は背後から援助してやるというのである。これは憲法政治の下に於ては頗《すこぶ》る奇怪なる現象で、いわゆる黒幕政治の嚆矢《こうし》だ。この時から元勲《げんくん》が責任以外の地位に立って当局者の政治に容喙《ようかい》するの端緒を発するように至ったのである。

そこで、後援者として元勲を背景に有したというので、内閣の議会に対する態度は一変した。よほど傲慢になった。樺山（資紀）海軍大臣が議会に対する演説に於て、「現政府は国家内外の艱難《かんなん》を切り抜《ぬ》いて今日に及んだのである。世人は薩長政府と称してこれを攻撃するが、その今日あるは果《はた》して誰の力ぞ」と、大いに薩長弁護の怪弁《かいべん》を揮《ふる》うて議会を沸騰せしめたのもこの時のことだ。議会は何条《なんじょう》これを黙視せんや。議会の憤怒《ふんど》はその極点に達した。議会は政府提出の予算案に大修正を加えた。ところが、この内閣は、愚図《ぐず》々々いえば直《ただち》に議会を解散する、一度試みてなお肯《き》かなければ再三これをやるという見幕《けんまく》で国民を脅嚇《きょうかく》した。そこで議会は、かくの如き内閣には信用をおかれぬ、やむをえず陛下に対して上奏するという案を議決するという勢い、内閣はよんどころなく、上奏以前に議会を解散してしもうた。

その結果が大騒動だ。これが明治二十五年〔一八九二〕の選挙大干渉というもので、あるいは賄賂を用い、あるいは脅迫し、甚《はなは》だしきに至っては人を殺し家を焼き、それがため、ある地方の如きは一週間も選挙が出来ずに戦った。而《しこう》してついに軍隊を繰出してその警護の下に僅かに選挙を終えたという有様《ありさま》。ために政治を堕落せしめたること言語《ごんご》同断《どうだん》であった。而して当時これがため政府は秘密に三百万円の巨額を支出したりという。これ即ち我が国憲法政治史上酷《はなは》だ不幸なる事跡を残したもので、松方侯こそ真に気の毒な目に遭った訳だ。

首相は善良な人だ。ところが、その閣僚としては、第一品川弥二郎《しながわやじろう》を始めとし、白根《しらね》専一《せんいち》、樺山資紀、高島鞆之助《たかしまとものすけ》等という保守武断派中でも屈指《くっし》の豪物《えらぶつ》がいたから堪《たま》らない。首相はその犠牲となったのである。局外者の伊藤公などは、この時よほど心配をしたが、騎虎《きこ》の勢いで、到頭あの戦争――大干渉の惨劇が行われてしもうた。そこで、国民は衆《しゅう》怒《ど》冒《おか》すべからずという勢いを以て、益々《ますます》政府の非を唱えて止まぬという有様になった。この大紛乱の直接責任者なる内務大臣品川弥二郎は引責辞職して、副島《そえじま》〔種臣《たねおみ》〕[170]伯がその後任者となり、以て民情を緩和しようと試みたが、これも駄目。副島伯の閣僚と意が合わないで辞職した後を承《う》けて河野敏鎌《こうのとがま》[171]子がまたその後任者となったのであるが、到底内閣の統一を保つことが出来ずして、この内閣もついに潰れてしもうた。畢竟《ひっきょう》、再度の総選挙で以て、国民の憤怒を和《やわ》らぐるということは出来ずにおわったのである。

6〔第二次伊藤内閣と自由党との提携〕

そこで政府は、到底かくの如き人心を以てしては、将来、憲法政治の上に甚だ恐るべき結果が起るということを知り、もはや寛大なる政治をなすの外はない、決して専制の意思を以てこれに臨《のぞ》むべからず。これ憲法実施の上に於ては、到底なすべからざることであって、この難局に当るには、有力なる大臣ならざるべからずというので、即ち伊藤、山県、井上、大山《おおやま》〔巌《いわお》〕などという元勲総出《げんくんそうで》の内閣、(172)元老総掛《げんろうそうがかり》の内閣がここに出現した。これいわゆる元勲内閣である。これで以て国民一般の感情を調和し衆怒《しゅうど》を和《やわ》げんとしたのである。

この内閣には文武両派の頭目がそれぞれ網羅されているが、これも不承不承《ふしょうぶしょう》に跡を引受けたもので、山県公もこの時内務大臣として一所《いっしょ》にやることになった。ところが生憎《あいにく》も首相たる伊藤公は病気に罹《かか》った。そこで、議会開会に際して施政の方針を井上侯に代読させた。ここにおいて、議会の伊藤に対する感情はあまりよくなかった。代読も時によっては仕方がないが、場慣れもせず、しかも、あまり読方に上手でない井上公(173)をしてこれをやらせたというので、自由党の連中などは、井上侯の旧悪を発《あば》いてやるという仕《し》末《まつ》。かくの如くにして内閣と議会とは最初から衝突した。どうにもこうにも手に負えぬという破目《はめ》に陥って、有名なる和衷協同《わちゅうきょうどう》の勅語が内閣ばかりでなく、議員にも賜わった。これで以て漸《ようや》く第四回の議会(174)は無事に治《おさま》ったのである。

しかしかくの如き方には、武断派自らもあまり満足の様子でなかった。そこで、山県、井上等は辞職して内閣を去った。これより先、松方内閣の選挙大干渉事件以後引責辞職の余儀なきに至った品川子等は、かの西郷《さいごう》〔従道《つぐみち》〕侯とともに、「伊藤の仕事は不可《ふか》だ。どうも腰が弱過ぎていていけない」というので、国民協会というものを作った。而《しこう》してその第一回の大会席上に於て有名なる首切り演説[175]というものをして会員を鼓舞《こぶ》した。これは今日の中央倶楽部[176]の前身で、つまり政府の御用党を設けてこれを役に立てようとしたのである。

時あたかも伊藤公が議会と衝突してこれを調和するがために帝室を煩《わずら》わし奉《たてま》ったことについて、また大分《だいぶん》の非難攻撃が起った。勅書の降下は止むを得ないこととしても、これによって自ら責任を逃避して、結局、責を帝室に帰し奉るに至っては、これ臣僚として大義に背《そむ》くというのである。改進党の如きはこの時大いにその非を鳴らしたのであるが、この和衷協同で議会と事なきを得た結果、政党には大いなる困難が起った。呉越同舟《ごえつどうしゅう》してともに難に遭うや、争わずして一つになっておったものが、一度内閣との衝突が止めば、また民党の連合は止んで、自由党と進歩党と直《ただち》に分裂するようになった。

而してこれと同時に政府は手を回わして自由党と黙契《もっけい》するところがあった。従来の金看板《きんかんばん》たる超然主義を捨つることは、表面なし得なかったが、陸奥宗光《むつむねみつ》の巨腕は巧《たくみ》に自由党を操縦するにあまりあった。ここで政府当局者が政党と相結ぶの端緒は啓《ひら》けたのである。伊藤公当時の言葉は、肝胆相照《かんたんあいてらす》という誠に詩的の言葉で自由党と相結んだのである。で、在野両政党の向背《こうはい》はこれで分明《ぶんめい》になったのであるが、これは慥《たし》かに我が国憲法政治史上の一進歩と見るべきもので、なんとしても伊藤公にあらずんば、こんなことは出来なかったろう。ここに由って欧米諸国の悪例のみを見て、立憲政治に対する反感をもっていた人々に、議会の度外視すべからざることを表示したわけであるから、憲法運用上の大進歩と謂《い》わざるべからず。而して、到頭、自由党の首領たる板垣《いたがき》〔退助《たいすけ》〕伯は入閣した(177)。

が、この伊藤内閣当時、日清戦争があって、反対党たる自由党も改進党も皆一致して、僅かに五分間にして一億万円の軍事費支出を議決し去《さ》った。国民上下の愛国心は遺憾《いかん》なく勃興したわけであるが、平和克復《こくふく》後、三国干渉のために外交上の失敗を演じてより、国民の伊藤内閣に対する感情はみるみる険悪になって来た。戦後経営の衝《しょう》に当るべき内閣としては、たとい自由党と公然提携してその総理に一椅子を与《あた》うるに至ったにせよ、到底その責任を尽し得べき見込がなかった。時の蔵相は渡辺国武《わたなべくにたけ》であったが、もはや戦後の困難なる財政を料理することは出来ないことになって来た。こんなことで、ついにこの内閣は潰れてしもうた。

7　〔第二次松方内閣と進歩党との提携〕

戦後の経営は財政の整理と外交の刷新とを以てその二大眼目としなければならなかった。そこで出現したのが、世間でいわゆる松隈《しょうわい》(178)内閣という、松方侯と我輩とが組織したものである。我輩の入閣に付いてはよほど面白いことがあった。まず松方侯を戴《いただ》いて我輩は内閣の一椅子を占めたのであるが、最初、松方侯は、後継内閣の相談のあった時、侯は自分単独ではとてもいけぬ、大隈と二人ならばやろう、二人でやればよかろう、成《な》ろうことなら内閣を皆明渡せというので、我輩等二人の入閣説は一転して、伊藤内閣総辞職となって、その後に出来たものが即ち松隈内閣なのだ。

これより先、山県公なども我輩のところへやって来た。また伊藤公も尋ねて来られた。而《しこう》していうには、「今度こそは是非とも一所《いっしょ》にやりたい」と。しかし我輩はこの時、伊藤公にいうたのである。「貴君は苦しい時には、随分善い考えも出すが、それが永続しない。なにか事変に遭遇すると直《ただ》ちに変心する。貴君は我輩に負債がある。言責不履《げんせきふり》という債務をもっているのだから、まずこれを完済するまで、ともに仕事をするのは御免《ごめん》を被《こうむ》る」と。こういう有様《ありさま》で、伊藤内閣はついに総辞職を遂げたのである。

然《しか》るに我輩は松方内閣に入閣するに当っても決して無条件ではなかったのである。我輩は憲法政治の大義を明らかにするがため松方侯に対して数ヶ条の条件を提出した。それはこうだ。第一に、国務大臣は国民の輿望《よぼう》に副《そ》わなければ大臣たるの責任を尽すことは出来ない。およそ立憲政治は輿論《よろん》政治である。輿論を指導し、これを制して行くものにあらずんば、国務大臣としてその責任を完《まっと》うすることは出来ぬ。もし輿論を制することを能《あた》わざれば、国務大臣は、その責任を負うて辞職すべきである。而して輿論《よろん》の帰するものを以てこれに代《かわ》らしむべしというのである。第二に、その時まで言論集会出版の自由は、ほとんど全く抑圧されていた。議会が既に開設されたに拘《かかわ》らず、その時代の新聞紙がなにか政府の忌諱《きい》に触れることを書くと直《ただ》ちに発行停止を命ぜられる。十日でも二十日でもその発行を停止する。甚《はなは》しきに至ては二、三箇月に及んだ。これは残酷な話でほとんど国民の筆硯《ひっけん》を奪うというものだ。そこで従来の新聞紙条例を改正し(179)、言論の自由を保障するため発行停止を廃すべしというのである。第三は、民間の人材を登庸《とうよう》し、政務の発展を計るべしというのである。従来の関係で政府の部内には藩閥の徒党が蟠踞《ばんきょ》しているから、これを一掃して人心の一新を計り、事務の敏活なる執行を期したいと思うたのだ。而してこの三箇条は、これを宣言するとともに実行すべきことを要求したのである。これは我が国立憲政治史上、大改革の一に数《かぞ》うべきものと確信する。

然《しか》るに松方侯は、一旦この条件を容《い》れたに拘らず、ついに種々の事情に依て、その全部を履行しなかった。即ちかの新聞紙条例の改革に関することだけは議会の協賛を経、ついに実施するに至ったが、その他の条件は不履行に終ったのである。蓋《けだ》し松方侯と我輩とは根本の主義がどこか違う。そこでまた内閣は紛乱《ふんらん》が起って、我輩は内閣を去るのやむなきに至った。

続てその後の内閣も倒れてしもうた。この内閣は世間でいわゆる蛮勇《ばんゆう》内閣で、直に議会を解散すると同時に内閣も辞職してしもうたのである。これなんか実に乱暴だ。議会を解散したら総選挙を執行して国民の意見を徴《ちょう》するのが順序ではないか。然るに議会を解散しっぱなしで、内閣自らも辞職するとは何事《なにごと》ぞ。解散の意味が分らないと思う。さてその後に成立したものが第二次の伊藤内閣[180]、これにも大分《だいぶ》元勲《げんくん》が集った。しかりといえども、これまた短命に終った。

8〔第一次大隈内閣——最初の政党内閣〕

自由党が公然伊藤内閣と提携した時、既に自由党の一部はその態度の豹変《ひょうへん》せるに満足せずして脱党した。河野《こうの》広中《ひろなか》、長谷場《はせば》純孝《すみたか》[181]等の如き皆そうだ。而《しこう》してこの時から政府党を拵《こしら》えることの必要を感じたのは、伊藤公ばかりでなくその他の元勲連にもあったようで、種々なる手段は講ぜられ、ことに自由党の如きは、これがために四分五裂《しぶごれつ》の有様《ありさま》を呈した。而して進歩党は非常に熾《さか》んであった。そこでここに自由党と進歩党との合同というものが成立した。これが即ち憲政党である。第二次の伊藤内閣は自由党と提携して板垣伯を引張込《ひっぱりこ》もうとしたら、閣員の中に反対者が起る、自由党は憤慨する、到頭自由党は進歩党と同一の行動を執《と》って地租増徴案で政府に一泡《ひとあわ》吹かせた。それで伊藤公は逃出したのである。憲政党の成立はこれと前後している。両政党は何《いず》れも一度は政府と提携した経験をもっている。しかしその目的はあくまで政党内閣の樹立に在る。そこでまず第一の手段として政府提携ということをやったのであるが、労して功なきことをともに自覚した。藩閥政府と提携して憲政の完美を求むるは迂《う》の極《きわみ》、むしろ旧来の感情歴史を一掃し同主義者を合同して、以て正々堂々と藩閥政府と戦うに如《し》かないというので、憲政党が新たに生れ出でたのである。

而して伊藤公は総辞職と同時に我が輩を後任者として内閣組織の大命を拝受せしめたのだ。これが憲政党内閣[182]で、ともかくも我国に於ける政党内閣の嚆矢《こうし》である。この時に総選挙が行われた。というは、伊藤公が最後に議会を解散しておいて自分は引いたためである。この総選挙は実に無事に行われて、その結果は勿論憲政党が大多数。そこでこれならば大丈夫往《ゆ》ける、必ず憲政の発展は遂げらるると考えたのであって、国民の希望もまたそこに在った。

然《しか》るに一部の閣僚の中、未だ十分に意志の疎《そ》通《つう》が出来ていない者[183]があり、これに乗じて藩閥の一味の中傷を試むる者を生じ、かの尾崎《おざき》〔行雄《ゆきお》〕の共和演説が導火線となり、意外にも憲政党の陣中に争闘が勃発した。即ち板垣伯は尾崎に代うるに桂《かつら》〔太郎《たろう》〕もしくは西郷〔従道〕を以てせんとし、我輩が犬養《いぬかい》〔毅《つよし》〕を以てこれに擬《ぎ》せんとしたるに反対せられ、藩閥の一派と協力して、これを喰止《くいと》めんとするということになった。ここに於てか内閣の内外は険悪なる風雲に充《み》ち、相ついで来る中傷と離間《りかん》との纏綿《てんめん》に堪《た》えずして、ついに瓦解した。惟《おも》えば両党が立憲政治の完成のため苦節を持《じ》して健闘することほとんど二十年、今や年来の誤解を一掃し、相携《あいたずさ》えて憲政党内閣を組織しまさに大いに輿論《よろん》政治の実を挙げんとするの発途《はっと》に臨《のぞ》み、はしなくかくの如き内輪争いを惹起《じゃっき》し、再び藩閥に乗せられ、千仞《せんじん》の功を一簣《いっき》に欠きたる(184)は遺《い》憾千万《かんせんばん》である。

9〔第二次山県内閣と憲政党との提携〕

憲政党内閣の瓦解とともに憲政党の結束は解け、ここに新たに憲政党なるものと憲政本党なるものとが起った。前者は旧自由党(185)の別名で、後者は旧進歩党のそれである。そこで、その後に立ったのは、即ち山県内閣であるが、山県内閣は再三交渉の結果、憲政党即ち旧自由党と提携することになった。

さて、この内閣の成立とともに注意すべき改革が二、三ある。第一は文官分限令《ぶんかんぶんげんれい》(186)である。これはすべての行政官吏の地位を保障して、司法官即ち判検事とほとんど同様な、これと大差なき一種の終身官となし、以て行政官をして政変の影響以外に置かんとするのであった。そこで国務大臣以外のものは、すべてこの文官分限令の支配を受くることとなり、政務官と事務官との区別は漸《ようや》く分れて来たのである。即ち国務大臣は政務官で、その他のものは終身同様の官吏たる事務官となった。ここに於てか官僚政治の弊愈々《いよいよ》その甚《はなはだ》しきを加えたのである。

第二は枢密院官制の改革(187)により、行政府が二重の責任を帯《お》ぶることになったことである。蓋《けだ》し枢密院は憲法に於て定められたる最高の諮詢《しじゅん》機関であって、その権限には二つの大なるものがある。その一は条約締結に関する御諮詢に応ずることである。即ち条約締結権なるものは君主の大権に専属していて、なんら議会にはこれに関する権能がない。そこで、条約の締結は君主の親裁専断の大権として保留されているが、事の国際上重大なる関係あることよりして、枢密院の議決を経て、これに批准《ひじゅん》するということになっている。その二は憲法の疑義に解釈を与うることである。これは憲法国にてよくあることだが、帝国議会と内閣との間に憲法上の解釈に疑義を生じたる場合には、いずれかこれを決定する。これは無論君主である。君主は則ち最高の諮詢機関たる枢密顧問官に御諮詢になって、立法府と行政府との衝突を決する。故に憲法制定の上にも決して君主独断にあらずして枢密院に由ってこの解釈上の疑義を決せらるることになっていた。

然《しか》るに山県内閣の改正で以て、すべての官制(188)、行政命令は枢密院の諮詢に付することとなった。そこで例えば先年の学制改正案の如きは、枢密院の議に付せられてより、約半歳の間未決のままで、しかも撤回修正して漸く通過した。而《しこう》してその当面の責任者たる文部大臣は、一方に於て帝国議会に対して責任を有するとともに、また他方に於て枢密院に対してもこれを有することとなった。即ち行政官は二重の責任を有することとなった。これは将来行政法上大いに攻究すべき点であると思う。そこで憲政党はこの分限令を改正せんとしたが、枢密院ではなんとしても不同意を唱え到底行われなかった。ここにおいてか世間には、これを以てあるいは帝国議会の機能をば、枢密院に由って制限せんとする政策に出でたるかの如く解釈する者も生じたのである。

さて、山県首相は議会の援助を求むる必要上、前述の如く憲政党と妥協せんとし、その官邸に一大茶話会を開き(189)、憲政党員を招《まねい》て、その席上に一場の妥協演説をやった。その中に次の如き言葉があった。曰く「顧《おも》うに、有朋の大命を奉《ほう》ずる、その任務はまた先《せん》緒《しょ》を纘《つ》ぎ経営を完《まった》くするに在り。而して帝国立憲の制は国家各機関の和衷協同《わちゅうきょうどう》に由るに非ざれば国務を疏通《そつう》すべからざるが故に、ここに有朋は就職の当初より任に立法に備《そな》わるものにしてその志を同《おなじ》くし、その事を偕《とも》にするを得べき人士を求めたり。乃《すなわ》ち衆議院に多数を有する政党中に在ては憲政党諸君のその本領に於てその歴史に於てことにその人たるを認め、先に大阪に於て板垣伯及び星亨《ほしとおる》、片岡健吉《かたおかけんきち》両君と会し、帰京の後、更に板垣伯、星、松田《まつだ》〔正久《まさひさ》〕、末松《すえまつ》〔謙澄《けんちょう》〕諸君と相見ることを得て、互いに肺腑《はいふ》を披《ひら》き懐抱《かいほう》を談じ、有朋の心事と政見とを開陳《かいちん》するとともに、憲政党の主張に付いて、また詳《つまびらか》に聞くことあるを得、今日の時局に処し廟謨《びょうぼ》を奉承《ほうしょう》して国家の進運を扶持《ふち》するに於て、諸君とその見るところを同《おな》じくするを知り、欣躍《きんやく》なんぞ堪《た》えん。乃《すなわ》ち閣僚と議して諸君と相提携し、その賛助に倚《よ》り戦後経営の事を完くし、以て宇内《うだい》の進運に対するの道を尽さんことを決す」と。妥協という好辞柄《こうじへい》はこの時初めて生れたのであるが、これ即ち憲法史上に於て注意すべき出来事で、この成立については憲政党側の種々の条件があったけれども、ある意味に於ては、憲政党は山県内閣の操縦するところとなったのであり、山県公もついに政党に依らずして議会の制御し難きを悟ったのである。

然《しか》るに憲政党中星の一派は、その権勢を頼んで益々《ますます》その専横《せんおう》を極《きわ》むということになった。星に世間でいうほど大罪悪があったか否かは、一概に論じ去る訳には行かぬが、しかし、もし滔天《とうてん》の罪悪あらば、国法の制裁がそこに厳在《げんざい》しているのであるから、暗殺したのは非道であった。[190] しかし星君が怪腕を振《ふる》うて、一方には妥協、他方には専横、その傍若無人《ぼうじゃくぶじん》なる有様《ありさま》を聞睹《ぶんと》しては、国民の反感は実に熾《さか》んになって、当時のほとんどすべての新聞紙は、同君を以て「国民の敵」といい、甚《はなは》だしきは、「公盗《こうとう》」とまで絶叫するに至った。それもそうだろう。悪辣なる怪腕は日本全国の自治団体、府県会、市町村会というものにまでズット及んで、全国の自治制は蹂躙《じゅうりん》せられ、地方自治の根底は崩解し、道路、橋梁、堤防の如きは党争のために不公平な取扱を受くるに至り、甲乙その観を異にするに至った。それから公正な県知事でも自党に勝手なことをやらせぬとなれば、どしどしこれを免黜《めんちゅつ》するという有様。それから神奈川の埋立地事件(191)の如きは如何《どう》だ。蓆旗《むしろばた》竹槍の一揆が起った。ここに至りて、党弊百出の醜状は遺憾なく暴露してしもうた。

そこで山県公はよほど保守的な人なるに、この現状を見ては、いかにも党派の恐るべきことを察したのであったろう。妥協は破れてしもうた。先に文官任用令並びに分限令によって党員の猟官《りょうかん》運動を防御したけれども、その他のすべての征利《せいり》的要求も今はこれを拒絶するのやむなきに至った。そこで妥協は破れたのである。

10〔第四次伊藤内閣――最初の立憲政友会内閣〕

ここにおいて憲政党はほとんどなすところを知らずという境遇に陥《おちい》った。天下の人心は自党より離れてしもうた。そして政府との提携も絶たれてしもうた。如何ともすることが出来なくなった。だが、到頭与党を挙げて伊藤公に頼った。いわゆる「公の指導節制を受けて憲政の完備を図らん」と泣き込んだ。公は一旦その入党勧誘を体よく断ったのであったが、天運循環《てんうんじゅんかん》、ついに全党を公の膝下《しっか》に捧げた結果、ついにここに尨然《ぼうぜん》たる立憲政友会なるものを出現せしむるに至った。

これより先、公は、憲政党と内閣との妥協は自己の憲法運用に対する思想とは頗《すこぶ》る大差がある、もしこれを有効に運用せんとするならば、かくの如き政党の存在は立憲制下に必要とするも、もし節度なき政党のみこれあらば、徒《いたず》らに地方的利益を漁《ぎょ》するに任ずるのみで、国家の大本《たいほん》にとって最も危険なりと思惟《しい》していたのである。明治三十二、三年〔一八九九、一九〇〇〕頃、自ら地方歴遊の際、審《つぶ》さに地方自治の状勢を視察したるとき、なるべく公会の席上を避けて、時々その意見の一端を吐露《とろ》された。超然主義を牢持《ろうじ》することとは、既に幾多《いくた》の弊害を醸《かも》すの原因である。なんとしても遠くは自由党、近くはその後身たる憲政党の地方自治潰敗《かいはい》の跡に鑑《かんが》み、また松方内閣当時の選挙干渉以来の苦き経験に考え、ついに国民の正しき勢力によって国政を料理するにあらざれば、到底憲政有終の美を済《な》すこと能《あた》わずと思い込んでいた。今日に至っては、提携とか妥協とかいうが如き姑息《こそく》なる手段によって人心を支配するというなどは、思いも寄らぬ愚案である、これにはどうしても自ら理想的の大政党を組織して、まず党員の品操《ひんそう》に節度を与え、その行動に訓練を加えてかからねばならぬという意思が十分に動いておった時であった。その時に、星君は憲政党を率いて、自ら公の配下に投じたのである。公もこれを容《い》れたのである。

而《しこう》して公は自ら闕下《けっか》に伏奏《ふくそう》して自己の抱負を行わんとした。山県公は友誼《ゆうぎ》的に忠告したけれども、何条《なんじょう》聴くべき。その他方々《ほうぼう》より種々なる忠告が来たが、公はなかなか聴かなかった。そこで成立せるものが、即ち三十年の政友会内閣(192)である。伊藤公が従来の超然主義をすてて国民の輿論《よろん》を指導しつつ自己年来の理想を実現せんとしたることは、決して偶然ではない。国家の元勲《げんくん》として、また憲法の起草者として、従来の政府対政党の関係を実際に目撃したる以上は、なんとしても、自ら民間に下って模範的一大政党を率いてやらねばならぬ、国民の勢力が実際政治の圏内に加わらねば、到底憲政有終の美果《びか》を収《おさ》むることは不可能であると覚悟したのである。公は従来の超然主義なるものを一擲《いってき》して、更に政党内閣の存在を自ら是認するに至ったのであるが、これは慥《たし》かに我が国憲法史上著目《ちょもく》すべき大事であると思う。

　而して公が第一の目的としたところはなんであったかというに、それは、君主の大権に関する解釈である。これは当時の宣言書にも明らかに示されている。閣臣の任免は憲法上、君主の大権に属し、その簡抜択用《かんばつたくよう》について、あるいはこれを政党員よりし、あるいはこれを党外の士よりする、皆君主の自由意思に依ることで、誰れを御任命になるとも、これは一に聖鑑《せいかん》に由ることであるから、もし政党員にして入閣不可能なりとすれば、これ慥かに憲法上与えられたる国民の自由を剝《は》ぐという結果になる、日本臣民は憲法上種々なる権利を与えられている、官吏となる権利の如きもその一であって、もし一定の資格を具備《ぐび》すれば、それぞれ官吏となることが出来るのであるということをいうた。公は党派を以て政権争奪の利器《りき》とすることには無論反対であるが、しかも、閣臣任免の大権は君主に属するを以て、党人を採用すると否とは唯《た》だ聖鑑《せいかん》の如何《いかん》に存すと断言して、輿論《よろん》の決して度外視《どがいし》すべからざるゆえんを一面に於て説いた。というは、かつて板垣伯の入閣説に際して、政党員の入閣は断じて不可《ふか》なり、党籍を脱してこれをなせという偏《へん》固《こ》なる議論が一部にあったためであると思う。

そこで、伊藤公は、立憲政治の性質上、なんとしても政党の存在及びその勢力を度外視する事が出来ないということをここにいうているが、然《しか》らば国家の政治運用上、必要なる政党は決して一党一派に限るべきでない。数党対峙は自然の勢いだ。源平二氏の相争う如きものがここに現出する訳である。然るに、政党その者の善悪は、直《ただち》に国民の勢力に大関係を及ぼすものであって、政党は一部の地方的利害に左右さるるに至っては、医《い》すべからざる大弊害が生ずる。そこで国民の勢力の下に憲法を運用せんとすれば政党が必要。随って政党としての性質を矯正するが更に必要だ。ここに公のいわゆる政党改良の目的が在る。従来やれ操縦とか、やれ妥協とか、またやれ肝胆相照《かんたんあいてらす》とか、種々なる手段方法を講じてみたがことごとく失敗。到底政党その者を撲滅することは出来ぬ。政党は勢いだ。故に超然主義を以て議会に臨んだが、如何《いか》に手段を尽しても国民の勢力は勃興するばかりだ。これを強《しい》て圧迫するには人心を腐敗せしむる外にない。公が自ら決然陣頭に立って人心の一新を図るため、党弊一掃の必要なることを宣言したのも、蓋《けだ》しこれに基《もとづ》くのである。

立憲政友会の出現は、憲法史上大変化を生ずるに至る端緒を発したものである。山県内閣時代に於ける星一派の不都合は公の実際目撃したるところで、例えば、公が地方を巡遊して信州に入ると、道路も堤防も毀《こわ》れたままになっている。これは党争の弊が地方自治体にまで押し及んだ一大証拠である。そこで山県公は痛く政党の弊害を苦々しく思うて、ついには坊主憎けりゃ袈裟《けさ》までの筆法で、政党その者まで嫌悪するようになった。然るに伊藤公は山県公に比ぶれば遥《はる》かにリベラルだ。およそ物には一利一害がある。害あればとて物それ自身まで棄《す》つると云うは道理に合わぬ。自分は憲法の起草者であるから是非とも政党の改良をなし、憲政を発達せしめたいという希望があったらしい。憲政党には星始め豪物《えらぶつ》がいる。怪物がいる。そこでまずこれらから説教して地方の自治政治を党争の弊より救済せざるべからずというので、ついに立憲政友会を創立したのである。

ところが従来党争の弊害を目撃し、これより脱出せんことを希望したる人々は、あたかも大旱《たいかん》に雲霓《うんげい》を望むが如く、皆馳せ参じて、この大傘下《だいさんか》に蝟《あつま》った。本多政以《ほんだまさざね》(193)男の如き、前田家の家老として金沢地方に大勢力をもっている人などもこれに加わった。それから名古屋の人々の如きも、また大規模にやって来た。ところが如何《どう》だ。最初は大層な勢い込みだったが、それが続かない。積弊の余、事に当ってみると伊藤公の予想通りにゆかぬ。そこで金沢も名古屋も大失望の体裁《ていさい》。仏に頼んで地獄とはこの事だというた。蓋《けだ》し伊藤公は善良な、そして聡明な人であるが、すべて永続的の努力を欠く。政党の改革は思うように出来ぬ。それに星もあんな最後を遂げたので、愈々《いよいよ》最初の決心が動揺し始めた。

しかのみならず、せっかく内閣を組織しても、貴族院では大反抗という憂目《うきめ》に遭《あ》った。増税案は衆議院をこそ通過したれ、貴族院で大反対という難局に立至った。世間の評判によると、山県公の与党たる研究会(194)が中堅となって極力これに反対したので、伊藤公も種々苦心して七重の膝を八重に折って相談もしてみたが、到底聴かれなかったのであるという。そこで百方術計《ひゃっぽうじゅっけい》尽きて、ついに叡慮《えいりょ》を煩《わずら》わし奉《たてまつ》り、再びいわゆる和衷協同《わちゅうきょうどう》の勅書を賜わるようになった。幾多《いくた》の不満あるにもせよ、事ここに至ってはというので無事にこの案の通過を見るに至ったのである。かようにして一時は切り抜けたものの、その後閣員間に種々なる面倒も生じたる結果、相互の調和を失い、ことに原敬《はらたかし》、渡辺国武二人の間には大衝突が起るというようなことで、到頭この内閣も比較的短命にして潰《つぶ》れてしもうた。これには理由があった。

11 〔第一次桂内閣と日露戦争〕

そこで、その後を承《う》けて立ったのが桂内閣である。(195)政友会内閣が一旦失敗すると、政党内閣の信用は漸《ようや》く一般に疑わるるようになった。この政友会内閣は、先の憲政党内閣と等しく純粋の政党内閣で、閣員は勿論、各省次官、東京府知事、警視総監、局長等、すべて党派のものでやった。実に立憲的責任内閣を樹立しようというのが伊藤公の素志であった。然るにそれが全然失敗に帰した。案外なことで頓死《とんし》してしもうた。ここにおいて政党内閣、乃至《ないし》政党そのものの能力が疑われ、その信用が動揺し始めた。かれこれする中に日露戦役が勃発した。伊藤公は内閣瓦解後、直《ただち》に欧米漫遊の途についたが、帰《き》来《らい》、総裁の椅子を西園寺《さいおんじ》〔公望《きんもち》〕侯に譲って、自ら枢密院議長となり、再び元老《げんろう》の地位に復帰された。政党を棄ててしもうたのである。我輩はこれには感服できぬ。何故《なぜ》公は当初の意志通り政友会を提《ひっさ》げて憲政の発展に尽力しなかったか。二、三の内訌《ないこう》や蹉跌《さてつ》に辟《へき》易《えき》して直ちに総裁を辞し、しかも元老の地位に復帰するが如きは、あまりに軽率だ。薄《はく》志弱行《しじゃっこう》なりと評せらるるも豈《あに》また弁解の辞《じ》あらんや。蓋しこれより前、公は政友会を組織せんとするに当り、一日我輩のところへ来て、「今度という今度こそは確かにやる。一緒にやろう」と云われた。しかし我輩は、公の今度という今度が怪しい今度であることを知っているから、「まあ好意的の中立を守って、御手並を拝見しよう」と答えておいた。ところが果せる哉《かな》、早く疲れてしもうた。伊藤公の理想は実現せずに終った。何時《いつ》でもこうなるのが公の持前《もちまえ》で、これはよほど不思議なことだ。而して政友会は政党本来の性質を失って、党議に依るにあらず、世襲的に西園寺侯を総裁に戴《いただ》くに至った。

而してこの伊藤公の元老復帰なるものは、我が国憲法史に大関係があると思う。政党の発達に非常な悪影響を及ぼしたのである。加うるに公の退隠《たいいん》についで日露戦争が起った。日露戦争は慥《たし》かに空前の国難である。上下協心《きょうしん》してこの大事を処理せざるべからず、国民は上下一致してこれに臨《のぞ》まざるべからずというので、もはや内政の弥縫《びほう》、外交の失《しっ》宜《ぎ》を論難する遑《いとま》もなかった。これが前後二年に亘《わた》った。ところが、意外なる名誉の大勝利を博《はく》した。国民は狂熱した。都鄙《とひ》到るところ万歳を叫んだ。ここに於て、戦勝の甘酒に酔うた国民の耳には、もはや政治などという声が通らなくなってしもうた。これが政党失勢の最大近因ではあるまいか。

ところが、一時戦勝の歓声で浮かれ騒いだ国民は、その結果の国民の所期に反するの大なるに失望した。憤慨した。ポーツマスの条約が締結さるるに及んで、全く戦敗国の有様《ありさま》に陥った。しかしこの条約は、それほどの失敗ではない。樺太《からふと》全島の割譲を受くること位《ぐらい》は出来たかも知れぬが、償金を手に入るることは、なかなか六ケ敷《むずかし》かったのだ。

しかし国民の予期はこれがため蹉跌《さてつ》した。そこで失望憤懣《ふんまん》の結果は、かの日比谷の一件[196]となって、帝都は正《まさ》に動乱の巷《ちまた》と化した。しかのみならず清国との条約[197]もあまり出来がよくなかった。それが今日幾多《いくた》の懸案となって、常に第三国の覬覦《きゆ》を受くる基《もとい》となった。ここにおいて桂内閣も崩解してしもうた。

12〔桂園時代――藩閥と政党の情意投合〕

桂内閣の後が即ち西園寺内閣[198]だ。而して戦後の経営をなすべき大任がこの内閣に推《お》し懸《かか》った。ここに於てか戦役のために疲弊した国民には一服の興奮剤を与えて、これを蘇生せしめなければならぬ。そこで西園寺内閣は事業勃興という興奮剤を与えた。ところが国民は案の如く興奮した。而して政府はその熱のある中に、俄《にわ》かに鉄道国有を断行し、また非常特別税即ち戦時税を永久税となした。これは皆桂内閣の政策をそのまま踏襲したに過ぎない。思えば、かの憲政党内閣も政友会内閣も藩閥打破という一定の理想を以て組織されたものである。然《しか》るに何事《なにごと》ぞ。先の政友会内閣とは異体同心《いたいどうしん》たるべき西園寺内閣は、唯《た》だ前の藩閥内閣の踏襲者に過ぎない。内閣も更迭《こうてつ》とはいうものの、実は同一のことを繰返しているのだ。

その後西園寺内閣辞し、また桂内閣[199]のこれに代るに及んでも、西園寺侯の政府に対する態度はあたかも政府党員のそれの如く、国民の利益を代表して政府を監督するというが如き意気は全く見えなかった。而して《しこう》ついに情意投合《じょういとうごう》(200)なる辞柄《じへい》を以て公然桂公等と相携《たずさ》え、第二十七議会(201)に於ては、その率いる政友会が議会の過半党たりしに拘《かか》わらず、院内にて堂々と内閣の受授を決することなく、私《ひそ》かに政府の付馬《つけうま》たるを条件として、内閣継承の予約を得られた。これは実に憲政史上の一大怪事であると思う。およそ立憲国の政治家が政権の受授《じゅじゅ》をなすは、その施設方針に対する意見を異にしたる場合に限るのだ。御互いに政権を配分する目的を以て、恣《ほしいまま》に内閣の受授を約束するが如きは憲法を賊《ぞく》するものである。後世の史家、今日の政治を評して立憲政治にあらず、実は寡頭政治なりと嗤《わら》うも、豈《あに》また否認するを得んや。

13〔藩閥政治の打破への期待〕

かくの如き現状に対すると、我輩は第十八世紀時代の英国政界の有様《ありさま》を想い起すのである。なんとしてもピット(202)の如き英傑の崛起《くっき》せざるべからざるを痛切に感ずるのである。またかの女皇(203)の御宇《ぎょう》に財政改革案を提《ひっさ》げて活動したるグラッドストン(204)の雄姿《ゆうし》を想い起さざるを得ない。彼等の活動には私《わたくし》がない。すべてが国家のためという精神に一貫せられていた。故に勝つも敗るるも、内閣を取るもまたこれを去るも、みな一定の節度に由ってなされた。今や我が国に於ても、時代はまさに従来とは性質の異れるものと国民の利害と密接に関係せる内閣の成立せんことを要求し切望している。

このたびの内閣(205)はその経歴に徴してもまたその政策より考うるも、桂内閣の分身とか思われぬ。かくの如きは果して憲法に忠実なるゆえんであろうか。我輩は強《しい》てその性質の一転化を望む。かくしてこそ初めて国民とともに喜び、国民とともに憂《う》うる政治家の本領が完《まっと》うせらるる訳である。過ちを改めて善に遷《うつ》るにはなんらの躊躇《ちゅうちょ》も要せぬ、一点の執着をも要せない。我輩は西園寺侯が、心機一転、従来に於ける桂内閣の余弊《よへい》を一掃するとともに、更に国家の福利を増進するの勇断に出でんことを切望するのである。

憲法実施以後まさに二十有余年、而してその間内閣の更迭《こうてつ》することまさに十三。その中政党内閣の出現を見たる事僅かに二、三。維新当時の精神を思い、また立憲政治の前途を思えば、寔《まこと》に痛恨の情に堪《た》えぬ。由ってこの論をなし国民に警告するのである。

五　〔早稲田大学創立三十五年紀念式典演説(206)〕

〔早稲田大学創立の精神〕

閣下並びに諸君、本日は雨のために狭隘《きょうあい》なるこの講堂に来賓諸君の御来臨を願ったのは洵《まこと》に恐縮に堪《た》えぬ。学生諸君も全部ここに這入《はい》ることは出来ない。室外にも夥《おびただ》しくおられるだろうと思う。実に遺憾に堪えぬ。しかし止むを得ぬ。

私はここに簡単に早稲田大学の精神を述べることは決して無用に非ずと信ずる。大学の沿革、式典の歴史は平沼《ひらぬま》〔淑郎《よしろう》〕(207)博士より詳しく述べられたから略するが、明治十四年〔一八八一〕にこの学校を起さんことを企《くわだ》て、十五年十月に至ってこれを開いたところの精神は如何《いかん》。

我が日本帝国が初めて欧米の文明に接触し、欧米文明の圧迫を受けた際には非常なる危殆《きたい》の状態に陥った。二百五十年間の太平の夢が亜米利加《アメリカ》艦隊の来航に由って覚《さま》されるや否や、国民の驚愕《きょうがく》恐怖は極度に達した。ここに於てか国民の心中に潜んでおったところの愛国心、かくの如き圧迫に対する反抗心は勃然として起ったのである。これが攘夷となり、尊王となり、王政復古となり、ついに明治大帝の御誓文となり、広く知識を世界に求めることになったのである。これはなにに由って起ったのであるか。畢竟《ひっきょう》欧米文明の圧迫に反抗して国家の独立を保たんがために、国家を分裂せしめておった封建制度を廃して、そうしてほとんど八百年間階級制度の下に苦んでおったところの国民を解放して、全国民に人格を与えて、国民とともに世界の文明と相対峙《たいじ》しようと云う明治大帝の雄大なる御希望から導き出されたのである。要するに国家の独立を全《まっと》うしようと云うことである。この時に当って、日本の独立は甚《はなは》だ危険の状態に在った。ここに於てか、我が早稲田大学はその起るに際して学問の独立を標榜《ひょうぼう》したのである。

この精神が漸次《ぜんじ》に発達し来って今日は如何《いか》なる状態になったかと云えば、最初政治法律両科のみを設置しておったのが、後には文学も自然科学も加わることになったのみならず、学理を応用して実験研究を重ぬると云うようになった。三十六年の間に時代とともにかくの如く発展し来ったのであるが、根本の精神は依然として学問の独立である。高等の教育を受くる者は国民の模範とならなければならぬと云う、即ち人格の修養である。学理を吾人の実生活の上に応用することが必要であるがために、この方面にも盛んに力を用うるようになって、ついに理工科の建設となり、ついに応用化学実験室(208)の建設となった。この進歩は時代の趨勢《すうせい》に従って生じたことは明らかである。そうして最初微々たるものであったところの早稲田専門学校[209]が今日に於ては一万の学生を包容するところの大なる学校になったことを私は喜ぶのである。

〔早稲田大学発展への努力〕

この学校は初期には世間から猜忌《さいき》の眼を以て見られた。なんらか政治的の意義がありはせぬかと云う憶測からして一時は誤解を招いて種々なる迫害を受けたことも少なくなかったのである。然るに吾人の精神吾人の希望は漸次《ぜんじ》この過《あやま》てる猜忌の念を一掃し得たのである。大政治家伊藤《いとう》〔博文《ひろぶみ》〕公爵の如きも最初は多少の疑いを挟《はさ》んだ人である。その当時にはなかった語であるが、今日のいわゆる危険思想がどうも早稲田から発生しやしまいかと云う疑いが起ったのである。然るに早稲田に於ては別にかくの如き意思をもっておったのではない。国家独立、王政復古の大精神に従って万国と対立し、世界の文明を日本に採用し、これを同化して、そうして世界列国中優等の地位を占めようと云う精神を発揮したに過ぎなかったのである。この精神は時の経過とともに漸次明瞭になって、従来の猜忌の念を一掃し了《おわ》ったのである。一掃すると、このたびは反対に世間がこの大学に対して多少の力を添えるようになって、ここに禍を転じて福とすることになったのである。

ここに至らしめたのは誰の力であるか。創立以来努力されたところの故人小野梓《おのあずさ》君、それから今日は遺憾ながら出席しておられないが、高田〔早苗〕《たかたさなえ》君、天野〔為之〕《あまのためゆき》君、坪内〔逍遙〕《つぼうちしょうよう》君である。またここにおられる砂川〔雄峻〕《すながわかつたか》先生も創立以来の人である。それから山田一郎《やまだいちろう》君、これは奇傑《きけつ》で、非常に元気の盛んな人であった。学力も優れ文才にも長じ、ことに大雄弁家であったが、不幸短命であった。そう云う人々がこの学校の経営の任に当ったのである。その経営の才略が、この早稲田に学ぶところの多数の学生並びに卒業して出たところの校友と相待って早稲田の精神を明らかにして、過てる社会の思想を一変したのである。一掃したのである。

〔早稲田大学への政府関係者の援助〕

創立第二十五年の式典を挙げた時に伊藤公はここに臨《のぞ》まれた。(210) 公は私の旧友である。種々話をして、どうだ、真に謝ったかと云うと、謝まった。疑ったのは過ちであったと答えた。それなら懺悔をし給えと云うと、宜《よろ》しい懺悔をしようと言った。公は頗《すこぶ》る磊落《らいらく》で、物に執着しない人であって、宜しい、公衆の前で懺悔しようと言って一場の演説をされた。その事は学校の記録に残っていると思う。その時公の云うのには、私立学校は教授経営宜しきを得ても、財政の困難に陥ることは往々あることであるが、ここへ来てみると万事非常に経済的に出来ている。官立の学校でこれをやれば数十万の金を費すべきところを僅かの金でやっているのは実に偉いと言って非常に賞讃された。のみならず、この学校が国家に貢献し、時勢の必要に応じて学問の独立を唱えたことに酷《ひど》く賛同せられた。公はさほど富んだ人ではなかったが、大学のために直《ただち》に第一回の基金募集に応ぜられた。公の寄付の事は記録に明らかに載せてある。

山県公は古風な人で、学校などは嫌であろうと云うように世間から誤解されているようであるが、この時には公もまた寄付をされている。これも芳名録に載っている。

帝室に於かせられてはもとより寛仁大度《かんじんたいど》に渡《わた》らせられて、誤解とか云うようなことは決してあらせられぬことであるが、学校の精神方針が世に明らかになるや否や、非常に優渥《ゆうあく》なる御沙汰を下したまわった。それとともに巨額の恩賜金があった。続いて今上陛下〔大正天皇〕が皇太子殿下であらせられた時にこの学校に行啓《ぎょうけい》あって、(211)経済、法律、文学の講義を親《みずか》ら聞こし召《め》された。また理工科の教場をも御覧になった。当時先帝陛下〔明治天皇〕なお御在世中の時で、本学へ行ってみて宜《よろ》しい、行って来いと云う御沙汰があって殿下がここへ成らせられたのである。そうしてその時殿下は教職員に対して、多年尽力してここに至ったことを甚《はなは》だ喜ぶと云う簡単ではあるが頗《すこぶ》る優渥なる御沙汰を賜わった。高田君の如きは殿下に咫尺《しせき》して面《むかえ》り、この御言葉を賜わって、感極まって泣いた。またその時に殿下親《みず》から御手栽《う》えになったところの月桂樹は漸次《ぜんじ》生長して、今や勢力旺盛となっている。

かくの如くして、我が早稲田大学の精神が社会に反響して、社会の有力なる人々が大なる援助を与えらるるようになった。これは諸君とともに大に喜ばなくてはならぬことである。

〔より一層の社会的援助を〕

然《しか》るに学校は盛んになればなるほど金が要《い》る。商売は繁昌すれば金の儲《もう》かるものであるが、学校は盛んになると金が多く要る。内部の設備を整え、多数の教員を聘《へい》するから、どうしても金の必要が多くなる。幸いにしてこの学校は多数有志家の御援助に依って今日まで維持し来ったが、遺憾《いかん》ながらかくの如き式典を挙《あ》ぐるに当っても、学生をことごとく一堂の下に集めるだけの設備がない。それで校庭にテントを張って、その用に充《あ》つると云う始末である。昨日もテントの中で学長就任式を行ったのである。これは全然植民地的の設備である。東京市は植民地ではない。たとえ早稲田が市の一隅《いちぐう》に偏在しておっても植民地ではない。然るにまだ大講堂をも持たぬと云うは如何《いか》にも遺憾である。講堂は姑《しばら》くおくも教場が足らぬ。他の設備も足らぬ。今日に至るまでこの事について非常に苦んでいるのである。

三十六年間の学校の成績は今や一般の社会の知るところとなって、大学の必要は十分に認められたのである。然《しか》らば富んで而《しこう》して国を思う人は必ずやかくの如き事業に資本を投ずると云う心を起すに至るだろうと思う。既に近来は富んだ人にして数十万、百万と云う寄付をする者が続々出でているようである。そうすれば大講堂も遠からず出来るだろう。この狭隘《きょうあい》なるところに立っているところの人々は如何《いか》にも御気の毒であるが、早晩《そうばん》これに応ずる設備が出来なければならぬ。社会が拵《こしら》えてくれなければならぬ。社会が拵えてくれると云うのは、学生・校友諸君の勉強、諸君の精神の結果が社会に現われて、諸君の辛苦研鑽《けんさん》した学術が社会的に大なる利益をなすがために、社会がこれに報《むく》ゆるのである。かくの如き生徒を教えるところの教員諸君も昔の教員よりは学問が深くなくてはならぬ。

そこで学校が盛んになるとすべての経費が増して行く。従前は友達の人々が僅かに人力車代ぐらいでほとんど義務的に来てくれたが、今日はとてもそうは往《い》けなくなった。これがために大学の経常費は節約に節約を加えて忍びに忍んでやって来たがなかなか足らない。基金募集を行って有志者が寄付してくれたものは学校の基礎をなすべき建物、地所あるいは機械に使用して、残るところは少い。またこれは経常費として使用すべき性質のものではない。経常費は授業料その他の収入に依って支弁するのであるが、これだけではとても足らない。そこで非常な節約をしなければならぬが、如何に消極的な節約主義を採っても、如何に平沼君が経営の才に富んでおっても、もはや如何ともすることが出来ないのである。そこで小口《こぐち》の募集をなすに至った。これ実に止むを得ざることである。しかしそれだけではまだ足らぬ。講堂も拵えなければならぬ。教場も足らぬ。ことに予科などは非常に御困りであろう。そこで将来は富んだ人々に力を添えてもらうと云う必要がある。

〔アメリカ社会における社会的事業への援助〕

十年前にハーバード大学のエリオット(212)と云う著名なる博士が訪問されて、この大学で演説をされた。この人は老人で、我輩よりも先輩である。十年前既に七十余歳であったが、今なお盛んに活動している。その時に人間の長生法の話をした。博士の長生法と云うのは金を有益に使う。ごく平たく言えば金を学校などへ出すと云うことである。こう云うところへ金を出せば長生をして、精神は非常に愉快になって物が苦にならぬと言うのである。もっともこれは博士の発明ではない。我輩も多少そう云う論をもっている。

東西の両老人の意見が偶然ここに一致した。

米国の大学の盛んなことは世界無比である。活動家の多いのもまた世界無比である。今日米国はほとんど世界に冠たる富を拵《こしら》えた。そうしてその富を学校その他の社会的事業に使うことが頗《すこぶ》る盛んである。毎年数億数十億の金を使う。

頃日《けいじつ》亜米利加《アメリカ》基督《キリスト》青年会長のドクトル、モット(213)と云う人が来た。その人が日本へ来たのは二度目で、私も以前に遇《あ》ったことがあるが、実に気力旺盛な人で宗教界のナポレオンと言われている。戦争が開けるや否や、二千万の青年会を引受けて、欧羅巴《ヨーロッパ》に金を投じたこと数億万、更にまた金を投じようとしている。その仲間へ日本を入れようと云うのである。洵《まこと》に有難いが、日本は富が幼稚であるのを遺憾《いかん》とする、日本も遠からず亜米利加の如く富を拵えるに相違なかろうが、これは諸君の事業である、今は金がない、将来の約束は出来るかも知らぬが、直《ただ》ちに約束することは出来ない、とこう云ったところが、それではその百分の一を日本が出したら宜《よろ》しかろうと云った。如何《いか》にも日本の状態を能《よ》く察して、常識の大に発達した人である。ともかくも仲間入をして幾《いく》らでも金を出せと言う。こう云う時には何時《いつ》でも渋沢《しぶさわ》〔栄一《えいいち》〕男爵の御尽力を請うのである。我輩も二、三日内に招集されているから何《いず》れなんとかしなくてはならぬと思う。この人は実に善を好むの心燃ゆるが如しと云うべき人である。善を好むの心が社会上にも政治上にも及んでこそ国家共同の生活を堅実なる基礎の上に発達さするを得るのである。なんとしても国民善を好むの風が盛んに起らなければならぬ。

今この学校が困難に陥って、力を御添え下さるように諸君に願う時に際して、そんなことを言うと、学校の必要上からことさらにこのことを云々するように聞こえるかも知らぬが、決してそうではない。エリオット博士は十年前にこの学校へ来て、人間の長は働いて多くの富を拵えて、浪費を禁じて、必要なことにこれを使うに在る、これが社会のためになり国のためになる、そうして自分の精神も非常に愉快になって来るから長生をする、それがために一層自己の働きも盛んになる、そうするとまた金が殖えると、こう云った。これはあたかも井戸の水を酌《く》むようなもので、酌めば酌むほど水が清水《しみず》になるのである。決して学校の今日の困難のためにことさらにこの言をなすのではない。学校は大をなせばなすほど金が要《い》るのは当然である。学校は商売ではない。

〔渋沢栄一・森村市左衛門《もりむらいちざえもん》の貢献〕

ここに私が感謝しなくてはならぬのは、渋沢男爵がこの学校のために尽されたことである。男爵と私は五十年の友人であるが、実業社会に在って非常に御働きになった。実業社会と云えば算盤《そろばん》を持って利己的のいわゆる利欲一遍《いっぺん》の業を営むものであると思うものもあるかも知らぬが、男爵は全然これと異っている。自己も多少利益を得られたではあろうが、国家のために尽すと云うのが精神である。男爵が世話をした人で男爵よりも富んでいるものは多かろうと思う。我輩は所得税を取る役人でないから分らぬけれども、男爵の御世話になった人がよほど富をなしている。男爵は貧乏人ではない。四十有余年の努力の結果相当の富をもって御出にはなるが、それよりも人を富ましたと云うこと、社会に利益を与えたと云うことは莫大なものである。そうして老いて愈々壮《いよいよさか》んであって、今なおその精神を何処《どこ》までも継続しておられる。

そこで現今は始終論語を珍重して御出になる。世にも論語読の論語知らずと云うのがあるが、男爵はそうでない。論語を現在の利己的の社会に実現しよう、富と善とを調和させよう、いわゆる利己的の心と利他的の心とを調和して、ここに共同の生活を完全ならしめようと云うのである。そう云う御志《こころざし》を知っているから役人も社会の者もなにか人の金を集めて世の中に働こうと云う時には必ずまず男爵のところへ持込む。亜米利加《アメリカ》の青年会から申込があると直《ただち》に渋沢男爵へ持込む。こう云う地位になれば世間から見るとよほど面倒だろうと思うかも知らぬが、我輩は却《かえ》って男爵の地位を羨《うらや》む。こう云う地位になるとよほど面白かろうと思う。年は私より二つ下であるが、盛んに社会のために善をなしておられるから、我輩より長生するかも知らぬ。近来《きんらい》は一切商売を止めて、手に論語を携《たずさ》えて、理想を実現しようと努めておられる。実に壮んなりと謂うべしだ。

またここに忘るべからざる人は渋沢男爵の友人で、この学校に応用化学の実験室を拵《こしら》えて下さったところの森村《もりむら》〔市左衛門《いちざえもん》〕男爵(214)である。これは私より一つ弟、私は一つ兄だ。これがまた人格の優れた人である。もとは貧乏人であったが、非常に努力して今日に至った。今まで一回も役人などに御世辞を言ったことはない。役人から寄付を申込まれると直《ただち》に刎付《はねつ》けてしまう。曩《さき》に済生会《さいせいかい》(215)の出来た時に桂《かつら》〔太郎《たろう》〕公爵が力を極《きわ》めて寄付を勧めたが、一切面会を謝絶した。そんなものは必要がないと云ったのである。

然《しか》るにこの学校や女子大学(216)やその他教育慈善の団体から書生が行くと直に喜んで遇《あ》われる。相当な金を出す。渋沢男爵とは異って身体は健康ではない。もしこの人が貪欲で非道な金儲けをしたら、もはや遠《とお》くに死んでしまっているのである。然るに善を好むために長生をしている。今日の状態ではまだ幾《いく》年も生きられると思う。これまた実に壮《そう》なりと謂うべし。かくの如き人は日本では僅かに指を屈するほどであるが、亜米利加にはこんな人は頗《すこぶ》る数が多い。しかし日本にも近き中には沢山《たくさん》出来るに相違ないと思う。

〔早稲田大学学生・校友に求めるもの〕

学生諸君はこれから学んで社会に出て働く。その境遇に依って如何なる仕事をなすか知らぬが、大部分は自分の学んだ学理を応用して富を起すに相違ない。そうすれば富んだ人が沢山出来る。ケンブリッヂとかオックスフォードとかエールとかハーバードとかはその校友に大政治家もいれば大法律家もいる。富を有した者も沢山にいる。それでなにかの時には三十万弗《ドル》とか五十万弗とかを直《ただち》に寄付する。諸君も社会に出て必ず大なる勢力をもつに違いない。かくの如きものが集合する学校は愈々《いよいよ》盛んになる。抑々《そもそも》学校は一の有機体である。我々は死んでも学校は生命がある。有機的生命がある。ここから出た者が社会に働く。社会に大なる勢力をもつ。この勢力が学校に集中して、永久に存在する。

今より六年前に私と渋沢、森村両男爵と三人で旅行したことがあった。三人の年齢を合すと二百十ばかりになった。上方から岡山辺まで旅行して、諸処《しょしょ》で演説をした。それはそれは盛んなものであった。両男爵ともに実に多忙な人で、学校のために演説などをする暇はないのだが、必要のためには万障《ばんしょう》を差繰《さしく》られたのである。その間に沢山富を得ることも出来るのに、その富を棄てて私と一緒に行って下さったのである。これは実に羨《うらや》ましいことで、人間の心はそう云う風にならなければならぬ。真に人の模範と称すべきである。こう云う人が殖えると実業社会も品がよくなる。元来資本と云うものは、その整理が必要である。利己的に働くのは甚《はなは》だ有害なるものであって、資本が正当に働くと、その力は国家の上にも社会の上にも大なる効果を奏するものである。

私はこの学校の独立の精神を何処《どこ》までも貫きたい。模範的の人格を拵《こしら》えたい。そうして学理を人間の実生活の上に応用したい。そう云う方針で諸君が勉強して鍛え上げると渋沢君以上になる。まだ年が若いからそれ以上の偉いものになる。森村君以上の人間になる。渋沢さんも森村さんも教育に力を尽されるのは、自分以上の人間を造ることを望んでいるのである。

この学校も三十六年間辛苦経営をした。備《つぶさ》に困難を嘗《な》めた。この間学校に力を尽し教鞭を執《と》りまた学校の経営の任に当った人の辛苦は実に少からぬ。而《しこう》してその効果は今日全国中最大の学校を現出したのである。しかし遺憾《いかん》ながら内容は未だ十分でない。これから大に内容を整えなければならぬ。大政維新の目的は万国と対峙《たいじ》しよう、世界高度の文明と競争しようと云うにある。諸君はこの心を以て大に努力されたい。諸君の勉強諸君の精神の結果が社会に反響すれば、大講堂も必ず出来る、設備も完全になると信ずるのであります。日〔ママ〕茲《ここ》に来賓諸君多数の御来臨を深謝し、これを以て今日の式辞と致します。

注

I　生立ちから征韓論政変まで

〔一　少壮時代の教育と境遇――書生時代の事情〕

(1)明清の登科及第法　「登科」は中国の官吏任用試験である科挙《かきょ》に及第すること。明・清代の科挙による官吏任用システム。

(2)明成祖が対偶声律を以て人を採れる　成祖は明の永楽帝(一三六〇～一四二四)のこと。「対偶声律」は漢文の形式で、対句により脚韻を同一に整えたもの。漢文の才を以て人材を登用したことを指す。

(3)鍋島閑叟(一八一四～一八七一)　肥前佐賀藩主。はじめ斉正、のち直正。一八三〇(天保元)年藩主となる。一八六一(文久元)年に隠居し、閑叟と号した。明治維新後、議定となる。

(4)枝吉杢助　枝吉神陽《えだよししんよう》(一八二二～一八六二)のこと。佐賀藩士で副島種臣の兄。江戸の昌平黌《しょうへいこう》で学び、藩校弘道館の国学教諭となる。杢助は通称。

(5)厳君　大隈の父、大隈信保《おおくまのぶやす》のこと。物成《ものなり》一二〇石を給される佐賀藩士としては上級の階層の藩士であった。砲術を専門とし、佐賀藩の石火矢頭人(砲術長)を務めていたが、一八五〇(嘉永三)

年、大隈一三歳の時に没している。

(6)代品方　幕末佐賀藩に設置された貿易官。藩の特産品(白蠟等)を外国商人に販売し、蒸気船購入等の代価を得ることを目的としていた。

(7)原田小四郎(一八一二〜一八七九)　佐賀藩士。藩校弘道館で教鞭をとり、閑叟の信任を得て御側役となり、幕末佐賀藩の藩政の中枢にあった。

(8)中野数馬(一八一八〜一八八一)　佐賀藩士。閑叟側近として藩政にあたる。明治維新後は佐賀藩権大参事、第百六銀行取締役等をつとめた。

(9)伊東外記(一八〇六〜一八九〇)　佐賀藩士。別名次兵衛。閑叟の信任を得て藩の要職を歴任。鍋島幹《なべしまみき》(元老院議官・貴族院議員等を歴任)の父。

(10)時の将軍一橋慶喜に見えて説くに大政返上の大策を以てせんのみ　副島の回想録である「副島伯経歴偶談」(『副島種臣全集』二、二〇〇四年)や大町桂月『伯爵後藤象二郎』(一九一四年)からみて、一八六七(慶応三)年のことと推測される。『鍋島直正公伝』(一九二〇年)・『大隈侯八十五年史』(一九二六年)でもそのように記述されている。

(11)原市之進(一八三〇〜一八六七)　水戸藩士。一八六四(元治元)年四月一橋家に入る。一八六六(慶応二)年七月、一橋慶喜の徳川宗家相続により幕臣となり、慶喜の側近として活動。兵庫開港を推進する立場から攘夷派にねらわれ翌年暗殺された。

〔二　生立ちと義祭同盟〕

(12)母　大隈三井子《みいこ》(一八〇六～一八九五)。夫信保《のぶやす》との間に二男二女があり、重信は長男。本章にあるように慈愛深く、若き大隈を支えた。

(13)二人の姉　長姉妙子と次姉志那子。妙子は佐賀藩士相良安延に、志那子も佐賀藩士中島弥兵衛に嫁いだ。

(14)一人の弟　欽次郎《きんじろう》。後、岡本家の養子となる。

(15)鍋島安房(一八一三～一八六六)　鍋島茂真のこと。閑叟の兄であり、重臣須古鍋島家の当主となる。藩主側近として活動し、学問への関心も深く、本章にあるように義祭同盟の成立に関与した。

(16)余のこれに加盟したる　大隈の義祭同盟に参加した時期については諸説がある。同時期に義祭同盟に参加した久米邦武が編集に関与した『大隈侯八十五年史』(一九二六年)では、一八五四(安政元)年五月二五日としている。しかし、真辺将之『大隈重信―民意と統治の相克』(二〇一七年)では、義祭同盟の連名帳に大隈の名前が記載されているのが一八五五年からであることなどを根拠として、一八五五年五月二五日としている。

(17)告朔の餼羊　古代中国の告朔の儀式に供えられる羊のことで、後代儀式は行なわれず羊を供える習慣だけが残ったことから、実態がなく形式のみが残っていることのたとえ。

〔三　形勢一変と藩主閑叟〕

(18)島義勇(一八二二～一八七四)　佐賀藩士。弘道館に学び、一八五〇(嘉永三)年に義祭同盟に参加。一八五六(安政三)年藩命で蝦夷地を調査。戊辰戦争に参戦した。新政府に出仕したが一八七四年二月の佐賀の乱において、憂国党の指導者に推され政府軍と戦うが敗れ、処刑された。

〔四　英学研究と商人との連携〕

(19)曩に長崎に設立したる致遠館　致遠館の設立年代は、諸書により異同がある。『鍋島直正公伝』第六編(一九二〇年)・『大隈侯八十五年史』(一九二六年)では一八六五(慶応元)年のこととされている。大橋昭夫・平野日出雄『明治維新とあるお雇い外国人―フルベッキの生涯』(一九八八年)では、大隈重信が商人から寄付を集めて一八六五年に私塾として設立し、キリスト教宣教師フルベッキが一八六六年に正式に校長に就任したとしている。他方、真辺将之『大隈重信』(二〇一七年)においては、フルベッキを教師に招聘して一八六七年に「蕃学稽古所」として設立され、翌一八六八(明治元)年八月に「致遠館」に改称されたとしている。副島種臣の回想録である「副島伯経歴偶談」(『副島種臣全集』二、二〇〇四年)では、「三四年長崎に居った」と回想しているので、一八六五年か一八六六年には、名称の如何は別として、大隈・副島らの長崎における英学教育はすでに開始されていたとみられる。

〔五　長州再征と国事奔走〕

(20)大木が文部に相たる時　正確には大木《おおき》喬任《たかとう》が文部卿の時である。

(21)教育令を発布　これは誤りで、一八七九(明治一二)年の教育令の時ではなく(教育令発布当時、大木喬任は司法卿)、一八七二年の学制のことである。

(22)内閣　ここで大隈が言う「内閣」とは、一八八五(明治一八)年一二月に成立した内閣制度とは性質を異にする。ここで大隈は大臣・参議を主要なメンバーとする、太政官制下における政策決定機関を「内閣」と呼称している。なお、以降の章でも、総裁・議定・参与の三職を議官とする、政策決定のための合議機関を内閣と称しているところもある(たとえば七章)。

(23)小笠原壱岐守　小笠原長行《おがさわらながみち》(一八二二〜一八九一)のこと。唐津藩世子。一八六五(慶応元)年老中となり、一八六六年二月に長州藩と交渉するも決裂し、同年の第二次長州征討では小倉で指揮をとり、長州と戦うも敗れる。

(24)長岡護美(一八四二〜一九〇六)　熊本藩主細川斉護の五男。幕末の尊王攘夷運動に参加。第一次長州征討には参加するも、第二次長州征討には批判的であった。

(25)長州の長井玄蕃　底本『大隈伯昔日譚』一一四頁にはこのように表記されているが、「玄蕃」である点、また大監察(大目付の異称)を職としている点から、これは幕臣の永井玄蕃頭尚志(一八一六〜一八九一)であると推測される。

(26)副島とともに私かに藩を脱し、京師に至りて大に為すところあらんことを謀れり　大隈は、このことを「今や幕府は再び征長の軍を起さんとして」いる時点、つまりは第二次征長が行なわれた一八六六(慶応二)年以前のことのように回想しているが、実際には一八六七年のことであったと考えられる。

(27)伊東　『大隈伯昔日譚』原文には「伊藤」とあるが、説明文に「鍋島幹《なべしまみき》の父」とあるので、伊東外記のことを指していると考えられる。

(28)右足をまたダイナマイトのために傷つけられて　大隈は条約改正交渉を担当していた一八八九(明治二二)年一〇月一八日に爆弾を投げ付けられ、右足を失った。第Ⅲ部参照。

(29)相良　相良知安《さがらともやす》(一八三六〜一九〇六)。佐賀藩医の子として生まれ、蘭学を習得。佐倉の順天堂、長崎で学び、鍋島閑叟の侍医となる。明治維新後は新政府に出仕し、ドイツ医学の採用を主張した。

〔六　大政奉還と佐賀藩の帰趨〕

(30)山口尚芳(一八三九〜一八九四)　名は「ますか」「なおよし」「ひさよし」といくつかの読みがある。長崎でオランダ語、またフルベッキから英語を学ぶ。新政府に出仕。岩倉遣外使節団では副使をつとめ、征韓論争では内治優先の立場をとった。

(31)新徴組　江戸幕府によって組織された警備隊。一八六三(文久三)年庄内藩主酒井《さかい》忠篤《ただすみ》の指揮下におかれ、江戸の取締りにあたった。

(32)太政官の設立　一八六七(慶応三)年一二月九日の王政復古により設置されたのは、総裁・議定・参与の三職であり、翌一八六八年閏四月二一日公布の政体書による官制改革により、近代行政機構としての太政官が設立された。

(33)会桑二藩　会津藩と桑名藩のこと。

(34)山崎景則(一八三七〜一九〇九)　佐賀藩士。明治期は海軍に入り、軍務局次長等を歴任した。

一八九〇（明治二三）年海軍少将となる。

(35)鍋島上総　鍋島茂昌（一八三二～一九一〇）のこと。武雄領主。一八五九（安政六）年家老。戊辰戦争では東北を転戦。後男爵となる。

(36)ウイリアム（一八二九～一九一〇）Channing Moore Williams 米国聖公会から派遣された宣教師。一八五九（安政六）年長崎に至る。明治期には大阪、次いで東京に移り、一九〇八（明治四一）年に帰国するまでキリスト教の宣教・教育に貢献した。立教大学の創立者。

(37)フルベッキ（一八三〇～一八九八）Guido Herman Fridolin Verbeck 改革派宣教師。オランダに生まれる。渡米しオーバン神学校に学ぶ。一八五九（安政六）年来日し、長崎奉行所の済美館や佐賀藩の致遠館《ちえんかん》で教鞭をとった。大隈には聖書と米国憲法を教えた。明治維新後は政府顧問として外交・教育・法律等の諮問に応じた。

〔七　新政府に加わる――外交の初陣〕

(38)小松　小松帯刀（一八三五～一八七〇）。薩摩藩士。大久保利通《おおくぼとしみち》・西郷隆盛《さいごうたかもり》等とともに国事に奔走。新政府成立後は参与となり、一八六八（慶応四）年九月外国官副知事となるが、病のため一八六九（明治二）年五月に辞職、翌年大阪にて死去した。

(39)彰義隊　一八六八（慶応四）年二月、旧幕臣により組織された部隊。上野に集結し、江戸に進軍してきた新政府軍との対立を深めた。五月一五日、新政府軍の総攻撃を受け、潰滅させられた。

(40)沢主水正　沢宣嘉《さわのぶよし》（一八三五～一八七三）のこと。尊王攘夷派公家。明治維新後、参与、九州鎮

撫総督兼外国事務総督、長崎裁判所総督、長崎府知事、外国官知事を歴任し、初代外務卿となった。

(41)耶蘇教問題　ここで「耶蘇教問題」とよばれているのは、明治政府が長崎近郊の浦上村のキリシタン三三九四名を名古屋などに配流した浦上教徒事件をさしている。

(42)外交官出仕に叙せられ　正確には、大隈は一八六八(慶応四)年三月一七日に徴士参与職外国事務局判事に任命されている。外国事務局は同年閏四月に外国官となり、翌一八六九(明治二)年七月に外務省となる。なお、大隈は本章後半におけるパークスとの交渉の際、「外交官総裁山階宮」と説明しているが、正確には外国事務局督である。

(43)岩下(一八二七〜一九〇〇)　薩摩藩士。一八六八(慶応四)年二月徴士参与職・外国事務局判事となる。後元老院議官・貴族院議員等を歴任。

(44)中御門(一八二〇〜一八九一)　公家。一八六七(慶応三)年には岩倉具視等と討幕の密勅降下に尽力。新政府では一八六七年一二月議定となり、後会計官知事等を歴任した。

(45)大阪なる本願寺の別院　一八六八(慶応四)年閏四月三日、大坂の東本願寺別院にて、大隈とパークスとの談判が行なわれた。

(46)山階宮(一八一六〜一八九八)　一八六七(慶応三)年一二月議定となり、翌年外国事務総督、外国事務局督となる。新政府成立直後の外交の責任者であった。

(47)ハリー・パークス(一八二八〜一八八五)　Sir Harry Smith Parkes 一八六五(慶応元)年に英国特命全権公使兼総領事として来日。幕府のみならず薩摩等西南雄藩とも積極的に接触した。戊辰戦争では局外中立の立場をとるが、一八六八年閏四月一日、新政府を諸外国に率先して承認した。本章にあるように、キリスト教徒問題については強硬な態度で日本政府と交渉した。その一方、横須賀回復資金の調達のため、大隈等にオリエンタル・バンクを紹介する等、明治政府の政策に好意的に協力・助言することも多かった。

(48)**外務省の雇員シーボルト**　Alexander Georg Gustav von Siebold（一八四六〜一九一一）のこと。鳴滝塾で多くの蘭学者・医学者を指導したシーボルトは父。一八五九（安政六）年父とともに来日し、一八六二（文久二）年から一八七〇（明治三）年にかけて駐日英国公使館に勤務。一八七〇年、日本政府に雇用された。ただし、一八六七（慶応三）年から翌年にかけ、徳川昭武に随行して渡欧しているため、通訳にあたったのは別人だった可能性もある。

〔八　横須賀恢復、軍艦兵器買入、江戸平定等の諸問題〕

(49)**ストンヲール号**　幕府が入手する予定であったアメリカの軍艦ストーンウォール号のことで、甲鉄艦ともいう。同艦が日本へ回航された時は戊辰戦争の最中であり、本章に記されるように新政府は旧幕府側の入手を阻止し、同艦を入手することに奔走した。

(50)**征東総督府**　正しくは東征大総督府《とうせいだいそうとくふ》。戊辰戦争における東国鎮定を目的として一八六八（慶応四）年に設置。なお、大隈は本章で以降も「征東総督府」と呼称している。

(51)**二十五万円**　大隈が借りた金額であるが、一八六八（慶応四）年の話なので「円」ではなく「両」であると考えられる。本章では金額表記に「円」が用いられているが、本来は「両」であると考えられる。

(52)神奈川県　神奈川県の設置は一八六八(明治元)年九月二一日なので、これは一八六八(慶応四)年三月一九日設置の横浜裁判所、あるいは翌四月二〇日に同裁判所が改称された神奈川裁判所を指していると考えられる。

(53)横須賀造船所　一八六六(慶応二)年に幕府がフランスの支援を受けて開業した造船所。当初は横須賀製鉄所と称せられた。本章にあるように大隈の尽力で新政府に回収され、一八七一(明治四)年四月に横須賀造船所と改称された。

(54)旧幕府の軍艦　江戸開城後、旧幕府の軍艦は新政府軍に引き渡される予定であったが、旧幕府海軍副総裁榎本武揚は軍艦の全面的な引渡しを拒んでいた。榎本は一八六八(慶応四)年八月旧幕府軍艦を率いて箱館へ脱走し、箱館戦争にいたる。

(55)米国公使　Robert Bruce van Valkenburgh(一八二一～一八八八)のこと。「ヴァルケンバーグ」あるいは「ファルケンブルグ」と日本語表記する。一八六六(慶応二)年七月に駐日弁理公使として着任した。本章にあるように戊辰戦争では中立的立場をとり、新政府へのストーンウォール号の引渡しを当初拒絶している。一八六九(明治二)年、デ＝ロング公使と交代。

(56)鍋島の属兵　佐賀藩兵。一八六八(慶応四)年五月一五日、鍋島直大の指揮下上野の彰義隊と戦い、アームストロング砲といった最新の兵器を用い勝利した。

(57)鎮将府　鎮将府は新政府による関東東北の統治機関として一八六八(慶応四)年七月に設置された。

(58)オリエンタル・バンク　一八四二年ボンベイにおいて西部インド銀行として設立。一八四五年本店をロンドンに移し、オリエンタル・バンクと改称。一八六四年、横浜に支店開業。本章にあるように横須賀の回復資金を融資した。また、以降も造幣寮設置を支援し、政府から鉄道建設資金のための外債募集を委託される等、政府の信頼を受けてその近代化政策を支援した。

(59)ロベルトソン　ジョン・ロバートソン。第二代横浜支店長。横須賀製鉄所回復資金の融資後政府との関係を深め、通貨、金融制度への助言、大阪造幣寮建設への支援、鉄道事業への支援等を行なった。

(60)造幣局の創設　幣制の大混乱に直面した新政府は幣制の確立と新貨幣鋳造の必要性を痛感し、一八六八(慶応四)年四月に造幣工場の設立を決定し、一八七一(明治四)年二月に造幣寮の開業式が行なわれた。一八七七年に造幣局と改称。なお、造幣局の設立に関しては、本書第I部九章を参照。

〔九　財政に関する外交〕

(61)小松の死後直ちに余を外国官の副知官事に任命することとなりぬ　これは誤り。大隈の外国官副知事着任は一八六八(明治元)年一二月であり、小松は一八七〇年まで存命している。

(62)不換紙幣　新政府最初の発行紙幣である太政官札《だじょうかんさつ》(金札)のこと。

(63)改税約定　改税約書のこと。一八六六(慶応二)年五月一三日に幕府と英仏米蘭四国との間に締結された。関税の軽減と貿易の制限撤去を目的とした。第六条において内外貨幣の等価交換を規定した。なお本章において、改税約書は改税約定と表記されている。

(64)運上所　一八五九(安政六)年の開港後、各開港地奉行の管轄下に置かれた税関の前身。関税業務のみならず外交事務も担当した。

(65)墨士哥ドルラル　幕末から明治維新期に貿易通貨として広く流通したメキシコ＝ドル(銀貨)のこと。洋銀《ようぎん》ともいう。

〔十　進歩主義と保守主義の消長〕

(66)賞典禄　戊辰戦争の軍功・王政復古の勲功に対し一八六九(明治二)年の版籍奉還に際し実施された。

(67)弾正台　一八六九(明治二)年五月に刑法官監察司に代わり設置された機関。同年七月の官制改革により、行政監察・司法警察・訴追の機関に位置づけられた。しかし、官員に保守的な人物が多く、刑部省や各省との対立を招いた。次第に権限を制限され、一八七一年の司法省設置により廃止された。

(68)『窮民救助』の詔勅　一八六九(明治二)年八月の「窮民賑恤の詔」のこと。宮廷費・諸費の削減により、困窮する民衆の救助を行なうことを目的とした。

(69)北畠治房(一八三三〜一九二一)　幕末の尊皇攘夷運動家。維新後も攘夷論を唱えたが、大隈重信・五代友厚の斡旋により司法省へ出仕し、司法官の道を進む。

(70)人見寧(一八四三〜一九二二)　旧幕臣。戊辰戦争後は静岡で開墾事業・茶園経営を展開し、一八七六（明治九）年内務省勧業寮出仕。一八八〇年茨城県令となる。

(71)丸山作楽（一八四〇～一八九九）　島原藩士。幕末期は尊王攘夷運動に奔走。維新後新政府に出仕し一八六九（明治二）年五月神祇官権判事。国学者としても知られる。

(72)鉄道を敷設し、電信を架設するの議を決するに至れり　一八六九（明治二）年一一月の廟議で、東京―京都間の幹線鉄道と、東京―横浜間等の建設が決定された。電信に関しては、一八六八年一二月の廟議で架設が決定された。

(73)大隈を内閣に入れ　大隈は三職制度や太政官制度における政府中枢も「内閣」とよんでおり、「内閣に入れ」としているのは政府中枢の一員であった参議に就任することであった。

(74)嵯峨実愛（一八二〇～一九〇九）　公家。一八七〇（明治三）年一二月正親町三条実愛から嵯峨と改姓。同年一〇月から一八七一年七月まで大納言であった。

(75)斎藤利行（一八二二～一八八一）　土佐藩出身。一八七〇（明治三）年二月刑部大輔となり、同年五月から翌年六月まで参議をつとめた。

(76)横山正太郎（一八四三～一八七〇）　鹿児島藩士。森有礼の兄。一八七〇（明治三）年七月、政府官員の奢侈や規律の紊乱等を批判する「時弊十箇条」を集議院門前に掲げて割腹し、政府内外に衝撃を与えた。

(77)庄内藩主　酒井《さかい》忠篤《ただすみ》（一八五三～一九一五）のこと。一八六二（文久二）年家督を相続し庄内藩主となる。翌年新徴組《しんちょうぐみ》を配下として江戸市中取締りにあたる。戊辰戦争では奥羽越列藩同盟側につき官軍と戦う。維新後、鹿児島の西郷隆盛を訪問、兵部省に出仕して陸軍軍人となる。

〔十二　遣外使節と留守政府〕

(78)一の条件　一八七一(明治四)年一一月に「大臣参議及各省卿大輔約定書」として、留守政府と使節団との間に結ばれた。月二回の書信を交わすこと、使節派遣中はなるべく新規の改正をなさず、やむをえない時は大使に照会すること等が規定された。

(79)西四辻　西四辻公業(一八三八〜一八九九)のこと。公家。一八七二(明治五)年明治天皇の侍従となり側近として仕えた。翌年三月島津久光を東上させるための勅使として鹿児島へ出張。

(80)三条首相　三条実美を「首相」としているが、正確には太政大臣である。この「首相」の表記は以降も散見される。

〔十三　征韓論政変〕

(81)東萊府伯　東萊府は朝鮮王朝の地方行政区域で、府の長官は正確には府使。府使は朝鮮側の窓口としての役割もあった。

(82)李仙得(一八三〇〜一八九九)　Charles William Le Gendre アメリカの軍人・外交官。外務省、蕃地《ばんち》事務局に御雇外国人として勤務した。名は「李仙得」「ル＝ジャンドル」「リジェンドル」と様々に表記されている。フランスに生まれ、のちアメリカに渡って帰化した。南北戦争に北軍士官として従軍し、戦後は外交官として活動した。一八六六年から一八七二年まで厦門領事。一八七二(明治五)年外務省顧問として琉球漂流民殺害事件を担当、また、蕃地事務局に出仕し、台湾出兵における政策立案に関与した。その後も大隈の顧問をつとめ、親交が深かった。
(83)デロン　Charles E. De Long（一八三一〜一八七六）のこと。今日では「デ＝ロング」または「デロング」と表記する。一八六九（明治二）年から一八七三年まで駐日米国公使。前項の李仙得を日本政府に紹介した。
(84)ビツオフ　ロシアの外交官 Evgenii K. Biutzov のこと。
(85)『欧米派遣の使節帰朝』の題目　これは底本『大隈伯昔日譚』第二一章「征韓論」の中の一節であり、六五〇〜六六五頁に該当する。この章は「北京への使節派遣」「欧米派遣の使節帰朝」「征韓論の破裂」の三節から構成されており、本書では「欧米派遣の使節帰朝」の後半部と、「征韓論の破裂」の大部分を収録している。
(86)本論題の劈頭に已に弁じ置きしごとく　『大隈伯昔日譚』第二一章「征韓論」で、大隈は「只余か親しく内閣に在りて其論に関与したる事情、及ひ他の閣僚等が之に対して懐抱せし意見、企図の猶未た世人の知る所とならさるものを挙け、以て其真相を明かにせんと欲するに在るのみ」（底本六三七頁）と述べている。
(87)蓬萊社　後藤象二郎を中心として、大阪の豪商、旧大名の出資を受けて設立された明治初期の商事会社。製糖業・製紙業に従事したが、一八七六（明治九）年に事業は頓挫した。

Ⅱ　東京専門学校開校前後まで

〔一　台湾出兵と西南戦争〕

(88)島義勇兄弟　兄・島義勇、注(18)参照。弟・重松基吉(一八二四〜一八七四)。佐賀藩士。憂国党首領として戦い、処刑された。

(89)山中一郎(一八四八〜一八七四)　佐賀藩士。藩命により欧州留学。佐賀の乱に加わり、処刑された。

(90)香月経五郎(一八四九〜一八七四)　佐賀藩士。致遠館にて英学を修める。文部省の命により欧米留学。一八七四(明治七)年佐賀県官員となるが、佐賀の乱に加わり、処刑された。

(91)林有造(一八四二〜一九二一)　土佐藩士。新政府に出仕するが、明治六年の政変以後、自由民権運動に参加。西南戦争時の挙兵計画に連座して逮捕・入獄。帝国議会開設後は衆議院議員となり、第一次大隈重信内閣では逓信大臣をつとめた。

(92)維新の宏謨　語義は「維新の大きなはかりごと」であるが、具体的には「広く会議を興し万機公論に決すべし」と規定された五箇条の誓文(一八六八年)をさすとみられる。

(93)生蕃　教化に服さない異民族。清朝は台湾の先住民のうち漢族に同化しなかったものを、同化した熟蕃と区別してこう呼んだ。

(94)横浜に駐在せしめたる兵を撤した　いわゆる横浜居留地衛兵撤退問題。攘夷派による横浜居留地襲撃の危機に直面して、一八六三(文久三)年に英仏は幕府より居留地防衛権を獲得し軍隊を横浜に駐屯させた。一八七一(明治四)年に政府は両国公使に撤退を要求し、岩倉遣外使節団も交渉したが、即時撤退は拒否された。一八七五年に全面撤退となった。

(95)七年四月　木戸孝允が参議・文部卿について正式に辞表を提出したのは一八七四(明治七)年四月一七日であるが、辞任が認められたのは五月一三日である。

(96)郵船会社　日本郵船会社。日本最大の海運企業。岩崎弥太郎が設立した郵便汽船三菱会社と、渋沢栄一らが設立した共同運輸会社が激烈な競争を演じ、その結果、一八八五(明治一八)年に両者が合併して設立された。

(97)石門の戦　当時の討伐対象は台湾南部に所在した先住民の牡丹社であったが、一八七四(明治七)年五月二二日、遠征軍先遣隊が境界領域である石門口で交戦し、牡丹社首領父子を倒した。その後、遠征軍は六月一～五日にかけて牡丹社本拠地を総攻撃し、同地を占領した。

(98)『大隈伯昔日譚』の巻末に……止めておく　第I部二七八～三一四頁参照。

(99)大楽源太郎の乱　一般的には長州藩脱隊騒動として知られる、長州藩諸隊脱隊兵による反乱(一八六九～一八七〇年)。大楽は首謀者の一人で、一八七一(明治四)年に暗殺された。

(100)スペイン南米の革命　ラテンアメリカ諸国独立戦争のことをさすと思われる。一八〇八年、ナポレオン軍はスペインに侵入し、それに対抗してスペイン独立戦争が展開された。他方、スペイン領ラテンアメリカでは独立運動が惹起し、それぞれの植民地権力と激しく闘争した。スペイン本国では一八一四年に政府は独立を回復するが、本国において自由派を、植民地においては独立運動を厳しく弾圧した。しかし、一八二〇年に本国で軍隊による自由主義的クーデターが勃発し、それを契機にして、スペイン領ラテンアメリカの諸国は、独立国家として確立していくことになった。

(101)地方自治制　明治政府が一八七八(明治一一)年に布告した三新法をさすと思われる。三新法は明治政府にとって初めての統一的地方制度であり、郡区町村編制法・府県会規則・地方税規則の三法からなっていた。ただ、一般的に「地方自治制」といえば「市制」「町村制」(一八八八年公布)・「郡制」「府県制」(一八九〇年公布)をさす。

(102)島田一郎(一八四八〜一八七八)　金沢藩士。一八七八(明治一一)年、同志らとともに東京の紀尾井坂にて大久保利通を暗殺し、処刑された。

(103)盈進社　石川県金沢の士族民権結社。一八八〇(明治一三)年に創立。中心的な事業は士族授産事業であった。一八七八年に刑死した島田一郎は直接関係しておらず、この点は大隈の事実誤認である。

(104)来島　来島恒喜《つねき》(一八六〇〜一八八九)。大隈重信に爆弾を投じた国権論者。福岡藩士族出身。玄洋社員。外務大臣大隈重信の条約改正に憤慨し、一八八九(明治二二)年一〇月一八日に外務大臣官邸前で大隈の馬車に爆弾を投じて重傷を負わせ、その場で自殺。第Ⅲ部において詳述。

(105)永井(柳太郎)の親父　永井登(一八五六〜一九一八)。政治家永井柳太郎の父。金沢藩士西田家に生まれ、一八七九(明治一二)年に同藩士永井家の婿養子となる。愛知師範学校卒業後、高知県立農学校教員・京都府山国村協一尋常小学校長などを歴任。永井登が島田一郎らの同志として活動したという説はあるが、詳細は不明。

〔二　開化政策の推進と明治十四年の政変〕

(106)警視庁　首都東京の警察機構。一八七四(明治七)年、警察業務が司法省から内務省に移管され、司法省警保寮が所管していた邏卒(警察官)は新設の東京警視庁のもとにおかれた。一八七七年に廃止され、内務省警視局に吸収されたが、自由民権運動が高まる中で一八八一年に警視庁として再設置され、その長官は警視総監と呼称された。

(107)憲兵　主として軍事警察権を掌握し普通警察権を兼掌する軍人。一八七三(明治六)年の陸軍省職制並条例で陸軍兵科の一つとして規定されていたが、実際には、自由民権運動の軍隊への浸透などを防ぐために一八八一年三月に開設された東京憲兵隊がはじまりであった。

(108)正金銀行　横浜正金銀行。外国為替を主務とする特殊銀行。一八八〇(明治一三)年設立。

(109)報知新聞　駅逓頭前島密の発案により「郵便報知新聞」として創設。自由民権運動を代表する政論新聞として発展し、一八八二(明治一五)年に立憲改進党の機関紙的新聞となる。一九四二(昭和一七)年に「読売新聞」に合併され、戦後はスポーツ新聞となる。

(110)時事新報　一八八二(明治一五)年に福沢諭吉によって創刊された日刊紙。一九三六(昭和一一)年に「東京日日新聞」に合併され、一九七一年に復刊されたが、後に「産経新聞」に吸収された。

(111)神田辺の私立学校　明治法律学校(明治大学)・専修学校(専修大学)・英吉利法律学校(中央大学)・東京法学校(法政大学)などの私立法律学校は、明治期において東京の神田に集中して所在していた。

(112)我輩が橋渡しで、伊藤、井上も福沢と懇意となり　一八八〇(明治一三)年末から一八八一年初めにかけて、福沢諭吉と、大隈重信・伊藤博文・井上馨は、国会開設を前提とした新聞創刊について協議を重ねていた。このことが後に福沢諭吉の「時事新報」創刊につながっていく。

(113)速やかに国会の開設を断行しなければならぬと云うことに一致主張した　自由民権運動の展開に対応して、一八八〇(明治一三)年の時点で井上馨も伊藤博文も将来的に国会開設が必要であると認識していたが、彼らの国会開設構想は漸進的なものであった。他方、大隈は一八八一年三月に有栖川宮左大臣に、二年後に国会を開設するという急進的な意見書を提出した。この意見書提出に伊藤は不信感を抱いた。このことが明治十四年の政変における大隈の失脚の要因となっていく。

(114)今日の南満鉄道、大連取引所、阿片事件等の問題になっている　いずれも、南満州鉄道・関東庁を舞台とした疑獄事件。大連取引所背任事件と大連アヘン事件は一九一九(大正八)年に、南満州鉄道疑獄事件は一九二一年に発覚した。立憲政友会の政治資金を捻出することを目的としていたとされている。

(115)本願寺　成島柳北が関係していた東本願寺をさすとみられる。

〔三　東京専門学校と立憲改進党の創設〕

(116)高田　高田早苗(一八六〇〜一九三八)。江戸出身。東京大学を卒業し、東京専門学校創設に参加。総長に就任するなど、生涯早稲田大学に関わった。一八九〇(明治二三)年以来衆議院議員に選出され、文部大臣などを歴任。

(117)天野　天野為之(一八六一～一九三八)。唐津藩士の家に生まれる。東京大学卒業後、立憲改進党党員となり、東京専門学校創設に参加、東京専門学校・早稲田大学の教職員を続け、早稲田大学学長をつとめた。

(118)坪内　坪内逍遙(一八五九～一九三五)。本名は雄蔵。岐阜県出身。東京大学卒業後、東京専門学校・早稲田大学の教員をつとめ、近代文学・近代演劇の確立に尽力。

(119)市島　市島謙吉(一八六〇～一九四四)。新潟県出身。東京大学中退。立憲改進党党員となり、新潟県を中心に政治活動を行なう。東京専門学校教職員をつとめ、早稲田大学改組後はながらく図書館長をつとめた。

(120)共存同衆　学術啓蒙結社。イギリス留学中に結成した日本学生会をモデルにして、小野梓らが一八七四(明治七)年に結成。『共存雑誌』発行や公開講談会開設などに従事した。

(121)城南荘　元来は貴族院議長であった近衛篤麿が自己の政治的ブレーンと議論するために作ったものであったが、近衛の死後も存続し、政教社グループなどを中心に「国民義会」という名で対支二一ヵ条問題、綱紀粛正問題、呂運亭問題、第一次世界大戦講和問題、シベリア出兵、普選問題、宮中某重大事件に際して政治活動を行なった。

(122)交詢社　社交クラブ。福沢諭吉の提唱で慶應義塾卒業生を中心に一八八〇(明治一三)年に創立。機関誌『交詢雑誌』を発行するとともに、演説会活動を行なう。一八八一年には私擬憲法案を発表。社交クラブとして存続。

(123)議政会　東洋議政会。自由民権結社。明治十四年の政変で下野した慶應義塾系の都市民権派知識人により一八八二(明治一五)年に設立。立憲改進党を支えた。

(124)嚶鳴社　自由民権結社。沼間守一・河野敏鎌らが結成した法律講習会を前身として一八七七(明治一〇)年に創立。各地に支社を設置、機関誌『嚶鳴雑誌』を発行し、演説会活動を担う。一八八〇年に「嚶鳴社憲法草案」を起草。立憲改進党結党に参加。

(125)銀行　壬午銀行。改進党員のための金融機関として創設された。

(126)福岡に炭礦を始めた　大隈の財布を受け持っていたとされていた実業家の朝吹英二は、立憲改進党創立以後、その資金を得るため一八八四(明治一七)年に両潤社を設立し、福岡県の大辻炭坑などを経営した。後に大辻炭坑は炭坑経営者となった貝島太助が買収した。

(127)大阪の新聞　「大阪新報」。一八七七(明治一〇)年創刊の自由民権派新聞。一八七九年に「郵便報知新聞」記者の加藤政之助を編集長に迎え、同紙と密接な関係をもち、後に同紙支局を兼ねた。立憲改進党結党後は同党の機関紙的役割を担った。一八八四年に「郵便報知新聞」に吸収合併された。

(128)大学出版部　早稲田大学出版部。東京専門学校では一八八六(明治一九)年より校外教育を目的として講義録を出版することになり、東京専門学校出版局が設置された。一八九一年より、講義録出版は直接東京専門学校が行なうこととなり、その出版元として東京専門学校出版部が新たにおかれた。一九〇一年の早稲田大学への組織変更により、早稲田大学出版部となった。

(129)日清印刷　日清印刷会社。一九〇七(明治四〇)年に早稲田大学出版部の印刷会社として高田早苗学長により設立。清国留学生部設置など当時の早稲田大学が清国との交流に熱心であったため、この社名となった。冨山房の定期刊行物なども印刷。一九三五（昭和一〇）年、秀英舎と合併して大日本印刷となった。

(130)東洋館　東洋館書店。小野梓は大隈重信と義兄小野義真の援助を受けて一八八三（明治一六）年に東洋館書店を創業。小野の病没により一八八六年閉店。出版事業は冨山房と東京専門学校出版局に受け継がれた。

(131)冨山房　小野梓の死後東洋館書店の店員であった同郷の坂本嘉治馬が小野梓の義兄小野義真より出資を受けて一八八六（明治一九）年に開業。なお、坂本は「小野の従弟」ではない。

(132)松平頼寿（一八七四〜一九四四）　華族。伯爵。貴族院議員。高松藩主松平頼聰の子。母は井伊直弼の娘。東京専門学校卒業（一九〇二年）。その後、貴族院伯爵議員として長らく活動を続け、貴族院副議長・議長をつとめた。早稲田大学では、理事・評議員会長・維持員会長などに就任している。なお、松平頼寿の出生地は当時高松松平家の本邸があった本郷元町とされている。

(133)井伊掃部頭　彦根井伊家。

(134)山東一郎　山東直砥《なおと》（一八四〇〜一九〇四）。和歌山県出身。一郎とも称す。北辺警備に関心をもちロシア語を学ぶ。箱館裁判所権判事・内国事務局権判事などをへて、高松藩の旧屋敷にて北門社明治義塾をおこす。のち同郷の陸奥宗光神奈川県令のもとで同県参事になるが、一八七五（明治八）年に辞職。その後は自由民権運動に関わり、晩年はキリスト教に入信。

(135)病院と学校を創めた　山東直砥の北門社・明治義塾は高松藩の旧屋敷（現大隈庭園）に所在した

とされ、のちに陸軍軍医総監となった松本順の病院・学校である蘭疇《らんちゅう》医院・蘭疇舎は山東の仲介でその隣地であった一ツ橋藩旧屋敷に所在したとされている。

(136)雉子橋の邸　大隈は飯田町一丁目雉子橋(現千代田区)に一八七六(明治九)年一〇月から住み、一八八四年三月に本邸を早稲田に移した。

(137)鷗渡会　自由民権運動期の政治結社。小野梓と小野のもとに集まった高田早苗ら東京大学生によって、一八八二(明治一五)年に結成。

(138)最初は政治科、法科、文科、それから商科、理工科　創立当初の東京専門学校は、政治経済学科・法律学科・英学科・理学科からなっていた。理学科は翌一八八三(明治一六)年に土木工学科に改編され、一八八四年には廃止された。一八九〇年に英学科の系列のもとに文学科が設置された。一九〇四年に大学部商科、一九〇九年に大学部理工科が設置された。

(139)高等師範部、これに高等学院も出来る。中学、実業学校、工手学校もある　高等師範部(現教育学部)は一九〇三(明治三六)年に設置された。旧制高等学校課程に相当する高等予科は一九〇一年に設けられ、一九二〇年に高等学院に改組された。早稲田尋常中学校(現早稲田中学・高等学校)は一八九六年に開校、早稲田実業中学(現早稲田実業学校)は一九〇一年に開校、中級技術者養成の夜間各種学校であった付属早稲田工手学校は一九一一年に設置された(一九四八年廃止)。

(140)校外生の制度　東京専門学校では一八八六(明治一九)年から講義録を出版し、その購読者に対する「校外生規則」は一八八七年に制定された。

(141)『伊藤の懺悔演説』　伊藤博文は一九〇二(明治三五)年の創立二〇周年記念式・早稲田大学開校

式で祝辞を述べ、大隈はそれを懺悔演説とよんだ。

(142)御下賜金　早稲田大学第二期計画に対し、皇室から一九〇八(明治四一)年に恩賜金三万円が下賜された。

(143)今の陛下が東宮の御時　大正天皇は一九一二(明治四五)年に皇太子(東宮)として早稲田大学を訪問した。

(144)あの校庭の銅像を建てた時　創立二五周年と大隈の古希を記念して、一九〇七(明治四〇)年に早稲田大学校庭に大礼服姿の大隈銅像が建てられた。一九三二(昭和七)年に大隈記念講堂内の廊下にこの銅像は移転され、ガウン姿の大隈銅像が校庭に建立された。

(145)後藤に不似合な大規模な石炭坑　高島炭坑。長崎県長崎市高島に所在した高島炭坑は一八六八(明治元)年以来外資により経営されていたが、一八七四年に政府が買い上げ、後藤象二郎に払下げられた。後藤の経営は思わしくなく、一八八一年四月に大隈重信の斡旋で岩崎弥太郎に再譲渡された。大隈の表現では明治十四年の政変以後のことにみえるが、実際は大隈が参議に就任していた時期のことである。

(146)〔後藤が〕なんでも朝鮮の顧問かなんかになるつもりで　後藤は福沢諭吉の紹介で朝鮮開化派の金玉均と知り合い、一八八三(明治一六)年に金から朝鮮改革運動への協力を申し込まれ、応諾した。後藤は、朝鮮改革事業の資金獲得、フランス公使への協力申し込みなどに奔走しながら、朝鮮における開化派クーデター計画を準備した。しかし、この計画は日本政府に換骨奪胎され、一八八四年一二月に甲申政変が引き起こされたが、結果的に挫折した。

Ⅲ　過去を顧みて——追懐談・追懐文

〔二　余は如何に百難を排して条約改正の難局に当りたる乎〕

(147)ネー将軍　Michel Ney（一七六九～一八一五）のこと。フランスの陸軍軍人。革命期とナポレオン体制期に頭角を現す。

(148)条約改正は明治五年に木戸、大久保両公が洋行されたる時から胚胎している　木戸孝允・大久保利通も随行した条約改正交渉を目的とする岩倉使節団は、一八七一（明治四）年に出発し、一八七三年に帰国している。

(149)寺島伯が試みて　一八七三～一八七九年に外務卿をつとめた寺島宗則は、関税自主権回復を中心とする条約改正を求めたが挫折した。なお、寺島は副島の後継者であり、大隈の回想は前後を混同している。

(150)副島伯が試みて　副島種臣は、一八七一～一八七三年の間、外務卿をつとめた。

(151)井上侯は明治十五年と十九年と両度局に当りて失敗した　井上馨は、外務卿（一八七九～一八八五）・外務大臣（一八八五～一八八七）をつとめ、条約改正によって税権・法権をともに回復することをめざした。二度にわたり条約改正会議を実施したが、条約改正案において外国籍判事・検事の任用などを規定していることが批判され、一八八七（明治二〇）年に条約改正交渉は中止された。

(152)ついに米国まずこれに同意してくれた。ついで露西亜も同意した　大隈は、一八八九(明治二二)年二月アメリカと、六月ドイツと、八月ロシアとの間で、新条約の締結に成功した。なお、これら新条約の締結はメキシコとの条約締結の後である。

(153)墨西哥と対等条約を締結した　大隈は、一八八八(明治二一)年一一月にメキシコとの間で修好通商条約を締結し、日本の法権に服することを条件に内地開放することにした。

(154)右の改正談判中内地に反対論が起って　大隈の条約改正交渉でも、大審院において外国人裁判官を任用することなどが規定されていた。このことが新聞に報道されると、大隈の条約改正交渉への批判が強まった。

(155)内閣はもとより一致していたが、それでさえ少し疑懼の念を抱いた人もあった　大隈の条約改正交渉を懸念して、伊藤博文は枢密院議長の辞表を提出した。

(156)ところが爆裂弾のために中止するを得ざるに至った　一八八九(明治二二)年一〇月一八日、大隈は外務省の門前で玄洋社員来島恒喜の爆裂弾により重傷を負った。このことで、事実上大隈の条約改正交渉は中止された。次節参照。

〔三　爆弾当時の追懐〕

(157)我輩の遭難当時　注(156)を参照。

(158)華厳の滝へ飛び込む弱虫　旧制一高生藤村操(一八八六〜一九〇三)が人生不可解なりとの遺言「巌頭之感」を残し、栃木県華厳の滝に一九〇三(明治三六)年に投身自殺した事件。社会に大きな衝撃を与えた。

(159)割腹してしまった　実際には、短刀で喉をついて来島恒喜は自殺した。

(160)橋本と佐藤の両博士　橋本綱常《つなつね》(一八四五～一九〇九)と佐藤進(一八四五～一九二一)。実際には高木兼寛(一八四九～一九二〇)、ベルツ(Erwin von Baelz、一八四九～一九一三)、池田謙斎(一八四一～一九一八)も治療にあたった。

〔四〔立憲政治の歩みと内閣更迭〕〕

(161)総裁の下に　王政復古直後の一八六七(慶応三)年一二月九日、摂関・幕府にかえて政策決定を行なう総裁・議定・参与の三職が設置された。翌一八六八(慶応四)年一月一七日には三職の下に神祇・内国・外国・海陸軍・会計・刑法・制度の七科がおかれた。これらの制度は三職制度とよばれており、現代においては太政官制とは区別して認識されている。

(162)太政官制　三職制度は太政官再興までの仮措置とされ、一八六八(慶応四)年一月一三日に太政官代がおかれ、同年閏四月二一日公布の政体書により、三職制度は廃止されて一切の権力は太政官に属すとされ、議政・行政・神祇・会計・軍務・外国・刑法の七官がおかれた。一八六九(明治二)年七月の官制改革により官名に律令制の名称が採用された。明治元年二月の太政官制というのは大隈の事実誤認と思われる。

(163)ついで木戸公は病んで薨ぜられた　木戸孝允は一八七七(明治一〇)年に病死し、大久保利通は翌一八七八年に暗殺されている。大隈の表現では前後関係が逆転している。

(164)その最初の内閣総理大臣となったものは、即ち伊藤公で　第一次伊藤内閣（一八八五年一二月～一八八八年四月）。なお、条約改正交渉の挫折で井上馨が外相を辞任し、一八八八（明治二一）年二月から大隈が外相となり、次の黒田内閣でも留任した。

(165)明治二十二年二月の紀元節　大日本帝国憲法は、一八八九（明治二二）年二月一一日の紀元節の日に発布式が挙行された。なお、この時期の内閣は黒田内閣（一八八八年四月～一八八九年一二月）であり、大隈も外相として入閣していた。

(166)山県内閣　第一次山県内閣（一八八九年一二月～一八九一年五月）。

(167)初めて国民の輿論を代表する議会　第一回帝国議会（一八九〇年一一月二九日～一八九一年三月七日）。

(168)松方内閣　第一次松方内閣（一八九一年五月～一八九二年八月）。

(169)樺山海軍大臣が議会に対する演説　薩摩藩士であった樺山資紀《すけのり》海軍大臣が行なったこの演説は「蛮勇演説」とよばれている。

(170)副島伯　副島種臣は品川弥二郎が辞任した後を受けて一八九二（明治二五）年三月に内相となったが、六月に辞任した。副島辞任後、一時期松方正義首相が兼任したが、河野敏鎌が七月から内相に就任した。

(171)河野敏鎌　河野敏鎌は陸奥宗光が辞任した後を受けて一八九二（明治二五）年三月に農商務相となったが、七月に内相となり、後任の農商務相には佐野常民が就任した。

(172)伊藤、山県、井上、大山などという元勲総出の内閣　第二次伊藤内閣（一八九二年八月～一八九六年九月)。

(173)井上公　この文章で大隈は、「公」をおおむね尊称の意で使っている。爵位を付す場合は、この文章が発表された一九一二年当時のものを使っている。ここでは尊称の意の「井上公」と、爵位の意である「井上侯」が混在して使われている。

(174)第四回の議会　第四回帝国議会(一八九二年一一月二九日～一八九三年二月二八日)。

(175)首切り演説　国民協会創立直後の一八九二(明治二五)年六月二四日に開催された同志懇親会に品川弥二郎は西郷従道とともに出席した。その席で、品川は両名とも官職を辞して加入するとし、二人とも私心・私利をはかることがあれば生首を渡してもかまわない所存であると演説した。

(176)中央倶楽部　大同倶楽部、戊申倶楽部、無所属の一部が合同して一九一〇(明治四三)年に創立した官僚派の政党。一九一三年の桂太郎の新党結成に同調し、立憲国民党の一部とともに立憲同志会を結成した。

(177)自由党の首領たる板垣伯は入閣した　板垣退助入閣は日清戦争後の一八九六(明治二九)年四月である。

(178)松隈内閣　第二次松方内閣(一八九六年九月～一八九八年一月)。大隈が外相として入閣(一八九六年九月～一八九七年一一月)し、のち農商務相を一時兼任(一八九七年三～一一月)した。松方と大隈が提携した内閣として松隈内閣とよばれた。

(179)新聞紙条例を改正し　第二次松方内閣において、新聞発行禁止を裁判官の判断とし、新聞発行停止も軍事・外交・皇室関係、社会秩序・風俗壊乱に限定する新聞紙条例の改正がなされた。

(180)第二次の伊藤内閣　第三次伊藤内閣(一八九八年一～六月)。第二次は誤記。
(181)既に自由党の一部は……の如き　自由党所属の衆議院議員であった長谷場純孝は、衆議院議長星亨処分問題で一八九三(明治二六)年に自由党を脱党した。また、自由党の重鎮であった河野広中は一八九七年二月に党内の星亨・板垣退助に反発して脱党した。河野は、その後、憲政党・憲政本党・立憲国民党・立憲同志会などに所属し、第二次大隈内閣で農商務相をつとめた。
(182)憲政党内閣　第一次大隈内閣(一八九八年六～一一月)。憲政党が結成され、第三次伊藤博文内閣が退陣し、後任に大隈重信(首相兼外相)と板垣退助(内相)が指名された。他の閣僚も多くが憲政党員であった。
(183)かの尾崎の共和演説　第一次大隈内閣で文相に就任した尾崎行雄が、帝国教育会夏期講習会において、もし日本が共和政治であったとしたら三井や三菱が大統領候補になるだろうと語った部分が不敬とされ、尾崎は辞任を余儀なくされた。さらに、憲政党内の旧自由党系グループの離反により第一次大隈内閣は倒閣に追い込まれた。
(184)千仭の功を一簣に欠きたる　通常は「九仭の功を一簣に欠きたる」という。
(185)山県内閣　第二次山県内閣(一八九八年一一月～一九〇〇年一〇月)。
(186)文官分限令　一八九九(明治三二)年に制定された一般官吏の身分や職分に関する勅令。同年に改正された文官任用令とともに、政党の猟官を防止した。
(187)枢密院官制の改革　山県内閣は、重要な官制、文官任用・懲戒・試験の制度などに関する勅令を、一九〇〇(明治三三)年に枢密院の諮問事項とした。

(188) 先年の学制改正案　一九一〇（明治四三）年、衆議院などで「学制改革」が問題となり、四月に文部省は高等教育会議に高等中学校令を中心とする学制改革案を諮問した。そして、高等教育会議の修正案をもとに高等中学校令改正案が作成され、枢密院に提出された。しかし、枢密院は可決しようとせず、文部省は大幅な修正を強いられた。翌年、高等中学校令は制定されたが、施行は無期延期となり、結局実施されなかった。

(189) 官邸に一大茶話会を開き　山県は提携成立直後の一八九八（明治三一）年一一月三〇日に憲政党員を首相官邸に招待して茶話会を開き、提携成立の趣旨を説明した。

(190) 〔星を〕暗殺したのは非道であった　星亨は、東京市疑獄事件に関与して一九〇〇（明治三三）年に逓信大臣辞任を余儀なくされ、翌一九〇一年にそのことを理由にして暗殺された。

(191) 神奈川の埋立地事件　一八九九（明治三二）年、地租増徴反対議員買収のため、横浜旧居留地前海面埋立許認可をめぐって起こされた星亨の疑獄事件。

(192) 三十年の政友会内閣　第四次伊藤内閣（一九〇〇年一〇月～一九〇一年六月）。閣僚の多くは伊藤が党首である立憲政友会会員であった。なお「三十年」（一八九七年）は誤記。

(193) 本多政以　本多政以《まさざね》（一八六四～一九二一）。金沢藩老臣本多家出生。伊藤博文の知遇を得て、一九〇〇（明治三三）年に立憲政友会創立委員となり、その後総務委員となった。一九〇二年に男爵となり、一九〇三年には立憲政友会を退会。その後、石川県で実業活動を担う。

(194) 研究会　子爵議員を中心とする貴族院の会派。

(195) 桂内閣　第一次桂内閣（一九〇一年六月～一九〇六年一月）。

(196)かの日比谷の一件　日比谷焼打ち事件。
(197)清国との条約　一九〇五(明治三八)年一二月二二日に調印されたロシアの利権引き継ぎに関する清国との条約。
(198)西園寺内閣　第一次西園寺内閣(一九〇六年一月～一九〇八年七月)。
(199)また桂内閣　第二次桂内閣(一九〇八年七月～一九一一年八月)。
(200)情意投合　二つの主体が暗黙のうちに意思を通じ合って互いに協力することをいうが、特に日露戦争中から戦後にかけて、官僚閥の桂太郎と立憲政友会の西園寺公望が協力しあって交代で政権を担当し、政局を運営したことを指す。
(201)第二十七議会　第二七回帝国議会(一九一〇年一二月二三日～一九一一年三月二二日)。
(202)ピット(一七五九～一八〇六)　William Pitt 小ピット。イギリスの政治家。政治家大ピットの次男。庶民院議員、蔵相をへて、一七八三～一八〇一年、一八〇四～一八〇六年に首相をつとめ、フランスとの戦争を行なった。
(203)かの女皇　Alexandrina Victoria(一八一九～一九〇一)のこと。イギリスのヴィクトリア女王。インド女帝も兼ねた。
(204)グラッドストン(一八〇九～一八九八)　William Ewart Gladstone イギリスの政治家。保守党議員として活動を開始し入閣を果たすが、穀物法廃止に賛成して自由主義に傾き、自由党党首として四度内閣を組織し、自由主義的改革を行なった。
(205)このたびの内閣　第二次西園寺内閣(一九一一年八月～一九一二年一二月)。

〔五 〔早稲田大学創立三十五年紀念式典演説〕〕

(206)創立三十五年紀念式典演説　本来、早稲田大学創立三十五周年紀念式典は、一九一七(大正六)年一〇月に実施すべきものであったが、同年の早稲田騒動後の整理や大隈重信の八十寿宴に追われて、実施することができなかった。そこで翌一九一八年一〇月二六日から三一日の六日間にかけて、平沼淑郎学長就任式や応用化学実験室開館式をかねて挙行された。本演説は、一〇月二七日の早稲田大学創立三十五周年紀念式典の際のものである。

(207)平沼(一八六四～一九三八)　平沼淑郎《よしろう》。美作国津山藩士族出身。東京大学卒業後、編集者・教育者・大阪市助役をへて、一九〇四(明治三七)年に商科設置を計画していた早稲田大学に迎えられた。一九一七(大正六)年の早稲田騒動後、収拾のため早稲田大学学長をつとめた。

(208)応用化学実験室　早稲田大学理工科の応用化学科は一九一六(大正五)年に設置が決まり予科生が募集され、翌一九一七年に本科が開設された。創設費として森村市左衛門主宰の森村豊明会から五万六千円が寄付された。その寄付金により応用化学実験室「豊明館」が建設され、創立三十五周年紀念式典にあわせて一九一八年一〇月に開館式が挙行された。

(209)早稲田専門学校　創立時の名称は東京専門学校。

(210)創立第二十五年の式典を挙げた時に伊藤公はここに臨まれた　伊藤博文がここで紹介している演説を行なったのは、実際には一九〇二(明治三五)年一〇月一九日に開催された東京専門学校創立二〇周年記念式・早稲田大学開校式の時である。

(211)恩賜金　注(142)参照。

(212)ハーバード大学のエリオット　Charles William Eliot（一八三四～一九二六）のこと。アメリカの教育家。ハーバード大学とマサチューセッツ工科大学で教鞭をとり、一八六九～一九〇九年にハーバード大学学長をつとめた。エリオットは一九一二（明治四五）年七月五日に大隈重信を訪問した。また、一九二一年八月二五日にも再訪している。

(213)亜米利加基督青年会長のドクトル、モット　John R. Mott（一八六五～一九五五）のこと。アメリカの世界伝道者。ＹＭＣＡ学生総主事となり（一八八八年）、世界学生キリスト教連盟を結成して（一八九五年）、その総主事や議長をつとめた。のちにノーベル平和賞を受賞。

(214)森村男爵　森村市左衛門（一八三九～一九一九）。江戸出身。陶磁器の直貿易などの実業活動にたずさわる。慶應義塾大学、早稲田大学・日本女子大学などに多額の寄付を行なうとともに、自身でも幼稚園・小学校を設立。一九一五（大正四）年に男爵となる。

(215)済生会　恩賜財団済生会。貧困者に対する救療を行なった国家規模の財団組織。一九一一（明治四四）年の施薬救療の勅語発布を契機に設立。総裁は伏見宮貞愛親王、会長は桂太郎首相であった。現在は社会福祉法人として医療・保健・福祉活動を展開。

(216)女子大学　日本女子大学。成瀬仁蔵が一九〇一（明治三四）年に創立した日本最初の総合的女子高等教育機関。

大隈重信略年表

＊一八七二年(明治五)までの月・日は陰暦

一八三八年(天保九)

二月一六日、佐賀城下の会所小路《かいしょこうじ》(現在の佐賀市水ヶ江二丁目、大隈記念館所在地)に生まれる。幼名八太郎。父は佐賀藩士信保《のぶやす》。母は三井子《みいこ》。

一八四四年(天保一五／弘化元)

藩校弘道館外生寮に入舎。

一八五三年(嘉永六)

藩校弘道館内生寮に入舎。

一八五四年(嘉永七／安政元)

この年、もしくは翌一八五五年、枝吉神陽(副島種臣の兄)等の義祭同盟に参加。

一八五五年(安政二)

弘道館を退学。

一八五六年(安政三)
一〇月、蘭学寮に入舎。かたわら枝吉神陽に国学を学ぶ。
一八六一年(万延二/文久元)
三月、蘭学寮が弘道館に合併され、教官に就任。
一八六五年(元治二/慶応元)
この頃、長崎で英学を学び始める。
一八六七年(慶応三)
長崎に蕃学稽古所(のちに「致遠館《ちえんかん》」と改称)設立。
三月、将軍徳川慶喜に大政返上を勧告するため副島種臣とともに脱藩上京。
一二月、鍋島閑叟に対面し、急ぎ上京すべきことを主張。
一八六八年(慶応四/明治元)
一月、各藩代表者の一人として長崎管理を担当。
三月一七日、明治新政府に出仕。徴士参与職外国事務局判事となる。
閏四月三日、耶蘇教問題で英国公使パークスと論争。交渉能力を評価される。
五月一五日、この日行なわれた彰義隊鎮圧に佐賀藩兵を参加させる。
一二月二七日、外国官副知事となる。
一八六九年(明治二)

二月、幕府旗本三枝《さえぐさ》七四郎の娘綾子と結婚。

三月四日、久世治作とともに新貨幣鋳造を建議。

三月三〇日、会計官副知事を兼任。

四月、築地に転居。伊藤博文・井上馨ら明治新政府の若手官僚が出入りし、大隈邸は築地梁山泊と呼ばれる。

七月八日、大蔵大輔となる。以後、財政改革・造幣寮創建・鉄道創設などに尽力。

七月二二日、民部大輔を兼任。

一八七〇年(明治三)

七月一〇日、民蔵分離により民部大輔解任。

九月二日、参議となる。

一八七一年(明治四)

六月二五日、参議解任。

七月一四日、廃藩置県に際し、再び参議に任じられる。

一八七二年(明治五)

一〇月二七日、博覧会事務局総裁となり、翌年ウィーンで開催予定の万国博覧会の準備に奔走。

一八七三年(明治六)
五月九日、大蔵省事務総裁となる。
一〇月二五日、参議兼大蔵卿となる。
一八七四年(明治七)
四月五日、台湾蕃地事務局長官となる。
一八七五年(明治八)
三月二四日、地租改正事務局が設置され、同局御用掛となる。
一八七七年(明治一〇)
一二月四日、征討費総理事務局長官となる。西南戦争後の財政処理にあたる。
一八七八年(明治一一)
五月一六日、地租改正事務局総裁となる。大久保利通の後任として地租改正事業を推進する。
一八八一年(明治一四)
一月、伊藤博文・井上馨と熱海会談。
三月、国会開設意見書を左大臣に提出。
七月三〇日、天皇の東北・北海道巡幸に随行して出発。
一〇月一二日、参議を辞任、野に下る(明治十四年の政変)。

一二月、『郵便報知新聞』の経営権を買収。

一八八二年（明治一五）

四月一六日、立憲改進党結党式で総理に推される。

一〇月二一日、東京専門学校（現早稲田大学）を開校（自身は開校式に参加せず、かわって小野梓が祝辞で「学問の独立」を宣言）。

一八八四年（明治一七）

三月、早稲田別邸（現在の早稲田大学大隈庭園）を本邸とする。

一二月一七日、立憲改進党に解党問題がおこり脱党。

一八八七年（明治二〇）

五月九日、伯爵となる。

一八八八年（明治二一）

二月一日、外務大臣に就任（第一次伊藤内閣・黒田内閣に留任）、条約改正交渉に尽力。

七月一九日、井上馨・新島襄の依頼により外相官邸に財界の有力者を招き、同志社大学設立のための資金援助を提唱。

一八八九年（明治二二）

一〇月一八日、玄洋社員来島恒喜《くるしまつねき》に外務省門前で爆弾を投げられ負傷、右足を切断。

一二月二四日、外務大臣を辞任、枢密顧問官となる。

一八九一年(明治二四)
一一月八日、自由党総理板垣退助と会談し、自由・改進両党の提携を協議。
一一月一二日、枢密顧問官を免ぜられる。
一二月二八日、立憲改進党に復党し、代議総会会長に就任。
一八九三年(明治二六)
四月一日、『郵便報知新聞』にて「大隈伯昔日譚」の連載が開始される(一八九四年一〇月一三日まで)。
一八九五年(明治二八)
六月、『大隈伯昔日譚』刊行。
一八九六年(明治二九)
三月一日、立憲改進党、立憲革新党等と合同して進歩党を結成。
四月二一日、約三〇年ぶりに佐賀帰省の途につく。五月にかけて県内各地を訪問。
九月二二日、外務大臣(第二次松方内閣)に就任。
一八九七年(明治三〇)
三月二九日、農商務大臣を兼任。
五月、日本女子大学校創立委員長となる(開校は一九〇一年四月)。
七月二〇日、東京専門学校第一四回得業(卒業)式に出席。得業生に対し「失敗に落胆しなさるな、失敗に打勝たなければならぬ」と激励。

一一月六日、外務大臣兼農商務大臣を辞任。

一八九八年(明治三一)

六月二二日、自由・進歩両党合同し、憲政党を結成。

六月三〇日、内閣総理大臣兼外務大臣に任ぜられ、初の政党内閣を組織する。

一〇月二九日、文部大臣の座をめぐる党内対立により憲政党分裂し、一一月三日、旧進歩派は憲政本党を結成。

一一月八日、内閣総理大臣兼外務大臣を辞任。

一八九九年(明治三二)

七月二〇日、伊藤博文・井上馨等とともに同志社社友に推薦される。

一九〇〇年(明治三三)

一二月一八日、憲政本党総理となる。

一九〇二年(明治三五)

九月二日、文部大臣、東京専門学校の早稲田大学への改称を認可。

一〇月一九日、東京専門学校創立二〇周年記念式・早稲田大学開校式に出席(伊藤博文も出席して祝辞を述べる)。

一九〇四年(明治三七)
八月、同仁会会長となる。
一九〇五年(明治三八)
九月一一日、早稲田大学、清国留学生部始業式を挙行。
一九〇六年(明治三九)
一〇月一四日、日印協会会長に就任。
一九〇七年(明治四〇)
一月二〇日、憲政本党総理を辞任。
四月一七日、早稲田大学初代総長に就任。
一二月、『開国五十年史』の刊行開始。
一九〇八年(明治四一)
四月三日、大日本文明協会を設立、会長に就任。
九月、『実業之日本』誌に「余は母より如何なる感化を受けたるか」が掲載される。
一〇月、『実業之日本』誌に「余は如何に百難を排して条約改正の難局に当りたる乎」が掲載される。
一一月二二日、大リーガーを含むリーチオールアメリカンスターズと早稲田大学野球部との試合(早大グラウンド)において始球式を行なう。

一九〇九年（明治四二）
一月、『冒険世界』誌に、「吾輩が暗殺者に爆裂弾を投付けられし当時の追懐談」が掲載される。
六月、『大隈伯百話』刊行。
一九一〇年（明治四三）
一月二三日、同志社における新島襄二〇回忌に際し「新島先生を憶う」を寄せ、新島の功績をたたえる。
一月、大日本平和協会第四回総会で会長に推戴され、演説（「平和事業の将来」）を行なう。
七月、南極探検隊後援会会長に就任、白瀬矗の南極探検事業を支援。
一〇月、『大隈伯社会観』刊行。
一九一一年（明治四四）
四月、主宰雑誌『新日本』（冨山房）創刊。毎号の巻頭論文において政治・経済・外交等多様な論題で論陣を張る。
四月、『青年訓話』刊行。
一九一二年（大正元）
一一月、『経世論』正編刊行。

一九一三年（大正二）

二月二五日、大隈邸にて孫文歓迎会開かれる。

一〇月一七日、早稲田大学創立三〇年祝典において早稲田大学教旨を宣言。

一一月一〇日、佐賀に帰省し、鍋島閑叟像除幕式で演説。

一九一四年（大正三）

四月一六日、内閣総理大臣兼内務大臣となり、第二次内閣を組閣。

一二月二五日、衆議院を解散する。

一九一五年（大正四）

一月七日、内務大臣を辞任。

一月一八日、第二次大隈内閣、中華民国に二十一ヵ条要求を提出。

三月二日、大隈邸にて、演説「憲政に於ける輿論の勢力」をレコードに吹き込む。

三月二五日、第一二回衆議院議員総選挙。政権与党が勝利したものの、その後、大浦事件が発覚する。

八月一〇日、内閣改造により外務大臣兼任。

一〇月一三日、外務大臣辞任。

一九一六年（大正五）

一月一二日、乗車していた自動車に爆弾が投げ付けられる。

六月一〇日、インドの詩聖タゴール、大隈邸と早稲田大学を訪問。

七月一四日、侯爵となり、大勲位に叙される。

一〇月九日、内閣総理大臣を辞任。

一九一七年(大正六)

三月三一日、宮中より鳩杖(早稲田大学大学史資料センター所蔵)を受ける。

五月一八日、佐賀へ帰省の途につく(最後の帰省)。

一九一八年(大正七)

五月、雑誌『大観』(大観社)を創刊。

九月、『大隈侯爵縦談横語』刊行。

一〇月二七日、早稲田大学創立三十五周年紀念式典にて演説。

一九二〇年(大正九)

二月五日、「大学令」による早稲田大学の設立が認可される。

一九二一年(大正一〇)

七月三一日、『報知新聞』同日付夕刊にて「大隈侯昔日譚」の連載開始(同年一〇月一一日まで)。

九月二一日、大隈邸に早稲田大学・ワシントン大学両校野球部員来訪。病をおして懇談する。

一九二二年（大正一一）

一月一〇日、死去。

一月一七日、日比谷公園で国民葬。多数の一般参列者が訪れる。小石川護国寺に埋葬。

三月、『大隈侯昔日譚』刊行。

七月、『早稲田清話』刊行。

一二月、未完の研究『東西文明之調和』が遺著として刊行される。

【参考資料】

『早稲田大学百年史』年表、「大隈重信年表」『早稲田大学史記要』第三号—第五号、『図録 大隈重信』略年譜、『図録 大隈重信の軌跡』略年表

解　説

大隈重信は、一八三八(天保九)年二月一六日、佐賀城下に生まれた。父は佐賀藩士信《のぶ》保《やす》、母は三井子《みいこ》である。以来一九二二(大正一一)年一月一〇日に亡くなるまでの生涯は、幕末・維新から、文明開化・自由民権、「明治国家」の確立期を経て、「大正デモクラシー」の時期に及ぶ。本書は、その八四年にわたる生涯の主として前半を、大隈自らの語りに即して編集し、これを「自叙伝」としてまとめたものである。

松枝保二《まつえだやすじ》編『大隈侯昔日譚』(説明は後述)の刊行時(一九二二年)、早稲田大学学長であった塩沢昌貞《しおざわまささだ》は、同書の序文で、「大隈老侯には、『開国五十年史』『開国大勢史』『国民読本』等の著述はあるが、其他は論文集か演説筆記か、乃至《ないし》は座談の筆記以外に、侯自身の自伝的記録と云ふものが無い」と記している。また、本書第Ⅱ部の解説で触れたように、大隈は自分の過去のことを追懐して公表することを余り好まなかったと、松枝が書いている。たしかに、二二〇〇タイトルに及ぶ大隈の演説・談話・論説のなかで、自伝的な要素を内容とするものは、あまり見当たらない。

こうした制約のもとではあるが、本書はできる限り大隈自身の言葉によってその生涯を振り返るべく、『大隈伯昔日譚』(円城寺清編、立憲改進党々報局、一八九五年、以下、『伯昔日譚』)と、『大隈侯昔日譚』(松枝保二編、報知新聞社出版部、一九二二年、以下、『侯昔日譚』)から、大隈の自叙伝にかかわる記述を選んで編成し、これに自伝的要素を含んだ大隈の演説・談話を加えて、全体を三部構成とした。

一　本書の成り立ち

(1)

第I部の底本は、『郵便報知新聞』紙上での大隈の回顧談をまとめた一八九五(明治二八)年六月刊の『伯昔日譚』である。奥付には「編輯者　円城寺清《えんじょうじきよし》」と記載されているが、表紙では「円城寺清執筆」、本文冒頭も「円城寺清執筆」となっている。冒頭に参議時代の大隈の写真一葉と、副島種臣・島田三郎・尾崎行雄・犬養毅の各序文を掲げたうえで、円城寺が「自序」を記している。

円城寺は、連載を再編成して、本文を、(一)少壮時代の経歴及佐賀藩の事情(上)、

(二)少壮時代の経歴及佐賀藩の事情(下)、(三)幕府列藩の形勢及維新改革の原動力、(四)維新前後の外交事情、(五)大政返上の真相、(六)外交の初陣、(七)宗教問題、(八)蝦夷問題、(九)徳川家処分問題、(十)遷都問題、(十一)横須賀恢復、軍艦兵器買入、江戸平定等の諸問題、(十二)鎮将府、(十三)英人暗殺事件、(十四)財政に関する外交、(十五)藩籍〔ママ〕奉還、(十六)封建と憲法、(十七)進歩主義と保守主義の消長、(十八)廃藩置県、(十九)廃藩置県後の改革、(二十)使節派遣中の政事、(廿一)征韓論、とした(章の構成を示す番号があるのは目次のみ)。

　編者ないし執筆者の円城寺清は、大隈と同じ佐賀県の出身で、一八七〇(明治三)年に生まれ、一八九二年、東京専門学校の邦語政治科(英語兼修)を卒業して、ただちに郵便報知新聞社に入社した。連載は、一八九三年四月一日から翌年一〇月一三日まで、都合二九六回に及んだが、連載時、第一章は齋藤新一郎、第二章から第六章までは矢部新作が執筆し、第七章以降を円城寺が執筆した。

　その後、円城寺は立憲改進党々報局に移り、機関誌『立憲改進党々報』の主幹となって、その編集にあたっていた。連載を一冊の本にまとめるにあたって、円城寺は「大いに改竄添削を加えた」が、なお元の執筆者によって「用辞筆調」に多少の差異があるのは免れがたいと書いている。なお、円城寺によれば、久米邦武(大隈と同じ佐賀藩出身で、一歳年下の歴史学者）が一通り目を通したが、出版期限が迫っていたため、十分には是正し得なかったということである。大隈にも補正を求め、その「改竄添削」を経て刊行に至ったという。こうして成立・出版されたものが『伯昔日譚』である。

本文の記載は、新聞連載の際、間接話法で「伯曰く、云々」となっていたが、単行本では、円城寺の編集により直接話法の「余は、云々」に変えられている。また、表記・表現の仕方にも手が加えられている。ただし、漢文調の文語体は連載時のままである。

一八九六（明治二九）年、立憲改進党が解党して進歩党となると、円城寺は同党の政務調査委員となり、その後、『憲政党々報』の編集主宰、『憲政本党々報』主任記者など、大隈系の政党で活動し、とくに機関誌編集に力を尽くしていたが、一八九九年、『万朝報』の論説記者となった。以後、時事評論に、また、各種の社会活動に従事していたが、一九〇八年、三八歳で死去した。

一九一四（大正三）年一月、『伯昔日譚』は新組で新潮社から刊行された。初版（本書の底本）にあった序文類は削除され、円城寺の「自序」と、円城寺の実弟である円城寺良《こん》の「再版に当りて著者に代り」という序文が掲げられた。冒頭の写真も、底本とは異なって、和服姿で刀を差した「維新当時の大隈伯」となっている（慶応年間に撮影）。本文の記述は底本のままであるが、圏点は大幅に削減されている。構成は、章で構成する方法に変えられ、目次では、底本の「少壮時代の経歴及佐賀藩の事情」の上・下を一つにまとめた「第一章」から、底本の(廿二)にあたる「第二十章」までとなっている。なお、同書は、一九二二年一月、大隈の死去にともない、全く同じ体裁で、書名のみ『大隈侯昔日譚』と改めて、同じ新潮社から刊行された。

ついで一九三八(昭和一三)年一一月、『伯昔日譚』は『明治史資料　大隈伯昔日譚』と題して、冨山房より百科文庫の第五一巻として刊行された。大隈生誕百年祭の挙行にともなうものである。校訂にあたったのは京口元吉で、仮名遣いを現代風に改め、送り仮名を施し、小見出しを整理・統合するなどしている。また、本文中の要所要所に『早稲田清話』『大隈侯座談日記』からの摘録を付記し、巻末には、征韓論後から明治十四年の政変までについて、『侯昔日譚』(本書第Ⅱ部の底本)から要目を抄出・付載している。

一九六九(昭和四四)年一〇月には、早稲田大学史編集所編・木村毅監修「大隈重信叢書」の第二巻として、「大隈伯昔日譚」が刊行された(早稲田大学出版部)。ただし、これは、『伯昔日譚』の抄録を年代順に再編し、口語の現代文に翻案したものである。校訂には中西敬二郎があたった。

以上のように、『伯昔日譚』は体裁・様式を変えながら、初版とあわせると都合四回(新潮社版の再版を含めれば五回)にわたって刊行されてきた。

他方、初版本そのものも、二度にわたって復刻されている。最初、一九七二(昭和四七)年三月、復刻版が早稲田大学大学史編集所監修で刊行された(明治文献、解題執筆は佐藤能丸)。大隈没後五〇年、早稲田大学創立九〇年周年を記念した復刻である。さらに、一九八〇年九月・八一年四月には、初版本を二冊に分割した復刻版が、日本史籍協会編「続日本史籍協会叢書」(第四期)として収録・刊行された(東京大学出版会、解題執筆は小西四郎)。

こうして、『伯昔日譚』は数度にわたって再版・復刻等で刊行されてきたが、それは、この本の社会的な有用性と文献的な価値を裏付けるものとなっている。

島田三郎は初版本の序文で、この本は大隈の単なる「自叙伝」にとどまらず、後に「明治史を編む者」は、必ず「好材料」を得るに違いないと書いている。幕末維新期から二十余年を経て、すでに「当時の諸賢」の多くは世を去っていた。したがって、大隈の経歴談は「活歴史」に充ちているというのである。

他方で、円城寺が言うように、逆に談話時は幕末維新期からそれほど時がたっていなかったとも言える。したがって、秘密を維持し、口を閉ざさなければならないことも多かったに違いない。円城寺は、「征韓論」以後についても、ゆくゆくは大隈から「聴録」してこの書の「後篇」を出版したいと記している。また、時間が経過して、自由に「国務の可否」「人物の評論」を聴くことができるのを待って、これを公にしたいとも記している。しかし、一九〇八(明治四一)年、円城寺の急逝によって、それは実現をみずに終わった。

本書は、分量の問題も考慮しつつ、円城寺編の初版本から、(一)の全部(本書第Ⅰ部の一)、(二)からの抜粋(同二〜六)、(六)の全部(同七)、(十一)の全部(同八)、(十四)の全部(同九)、(十七)の後半(同一〇)、(十八)の全部(同一一)、(十九)の後半と(二十)からの抜粋(同一二)、(廿一)からの抜粋(同一三)を、大隈の自伝的記述として採用・編集した。

（2）

結局、円城寺にかわって、征韓論以後について大隈から聴取することになったのは、『報知新聞』の記者松枝保二である。聞取りを行なったのは、円城寺の『伯昔日譚』の刊行から二六年後の一九二一(大正一〇)年のことであり、それは、結果的に大隈の最晩年にあたる。

本書第Ⅱ部の解説でふれたように、松枝による談話筆記は、「大隈侯昔日譚」と題して、一九二一年七月三一日から『報知新聞』夕刊紙上で連載が開始された。しかし、大隈が重篤に陥ったため、一〇月一一日の第六四回をもって連載は中断され、以後、急場をしのぐかたちで、矢野文雄の談話を「番外」として掲載して連載自体は継続された。こうして、大隈自身の談話は、明治十四年の政変後の一時期で途絶し、以後の経歴談を大隈の口から聞くことは不可能となった。大隈の「昔日譚」は、当初の構想からすれば、未完のままに終わったのである。

一九二二(大正一一)年三月、連載半ばで終わった大隈の回顧談をまとめ、「補」として矢野文雄の談話を補った『侯昔日譚』が刊行された。連載時を踏襲した松枝編による構成の章立てのみ(副題は省略)を示せば、つぎの通りである。

「一　征韓論破裂の後」、「二　国会開設運動の導火線」、「三　征台の師と木戸の挂冠」、「四　台湾征討と海運業」、「五　ゼネラル、リセンドル」、「六　僚友の不和と大阪会議」、「七　西南の役と其社会的影響」、「八　木戸逝き大久保斃る」、「九　刺客ローマンス」、「一〇　木戸——大久保——西郷」、「一一　王政復古後の経済的変革」、「一二　経済的変革と新陳代謝」、「一三　明治初年の風俗人情世態」、「一四　灯明台から化学工業の発達」、「一五　伊勢参宮の珍喜劇」、「一六　土木流行と其弊風」、「一七　開墾栽培の大失敗」、「一八　財政統一難と予算の濫觴」、「一九　税制整理と最初の地租改正」、「二〇　演劇、能楽一夕話」、「二一　音楽、美術門外話」、「二二　我国最初の製糸工場」、「二三　明治維新と宗教上の変革」、「二四　学術の進歩と教育の普及」、「二五　人材登用と各藩の門閥」、「二六　豪傑揃ひの築地梁山泊」、「二七　藩閥の合縦連衡と人物分布」、「二八　法制統一と官僚政治」、「二九　藩閥勢力の漸次衰退」、「三〇　監部設置と浪人探偵」、「三一　海軍と警視庁改革の失敗」、「三二　会計検査院と三田派の秀才」、「三三　明治十四年の政変」、「三四　十四年政変の副産物」、「三五　今昔の早稲田の森」、「三六　小野梓と山田一郎」、「三七　土肥の勢力と十四年の政変」、「三八　野に下つたる青年論客」、「三九　先収会社と三井物産」、「四〇　民間の新人と新文化運動」、「四一　井上——黒田——伊藤」。

なお、「補」として掲載された矢野の談話も、一七六ページというかなりの分量に及び、「明治十四年の政変まで」の一六項と、「十四年政変の後」の二四項からなっている。

本書はこの松枝編の『侯昔日譚』から、一・二・三・四・六・七・八と九の前半(本書第Ⅱ部の二)、一九・三一・三二・三三(同二)、三四・三五・三六・三七(同三)、を大隈の自伝的記述として採用した。松枝編の『侯昔日譚』は文字通りの「昔日譚」であって、大隈自身の自叙伝的な要素が希薄なため、結果的に本書への採用部分は少なくなった。

筆者の松枝は、一九一八(大正七)年、早稲田大学政治科を卒業して『時事新報』に入り、一時、従軍記者としてシベリアに派遣されていたが、その後、『大正日日新聞』に転じ、同社が崩壊した後、大隈の推薦で報知社に入って、大隈の筆録を担当していたという(塩沢の「序」による)。したがって、松枝は晩年の大隈にかわいがられた側近というべく、大隈はかなり自在に語り、松枝も大隈の口調の再現につとめたといえる。漢字にはすべて振り仮名がつけられており(大隈の語り口を再現したらしい言い回しや独特の振り仮名も多い)、文語体・漢文体の『伯昔日譚』とは異なって、大隈の語り口をうかがうことができるテキストとなっている。

この『侯昔日譚』も『伯昔日譚』と同様、早稲田大学史編集所編・木村毅監修「大隈重信叢書」の第三巻「大隈侯昔日譚」として、「大隈伯昔日譚」に先立つ一九六九(昭和四四)年八月に刊行されている(早稲田大学出版部)。その際は、漢語交じり文を平易な言葉に改めるという措置がとられた。

(3)

『侯昔日譚』は明治十四年の政変後の一時期に関する回顧までで終わった。しかし、大隈の生涯は、さらに以後四〇年近くに及び、その間に、政治はもちろん、教育・文化など多方面わたる活動を精力的に展開した。これを自叙伝としてカバーするため、第Ⅲ部には、大隈の談話・演説・論説のなかから、過去を振り返ったものを選んで収録した。なお、大隈自身による自伝的な要素を含む談話・論説は多くはないが、本書に収録したもの以外に、「吾輩は社会万般の智識的現象を如斯にして頭脳に収む」(『大隈伯社会観』に収録)、「余は廿六七年間如何に逆境と戦ひ来りしか」(同前)、「早稲田の今昔」(『大隈伯百話』に収録)や、『大隈重信演説談話集』(以下、『演説談話集』)に収録したⅠ—一—4「青年の天下」、Ⅰ—三—1「学問の独立と東京専門学校の創立」、などがある。

二　本書における大隈の語りの位置

(1)

本書第Ⅰ部は、幕末佐賀藩における少壮時代の活動と維新政府のもとでの活動を中心とし、一八七三(明治六)年の征韓論をめぐる政変に至っている。以下、大隈の回顧のポイントを押さえながら、必要最低限の範囲で、現実・実際との照応関係について言及しておくことにする。

まず、大隈は青年期の思想形成の経緯から語り始める。すなわち、「一」では、幕末佐賀藩における教育の「束縛」からの〝解放〟を、大隈がいかに実現していったのか、その道のりが明らかにされる。藩校弘道館の朱子学教育と「葉隠」的な武士道に批判を向け、蘭学寮の設置、長崎における致遠館の設立などを通じて新思想を受けいれ、改革派として藩政改革や国事に奮闘することになった事情を語る。他方、藩の保守派や有力者に厳しい批判を向ける。また、時代の変動のなかで「自由思想、立憲主義」を獲得していった自らの道のりを回顧し、「学問教育」の意義を強調する。

大隈は、弘道館の教育を窮屈なものとし、「葉隠」を佐賀藩の国是とも評しているが、藩主鍋島直正《なべしまなおまさ》（閑叟《かんそう》）のもとで進められた幕末佐賀藩の藩政改革の柱の一つこそ、教育改革であった（杉谷昭『鍋島直正』）。その中心が弘道館の拡充にあり、そこでは学問の追究と実力の養成が重視され、「葉隠」の偏狭さを修正しようともしていた（杉谷昭『鍋島閑叟』）。また、蘭学をはじめとする学問の重要性が強調されていた。一八四四年には医学寮内に蘭学寮を併設して、蘭学教育の推進にあたっていた。こうした幕末佐賀藩の改革機運のなかで、大隈は成長していったのである。

佐賀藩の藩校弘道館には、初級学校にあたる外生寮（蒙養舎）と、上級学校にあたる内生寮があり、藩士の子弟は、数え年六～七歳になると、まず外生寮に入ることになっていた。大隈も一八四四年、外生寮に入り、内生寮には一八五三（嘉永六）年に入った。ペリーが来航し、幕府に開国を要求したのは、大隈が外生寮に入った年のことである。情勢は大きく動き始めていた。他方、大隈も一八五六年、蘭学寮に入り、一八六一年、蘭学寮が弘道館に合併された際、その教官に就任している。

その後、一八六五年頃より、大隈は長崎で英学を学び始めた。一八六七年には、長崎に佐賀藩の蕃学稽古所(一八六八年「致遠館《ちえんかん》」と改称)が設立された。

他方で大隈は、藩当局に経済政策を建言するなど、佐賀藩内で藩政改革を強く主張した。さらに、佐賀藩が全国的政局に主体的な形で介入することを目的として国事に奔走したが、幕末の段階では挫折した。

「一」で大隈は、自らの生立ちにさかのぼって、母から受けた感化や交友関係に触れ、義祭同盟への参加事情について回顧する。また、弘道館から追放され、洋学に転換したことを語る。なお、保守主義に転換してしまったと藩主閑叟を批判しているが、このような旧藩主への厳しい批判が繰り返し登場していることに、『伯昔日譚』の特徴がある。

父信保が死去したのは、大隈が一三歳の時であり、以後、大隈は母の庇護と感化のもとで成長していった(母から受けた影響の大きさについては、本書第Ⅲ部の「一」でも語られている)。大隈は枝吉神陽《えだよししんよう》らの義祭同盟に参加したが、他方で弘道館の南北寮生騒動の結果、弘道館から追放された。新たに台頭してきた大隈ら義祭同盟グループは、藩主流派と対立するようになる。回顧談における閑叟らに対する批判は、こうした観点からなされている。

自らの思想形成と佐賀藩内の状況を中心とした「一」・「二」に対して、「三」以後は全国情勢との関係が語りの中心となる。「三」では、一八六〇(安政七)年の桜田門外の変後の激動する政局のなか、佐賀藩がとった路線(閑叟の政治的スタンス)を批判しつつ、尊王派の志士として奔走したことを回顧する。

藩主閑叟は、一時、水戸の徳川斉昭に接近していたが、安政期には佐幕的な傾向を強めた(『佐賀県史』中巻)。一八六〇年の桜田門外の変以降、局外中立の立場をとった閑叟に対し、義祭同盟グループは藩主に水戸藩と結ぶことを求め、両者の意見が対立するようになる。なお、閑叟は一八六一年に隠居し、家督は直大《なおひろ》が相続した。

大隈は、いったん「四」で、英学を志し、商人と連携して経済活動を展開したことなどを語ったうえで、「五」で再び政局と自身の活動ぶりを語る。幕府による長州再征の動きに際し、閑叟を説得しようとしたことなどが回顧されている。なお、「五」の冒頭で、回想に重ねて、自らの人生観や教育への思いを語っている。

「六」では、再度、江戸・京都行を画策し、横浜・江戸に赴くものの、大政奉還・王政復古が実現されてしまう。やむなく大隈は佐賀に帰還し、佐賀藩重役に入説したことや、閑叟に拝謁して自説を展開したことなどが回顧される。

本書第Ⅰ部で繰り返し述べられているように、大隈ら改革派は積極的に幕末政局に佐賀藩が介入することを主張したが、閑叟ら藩の主流は大隈らの意見を斥けた。そのため、重大時局に際し佐賀藩はなんらなすことなく終わったと大隈は述べている。大隈の回顧には、佐賀藩が薩摩・長州、さらに土佐に遅れをとって、維新変革の表舞台に立つことができなかった悔しさがにじみ出ている。

「七」からは、一転、新政府に加わって活躍した時期の回顧にうつる。大隈は、一八六八年三月、新政府に出仕して、徴士参与職外国事務局判事となった。「七」のハイライトは、同年閏四月、耶蘇教問題(浦上教徒事件)をめぐって展開されたイギリス公使パークスとの〝対決〟である。この「外交の初陣」における交渉能力を高く評価された大隈は、以後、外交問題が山積する維新当初の政府のなかにあって、〝引っ張りだこ〟状態(真辺将之『大隈重信』)となる。

「八」では、横須賀造船所回収や軍艦兵器買入をめぐる交渉をしたこと、そのために資金調達のために奔走したことなどが回顧される。一二月、大隈は外国官副知事(副長官)となった。要職に抜擢された事情について、大隈は「九」の冒頭で、前任者小松帯《こまつたて》刀《わき》(薩摩)の推挙があったことを、小松を高く評価しつつ回顧している。そのうえで、外交問題と密接にかかわる維新当初の難題、貨幣問題に直面し、これにいかに対応したのかを語る。一八六九(明治二)年一月、大隈は会計官出仕兼任を命じられ、外交と会計の両面から貨幣問題・財政問題の処理にあたることとなった。そして、会計官副知事の三《みつ》岡八郎《おかはちろう》(由利公正《ゆりきみまさ》)の財政政策を厳しく批判し、三月、三岡にかわって会計官副知事を兼任することになる。こうして、大隈は政府の会計責任者となって、幣制改革を推進していったのである。

大隈は、当時(一八六九年)、東京築地本願寺脇に約五〇〇〇坪の邸宅を政府からもらっていた。この広い邸宅は政府の同僚や地方から出てきた青年論客のたまり場となっていたために、中国の『水滸伝』にでてくる「梁山泊」になぞらえて、「築地梁山泊」と呼ばれていた。「十一」では、ここでの「進歩派」の同志たちとの出会いなど、維新当初の大隈をめぐる人間関係が回顧されている。また、弾正台・府県知事との対決、鉄道敷設・電信架設・外債募集をめぐる紛争、藩政改革の状況などが、進歩主義と保守主義の対抗という観点から語られている。一八六九年七月、官制改革の結果、政府は従来の行政官を太政官に改め、外交官・会計官などの五官は、大蔵省・外務省など六省に改組された。大隈は大蔵大輔と民部大輔を兼任し、財政と民政の両面から改革を推進していった。

大隈は一八七〇年九月、木戸孝允の推薦によって参議となった。参議就任にあたって、大隈は改革の断行、廃藩の断行を条件とし、「全国一致」の実現を主張した。「十一」では、大隈の主張する廃藩置県が具体化した経緯が語られている。

大隈は岩倉使節団の欧米派遣として具体化することになる構想の立案者である。使節団一行は一八七一年一一月に横浜を出帆し、七三年九月に帰国するが、「十二」は、大隈の側からするこの使節団派遣の経緯と、留守政府の状況に関する回顧である。『伯昔日譚』のこの箇所は、岩倉使節団研究の重要資料としてしばしば利用されてきている。

そして、「十三」は征韓論政変に関する回顧である。大隈は留守政府のなかで征韓論反対の立場をとり、岩倉らの帰国後は、彼らと行動をともにした。大隈はそうした立場から、自らの見解を披瀝しつつ、遣外使節団と留守政府の関係、留守政府内部における征韓論提起の経緯とその政治的意味、当事者の心事に対する観察、内治優先論提唱の政治的意味などについて、詳細に語っている。

以上、大隈の語りは、第I部前半において、幕末期、佐賀藩にあって、「活学」を志向し、改革派・尊王派の志士として奔走した青年期の活躍ぶりを浮かび上がらせている。ついで後半では、自らの閲歴とあわせて、維新直後の混沌とした政情と、政策決定の裏面を浮き彫りにし、政治運営の担い手たちの人間関係を、人物評を織り交ぜながら明らかにしている。

なお、大隈は、回顧談を自らが受けた教育と境遇から語り始めて、青年期の思想形成の意義を強調し、「五」で自らの人生観と教育・学問への思いを語り、「六」の最後でフルベッキらから得た知識・教養の意味を高く評価している。こうした語り方に、大隈の教育に対する関心が表出されていて興味深い。

（2）

大隈重信は、征韓論政変を経て、大久保利通への接近を強め、一八七三(明治六)年一〇月、参議兼大蔵卿となった。以後、いわゆる「大隈財政」を展開し、積極財政によって殖産興業政策を推進していくことになる。他方、一八七四年四月には台湾蕃地事務局長官となって台湾出兵とかかわり、一八七七年一二月には征討費総理事務局長官を兼ねて、西南戦争に要した軍事費の後始末にあたった。この間、軍事輸送を担った三菱との関係を深めるとともに、一八七五年四月には地租改正御用掛を兼任して(一八七八年五月からは地租改正事務局長官)、地租改正の推進にあたり、また、財政政策の担当者として、秩禄処分を断行していった。

西南戦争の翌年、一八七八年五月に大久保は不平士族によって暗殺され、以後、大隈は筆頭参議として、伊藤博文とともに大久保没後の支配体制の中心となった。また、大蔵卿として、西南戦争後のインフレ対策、不換紙幣の整理などに従事していく。しかし、一八八一年、三月に提出した意見書(国会の早期開設と政党内閣制を主張)をめぐって伊藤らとの亀裂を深め、ついで開拓使官有物払下げに反対したことから、自由民権派と通謀しているとみなされ、一〇月、明治十四年の政変で政府から追放されるに至った。以後、在野の活動に転じ、一八八二年四月、立憲改進党の結成にあたってその総理(党首)となり、一〇月には東京専門学校(早稲田大学の前身)を創立することになる。

本書第Ⅱ部は、以上の時期を対象とする大隈の回顧談である。「一」では、まず、征韓論政変後の人間関係と、民撰議院設立建白書を契機とする自由民権運動の展開、士族反乱の動向が語られる。ついで、台湾出兵、海運業支援、大阪会議、西南戦争、大久保暗殺などに関する回顧である。底本では、この後に明治初年の経済・社会状況に関する回顧談が収められているが、大隈の自叙伝と関わる内容ではないと判断して割愛した。「二」では、まず、「1」で地租改正など自らが推進にあたった開化政策の苦労話が語られる。底本では、この後に、文化・学術・教育や社会状況などに関する様々な思い出が語られているが、本書では割愛した。「2」は大隈が「海軍と警視庁改革」を推進したことを語ったものであり、事実関係の真否は必ずしも定かではないが、大隈の自歴にかかわる語りとして収録した。大久保没後の政府内部の人間関係や勢力関係を浮かび上がらせてもくれる。「3」は大隈が推進した会計検査院の設置に関する回顧であり、小野梓や福沢門下の人脈(三田派)との関係が語られる。そして、「4」で明治十四年の政変の顚末に関する回顧となる。

「三」の「1」から「3」は、政変後の東京専門学校の創立と立憲改進党の結成をめぐる回顧談である。「4」には政変後の勢力関係や人間関係に関する回顧のみを収めて、他の回顧談の収録は見合わせた。東京専門学校については、小野梓及びそのもとに結集した高田早苗ら「大学組」の若者たちとの関係が語られている。小野に関する思いが深いのは当然であるが、若者たちのうちでは、山田一郎が大隈の記憶に強く残っているようである。他方、改進党に関しては、三田派の人脈との関係が語りの中心であり、彼らは『郵便報知新聞』を拠り所にしていた。大隈は、「艱難の記念」として残ったのは「早稲田大学と報知新聞」だと語って、「報知新聞」との関係を強調している。ちなみに、回顧談の連載は『報知新聞』に掲載され、それを『侯昔日譚』として刊行したのは報知新聞社出版部である。

なお、東京専門学校の創立については、『演説談話集』のI—三—1「学問の独立と東京専門学校の創立」、小野梓については、同じくI—四—1「東洋学人を懐う」を併読されたい。

(3)

本書第Ⅰ部では、佐賀藩時代から維新官僚として登場した明治初期までの大隈を扱い、第Ⅱ部では、征韓論政変後、政府中枢にあって近代化政策の推進にあたり、やがて明治十四年の政変で政府を追放されて、在野活動に転じるまでを扱った。

こうして、いったん野に下った大隈であったが、その後、一八八八(明治二一)年二月、第一次伊藤内閣の外務大臣となって政権に復帰し、黒田内閣でも留任した。その背景には、大隈を入閣させることによって立憲改進党系を政府支持に引き込み、また、大隈の外交手腕によって条約改正の打開をはかろうとする伊藤・黒田らの思惑があったのではないかと推測されている(真辺将之『大隈重信』)。大隈は、井上馨の条約改正が世論の強い反対で挫折を余儀なくされた後をうけ、条約改正交渉にあたった。しかし、大隈の条約改正交渉に対しても世論は強く反発し、翌年一〇月、大隈は玄洋社員に外務省門前で爆弾を投げられて負傷し、一二月、外務大臣を辞任する。第Ⅲ部の「二」は条約改正への取組みに関する回顧、「三」は襲撃事件に関する回顧である。ただし、本文の解説でも触れたように、大隈の主眼は思い出を語ることそのものにはなく、勇気・元気の意義を語るための素材として、自らの過去の経験を引き合いに出している。こうした大隈のスタンスについては、『演説談話集』のⅠ—一「青年に寄せて—生き方の指針」を参照されたい。

大隈は、一八八四(明治一七)年一二月、立憲改進党に解党問題がおこった際、同党を脱党した。しかし、帝国議会開設後の一八九一年一二月、立憲改進党に復党して、代議総会会長に就任し、事実上の党首として復活する。

立憲改進党は日清戦争後の一八九六年三月、立憲革新党などと合同して進歩党を結成する。これを背景に、大隈は同年九月、再度、外務大臣として第二次松方内閣に入り、一八九七年三月には農商務大臣を兼任する(一一月辞任)。松隈内閣である。さらに、一八九八年六月には自由・進歩両党が合同して憲政党を結成し、大隈は内閣総理大臣兼外務大臣として、初の政党内閣を組織する。しかし、一〇月、旧自由派との対立などによって憲政党は分裂し、内閣は倒壊してしまう。一一月、旧進歩派は憲政本党を結成し、一九〇〇年一二月、大隈は同党の総理となった。

他方、伊藤らは一九〇〇(明治三三)年、立憲政友会を結成し、日露戦争後にかけて、藩閥・桂内閣と政友会・西園寺内閣が交替で政権を担当する桂園時代が訪れる。その間、大隈が率いる憲政本党は停滞を余儀なくされ、一九〇七年一月、大隈は総理を辞任せざるを得なくなる。このような状況のなかで、明治初年以来の政権交替の推移を、立憲政治の歩みという観点から振り返ったものが「四」である。多少事実認識について混乱がみられるものの、それは、立憲政治の実現を掲げてきた当事者としての回顧的な総括であるとともに、桂園時代の政治に対する批判でもあった。

その後、大隈は一九一四(大正三)年四月、首相に就任して、二度目の内閣を組織するが(一九一六年一〇月まで)、憲政本党総理退任後の大隈の政治姿勢や主張については、『演説談話集』のII―一「政治はいかにあるべきか」を参照されたい。

一方、一九〇七年に憲政本党総理を辞任した大隈は、同年四月、早稲田大学の初代総長に就任した。第II部で東京専門学校の創立期について語った大隈は、第III部の「五」では創立以来の同校の歩みを回顧している。同校は創立二〇周年にあたる一九〇二年一〇月、早稲田大学と改称し、その開校式を挙行した。伊藤博文がこれに出席して祝辞を述べたことから、大学関係者は「懺悔演説」だと喜んだという。「五」の最初で大隈が語っているのは、このことを指す(ただし、創立二五年式典時のこととしているのは事実誤認)。一九一三年一〇月の同校創立三〇年祝典では、大隈が早稲田大学の教旨を宣言する(『演説談話集』I―三―2に収録)。早稲田大学が建学理念の基本とするものである。そして、創立三五年の演説「五」に至る。

大隈が早稲田大学総長として行なった演説・訓示は多数あり、『早稲田学報』に掲載されている。『演説談話集』では、そのごく一部をI―三―3・4に収録している。

最後に、本書および『演説談話集』を読み解いていくための参考として、大隈に関する伝記類のいくつかを、比較的近年のものを中心に紹介しておく。

・大隈侯八十五年史編纂会編・刊『大隈侯八十五年史』全三冊、一九二六年
　大隈重信の死去直後、早稲田大学と側近者によって編集・刊行された大部の伝記。追悼と顕彰の立場から編集・執筆されている。

・中村尚美『大隈重信』吉川弘文館〈人物叢書〉、一九六一年
　戦後の大隈研究をリードした著者による伝記で、「生いたち」「修学と勤王運動」「明治前期財政の担い手」「在野時代の政治活動」「立憲政治の実践」「文化運動に励んだ晩年」の各章から構成される。

・柳田泉『明治文明史における大隈重信』早稲田大学出版部、一九六二年
　早稲田大学創立八〇周年記念出版。文明史という観点から大隈の活動・事績を叙述したもので、「序章」「大隈重信伝の輪郭」「書生時代の大隈」「明治文明史における大隈」から構成される。

・大園隆二郎『大隈重信』西日本新聞社〈西日本人物誌18〉、二〇〇五年
　一般向けに書かれたもので、幕末期の大隈の活動について詳しい。「誕生と幼年

時代」「弘道館外生寮時代」「弘道館内生寮時代」「義祭同盟と蘭学寮時代」「長崎時代」「明治維新での活躍」「政治家と教育者」の各章からなる。

・片岡寛光『国民リーダー大隈重信』冨山房インターナショナル、二〇〇九年
大隈に即しては、「大隈重信の登場」「廟堂の人大隈重信」「岩倉使節団と留守政府」「中核リーダーそれぞれの有終の美」「政変の予兆」「明治十四年の政変」「国民リーダーとなった大隈重信」の各章からなり、明治十四年の政変までが叙述の中心となっている。

・真辺将之『大隈重信―民意と統治の相克』中央公論新社、二〇一七年
史料に即して大隈の活動を「検証」することを目指した本格的な伝記。日本近代史における大隈の軌跡を、挫折・失敗や負の部分も含めて明らかにしようとしており、これまでの大隈伝に色濃かった「顕彰」的な叙述が克服されている。とくに従来の伝記では記述が薄かった明治後半期から大正期、すなわち大隈の後半生に関する叙述が極めて充実しており、大隈の多面的な活動が明らかにされている。「近代西洋との遭遇――佐賀藩士・大隈八太郎」「近代国家日本の設計――明治新政府での活動」「「立憲の政は政党の政なり」――明治一四年の政変」「漸進主義路線のゆくえ――立憲改進党結成から条約改正交渉まで」「理念と権力のはざま

で――初期議会期の政党指導」「政党指導の混迷――第一次内閣以後の政党指導」「日本の世界的使命――東西文明調和論と人生一二五歳説」「世界大戦の風雲のなかで――第二次大隈内閣の施政」「国民による政治と世界平和を求めて――晩年の大隈重信」の各章からなる。

なお、大隈の生涯を写真・図版などで紹介した図録としては、つぎの二点がある。

- 早稲田大学編『生誕一五〇年記念　図録大隈重信』早稲田大学出版部、一九八八年
- 早稲田大学大学史資料センター編・刊『図録　大隈重信の軌跡』二〇一五年

あとがき

未来をみすえ、希望を語ることを好んだ大隈重信は、自らの過去を顧みることを余り好まなかったというが、幸い新聞連載をまとめた二つの回顧談話集を残している。『大隈伯昔日譚』（円城寺清編、立憲改進党々報局、一八九五年）と、『大隈侯昔日譚』（松枝保二編、報知新聞社出版部、一九二二年）である。談話・出版の時期も、談話の記述スタイルも、両者は大きく異なっているが、幸いなことに、内容的には後者が前者を引きつぐ形となっている。そこで、この二つをつなげることを主軸に、大隈自身の語りによって自叙伝を編集することにした。

もちろん、両書とも、「昔日譚」という名称が示す通り、体験したことや、関係した人物について、記憶するところ、考えるところを、大隈が自在に語ったものであり、自叙伝を想定したものではない。また、本書の解説でも触れたように、大隈の死によって『大隈侯昔日譚』が中途で終わってしまったため、八十余年に及ぶ大隈の後半生はカバーされていない。しかし、二書は内容が広範多岐にわたりすぎ、また、表現が必ずしも読みやすいとはいえず、さらに、現在、入手困難で、手元におくことがむずかしい。そこで、様々な制約はあるものの、この二書を中心として大隈の自叙伝を編集・刊行し、大隈の前半生の軌跡を、大隈自身の回顧によって蘇らせ、広く提供する意味は大きいといえよう。

本書は、各部にそれぞれの底本と部の構成に関する解説を掲げ、巻末に底本の成り立ち、本書の内容、大隈研究の状況などを中心とする解説を付した。また、既刊の『大隈重信演説談話集』と同様、必要に応じて註釈を施して、理解に供するように努めた。

本書の刊行は、既刊の『大隈重信演説談話集』とあわせて企画されたが、『演説談話集』の刊行を優先・先行させたため、具体的な本書の編集作業は、二〇一七年度に推進された。『演説談話集』と同様、早稲田大学では鎌田薫総長を委員長に、李成市(文化推進担当理事)、十重田裕一(文化推進部長)、大日方純夫(大学史資料センター所長)による刊行委員会を組織し、文化推進部文化企画課のもとで、実際の編集には大日方と高橋央・中嶋久人があたった。収録すべき箇所や談話の取捨選択と編集実務は大日方・高橋・中嶋、解説の執筆は大日方、第Ⅰ部の見出しと編者注は中嶋、巻末注の第Ⅰ部は高橋・中嶋、第Ⅱ部・第Ⅲ部は中嶋、略年表の作成は高橋・中嶋がそれぞれ担当し、全体を大日方が統括した。

最後に、出版にあたって岩波書店の入谷芳孝氏には、『演説談話集』につづいて、ひとかたならぬお世話になった。あらためて深甚なるお礼を申し上げたい。

二〇一八年一月一〇日

『大隈重信自叙伝』刊行委員会

索　引

あ 行

か 行

さ 行

た 行

な 行

は 行

ま 行

や 行

ら 行

わ 行

大隈重信自叙伝《おおくましげのぶじじょでん》

2018年3月16日　第1刷発行

編　者　早稲田大学《わせだだいがく》

発行者　岡本　厚

発行所　株式会社　岩波書店
〒101-8002 東京都千代田区一ツ橋 2-5-5
案内 03-5210-4000　営業部 03-5210-4111
文庫編集部 03-5210-4051
http://www.iwanami.co.jp/

印刷・三秀舎　カバー・精興社　製本・松岳社

ISBN 978-4-00-381182-5　Printed in Japan

読書子に寄す

――岩波文庫発刊に際して――

岩波茂雄

真理は万人によって求められることを自ら欲し、芸術は万人によって愛されることを自ら望む。かつては民を愚昧ならしめるために学芸が最も狭き堂宇に閉鎖されたことがあった。今や知識と美とを特権階級の独占より奪い返すことはつねに進取的なる民衆の切実なる要求である。岩波文庫はこの要求に応じそれに励まされて生まれた。それは生命ある不朽の書を少数者の書斎と研究室とより解放して街頭にくまなく立たしめ民衆に伍せしめるであろう。近時大量生産予約出版の流行を見る。その広告宣伝の狂態はしばらくおくも、後代にのこすと誇称する全集がその編集に万全の用意をなしたるか。千古の典籍の翻訳企図に敬虔の態度を欠かざりしか。さらに分売を許さず読者を繋縛して数十冊を強うるがごとき、はたしてその揚言する学芸解放のゆえんなりや。吾人は天下の名士の声に和してこれを推挙するに躊躇するものである。このときにあたって、岩波書店は自己の責務のいよいよ重大なるを思い、従来の方針の徹底を期するため、すでに十数年以前より志して来た計画を慎重審議この際断然実行することにした。吾人は範をかのレクラム文庫にとり、古今東西にわたって文芸・哲学・社会科学・自然科学等種類のいかんを問わず、いやしくも万人の必読すべき真に古典的価値ある書をきわめて簡易なる形式において逐次刊行し、あらゆる人間に須要なる生活向上の資料、生活批判の原理を提供せんと欲する。この文庫は予約出版の方法を排したるがゆえに、読者は自己の欲する時に自己の欲する書物を各個に自由に選択することができる。携帯に便にして価格の低きを最主とするがゆえに、外観を顧みざるも内容に至っては厳選最も力を尽くし、従来の岩波出版物の特色をますます発揮せしめようとする。この計画たるや世間の一時の投機的なるものと異なり、永遠の事業として吾人は微力を傾倒し、あらゆる犠牲を忍んで今後永久に継続発展せしめ、もって文庫の使命を遺憾なく果たさしめることを期する。芸術を愛し知識を求むる士の自ら進んでこの挙に参加し、希望と忠言とを寄せられることは吾人の熱望するところである。その性質上経済的には最も困難多きこの事業にあえて当たらんとする吾人の志を諒として、その達成のため世の読書子とのうるわしき共同を期待する。

昭和二年七月

《日本文学(古典)》〔黄〕

古事記　倉野憲司校注
日本書紀　全五冊　坂本太郎・家永三郎・井上光貞・大野晋校注
万葉集　全五冊　佐竹昭広・山田英雄・工藤力男・大谷雅夫・山崎福之校注
原文 万葉集　全二冊　佐竹昭広・山田英雄・工藤力男・大谷雅夫・山崎福之校注
竹取物語　阪倉篤義校訂
伊勢物語　大津有一校注
玉造小町子壮衰書 ―小野小町物語　杤尾武校注
古今和歌集　佐伯梅友校注
土左日記　紀貫之　鈴木知太郎校注
枕草子　池田亀鑑校訂
和泉式部日記　清水文雄校注
更級日記　西下経一校注
今昔物語集　全四冊　池上洵一編
三条西家本 栄花物語　全三冊　三条西公正校訂
堤中納言物語　大槻修校注
新訂 梁塵秘抄　後白河院撰　佐佐木信綱校訂

西行全歌集　久保田淳・吉野朋美校注
後撰和歌集　松田武夫校訂
古語拾遺　斎部広成撰　西宮一民校注
落窪物語　藤井貞和校注
新訂 方丈記　市古貞次校注
新訂 新古今和歌集　佐佐木信綱校訂
新訂 徒然草　西尾実・安良岡康作校注
平家物語　全四冊　梶原正昭・山下宏明校注
水鏡　和田英松校訂
神皇正統記　北畠親房　岩佐正校注
宗長日記　島津忠夫校注
御伽草子　全二冊　市古貞次校注
わらんべ草　大蔵虎明　笹野堅校訂
東関紀行・海道記　玉井幸助校訂
太平記　全六冊　兵藤裕己校注
好色一代男　井原西鶴　横山重校訂
日本永代蔵　井原西鶴　東明雅校訂

武道伝来記　井原西鶴　横山重・前田金五郎校注
芭蕉紀行文集 付 嵯峨日記　中村俊定校注
芭蕉 おくのほそ道 付 曾良旅日記・奥細道菅菰抄　萩原恭男校注
芭蕉俳句集　中村俊定校注
芭蕉文集　潁原退蔵編註
芭蕉俳文集　全二冊　堀切実編注
蕪村俳句集 付 春風馬堤曲 他二篇　尾形仂校注
蕪村書簡集　大谷篤蔵・藤田真一校注
蕪村七部集　伊藤松宇校訂
蕪村文集　藤田真一編注
曾根崎心中・冥途の飛脚 他五篇　近松門左衛門　祐田善雄校注
国性爺合戦・鑓の権三重帷子　近松門左衛門　和田万吉校訂
東海道四谷怪談　鶴屋南北　河竹繁俊校訂
鶉衣　全二冊　横井也有　堀切実校注
近世畸人伝　伴蒿蹊　森銑三校註
玉くしげ・秘本玉くしげ　本居宣長　村岡典嗣校訂
新訂 一茶俳句集　丸山一彦校注

- 増補 俳諧歳時記栞草 全二冊　曲亭馬琴編 藍亭青藍補 堀切実校注
- 近世物之本江戸作者部類　曲亭馬琴 徳田武校注
- 北越雪譜　鈴木牧之編撰 京山人百樹刪定 岡田武松校訂
- 東海道中膝栗毛 全二冊　十返舎一九 麻生磯次校注
- 日本外史 全三冊　頼山陽 頼成一 頼惟勤訳
- 百人一首一夕話 全二冊　尾崎雅嘉 古川久校訂
- わらべうた —日本の伝承童謡　町田嘉章 浅野建二編
- 山家鳥虫歌 —近世諸国民謡集　浅野建二校注
- 誹諧 武玉川 全四冊　山澤英雄校訂
- 雑兵物語・おあむ物語 附 おきく物語　中村通夫 湯沢幸吉郎校訂
- 芭蕉臨終記 花屋日記 付 芭蕉翁終焉記・前後日記・行状記　小宮豊隆校訂
- 俳家奇人談・続俳家奇人談　竹内玄玄一 雲英末雄校注
- 砂払 全二冊 —江戸小百科　山中共古 中野三敏校訂
- 与話情浮名横櫛 切られ与三　瀬川如皐 河竹繁俊校訂
- 蕉門名家句選 全二冊　堀切実編注
- 耳嚢 全三冊　根岸鎮衛 長谷川強校注
- 色道諸分 難波鉦 —遊女評判記　酉水庵無底居士 中野三敏校注

- 弁天小僧・鳩の平右衛門　黙阿弥 河竹繁俊校訂
- 実録先代萩　黙阿弥 河竹繁俊校訂
- 嬉遊笑覧 全五冊　喜多村筠庭 長谷川強・江本裕 渡辺守邦・岡雅彦 花田富二夫・石川了校訂
- 井月句集　復本一郎編
- 江戸端唄集　倉田喜弘編

《日本思想》〔青〕

- 風姿花伝 (花伝書)　世阿弥 野上豊一郎 西尾実校訂
- 世阿弥 申楽談儀　表章校註
- 五輪書　宮本武蔵 渡辺一郎校注
- 広益国産考　大蔵永常 土屋喬雄校訂
- 葉隠 全三冊　山本常朝 和辻哲郎 古川哲史校訂
- 養生訓・和俗童子訓　貝原益軒 石川謙校訂
- 都鄙問答　石田梅岩 足立栗園校訂
- 二宮翁夜話　福住正兄筆記 佐々井信太郎校訂
- 新訂 日暮硯　笠谷和比古校注
- 蘭学事始　杉田玄白 緒方富雄校註
- 講孟余話 旧名講孟劄記　吉田松陰 広瀬豊校訂

- 吉田松陰書簡集　広瀬豊編
- 塵劫記　吉田光由 大矢真一校注
- 兵法家伝書 付 新陰流兵法目録事　柳生宗矩 渡辺一郎校注
- 南方録　西山松之助校注
- 人国記・新人国記　浅野建二校注
- 上宮聖徳法王帝説　東野治之校注
- 霊の真柱　平田篤胤 子安宣邦校注
- 世事見聞録　武陽隠士 本庄栄治郎校訂 奈良本辰也補訂
- 茶湯一会集・閑夜茶話　井伊直弼 戸田勝久校注
- 新訂 海舟座談　巌本善治編 勝部真長校注
- 西郷南洲遺訓 付 手抄言志録及遺文　山田済斎編
- 文明論之概略　福沢諭吉 松沢弘陽校注
- 新訂 福翁自伝　富田正文校訂
- 学問のすゝめ　福沢諭吉
- 日本道徳論　西村茂樹 吉田熊次校
- 新島襄の手紙　同志社編
- 新島襄 教育宗教論集　同志社編

近時政論考　陸羯南
日本の下層社会　横山源之助
中江兆民 三酔人経綸問答　桑原武夫・島田虔次 訳・校注
新訂 蹇蹇録 ―日清戦争外交秘録　陸奥宗光／中塚明 校注
茶の本　岡倉覚三／村岡博 訳
新撰讃美歌　植村正久・奥野昌綱・松山高吉 編
武士道　新渡戸稲造／矢内原忠雄 訳
余はいかにしてキリスト信徒となりしか　内村鑑三／鈴木範久 訳
代表的日本人　内村鑑三／鈴木範久 訳
後世への最大遺物・デンマルク国の話　内村鑑三
内村鑑三所感集　鈴木俊郎 編
求安録　内村鑑三
宗教座談　内村鑑三
ヨブ記講演　内村鑑三
豊臣秀吉 全二冊　山路愛山
善の研究　西田幾多郎
西田幾多郎哲学論集 I ―場所・私と汝 他六篇　上田閑照 編

西田幾多郎哲学論集 II ―論理と生命 他四篇　上田閑照 編
西田幾多郎哲学論集 III ―自覚について 他四篇　上田閑照 編
西田幾多郎随筆集　上田閑照 編
西田幾多郎歌集　上田薫 編
帝国主義　幸徳秋水／山泉進 校注
清沢満之集　安冨信哉 編／山本伸裕 校注
日本の労働運動　片山潜
明六雑誌 全三冊　山室信一・中野目徹 校注
吉野作造評論集　岡義武 編
貧乏物語　河上肇／大内兵衛 解題
河上肇評論集　杉原四郎 編
史記を語る　宮崎市定
中国史 全二冊　宮崎市定
自叙伝・日本脱出記　大杉栄／飛鳥井雅道 校訂
大杉栄評論集　飛鳥井雅道 編
女工哀史　細井和喜蔵
寒村自伝 全二冊　荒畑寒村

谷中村滅亡史　荒畑寒村
遠野物語・山の人生　柳田国男
青年と学問　柳田国男
木綿以前の事　柳田国男
こども風土記・母の手毬歌　柳田国男
不幸なる芸術・笑の本願　柳田国男
海上の道　柳田国男
蝸牛考　柳田国男
野草雑記・野鳥雑記　柳田国男
十二支考 全二冊　南方熊楠
特命全権大使 米欧回覧実記 全五冊　久米邦武 編／田中彰 校注
古寺巡礼　和辻哲郎
風土 ―人間学的考察　和辻哲郎
イタリア古寺巡礼　和辻哲郎
日本精神史研究　和辻哲郎
倫理学 全四冊　和辻哲郎
人間の学としての倫理学　和辻哲郎

政治の世界 他十篇　丸山眞男／松本礼二編注

超国家主義の論理と心理 他八篇　丸山眞男／古矢旬編

朝鮮民芸論集　浅川巧／高崎宗司編

娘巡礼記　高群逸枝／堀場清子校注

田中正造文集 全二冊　由井正臣／小松裕編

国語学原論 続篇　時枝誠記

定本 育児の百科 全三冊　松田道雄

ある老学徒の手記　鳥居龍蔵

大西祝選集 全三冊　小坂国継編

哲学の三つの伝統 他十二篇　野田又夫

信仰の遺産　岩下壮一

わたしの「女工哀史」　高井としを

中国近世史　内藤湖南

大隈重信演説談話集　早稲田大学編

通論考古学　濱田耕作

《別冊》

増補 フランス文学案内　渡辺一夫／鈴木力衛

増補 ドイツ文学案内　手塚富雄／神品芳夫

ことばの贈物 ―岩波文庫の名句365　岩波文庫編集部編

近代日本思想案内　鹿野政直

ポケットアンソロジー この愛のゆくえ　中村邦生編

スペイン文学案内　佐竹謙一

《音楽・美術》〔青〕

- ベートーヴェン 音楽ノート　小松雄一郎訳編
- ベートーヴェンの生涯　ロマン・ロラン　片山敏彦訳
- 音楽と音楽家　シューマン　吉田秀和訳
- モーツァルトの手紙 ―その生涯のロマン 全二冊　柴田治三郎編訳
- レオナルド・ダ・ヴィンチの手記 全二冊　杉浦明平訳
- ゴッホの手紙 全三冊　硲伊之助訳
- ワーグマン日本素描集　清水勲編
- 河鍋暁斎戯画集　山口静一・及川茂編
- うるしの話　松田権六
- ドーミエ諷刺画の世界　喜安朗編
- 河鍋暁斎　ジョサイア・コンドル　山口静一訳
- 伽藍が白かったとき　ル・コルビュジエ　生田勉・樋口清訳
- デューラー 自伝と書簡　前川誠郎訳
- 蛇儀礼　ヴァールブルク　三島憲一訳
- 日本の近代美術　土方定一
- 迷宮としての世界 ―マニエリスム美術 全二冊　グスタフ・ルネ・ホッケ　種村季弘・矢川澄子訳
- 日本洋画の曙光　平福百穂
- 江戸東京実見画録　長谷川渓石画　進士慶幹・花咲一男注解
- 映画とは何か 全二冊(既刊一冊)　アンドレ・バザン　野崎歓・大原宣久・谷本道昭訳
- 漫画 坊っちゃん　近藤浩一路
- 漫画 吾輩は猫である　近藤浩一路
- 胡麻と百合　ラスキン　石田憲次・照山正順訳

《哲学・教育・宗教》〔青〕

- ソクラテスの弁明・クリトン　プラトン　久保勉訳
- ゴルギアス　プラトン　加来彰俊訳
- 饗宴　プラトン　久保勉訳
- テアイテトス　プラトン　田中美知太郎訳
- パイドロス　プラトン　藤沢令夫訳
- メノン　プラトン　藤沢令夫訳
- 国家 全二冊　プラトン　藤沢令夫訳
- プロタゴラス ―ソフィストたち　プラトン　藤沢令夫訳
- 法律 全二冊　プラトン　森進一・池田美恵・加来彰俊訳
- パイドン ―魂の不死について　プラトン　岩田靖夫訳
- ソークラテースの思い出　クセノフォーン　佐々木理訳
- アナバシス ―敵中横断六〇〇〇キロ　クセノポン　松平千秋訳
- アリストテレス ニコマコス倫理学 全二冊　高田三郎訳
- アリストテレス 形而上学 全二冊　出隆訳
- アリストテレス 弁論術　戸塚七郎訳
- アリストテレース 詩学・ホラーティウス 詩論　松本仁助・岡道男訳
- 物の本質について　ルクレーティウス　樋口勝彦訳
- エピクロス ―教説と手紙　出隆・岩崎允胤訳
- 生の短さについて 他二篇　セネカ　大西英文訳
- 怒りについて 他二篇　セネカ　兼利琢也訳
- エピクテートス 人生談義 全二冊　鹿野治助訳
- マルクス・アウレーリウス 自省録　神谷美恵子訳
- 老年について　キケロー　中務哲郎訳
- 友情について　キケロー　中務哲郎訳
- 平和の訴え　エラスムス　箕輪三郎訳
- エラスムス=トマス・モア往復書簡　沓掛良彦・高田康成訳
- 方法序説　デカルト　谷川多佳子訳

哲学原理　デカルト　桂寿一訳
情念論　デカルト　谷川多佳子訳
パンセ　全三冊　パスカル　塩川徹也訳
知性改善論　スピノザ　畠中尚志訳
スピノザ エチカ（倫理学）　全二冊　畠中尚志訳
デカルトの哲学原理　附 形而上学的思想　スピノザ　畠中尚志訳
ノヴム・オルガヌム（新機関）　ベーコン　桂寿一訳
聖トマス形而上学叙説　―有と本質とに就いて　高桑純夫訳
君主の統治について　―謹んでキプロス王に捧げる　トマス・アクィナス　柴田平三郎訳
エミール　全三冊　ルソー　今野一雄訳
孤独な散歩者の夢想　ルソー　今野一雄訳
人間不平等起原論　ルソー　本田喜代治・平岡昇訳
ルソー 社会契約論　桑原武夫・前川貞次郎訳
演劇について　―ダランベールへの手紙　ルソー　今野一雄訳
言語起源論　―旋律と音楽的模倣について　ルソー　増田真訳
ラモーの甥　ディドロ　本田喜代治・平岡昇訳
道徳形而上学原論　カント　篠田英雄訳

啓蒙とは何か　他四篇　カント　篠田英雄訳
純粋理性批判　全三冊　カント　篠田英雄訳
カント 実践理性批判　波多野精一・宮本和吉・篠田英雄訳
判断力批判　全二冊　カント　篠田英雄訳
永遠平和のために　カント　宇都宮芳明訳
プロレゴメナ　カント　篠田英雄訳
人間の使命　フィヒテ　宮崎洋三訳
学者の使命・学者の本質　フィヒテ　宮崎洋三訳
ヘーゲル 政治論文集　全二冊　金子武蔵訳
歴史哲学講義　全二冊　ヘーゲル　長谷川宏訳
ブルーノ　シェリング　服部英次郎・井上庄七訳
自殺について　他四篇　ショウペンハウエル　斎藤信治訳
読書について　他二篇　ショウペンハウエル　斎藤忍随訳
知性について　他四篇　ショーペンハウエル　細谷貞雄訳
キリスト教の本質　全二冊　フォイエルバッハ　船山信一訳
将来の哲学の根本命題　他二篇　フォイエルバッハ　松村一人・和田楽訳
不安の概念　キェルケゴール　斎藤信治訳

死に至る病　キェルケゴール　斎藤信治訳
シュヴェーグラー 西洋哲学史　全二冊　谷川徹三・松村一人訳
世界観の研究　ディルタイ　山本英一訳
体験と創作　全二冊　ディルタイ　柴田治三郎・小牧健夫訳
眠られぬ夜のために　全二冊　ヒルティ　草間平作・大和邦太郎訳
幸福論　全三冊　ヒルティ　草間平作・大和邦太郎訳
悲劇の誕生　ニーチェ　秋山英夫訳
ツァラトゥストラはこう言った　全二冊　ニーチェ　氷上英廣訳
道徳の系譜　ニーチェ　木場深定訳
善悪の彼岸　ニーチェ　木場深定訳
この人を見よ　ニーチェ　手塚富雄訳
プラグマティズム　W・ジェイムズ　桝田啓三郎訳
宗教的経験の諸相　全二冊　W・ジェイムズ　桝田啓三郎訳
純粋現象学及現象学的哲学考案　全二冊　フッセル　池上鎌三訳
デカルト的省察　フッサール　浜渦辰二訳
社会学の根本問題　―個人と社会　ジンメル　清水幾太郎訳
笑い　ベルクソン　林達夫訳

物質と記憶　ベルクソン　熊野純彦訳
時間と自由　ベルクソン　中村文郎訳
ラッセル幸福論　安藤貞雄訳
存在と時間　全四冊　ハイデガー　熊野純彦訳
学校と社会　デューイ　宮原誠一訳
民主主義と教育　全二冊　デューイ　松野安男訳
歴史と自然科学・道徳の原理に就て・聖『プレルーディエン』より　ヴィンデルバント　篠田英雄訳
我と汝・対話　マルティン・ブーバー　植田重雄訳
アラン　幸福論　神谷幹夫訳
四季をめぐる51のプロポ　アラン　神谷幹夫編訳
アラン　定義集　神谷幹夫訳
文法の原理　全三冊　イェスペルセン　安藤貞雄訳
日本の弓術　オイゲン・ヘリゲル述　柴田治三郎訳
ギリシア哲学者列伝　全三冊　ディオゲネス・ラエルティオス　加来彰俊訳
人間の頭脳活動の本質　他一篇　ディーツゲン　小松摂郎訳
ソクラテス以前以後　F・M・コーンフォード　山田道夫訳
連続性の哲学　パース　伊藤邦武編訳

論理哲学論考　ウィトゲンシュタイン　野矢茂樹訳
自由と社会的抑圧　シモーヌ・ヴェイユ　冨原眞弓訳
根をもつこと　全二冊　シモーヌ・ヴェイユ　冨原眞弓訳
重力と恩寵　シモーヌ・ヴェイユ　冨原眞弓訳
全体性と無限　全二冊　レヴィナス　熊野純彦訳
啓蒙の弁証法　—哲学的断想　M・ホルクハイマー　T・W・アドルノ　徳永恂訳
共同存在の現象学　レーヴィット　熊野純彦訳
ヘーゲルからニーチェへ　—十九世紀思想における革命的断絶　全二冊　レーヴィット　三島憲一訳
種の論理　田辺元哲学選Ⅰ　藤田正勝編
懺悔道としての哲学　田辺元哲学選Ⅱ　藤田正勝編
哲学の根本問題・数理の歴史主義展開　田辺元哲学選Ⅲ　藤田正勝編
統辞構造論　付『言語理論の論理構造』序論　チョムスキー　福井直樹　辻子美保子訳
統辞理論の諸相　方法論序説　チョムスキー　福井直樹　辻子美保子訳
言語変化という問題　—共時態、通時態、歴史　E・コセリウ　田中克彦訳
快楽について　ロレンツォ・ヴァッラ　近藤恒一訳
古代懐疑主義入門　判断保留の十の方式　J・アナス　J・バーンズ　金山弥平訳
ニーチェ　みずからの時代と闘う者　ルドルフ・シュタイナー　高橋巖訳

人間精神進歩史　全二冊　コンドルセ　渡辺誠訳
隠者の夕暮・シュタンツだより　ペスタロッチー　長田新訳
旧約聖書　創世記　関根正雄訳
旧約聖書　出エジプト記　関根正雄訳
旧約聖書　ヨブ記　関根正雄訳
旧約聖書　詩篇　関根正雄訳
新約聖書　福音書　塚本虎二訳
文語訳　新約聖書　詩篇付
文語訳　旧約聖書　全四冊
キリストにならいて　トマス・ア・ケンピス　大沢章　呉茂一訳
聖アウグスティヌス　告白　全二冊　服部英次郎訳
新訳　キリスト者の自由・聖書への序言　マルティン・ルター　石原謙訳
現世の主権について　他二篇　マルティン・ルター　吉村善夫訳
聖なるもの　オットー　久松英二訳
コーラン　全三冊　井筒俊彦訳
エックハルト説教集　田島照久編訳
ある巡礼者の物語　—イグナチオ・デ・ロヨラ自叙伝　イグナチオ・デ・ロヨラ　門脇佳吉訳・注解

岩波文庫の最新刊

上田秋成／長島弘明校注

雨月物語

荒ぶる先帝の怨霊、命を賭した義兄弟の契り、男にとりついた蛇性の女の執念……。美しくも妖気ただよう珠玉の短篇集を、平明な注と解説で。

〔黄二二〇-三〕本体七八〇円

柴田宵曲

子規居士の周囲

子規に深く傾倒した著者が、子規とその門人、知人との交遊を誠意を込めてまとめる。子規を知る上で逸すべからざる一書。（編後雑記＝小出昌洋）

〔緑一〇六-六〕本体九五〇円

島崎藤村

桜の実の熟する時

「拾い上げた桜の実を嗅いでみて、おとぎ話の情調を味わった」――文学への情熱、教え子へのかなわぬ恋を綴る藤村の自伝的小説。改版。（解説＝片岡良一・高橋昌子）

〔緑二三-七〕本体七〇〇円

モラティン／佐竹謙一訳

娘たちの空返事 他一篇

泣きの涙で好きでもない男のもとに嫁がされる娘たち――。スペイン古典主義演劇を代表する劇作家モラティンの代表作二篇。『娘たちの「はい」』の新訳。

〔赤七三二-一〕本体八四〇円

……今月の重版再開……

柴田宵曲／小出昌洋編

新編 俳諧博物誌

〔緑一〇六-四〕本体七六〇円

メーチニコフ／渡辺雅司訳

回想の明治維新

―一ロシア人革命家の手記

〔青四四一-一〕本体九七〇円

島崎藤村

新生 前編・後編

本体前編六四〇・後編七四〇円

〔緑二三-八〕〔緑二三-九〕